广视角·全方位·多品种

权威·前沿·原创

皮书系列为
"十二五"国家重点图书出版规划项目

东北蓝皮书

BLUE BOOK OF NORTHEAST CHINA

中国东北地区发展报告（2013）

ANNUAL REPORT ON NORTHEAST CHINA (2013)

实施振兴东北战略10年回顾与展望

主　编／鲍振东　曹晓峰
副主编／张新颖　黄文艺　乐　奇　梁启东

社会科学文献出版社
SOCIAL SCIENCES ACADEMIC PRESS (CHINA)

图书在版编目(CIP)数据

中国东北地区发展报告. 2013：实施振兴东北战略10年回顾与展望/鲍振东，曹晓峰主编. —北京：社会科学文献出版社，2013.10
（东北蓝皮书）
ISBN 978-7-5097-5022-3

Ⅰ.①中… Ⅱ.①鲍… ②曹… Ⅲ.①区域经济发展-研究报告-东北地区-2013 ②社会发展-研究报告-东北地区-2013 Ⅳ.①F127.3

中国版本图书馆 CIP 数据核字（2013）第 204555 号

东北蓝皮书
中国东北地区发展报告（2013）
——实施振兴东北战略10年回顾与展望

主　　编／鲍振东　曹晓峰
副 主 编／张新颖　黄文艺　乐　奇　梁启东

出 版 人／谢寿光
出 版 者／社会科学文献出版社
地　　址／北京市西城区北三环中路甲29号院3号楼华龙大厦
邮政编码／100029

责任部门／皮书出版中心（010）59367127　　　责任编辑／陈　颖
电子信箱／pishubu@ssap.cn　　　　　　　　　 责任校对／李　敏
项目统筹／任文武　　　　　　　　　　　　　　 责任印制／岳　阳
经　　销／社会科学文献出版社市场营销中心（010）59367081　59367089
读者服务／读者服务中心（010）59367028

印　　装／北京季蜂印刷有限公司
开　　本／787mm×1092mm　1/16　　　　　印　张／27.25
版　　次／2013年10月第1版　　　　　　　　 字　数／438千字
印　　次／2013年10月第1次印刷
书　　号／ISBN 978-7-5097-5022-3
定　　价／79.00元

本书如有破损、缺页、装订错误，请与本社读者服务中心联系更换
▲ 版权所有　翻印必究

东北蓝皮书编委会

主　　任	鲍振东
顾　　问	艾书琴　马　克　张卓民
主　　编	鲍振东　曹晓峰
副 主 编	张新颖　黄文艺　乐　奇　梁启东
编　　委	（按姓氏笔画排序） 王　磊　张　磊　张万强　张天维　陈淑华
本书作者	（按文章顺序） 张天维　姜瑞春　姜　岩　张万强　李天舒 李晓萌　丁晓燕　吕　萍　于　宏　刘懿峰 张　晶　陈淑华　赵　勤　工化冰　李佳薇 王璐宁　曹颖杰　赵玉红　张春昕　张国俊 温晓丽　宋帅官　刘佳杰　兰晓红　王力力 李小丽　王　一　张　媛　李晓南　姜浩然 潘　敏　刘　爽　吕　超　尚咏梅　范　凡 陈亚文　王淑娟　姜瑞春　陈　岩　黄振义 张长凤　张丽娜　姚震寰　王　丹　马　琳 乐　奇　天　莹　屈　虹　李冬艳　崔岳春 张　磊　刘星显　王敏杰
编　　务	王　磊　姜瑞春　杨成波

主要编撰者简介

鲍振东 蒙古族,研究生学历,现任辽宁社会科学院党组书记、院长、研究员,国务院特殊津贴专家,辽宁省党史党建重点学科带头人。辽宁省第十一届人民代表大会常务委员会委员、中共辽宁省委省政府决策咨询委员会委员、辽宁省哲学社会科学学术委员会副主任、大连理工大学及中国刑警学院客座教授。历任喀左县人民政府县长、县委书记,朝阳市委常委、市纪委书记,中共朝阳市委专职副书记等职。先后当选为第八、九届全国人大代表。参加工作30多年来,在省级以上报刊发表论文100多篇,有40多篇在省内外评比中获奖。特别是到辽宁社科院工作后,撰写的多篇理论文章在《人民日报》《光明日报》及核心期刊发表,其中《学习实践科学发展观必须澄清的几个认识问题》《新时期哲学社会科学工作者应处理好的几个关系》等文章获中央领导同志的批示和表扬。此外,《构建和谐辽宁研究》《党的基层组织建设论纲》和《论党的建设与科学发展》等多部著作在相关评比中获奖。

曹晓峰 黑龙江省肇东市人,哲学学士学位,现任辽宁社会科学院副院长、研究员,中国社会学会常务理事,辽宁省社会学会副会长,辽宁省哲学学会副会长,国家哲学社会科学规划基金评审组专家。主要研究方向为应用社会学。主要研究成果有:《改革开放20年的理论与实践·辽宁卷》《在变革中崛起——辽宁改革发展实践的理性思考》《历史性巨变——解读辽宁改革开放三十年的伟大实践》《中国百县市经济社会追踪调查·营口卷》《中国百县市经济社会追踪调查·海城卷》《中国百县市经济社会追踪调查·抚顺卷》《东北老工业基地振兴发展报告》,每年的《辽宁经济社会形势分析与预测》《沈阳市经济社会形势分析与预测》等。

张新颖 女，中共党员，研究员，博士学位。大学毕业后，曾在师范学院、党校任理论教员；后经选拔到市委政研室工作，先后任组长、副主任；1991~2003年被黑龙江省委选调到省委政研室，先后任副处长、处长、杂志社社长；2003年起任黑龙江省社会科学院经济所所长、副院长；现为省级重点学科带头人，马克思主义基本理论硕士研究生导师。社会兼职有：省政府科顾委专家顾问、哈尔滨市政府专家顾问、省政府重大项目专家顾问。主持省委省政府重大课题10余项，黑龙江省科技厅课题、院重点课题等20余项；论文《哈尔滨在老工业基地振兴中加速发展研究》获得省社科研究报告类成果一等奖；论文《现代服务业的经济带动作用》被《中国社会科学文摘》全文转载；专著《东北地区老工业基地经济发展比较研究》获省第13届社科专著类三等奖；主要科研成果在核心期刊发表10余篇，出版专著、编著多部。

黄文艺 湖南南县人，法学博士。现任吉林省社会科学院（社科联）党组成员、副院长，吉林大学教授、博士生导师。兼任教育部社会科学委员会法学学部秘书长、中国比较法学研究会副会长、中国法学期刊研究会副会长、吉林省人民政府决策咨询委员。主要从事法理学、比较法学、地方法治建设研究，在《法学研究》等核心期刊发表论文90多篇，其中20多篇论文被《新华文摘》《中国社会科学文摘》等文摘刊物转摘；出版学术专著4部，主编教材、著作6部；主持承担国家社科基金重大项目1项，主持承担其他国家级、省部级课题7项，是国家马克思主义理论研究和建设工程重点教材《法理学》《思想道德修养与法律基础》课题组主要成员。先后获宝钢教育基金优秀教师奖、国家级教学成果二等奖、教育部新世纪优秀人才、吉林省有突出贡献中青年专业技术人才等荣誉。

乐 奇 内蒙古呼和浩特市人。现任内蒙古自治区社会科学院副院长、研究员、研究生导师。多次负责和组织完成国家及自治区党委、政府交办的重大课题以及政策法规文件起草工作。出版《内蒙古发展模式研究》等专著、编著多部。完成发表400余篇研究报告、调研报告、学术论文、政策法规等。《流通，深化农牧区改革的突破口》等40余篇研究报告和文章得到朱镕基、温家宝、宋健、刘云山等党和国家领导及自治区党政领导 70 余次肯定性批示。一些主要观点、政策意见和建议引起党和国家有关部门及自治区党委、政府的重视，并在制定政策中被采纳和吸收。多次随同国家有关部门领导及自治区党政主要领导深入基层调查研究，现场办公。主持并完成国家及自治区级重大、重点课题多项。《关于内蒙古部分地区民间高利贷情况的调查》（获内蒙古自治区第六届哲学社会科学优秀成果一等奖）等 50 余项研究成果荣获各类奖项。

梁启东 辽宁抚顺县人。现任辽宁社会科学院副院长，经济学研究员，人文地理学博士，兼院青年工作委员会主任、《文化学刊》杂志社社长。省委省政府咨询委员，省人口专家委员会委员，沈阳市、抚顺市委市政府咨询委员，沈阳市哲学社会科学学术委员，市政协常委、经济委员会副主任。入选省"四个一批"人才工程，省委跨世纪中青年理论人才骨干工程，省优秀人才"百千万工程"百人层次。获沈阳市"十大杰出青年"、省学雷锋标兵、省劳动模范称号，获省五一奖章。主要研究成果有：《中国城区发展战略研究》《辽宁民营经济发展报告》《加入 WTO 与辽宁经济》《沈抚同城化战略研究》《沈阳经济区综合配套改革研究》《沈阳经济区城市发展研究》《对话金融危机》等专著，发表论文 200 篇。

摘 要

本报告以辽宁、吉林、黑龙江和内蒙古四省区社会科学院从事经济学、社会学、文化学、政治学以及国际问题和农村问题研究的科研人员为主，并邀请了四省区省直有关单位和大专院校的专家参加，经过深入调查研究后撰写而成。

本报告客观描述了实施东北等老工业基地振兴战略十年来（2003～2012年）东北地区经济社会文化生态等多方面发生的巨大变化，深刻分析了当前东北地区存在的困难和问题，对未来十年东北地区经济社会发展的趋势进行了分析与预测，并提出了一些可行性的对策建议。

报告指出，2012年，东北地区经济总量突破5.5万亿元，达到5.62万亿元，同比增长12.1%，高于全国平均增速4.3个百分点。其中，辽宁、吉林、黑龙江、蒙东地区分别达到2.48万亿、1.19万亿、1.37万亿和0.58万亿元，分别同比增长9.5%、12%、10%和13.7%。振兴战略实施十年，东北地区生产总值年均增长达14.7%，辽宁、吉林、黑龙江、蒙东地区年均分别增长12.8%、13.5%、11.6%和16.9%，分别比全国平均增速快2.3个、3.0个、1.1个和6.4个百分点。

报告指出，振兴十年来，东北地区始终坚持以科学发展观为统领，坚持把经济结构战略性调整贯穿发展振兴的始终，坚持以国企改革为突破口推动体制机制创新，坚持把保障和改善民生作为振兴政策的落脚点，坚持把统筹兼顾作为推动老工业基地振兴的基本方法，基本上摆脱了"东北现象"的困扰，综合经济实力和社会发展水平明显提升，城乡面貌和人民精神风貌焕然一新，东北地区重新焕发了生机与活力，呈现经济快速发展、民生持续改善、社会和谐稳定、发展后劲增强的良好态势。

报告指出，振兴战略实施十年，东北地区产业结构优化升级取得重大进展。粮食产量占全国比重上升，已经成为我国最重要的大型国家商品粮生产基地，粮食产量比2002年1469亿斤增长79%，占全国比重从16.1%上升到22.4%。工业生产迅速发展壮大，工业产值十年年均增长14.8%，高出全国平均增速3.3个百分点。尤其是装备制造业作为东北地区工业的第一支柱产业，诸多关乎国家战略安全重大领域的产品达到全国领先水平，有些可以和世界跨国巨头竞争。服务业增长势头较好，产值年均增长11.7%，高出全国平均增速0.2个百分点，金融、物流、文化等现代服务业加快发展。对外开放进程加快，外向型经济取得新进展；资源型城市可持续发展取得新成效，棚户区改造形成经验；社会管理水平大幅提升，全民社会保障体系基本建立；区域协调发展形成新格局，四省区多项合作正在展开；生态环境明显改善，生态文明建设取得重大进展。

报告还具体分析了东北老工业基地尚存在一些结构性、体制机制性等问题，与一些发达地区的发展差距还在拉大，发展中不平衡、不协调、不可持续问题依然突出。具体表现在：城镇收入水平低，产业结构不合理，科技创新能力不强，资源环境约束加剧，深化改革开放和转变经济发展方式任务艰巨等方面。

报告对未来十年东北地区经济社会发展进行了分析与预测，认为辽宁、吉林、黑龙江三省到2022年的经济发展速度可能不会高于12%，平均增长率可保持在8%~9%。今后，东北老工业基地将由注重高速增长向注重全面协调可持续的价值取向转变，由注重资本投入向注重全要素生产率的增长方式转变等。为此，东北老工业基地要在抢占新兴产业比较优势，实现居民收入倍增，繁荣文化以及建设学习型、服务型政府等方面下功夫。

Abstract

This report is composed of thorough investigation and study by scientific researchers who are engaged in the economic, sociological, the cultural sciences, politics as well as international and rural research from Liaoning, Jilin, Heilongjiang and Inner Mongolian social science academies. And experts from universities and unit concerned were also invited to participate.

This report objectively described the Northeast regional economic, social, cultural, ecological and many other tremendous changes during the decade (2003 – 2012) of the implementation of the old industrial base promotion strategy. It profoundly analyzed difficulties, questions at present in China's Northeast, analyzed and forecast the tendency of economic society of the next decade, and put forward some feasible policy proposals.

The report pointed out that, in 2012, the Northeast GDP topped 5.5 trillion yuan, achieved 5.62 trillion yuan, and the same ratio grows by 12.1%, 4.3 percent higher than the national average growth rate. The total output value of Liaoning, Jilin, Heilongjiang and eastern Mongolia were respectively 2.48 trillion, 1.19 trillion, 1.37 trillion and 0.58 trillion yuan, with the growth rates of 9.5%, 12%, 10% and 13.7%. During the decade of the promoting strategy, the average regional annual GDP growth rate of the Northeast is 14.7%. And in this decade, the average annual growth rate of GDP of Liaoning, Jilin, Heilongjiang province and eastern Mongolia were respectively 12.8%, 13.5%, 11.6% and 16.9%, and speed up 2.3, 3.0, 1.1 and 6.4 percent separately compared to the national average growth.

The report pointed out that, during the ten years of revitalization, the Northeast has always adhered to the scientific development view as a guide, adhered to the strategic adjustment of economic structure through the development and revitalization, adhered to the reform of state-owned enterprises as the breakthrough point to promote institutional innovation, adhered to protecting and improving people's livelihood as the revitalization policy goal, adhered to the overall consideration as the basic method to promote the revitalization of old industrial bases,

and basically get rid of the "Northeast phenomenon" distress. Nowadays, overall economic strength and social development have been improved significantly, and urban and rural areas and people's spirit renewed. The Northeast renewed vigor and vitality, showing a rapid economic development, continuous of people's livelihood, social harmony and stability, and good posture of enhanced developing potential.

The report also pointed out that, the optimization and upgrading of industrial structure in Northeast has made significant progress since the implementation of revitalizing strategy. With the proportion of the country's total grain output increasing, the Northeast has become China's most important large-scale national commodity grain base, and grain yield increased 79 percent over 1469 billion kilograms in 2002, accounting for the proportion rising from 16.1% to 22.4%. Industrial production expanded rapidly, and industrial production ten-year average annual growth was 14.8%, higher than the national average growth rate of 3.3 percent. The equipment manufacturing industry in the Northeast, as first pillar industry, has provided national leading level products in many areas related to national strategy security, and some can compete with the giants and the world's multinational. Service industry growth momentum is good, and the output value of average annual growth is 11.7%, higher than the national average growth rate of 0.2 percent. The development of finance, logistics, cultural and other modern service industries has been accelerating. The northeast sped up the process of opening-up, and export-oriented economy has made new progress. Resource-based sustainable urban development achieved new results, and the formation of shantytowns forming experience. The level of social management enhanced significantly, and universal social security system has been basically established. A new pattern of development has been formed. A number of Four-province cooperation are unfolding. The ecological environment has been significantly improved and the ecological civilization construction has made great progress.

The report also indicates that there are still some structural and institutional mechanisms and other issues in the northeast industrial base. The gap between some developed regions is widening. Problems of unstable, uncoordinated and unsustainable issues are still prominent. Urban income is still low, industrial structure is still irrational, technological innovation capability is not strong, resource and environment constraints is intensified, and the tasks of deepening reform and opening-up and transformation of economic development and other aspects are arduous.

On the basis of analysis and forecast for the future economic and social development in the next decade in the Northeast, the report believed that economic growth rate of the three provinces may not be higher than 12%, the average growth rate can maintain between 8% and 9%. In the future, the northeast industrial base will shift the value orientation from focusing on high-growth to a comprehensive, coordinated and sustainable development, from capital investment to total factor productivity growth patterns. To this end, the Northeast needs more efforts in seizing comparative advantage of the emerging industries, achieving doubled income and cultural prosperity, building service-oriented and learning government and other aspects.

序

2013年，党中央、国务院从全面建设小康社会大局出发作出了实施东北地区等老工业基地振兴的重大战略决策。十年来，东北地区老工业基地紧紧抓住这一重大历史机遇，全面落实中央支持东北振兴的各项政策措施，脚踏实地，真抓实干，攻坚克难，开拓创新，摆脱了"东北现象"的困扰，取得了老工业基地振兴的重大阶段性成果，实现了老工业基地的浴火重生，走出了一条具有东北特色的发展振兴之路。

东北老工业基地的形成是伴随新中国成立开始的。"一五"时期，国家重点推进156个重大项目，其中东北三省有56项，占全部项目的36%，主要分布在沈阳、抚顺、阜新、长春、哈尔滨、齐齐哈尔等城市。经过"二五"建设，到20世纪60年代，东北地区已经成为以钢铁、石油、机械、化工、建材为主的重化工业基地。

东北老工业基地为我国经济社会发展作出了巨大历史贡献。1949～1957年短短7年间，中国就奇迹般地在战争废墟上恢复了国民经济。东北老工业基地形成和发展，对新中国成立初期国民经济的恢复和发展起到了至关重要的作用，推动了过去没有的工业部门实现零的突破，使飞机、汽车、重型和精密机器、冶金和矿山设备等制造业从无到有，为我国建成独立完整的工业体系奠定了坚实基础。东北老工业基地有效地承担起了支援全国建设的重任，不断地向全国供给原油、煤炭、钢铁等基础资源，以及机床、汽车和其他重型装备，加快了国家工业化步伐。东北老工业基地的发展大大提升了中国工业发展能力，使钢铁、煤炭、原油等战略产品产量快速上升，同时为工业发展提供了资本积累和人才、技术支撑。

20世纪80年代末开始，东北老工业基地走向衰退。1979～1992年，东北等老工业基地GDP增速比新兴工业区低23～44个百分点。当时很多企业

的技术装备仍处在20世纪50~60年代水平，比国际先进水平落后数十年。1998年，东北三省下岗职工145.7万人，占全国下岗人员的1/4，还有大量国有企业富余人员需要安置。形成了大批资源枯竭型城市，并出现空气质量差、水污染严重、土地沉陷等环境问题。从总体上看，老工业基地衰退的深层次共性原因是结构性、体制性矛盾。一是计划经济的烙印使老工业基地不适应市场经济体制的转轨，导致其在市场竞争中不断败退。二是历史包袱沉重，企业技术设备老化，缺乏研发资金，难以进行技术改造，转型发展困难重重。三是计划经济体制使老工业基地不具备在市场竞争中发展的机能，尤其是在经济体制双轨制的改革阶段，国有企业以传统的体制应对市场竞争，企业运行和发展机能紊乱，成为老工业基地陷入衰退困境的直接诱因。四是产业结构不合理、升级滞后，与新兴的市场需求不相适应，传统产业信息化改造步伐缓慢，难以与新兴工业区竞争。五是资源的枯竭使一些资源型城市丧失了主导产业，短期内没有可以替代的接续产业，导致了区域经济衰退等。曾经创造辉煌的东北老工业基地，陷入了前所未有的困境。1978年，广东省的经济总量只有辽宁省的80%，而到2002年，东北三省的经济总量加起来仅是广东省的85%。

2003年10月，《中共中央国务院关于实施东北地区等老工业基地振兴战略的若干意见》以中发〔2003〕11号文件正式下发。自此，老工业基地的发展方针从过去的调整改造转变为区域振兴，这标志着振兴东北地区等老工业基地战略正式启动。

实施振兴战略十年来，东北地区老工业基地取得了重大的阶段性成就。总的判断是，历史遗留问题基本解决，基本摆脱了"东北现象"的困扰，综合经济实力和社会发展水平明显提升，城乡面貌和人民精神风貌焕然一新，东北地区重新焕发了生机与活力，呈现经济快速发展、民生持续改善、社会和谐稳定、发展后劲增强的良好态势。实践证明，中央实施东北地区等老工业基地振兴战略的重大决策是完全正确的，振兴十年来取得的伟大成就是党中央、国务院正确决策和国家各部门倾力支持的结果，也是东北地区广大人民不懈奋斗的结果。

振兴十年来，东北地区始终坚持以科学发展观为统领，从实际出发创新振兴思路，挖掘政策潜力，锐意进取先行先试，走出了一条独具特色的老工业基地振兴发展之路，积累了一些弥足珍贵的经验。坚持把经济结构战略性调整贯穿发展振兴的始终，坚持以国企改革为突破口推动体制机制创新，坚持把保障和改善民生作为振兴政策的落脚点，坚持把统筹兼顾作为推动老工业基地振兴的基本方法，推进了区域经济社会的持续健康发展。深入研究东北地区老工业基地振兴实践，可以得出以下几点理性认识：老工业基地振兴的核心问题是要解决深层次的体制机制矛盾；老工业基地振兴的基本途径是实现从传统工业化向新型工业化的过渡；老工业基地振兴的长远目标是构建经济内生增长的动力机制和增强自我发展能力。

当前世界经济处于经济周期的低谷阶段，呈现结构性危机特征，不稳定因素增多。美国缺乏革命性技术的引领，失业率居高不下；欧盟仍受欧债危机的困扰，未来发展面临诸多风险；日本近年来受自然灾难的影响，经济难以有实质性的好转。中国正处于转变经济发展方式和结构升级的关键时期，人口红利逐步消失，企业成本上升，生存和发展难度增大，转型和拐点阶段的经济社会矛盾导致"中等收入陷阱"的风险加大。东北地区地缘环境复杂，朝鲜半岛局势不稳，俄罗斯投资政策多有限制，中日存在领土及海洋权益争端，自由贸易区谈判遇到阻力。东北地区在这种复杂的国内外发展环境中推进全面振兴工作是一项艰巨的任务，必须审时度势，科学研判。

党的十八大强调，继续实施区域发展总体战略，充分发挥各地区比较优势，对全面振兴东北地区等老工业基地作出了新的部署。未来十年，是东北地区全面建成小康社会的决定性阶段，也是实现老工业基地全面振兴的关键性阶段。东北地区老工业基地作为先行实施振兴战略的地区，要在转变发展方式、产业优化升级、沿海沿边开放等方面发挥示范作用，成为产业特色鲜明、竞争优势明显、城乡协调发展、生态环境优美、人民生活幸福、提前实现全面小康的繁荣和谐地区，建成具有国际竞争力的先进装备制造业基地、国家新型原材料和能源保障基地、国家重要商品粮和农牧业生产基地、国家重要技术研发和创新基地，成为向东北亚开放的重要枢纽，率先实现老工业基地全面振兴。

未来十年，东北地区要坚持把转变发展方式、提高质量效益作为全面振兴

的立足点，把新型"四化"同步发展作为全面振兴的重要途径，把全面增强内生发展机制、再造产业竞争优势作为全面振兴的基本目标，把深化改革开放提升创新能力作为全面振兴的动力支撑，把提高人民生活水平作为全面振兴的最终目的，充分发挥区域比较优势，巩固提升十年振兴成果，统筹推进老工业城市调整改造和资源型城市转型发展，努力建成小康社会，推进老工业基地全面振兴实现新跨越。

目录

BⅠ 总报告

B.1 实施振兴东北战略十年发展报告
　　………………………… 张天维　姜瑞春　姜　岩 / 001
　　一　东北老工业基地振兴战略实施的回顾和前瞻 ……… / 002
　　二　东北老工业基地振兴战略实施十年的主要成就 …… / 005
　　三　东北老工业基地振兴战略实施中存在的主要问题 … / 019
　　四　未来十年东北老工业基地全面振兴的预测 ………… / 025
　　五　未来十年东北老工业基地全面振兴的策略 ………… / 028

BⅡ 地区篇

B.2 辽宁老工业基地振兴的回顾与展望
　　………………………… 张万强　李天舒　李晓萌 / 034
B.3 吉林老工业基地振兴回顾与展望 …………… 丁晓燕 / 049
B.4 黑龙江老工业基地振兴回顾与展望
　　………………………………… 吕　萍　于　宏　刘懿峰 / 060
B.5 东北老工业基地振兴战略十年来蒙东地区经济
　　社会发展报告 ……………………………… 张　晶 / 078

BⅢ 经济篇

B.6 东北工业振兴发展的方向和实现途径 ……… 李天舒 / 091

001

B.7 东北现代农业发展问题研究 ………………………… 陈淑华 / 103
B.8 东北三省现代服务业发展研究 ………………… 赵 勤 王化冰 / 115
B.9 东北三省产业集聚区发展研究 ………… 李佳薇 王璐宁 曹颖杰 / 129
B.10 东北三省公共财政支出状况与对策建议 …… 赵玉红 张春昕 / 140
B.11 东北三省金融发展报告 ………………………… 张国俊 / 150
B.12 东北三省国有企业改革与发展报告 …………… 温晓丽 宋帅官 / 164
B.13 东北三省中小企业的发展及展望 ……………… 刘佳杰 兰晓红 / 176

B Ⅳ 社会篇

B.14 东北三省就业问题研究 ………………………… 王力力 / 187
B.15 东北三省城镇居民收入问题研究 …………………… 李小丽 / 199
B.16 东北三省社会保障体系发展建设研究 ………………… 王 一 / 211
B.17 东北三省教育事业的发展状况分析 …………………… 张 媛 / 220
B.18 东北三省文化发展报告 ………………………… 李晓南 / 231
B.19 东北三省卫生事业发展研究 …………………… 姜浩然 潘 敏 / 241

B Ⅴ 开发开放篇

B.20 深化黑龙江省对俄合作的机遇、挑战与对策 ………… 刘 爽 / 251
B.21 机遇与挑战并存的中国东北对日经贸合作 …………… 吕 超 / 262
B.22 东北三省与韩国的经贸合作 …………………… 尚咏梅 范 凡 / 274

B Ⅵ 专题篇

B.23 东北地区装备制造业发展状况及对策研究 …… 陈亚文 王淑娟 / 286
B.24 东北三省高技术产业发展报告 ………… 姜瑞春 陈 岩 黄振义 / 298
B.25 东北地区房地产业发展研究 …………………… 张长凤 / 309

B.26 东北地区资源型城市经济转型发展研究 ……… 张丽娜 姚震寰 / 320
B.27 东北三省基础设施发展报告 …………………… 王 丹 马 琳 / 332
B.28 内蒙古赤峰市、通辽市文化产业发展研究
………………………………………… 乐 奇 天 莹 屈 虹 / 346

BⅦ 综合篇

B.29 东北三省新农村建设发展实践 ………………………… 李冬艳 / 356
B.30 东北三省城镇化演进过程分析 ………………………… 崔岳春 / 367
B.31 东北三省城乡发展一体化过程中"三农"问题研究 …… 张 磊 / 375
B.32 完善东北地区区域法律合作机制研究 ………………… 刘星显 / 387

BⅧ 附录

B.33 附录1 东北三省发展基本数据和图表 ………… 王敏杰 整理 / 396
B.34 附件2 2003~2012年国家出台的东北振兴政策
……………………………………………………… 王敏杰 整理 / 401

B.35 后记 …………………………………………………………… / 405

CONTENTS

B I General Report

B.1 General Report on Implementation of the Ten-year Development
Strategy for the Revitalization of Northeast China
Zhang Tianwei, Jiang Ruichun and Jiang Yan / 001

   1. Retrospect and Prospect of the Implementation of the Strategy of
      Revitalizing Northeast Old Industrial Bases / 002

   2. The Main Achievements in the Decade of Implementation of the
      Revitalizing Northeast Old Industrial Base Strategy / 005

   3. The Main Problems in Revitalizing Northeast Old industrial Bases / 019

   4. Forecast to the Overall Revitalization of Old Industrial Bases in
      Northeast in the Next Decade / 025

   5. Policies for the Overall Revitalization of Old Industrial
      Bases in Northeast / 028

B II Regional Reports

B.2 Retrospect and Prospect of the Revitalization on the Old Industrial
Base of Liaoning Province   *Zhang Wanqiang, Li Tianshu and Li Xiaomeng* / 034

B.3 Retrospect and Prospect of the Revitalization of the Old Industrial
Bases of Jilin Province   *Ding Xiaoyan* / 049

CONTENTS

B.4 Retrospect and Prospect of the Revitalization of the Old Industrial
Bases of Heilongjiang Province   *Lyu Ping, Yu Hong and Liu Yifeng* / 060

B.5 Report on Eastern Mongolia's Economic and Social Development in the
Decade of Northeast Old Industrial Base Revitalization   *Zhang Jing* / 078

B III Economic Reports

B.6 Research on Direction and Approaches of the Revitalization
of the Northeast Industrial Development   *Li Tianshu* / 091

B.7 Research on Modern Agriculture Development in
Northest China   *Chen Shuhua* / 103

B.8 Research on Modern Service Industry Development in
Northeast China   *Zhao Qin, Wang Huabing* / 115

B.9 Research on the Development of Industry Gathering Area in the
Three Northeastern Provinces   *Li Jiawei, Wang Luning and Cao Yingjie* / 129

B.10 Northeast Public Expenditure Situation and Suggestions
    Zhao Yuhong, Zhang Chunxin / 140

B.11 Report on Financial Development in the Three
Northeastern Provinces   *Zhang Guojun* / 150

B.12 Report on State-owned Enterprise Reform and Development
in the Three Northeastern Provinces   *Wen Xiaoli, Song Shuaiguan* / 164

B.13 The Development and Outlook of SME in the
Three Northeastern Provinces   *Liu Jiajie, Lan Xiaohong* / 176

B IV Social Reports

B.14 Research on Employment in The Three Northeastern
Provinces   *Wang Lili* / 187

005

B.15 Urban Income Research of the Three Northeastern
 Provinces *Li Xiaoli* / 199

B.16 Research on Development and Construction of the Social
 Security System in the Three Northeastern Provinces *Wang Yi* / 211

B.17 Analysis on Development Status of Edbiz in the Three Northeastern
 Provinces *Zhang Yuan* / 220

B.18 Report on Cultural Development in the Three Northeastern
 Provinces *Li Xiaonan* / 231

B.19 Report on Health Development in the Three Northeastern
 Provinces *Jiang Haoran, Pan Min* / 241

B V Development and Opening

B.20 Trade and Economic Cooperation with Russia in Heilongjiang Province:
 Opportunities, Challenges and Suggestions *Liu Shuang* / 251

B.21 Trade and Economic Cooperation with Japan in Northeast China:
 Opportunities and Challenges *Lyu Chao* / 262

B.22 The Three Northeastern Provinces' Trade and Economic
 Cooperation with South Korea *Shang Yongmei, Fan Fan* / 274

B VI Special Subject

B.23 Northeast Equipment Manufacturing Industry Development
 Status and Policies *Chen Yawen, Wang Shujuan* / 286

B.24 Report on the High-tech Industry Development in the Three
 Northeastern Provinces *Jiang Ruichun, Chen Yan and Huang Zhenyi* / 298

B.25 Northeast Real Estate Industry Development Research *Zhang Changfeng* / 309

B.26　Research of Northeast Resource-based Urban Economic
　　　Restructuring and Development　　　*Zhang Lina, Yao Zhenhuan* / 320

B.27　Report on Infrastructure Development in the Three
　　　Northeastern Provinces　　　*Wang Dan, Ma Lin* / 332

B.28　Cultural Industry development in Chifeng and
　　　Tongliao of Inner Mongolia　　　*Le Qi, Tian Ying and Qu Hong* / 346

BⅦ　Comprehensive Studies Reports

B.29　Development and Practice of New Rural Construction in the
　　　Three Northeastern Provinces　　　*Li Dongyan* / 356

B.30　Analysis of the Evolution of Urbanization in the Three
　　　Northeastern Provinces　　　*Cui Yuechun* / 367

B.31　Research on "San Nong" Problem during the Integration of Urban
　　　and Rural Development in the Three Northeastern
　　　Provinces　　　*Zhang Lei* / 375

B.32　Research on Improving Regional Legal Cooperation
　　　Mechanism in Northeast China　　　*Liu Xingxian* / 387

BⅧ　Appendix

B.33　Basic Data and Charts on Northeast Regional
　　　Development　　　*Wang Minjie* / 396

B.34　Important Policies of Northeast China from
　　　2003 to 2012　　　*Wang Minjie* / 401

B.35　Postscript　　　/ 405

总报告

General Report

$\mathbb{B}.1$
实施振兴东北战略十年发展报告

张天维 姜瑞春 姜 岩**

摘 要:
  东北老工业基地振兴战略实施十年来,经济一直保持较快增速,产业结构调整取得明显成效,改革实现了新的突破,社会管理水平大幅提升,全民社会保障体系基本建立,文化和生态等方面建设也取得较大成就。同时,存在着城镇居民收入较低、区域发展不平衡、产业层次较低、创新能力不强、开放程度不够、投资效率不高和体制机制改革滞后等制约因素。今后,东北老工业基地将由注重高速增长向注重全面协调可持续的价值取向转变,由注重资本投入向注重全要素生产率的增长方式转变等。为此,东北老工业基地要在抢占新兴产业比较优势,实现居民收入倍增,繁荣文

---

* 本报告为国家社科基金项目 (12BJL075) 的阶段性成果。
** 张天维,辽宁社会科学院产业经济与WTO研究所所长、研究员,主要研究方向:产业经济和理论经济;姜瑞春,辽宁社会科学院产业经济与WTO研究所副所长、助理研究员,主要研究方向:产业经济和宏观经济;姜岩,辽宁社会科学院产业经济与WTO研究所助理研究员,主要研究方向:产业经济和新兴产业。

化以及建设学习型、服务型政府等方面下功夫。

关键词：

东北老工业基地　经济社会发展　实施振兴战略　回顾和前瞻

东北老工业基地包括辽宁省、吉林省、黑龙江省和内蒙古自治区蒙东地区的呼伦贝尔市、兴安盟、通辽市、赤峰市和锡林郭勒盟，土地面积145万平方公里，总人口1.2亿。党中央国务院从全面建设小康社会和区域经济协调发展考虑，2003年开始实施了东北等老工业基地振兴战略。国务院为此成立了领导小组，国务院前总理温家宝亲自担任组长。国家各有关部门制定政策，扎实推进。全国一些省市也做了大量富有成效的帮扶工作。东北地区紧紧抓住老工业基地振兴的重大战略机遇，在发展中促转变，在转变中谋发展，形成了人心凝聚、共谋发展的良好氛围，经济社会文化生态等多方面都发生了巨大变化。

一　东北老工业基地振兴战略实施的回顾和前瞻

（一）"东北现象"呼唤东北老工业基地振兴战略出台

东北老工业基地是新中国工业的摇篮，装备制造、原材料、军工、农业、森工等行业在国民经济中占有举足轻重的地位，曾为我国经济社会发展特别是现代化建设，作出了历史性重大贡献。改革开放以来，东北地区由于受体制机制等多种因素制约，经济社会的发展明显落后南方沿海开放地区。据统计，1980年，广东省的经济总量只是辽宁省的50%，到2001年，东北三省经济总量却只有广东省的62%。同时，一些资源型城市枯竭，大批国有企业陷入困境，大量职工下岗失业，多种积累的问题表现越来越明显，出现了经济发展缓慢、社会不稳定的"东北现象"。

2003年10月，《中共中央国务院关于实施东北地区等老工业基地振兴战略的若干意见》（中发〔2003〕11号）适时出台，标志着东北老工业基地振兴战略的大幕从此开启，是继东部沿海开放、开发浦东新区和实施西部大开发战略之后，党中央、国务院作出的又一重大战略决策。为此，国家出台了一系列支持振兴的政策，如率先在辽宁省完善城镇社会保障体系试点，在黑龙江、吉林两省实行全面免征农业税政策，扩大东北地区粮食生产补贴范围和规模；推出了振兴东北老工业基地改造国债资金，其中第一批100个项目，第二批197个项目等；下达了东北等老工业基地调整改造和重点行业结构调整专项，安排了上百项高新技术项目，加大了对国有企业政策性关闭破产的支持力度；启动了一批重大电力、公路、水路建设项目，扩大了资源型城市经济转型试点，落实财税政策，加大了对老工业基地优势产业的支持力度等。同时，中组部、人事部制定了《贯彻落实中央关于振兴东北地区等老工业基地战略，进一步加强东北地区人才队伍建设的实施意见》，选调了94名干部到东北任职、挂职；科技部制定了《振兴东北老工业基地科技行动方案》，信息产业部制定了《关于贯彻实施东北地区等老工业基地振兴战略的意见》等。

（二）东北老工业基地振兴的阶段性发展状况

几年时间，东北老工业基地就走出了低谷，初步走上了良性发展的轨道，重新焕发出生机活力。据统计，2009年，东北三省全社会固定资产投资2.37万亿元，是2003年的5.6倍，6年间年均增长33.5%，高出全国、东部、中部、西部分别7.4个、12.4个、1.7个和4.8个百分点；实际利用外资214.3亿美元，其中辽宁省实际利用外商直接投资为154.4亿美元，位居全国第三，大连、沈阳分列全国副省级城市利用外资前两位；实现地方财政一般预算收入2720亿元，是2003年的3.2倍，年均增长21.4%。同时，东北地区非公有制经济长足发展。2012年，东北地区民营和非公经济发展壮大，占据地区经济半壁江山。其中，辽、吉、黑三省民营经济分别实现增加值7407亿、3465亿和3360亿元，同比分别增长20.3%、23%和18%，分别占各省经济总量的55%、42%和40%。

与此同时，东北地区与其他地区的发展速度差距仍在拉大。据统计，东北三省生产总值虽然在振兴战略实施以后增长较快，占全国的比重却在继续下降，由2002年的11.1%下降到2004年的9.3%、2009年的8.5%。2003年，辽、吉、黑三省城镇居民家庭人均可支配收入分别为15761元、14006元和

12566元，分别为全国平均水平的91.8%、81.6%和73.2%，到2009年，分别仍只相当于全国平均水平的85.5%、82.3%和8.8%。到2012年，东北三省和蒙东地区城镇居民家庭人均可支配收入仍然低于全国平均水平。

国家在肯定成绩的同时，也清醒地看到，振兴老工业基地是一项立体工程，长期任务，不是一朝一夕的事，真正实现老工业基地全面振兴还需要长期艰苦的努力。今后，东北老工业基地应在调整产业结构、推进资源节约和生态环境保护、使老百姓共享振兴成果等方面付出更多的艰苦努力。为此，2009年国家出台了《国务院关于进一步实施东北地区等老工业基地振兴战略的若干意见》（国发〔2009〕33号）。该文件牢牢把握住加快转变经济发展方式这条主线，重点要推动东北老工业基地全面振兴，在继续深化改革扩大开放、加快完善现代产业体系、推进资源型城市及林区可持续发展、加强社会事业和民生工程建设、做好全国老工业基地调整改造工作、加强振兴重大问题和重大政策研究等方面进一步加大力度，努力实现东北老工业基地新跨越。

实践证明，国家进一步实施东北等老工业基地振兴战略的若干意见是及时、正确的。之后的几年，东北老工业基地经济社会面貌、广大干部群众的精神面貌都发生了巨大变化，明显表现在：东北地区经济增长速度高于全国平均水平；外商投资跃居全国前列；在国际金融危机的冲击中，东北工业基地面对国内经济下行压力，逆势而上，继续保持增长态势；在"保增长、调结构、促改革、惠民生"方面取得显著成效，为全国经济平稳较快发展作出了贡献。

（三）东北老工业基地全面振兴任重道远

2012年，《东北振兴"十二五"规划》由国务院正式批复，提出到"十二五"末期，要把东北地区基本建设成为具有国际竞争力的装备制造业基地、国家新兴原材料和能源保障基地、国家重要商品粮和农牧业生产基地以及重要技术研发与创新基地，面向东北亚开放的重要枢纽。并提出"十二五"时期东北地区八项重点任务，即以保障国家粮食安全为首要目标，巩固发展现代农业；完善现代产业体系，优化提升传统工业，加快培育战略性新兴产业，发展壮大服务业，积极发展海洋经济；优化区域发展空间布局，推动产业集聚发展；促进资源型城市可持续发展；改善基础设施条件，形成比较完备的综合交通运输体系和多元清洁的能源体系;加强森林、草原、湿地和江河流域等重点生态区保护与治理,强化资源节约和节能减排;采取多种措施增加就业岗位,加快包括棚户区改造的保障性安居工程建设;继续深化国有企业改革,加快发展非公有制经济;全面提升对外开放水平,建设向东北亚开放的重要枢纽。同时提出了经济、社会、民生、生态等六方面的振兴目标,包括城镇化率将达到60%,服务业增加值比重达40%,粮食综合生产能力达12640万吨,森林覆盖率达37.5%。

党的十八大后,中央对东北地区全面振兴又提出了新的要求,指出:要进一步做好攻坚克难、艰苦创业的思想准备和工作准备,大力实施振兴东北地区等老工业基地战略,加快建设社会主义新农村,全面增强工业核心竞争力,促进资源型城市可持续发展,建设向东北亚开放的重要枢纽。要大力做好保障和改善民生工作,注重关心生活困难群众,让群众得到看得见、摸得着的实惠。目前,东北老工业基地发展已经进入新的阶段,全体东北人民发展信心极大提振,发展动力显著增强,这些都为全面振兴奠定了坚实的基础。

二 东北老工业基地振兴战略实施十年的主要成就

(一)经济发展速度明显加快

1. 地区生产总值增速加快

2012年,东北地区经济总量达到5.62万亿元,比2002年的1.22万亿元翻了两番多,占全国的10.8%,同比增长12.1%(按可比价格计算,下同),高于同期全国平均增速4.3个百分点。其中,辽宁、吉林、黑龙江、蒙东地区分别达到2.48万亿、1.19万亿、1.37万亿和0.58万亿元,同比分别增长9.5%、12%、10%和13.7%。同期东北地区人均地区生产总值达45223元,高出全国平均水平7223元。其中,辽宁、吉林、黑龙江、蒙东地区人均地区生产总值分别为56547、43412、35711和45929元。振兴战略实施十年,东北地区生产总值年均增长达14.7%,辽宁、吉林、黑龙江、蒙东地区分别年均增长12.8%、13.5%、11.6%和16.9%,同期全国平均增速为10.5%(见图1)。

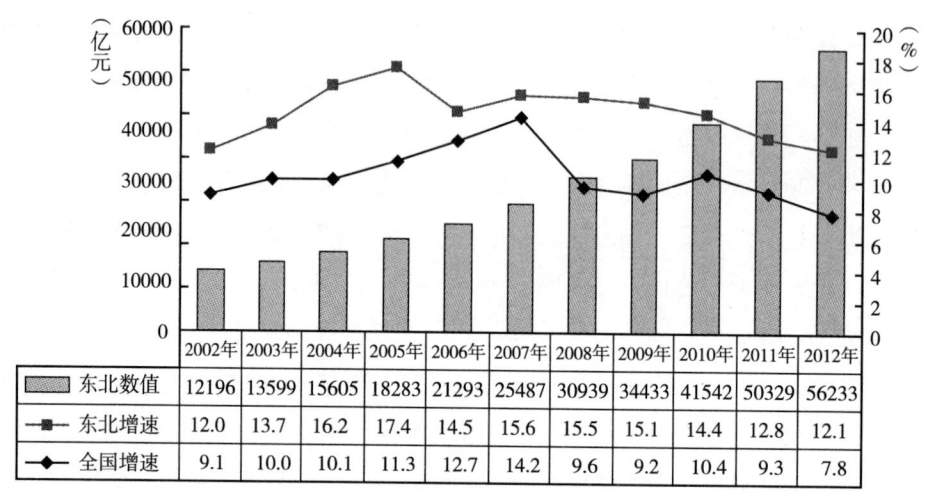

图 1　2002～2012 年东北地区与全国 GDP 变化情况

资料来源：根据历年《中国统计年鉴》与全国及各省统计公报整理计算。

2. 投资明显提速

2012 年，东北地区全社会固定资产投资达到 45986 亿元，同比增长 28.7%，在四大区域板块①中位居第一，同期全国平均增速为 20.3%。辽宁、吉林、黑龙江、蒙东地区分别达到 21836.3 亿、9711.4 亿、9780.9 亿和 4657.7 亿元，同比分别增长 23.2%、30.5%、30.0% 和 31.2%。振兴战略实施十年，东北地区固定资产投资年均增长 33.0%，增速居四大区域板块首位，占全国比重从 8.9% 上升到 12.3%（见图 2）。

3. 社会消费对经济增长拉动作用增强

2012 年，东北地区实现社会消费品零售总额 20993 亿元，同比增长 19.7%，同期全国平均增速为 14.3%。其中，辽宁、吉林、黑龙江、蒙东地区社会消费品零售总额分别达到 9256.6 亿、4772.9 亿、5453.4 亿和 1510.2 亿元，分别增长 15.7%、16.0%、15.9% 和 31.2%。振兴战略实施十年，东北地区社会消费品零售总额增速较快，消费对经济增长的拉动作用不断增强（见图 3）。

---

① 四大区域板块：东部率先、西部开发、中部崛起和东北振兴。

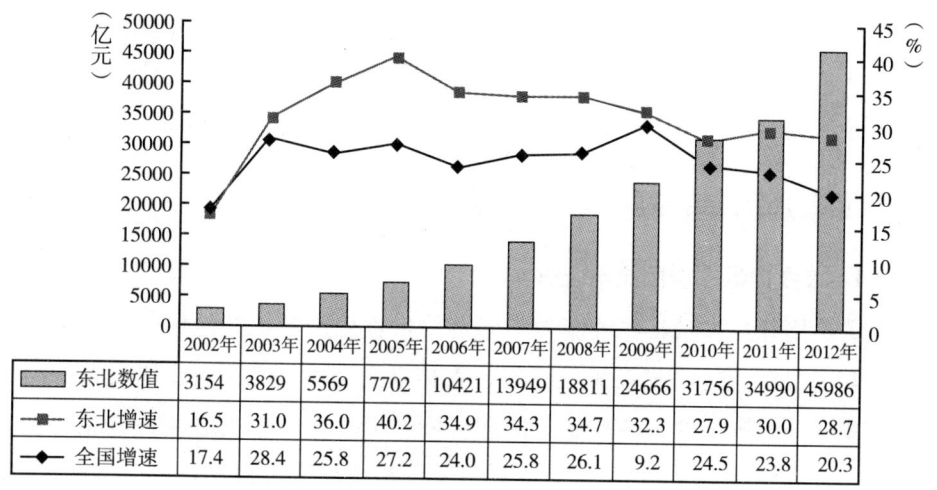

图 2　2002~2012 年东北地区全社会固定资产投资及其增长速度

资料来源：根据历年《中国统计年鉴》与全国及各省统计公报整理计算。

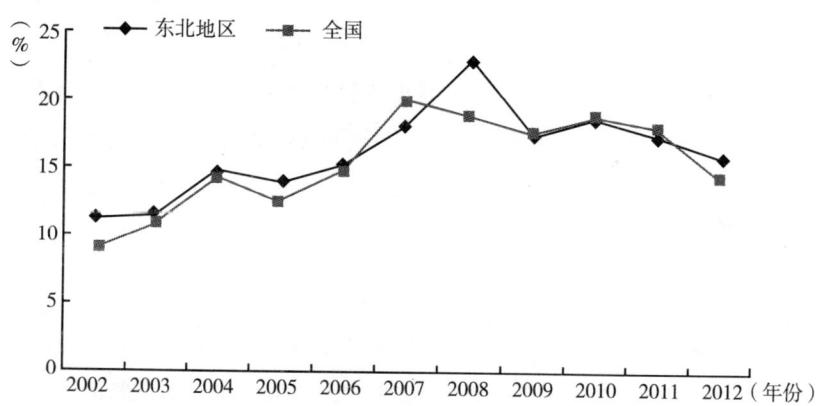

图 3　2002~2012 年东北地区社会消费品零售总额增长速度

资料来源：根据历年《中国统计年鉴》与全国及各省统计公报整理计算。

4. 公共财政收入增速保持较高水平

2012 年，东北地区实现公共财政收入 5634 亿元，同比增长 22.8%，其中辽宁、吉林、黑龙江、蒙东地区分别达到 3103.7 亿、1041.3 亿、1163.2 亿和 326.0 亿元，同比分别增长 17.4%、22.5%、16.6% 和 27.4%。地方预算支出分别为 4550.2 亿、2471.2 亿、3171.5 亿和 1195.6 亿元，同比分别增长

16.5%、12.2%、13.5%和18.6%。振兴战略实施十年，东北地区公共财政收入年均增长26.2%。其中，东北三省年均19.5%，蒙东地区年均32.9%，东北地区公共财政收入与地区生产总值之比从6.3%提高到10.0%。

（二）产业结构调整取得新进展

1. 粮食产量占全国比重上升

为巩固和扩大东北地区作为中国重要粮食生产基地的地位，增加粮食生产，2004年，国家率先在黑龙江省、吉林省全面实行免征农业税政策，同时扩大了东北地区粮食生产补贴范围和规模。2005年，中央财政对东北三省农村税费改革转移支付、粮食直接补贴、良种补贴等达到122.5亿元。同年，辽宁省也实行全面免征农业税政策，为农民减负5.7亿元。2010年，国务院印发了《国务院办公厅转发发展改革委农业部关于加快转变东北地区农业发展方式建设现代农业的指导意见》（国办发〔2010〕59号），进一步明确了东北地区发展现代农业的方向，2010年，有关部门安排近90亿元用于支持东北地区水利基础设施建设，安排23亿元用于支持黑龙江、吉林土地整治重大工程和示范省建设，安排23亿元用于东北地区新增粮食生产能力规划田间工程。由于国家政策的大力支持，到2012年，东北地区粮食播种面积达到3.91亿亩，辽宁、吉林、黑龙江、蒙东地区分别达到0.64亿、0.69亿、1.7亿和0.88亿亩，产量达到2644亿斤，辽宁、吉林、黑龙江、蒙东地区分别达到414.1亿、668.6亿、1152.3亿和409.4亿斤。黑龙江省粮食产量连续两年居全国第一位。振兴战略实施十年，东北地区已经成为我国最重要的大型国家商品粮生产基地，粮食产量比2002年1469亿斤增长79%，占全国比重从16.1%上升到22.4%，为全国粮食供求平衡和国家粮食安全作出了较大贡献。

2. 工业增长高于全国平均水平

2004年7月1日开始，国家落实财税政策，率先在东北地区八个行业实行生产型增值税改为消费型增值税，对企业购进机器设备所含增值税实行增量抵扣。对东北地区工业企业的固定资产及其受让或投资的无形资产，按不高于40%的比例缩短折旧年限。省级人民政府按不超过30%的幅度，降低衰竭期矿山和低丰度油田资源税税额标准。另外，还出台了一些支持和减负的政策。

正是这一系列的支持力度,使老工业基地工业改造、振兴工作取得成效。2012年,东北地区全部工业实现增加值25858.3亿元,同比增长13.4%,同期全国平均增速为10.0%。其中,辽宁、吉林、黑龙江、蒙东地区分别达到11712.7亿、5582.5亿、5659.3亿和2903.8亿元,同比分别增长9.7%、14.1%、10.4%和19.4%。振兴战略实施十年,东北地区工业产值年均增长14.8%,同期全国平均增速为11.5%。工业的发展壮大,为老工业基地焕发生机和活力奠定了基础,也体现了东北振兴战略的政策推动绩效。

3. 装备制造业发展成效显著

装备制造业是东北地区工业的第一支柱产业,在全国有较强的市场竞争力。实施振兴战略十年,东北地区的装备制造业重振雄风。在东北振兴战略多项政策的刺激下,在诸多关乎国家战略安全的重大项目领域实力领先,如数控机床、大型船舶、机车、输变电设备、大型石化设备、矿山设备、航空发动机等产品达到全国领先水平,有些可以和世界跨国巨头竞争。2006年,辽宁省装备制造业首次超过石化产业成为全省第一支柱产业,目前生产的歼击机、航空发动机、舰艇、百万吨乙烯裂解压缩机组、百万伏高压变压器、大型盾构机、五轴立式加工中心、大型船用曲轴、大功率内燃机、冶金成套装备、轨道交通装备等产品技术已达到或接近世界先进水平。据统计,2012年,东北三省装备制造业工业总产值同比增长11.1%,超过全国3个百分点,利润增速也远高于同期全国装备制造业利润和东北三省工业的利润增速。吉林省汽车制造产业对全省规模以上工业增长的贡献率达到25.4%。

4. 新兴产业加快发展

东北地区已经把发展新兴产业作为产业结构调整、发展方式转变的重要载体和战略选择,2010~2012年辽宁省新兴产业产值实现年均增长25%。到2015年,要在2012年比2009年翻一番基础上,再翻一番。吉林省已经确立了生物医药、生物化工、电子信息、新能源、新材料、新能源汽车、先进装备制造等十大战略性新兴产业为发展重点。黑龙江省正在实施六大战略性新兴产业"三年倍增"行动计划,滚动推进100个重点项目、50户新兴产业龙头骨干企业、20个重大自主创新成果产业化和10个示范基地建设。蒙东正在建设一批500千瓦以上光伏并网电站,发展核电燃料,构建新型绿色能源基地,力

争把蒙东建成全国的大型风电基地。到目前，东北地区的大型铸锻件、核电设备、风电机组、盾构机械、先进船舶和海洋工程装备、大型农业机械、高速动车组、大功率机车、高档数控机床等市场急需产品及关键配套件已经具备一定的竞争能力。同时一批国内一流的现代产业基地正在辽宁沿海经济带、沈阳经济区、哈大齐工业走廊、长吉图经济区不断出现。

5. 服务业增速高于全国平均水平

大力发展服务业是老工业基地结构调整的重要内容，也是在调整产业中增加就业的主要途径。加大老工业基地中心城市土地置换、"退二进三"等政策的实施力度，以剥离企业办社会职能为契机，大力推进东北地区服务业的社会化、市场化和产业化。同时加快发展与人民群众生活紧密相关的商贸、餐饮、仓储、交通运输等传统生活服务业和社区服务业。加快建立和完善大宗农产品流通体系，以及适应老工业基地优势产业发展和城市功能转换需要的电子商务、连锁经营、物流配送等现代流通方式，银行、证券、保险等金融服务、信息服务、中介服务等现代服务业和旅游、研发、会展、信息咨询等生产性服务业。2012年，东北地区服务业实现增加值20207.1亿元，同比增长9.9%，同期全国平均增速为8.1%。其中，辽宁、吉林、黑龙江、蒙东地区分别达到9306.8亿、4151.3亿、5124.4亿和1627.6亿元，同比分别增长9.9%、11.0%、10.7%和9.2%。振兴战略实施十年，东北地区服务业产值年均增长11.7%，同期全国平均增速为11.5%，是2002年产值的4.3倍。其中，中外金融机构在东北地区设立分支机构和办事机构明显增多，一批重点区域物流园区正在建设。文化创意、出版发行、影视制作、演艺娱乐、文化会展、数字内容和动漫等文化产业加快发展，具有东北地方特色的文化品牌和一批特色鲜明、吸引力强的旅游目的地正在形成。

（三）对外开放进程加快

1. 进出口总额增长高于全国平均水平

为了扩大东北地区对外开放和外向型经济比重，振兴战略实施以来国家出台了一系列促进扩大开放的指导性文件及相关政策，如《国务院办公厅关于促进东北老工业基地进一步扩大对外开放的实施意见》（国办发〔2005〕36

号）等。这些文件和政策扩大了东北地区开放领域、促进了区域经济合作、推进了企业与外资的合作。据统计，2012年，东北地区实现进出口总额1663.8亿美元，增长6.4%，同期全国平均增速为6.2%。辽宁、吉林、黑龙江三省进出口总额分别完成1039.9亿、245.7亿和378.2亿美元，同比分别增长8.4%、11.4%和-1.8%。其中，出口完成783.7亿美元，增长8.8%，同期全国平均增速为7.9%。黑龙江省全力推进对俄经贸合作创新发展与转型升级，2012年对俄贸易增长12.2%，占全国对俄贸易的24.2%。振兴战略实施十年，东北地区进出口总额年均增长23.4%，同期全国平均水平为21.1%；出口总额年均增长24.2%，同期全国平均水平为21.3%，外向型经济取得新进展（见图4）。

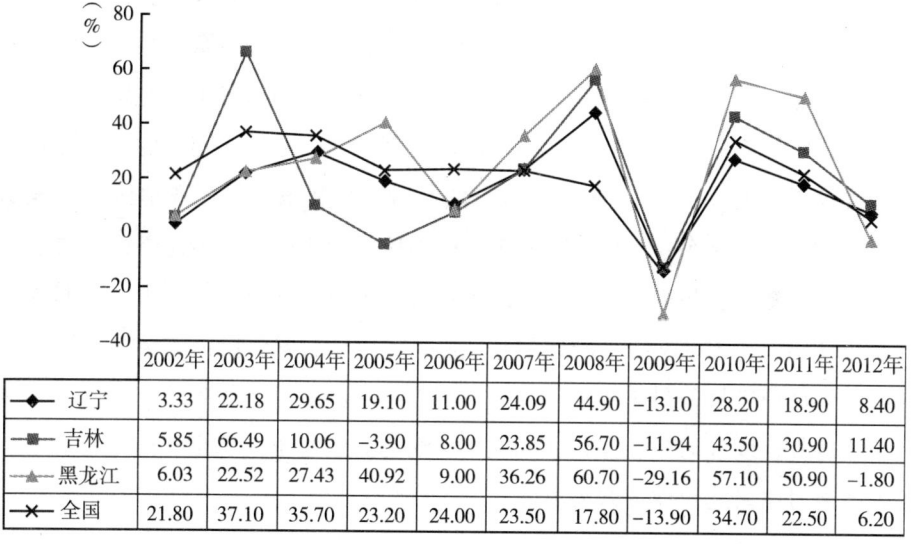

	2002年	2003年	2004年	2005年	2006年	2007年	2008年	2009年	2010年	2011年	2012年
辽宁	3.33	22.18	29.65	19.10	11.00	24.09	44.90	-13.10	28.20	18.90	8.40
吉林	5.85	66.49	10.06	-3.90	8.00	23.85	56.70	-11.94	43.50	30.90	11.40
黑龙江	6.03	22.52	27.43	40.92	9.00	36.26	60.70	-29.16	57.10	50.90	-1.80
全国	21.80	37.10	35.70	23.20	24.00	23.50	17.80	-13.90	34.70	22.50	6.20

图 4 2002~2012 年东北地区进出口总值增速变动情况

资料来源：根据国研网统计数据库整理所得。

2. 实际利用外资水平占全国比重不断上升

振兴战略实施十年，国家制定了一些政策支持东北地区提高利用外资水平，商务部、财政部、劳动保障部、国资委、海关总署、银监会六部门共同发布了《关于积极合理有效利用外资落实〈中共中央国务院关于实施东北地区等老工业基地振兴战略的若干意见〉的意见》，提出了在东北地区试行外商投

资企业网上联合年检等19条政策措施,有力地改善了东北地区利用外资的环境。到2012年,东北地区实际利用外商直接投资额达到365.1亿美元,同比增长13%,同期全国平均增速为-3.7%。其中,辽宁、吉林、黑龙江三省分别达到267.9亿、58.2亿和39.0亿美元,同比分别增长10.4%、17.6%和20.1%。辽宁省实际利用外商直接投资连续五年位居全国前茅。东北地区实际利用外资额占全国的比重由7.6%上升到32.7%,实际利用外资大幅增长,开放型经济水平持续提升。

3. 与周边国家合作区域正取得积极进展

振兴战略实施以来,通过与周边国家合作来提升东北地区对外开放水平,拓展领域,不断深化合作,东北地区对外开放领域不断扩大。沿海沿边开放和境外资源开发、区域经济合作、承接国内外产业转移结合起来,支持符合条件的地区建设边境贸易中心、经济合作区、出口加工区、进口资源加工区,建设都在有序进行中。东北地区与日本、韩国、朝鲜、俄罗斯等国的经贸技术合作不断加强,具体体现在:以大连大窑湾保税港区为核心的大连东北亚国际航运中心建设正在进行;《中国东北地区与俄罗斯远东及东西伯利亚地区合作规划纲要(2009~2018年)》正贯彻实施,中俄地区合作机制初步建立;黑瞎子岛保护与开放开发有序推进;同江铁路大桥等一批重大项目有序开展;新鸭绿江大桥启动建设,中朝罗先经贸区启动实施;开辟中日韩俄陆海联运航线;长春兴隆综合保税区具备封关运营条件;珲春国际合作示范区和中新吉林食品区建设正在展开;绥芬河综合保税区和沈阳保税物流中心正在建设;国际经贸大通道和重点口岸设施建设成效显著。

(四)资源型城市可持续发展扎实推进

1. 资源枯竭型城市转型取得成效

2001年阜新被确立为全国第一个资源枯竭型城市经济转型试点市,之后国家分三批确定的69个资源枯竭型城市(县、区),东北地区就占了35%。振兴战略实施的十年,这些资源枯竭型城市都建立了比较完善的社会保障体系和多元化产业体系,城乡基础设施条件和生态环境得到了改善,历史遗留问题得到了有力解决,城市功能有了提升,资源枯竭城市可持续发展能力明显增强。2006年,吉林省的资源枯竭型城市辽源和白山市实现工业增加值分别增长37.9%和26.5%,增速分别居吉林省的第一和第二位。2007年,辽宁省资源枯竭型城市阜新市非煤产业的比重上升到近90%,以机器加工和农产品加工业作为接续替代产业的态势已基本形成,登记失业率控制到4%,标志着阜新市的经济转型已经取得了阶段性的重大成果。同时,东北地区的抚顺、盘锦、伊春、鹤岗等资源城市经济转型稳步推进。

2. 棚户区改造形成了经验

要解决资源型城市的沉陷区治理、矿山关闭破产、职工安置等方面的问题,不仅要加大产业结构调整力度,培育和壮大接续产业,加快企业改革、改组、改造等,还要改善城市低收入居民的居住和生活条件,维护社会稳定,加大棚户区治理是其中一个好的措施。为此,2002年以来,国家率先对东北地区15个原国有重点煤矿采煤沉陷区进行治理,已见成效;率先在全国实施并全面推进城市、煤矿、林区、工矿、垦区棚户区改造和采煤沉陷区治理,已使200余万户居民住房条件得到明显改善。建设部在2005年10月出台了《关于推进东北地区棚户区改造工作的指导意见》。该文件贯彻落实党中央、国务院关于振兴东北地区等老工业基地的战略部署,是在推进东北地区棚户区改造方面作出的指导意见。文件提出要"全面规划、合理布局、因地制宜、综合开发、配套建设",实行统一规划、统一拆迁、统一配套、分期实施。文件出台后,辽宁省从2005年开始用三年多的时间基本完成全省城市集中连片棚户区改造任务,吉林省和黑龙江省也大规模地开展了此项工作,取得了有效的成果。到2011年,东北地区改造城市棚户区1.3亿平方米,惠及650万住房困难群众;同时在政府组织、市场运作、统筹规划、分步实施、个人出资、政府帮助、综合开发、配套建设等方面形成了经验。

3. 资源型城市可持续发展稳步开展

目前,东北地区的资源枯竭型城市在建设资源节约型、环境友好型社会,大力发展循环经济等方面都有了建设的总体规划,特别是在大型贫矿资源开发利用体系建设,提高矿产资源的开采回收率、选矿回收率和循环使用率以及木材的综合利用率,推进工业废物综合利用,依法关闭浪费资源和污染环境的企业和矿山等方面取得进展。同时根据当地经济社会发展,统筹考虑城市规划、土地利用规划、矿区发展规划，把资源型城市可持续发展与产业结构调整、基础设施建设、社会事业发展和生态环境保护相结合，加大了环境污染治理力度，在做好沉陷区、露天坑的土地复垦、生态恢复，偿还资源开采所造成的环境欠账的同时，保护东北地区草原生态安全，支持东北地区重点防护林工程建设和森林防火等基础设施建设，继续开展重点水土流失区治理，发展新型生态环境产业。一些研究部门也正在研究资源开发补偿机制和衰退产业援助机制，各级政府在实践中不断总结经验，完善政策措施，有步骤地逐步推进资源型城市可持续发展。

（五）民生建设得到加强

1. 社会保障体系进一步完善

2004年，继辽宁省之后，黑龙江、吉林两省推开完善城镇社会保障体系试点工作。按个人缴费工资的5%做实基本养老保险个人账户，中央财政补助做实3.75%，2005年起按6%做实个人账户。三省地方财政负担做实的基本养老金发放顺利，包括对已实现再就业的国有企业下岗职工解除劳动关系所需的经济补偿金。同时，加大了对国有企业政策性关闭破产的支持力度，使一些资源枯竭的煤炭、有色金属矿山及军工企业平稳地退出了市场，大部分职工得到了妥善安置。仅2004～2005年就安排东北三省关闭破产项目122户，涉及职工人数32.7万人，拟核销呆坏账224亿元，分别占全国的16.9%、17.2%和24.5%。东北地区开工保障房116万套，基本建成99.5万套，超额完成国家下达任务，其中黑龙江省开工面积连续两年位居全国第一。目前，东北地区率先在全国基本实现了城镇居民社会养老保险和新型农村社会养老保险全覆盖。据统计，2011年仅辽宁省就有城乡326万人领取养老金，全省民政事业费总额达123亿元，同比增长16%；全省困难群体、优抚群体、特殊群体救助补助资金总规模达73亿元，新农合参保率达90%以上。

2. 城乡居民收入增速高于全国平均水平

实施振兴战略十年来，东北地区城乡居民收入显著提高，辽宁、吉林、黑龙江三省农村居民收入超过全国平均水平，特别是近几年，东北地区农村居民人均纯收入增幅居四大区域板块第一位。2012年，辽宁、吉林、黑龙江三省农民人均纯收入分别为9384、8598和8604元（同期全国平均为7917元），同比分别增长13.1%、14.5%和13.3%（同期全国平均增速为13.5%）。由于近几年，东北地区城镇居民收入增速高于同期全国平均水平，辽宁省城镇居民收入与全国平均水平的相对差距逐步缩小。2012年，辽宁、吉林、黑龙江三省城镇居民人均可支配收入分别达到23223、20208和17760元（同期全国平均为24565元），同比分别增长13.5%、13.6%和13.1%（同期全国平均增速为12.6%）。辽宁省是全国城乡居民收入差距最小的省份之一。2011年，辽宁城镇居民可支配收入达到20467元，比上年增长15.5%，由2005年的全国第15位提高到第9位。同年，企业退休人员月人均增加基本养老金200元，增长幅度达到13.7%。调整后，辽宁省企业退休人员月人均基本养老金达到1662元，是2005年以来连续7次为企业退休人员调整基本养老金水平。

（六）各项改革和配套政策不断出台

1. 各项改革均取得明显进展

东北地区是我国受计划经济影响最大的区域，对外开放度不够，国有经济比重高，产业结构偏重重化工业，体制机制不适应新的变化，政府职能需要转变，良好市场环境有待营造。实施振兴战略十年来，东北三省都出台了促进国有企业改革和鼓励非公经济发展的政策措施；积极落实《国务院关于投资体制改革的决定》精神，大力支持民营企业发展；在打破地区封锁，创造有利于经济发展的法制环境、政策环境和市场环境方面做了一系列工作。比如，2005年，东北三省参加第二批分离企业办社会职能工作的中央企业有22家，共移交中小学校、公检法机构149个，涉及在职职工8297人、离退休教师4385人，中央财政补助经费2.2亿元。

2. 一些配套政策扎实推进

国家发展改革委等部门为了积极支持东北老工业基地振兴，出台了一系列的支持政策，如出台了以扶持重大装备本地化发展为重点的东北老工业基地调整改造的国债专项，以支持东北老工业基地石化、钢铁、造船、重大装备、汽

车和零部件、医药、农产品深加工等优势产业发展壮大为主的工业结构调整改造项目;核准了吉林石化80万吨乙烯改扩建等一大批有利于结构调整的重大项目;为提升企业自主创新能力,加快科技成果产业化,出台了东北高技术产业发展专项;组建了重型装备、燃料电池、船舶导航和大豆等国家工程研究中心,安排了多项东北企业技术中心创新能力项目;同时投入国债,用于东北地区农业、林业和水利建设。

(七)区域协调发展形成新格局

1. 基础设施和能源建设得到加强

振兴战略实施十年,哈大高速铁路建成通车、东北东部铁路通道建设顺利进行;滨绥、绥佳等铁路实施了扩能改造;建设了哈尔滨、沈阳、大连集装箱中心站和长春集装箱办理站;建设了铁岭至朝阳等高速公路,大连、漠河、伊春等机场,大连大窑湾港区集装箱码头二期、三期工程和营口港深水航道及集装箱码头工程等。为发挥大连航运中心和临港产业对腹地的辐射和带动作用,大连东北亚国际航运中心正在规划建设实施。同时,东北地区加大水利基础设施建设力度;加快完成第二批病险水库除险加固任务;在煤炭资源丰富的地区建设大型煤炭生产基地;利用内蒙古东部和黑龙江煤电丰富的优势,实施"西电东送"和"北电南送";推进对俄电力贸易工作等。

2. 综合立体交通网络基本形成

2012年,辽宁、吉林、黑龙江三省全面完成了重大基础设施建设布局,覆盖各省的综合立体交通网络基本形成。其中,辽宁省铁路营业里程4757公里,比上年末增加721.9公里,哈大高速铁路全线通车运营,境内里程(包括京哈高速铁路境内里程和沈大高速铁路里程)达555.4公里。公路里程(不含城管路段)104679公里,增加1450公里,其中高速公路3917公里,增加612公里。吉林省铁路营业里程达到4383公里;公路总里程9.3万公里,其中,等级公路总里程8.5万公里,占公路总里程的91.4%,全省公路总里程中,高速公路2252公里;等外公路7794公里,占公路总里程的8.6%。黑龙江省公路线路里程15.9万公里,比2011年增长2.2%,其中高速公路4100公里,增长10.1%。振兴战略实施十年,东北地区高速公路达到10269公里,是2002年的4倍，城乡面貌发生深刻变化，基础设施对经济社会发展的承载能力明显增强（见图5）。

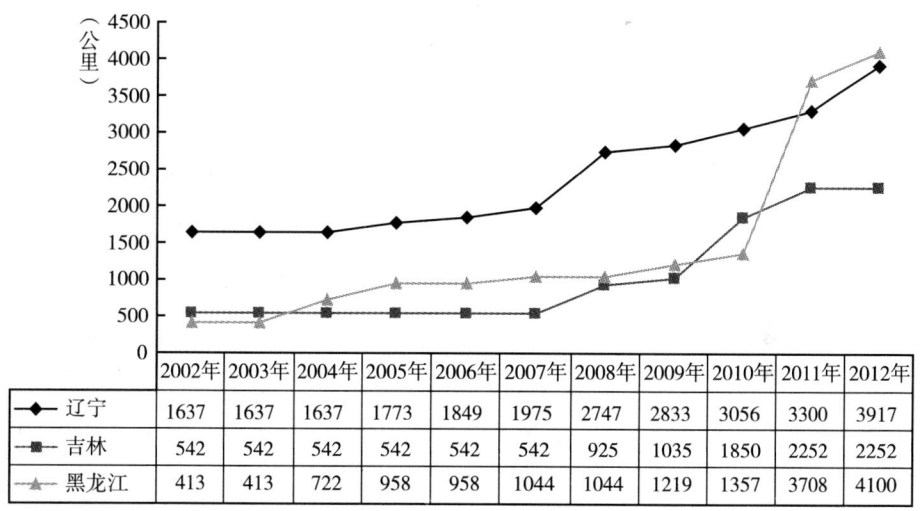

图5　2002～2012年东北地区高速公路里程变化

资料来源：根据国研网统计数据库及各省统计公报整理所得。

3. 区域一体化有序推进

振兴战略实施以来，东北地区形成了辽宁沿海经济带和沈阳经济区、长吉图经济区、哈大齐和牡绥地区等区域发展新格局。辽宁沿海经济带开发开放升级为国家战略，沿海与腹地良性互动的全面开放格局初步形成。沈阳经济区被确定为国家新型工业化综合配套改革试验区，经济区整体竞争力显著增强，通过产业转型和空间重组，初步形成了先进装备制造业、重要原材料和高新技术产业基地。长吉图开发开放先导区上升为国家战略，正全力打造成为东北地区重要的新型工业基地、现代农业示范基地、科技创新基地、现代物流基地和东北亚国际商务服务基地。哈大齐工业走廊正着力建设竞争力强的装备制造业基地和石油化工基地。牡绥地区与哈大齐工业走廊的比翼齐飞，极大地推动了黑龙江省的经济发展速度。牡绥地区的产业布局主要侧重于战略性新兴产业，商贸物流、旅游等产业发展迅速，国际贸易物流节点和对外合作加工贸易基地建设有序开展。同时，东北地区确立了行政首长联席会议制度，四省区行政首长

协商机制正式建立，确定一批重大合作事项，在能源交通、生态环保、文化旅游等领域签署了一批合作协议。

（八）生态文明建设取得重大进展

1. 生态环境明显改善

振兴战略实施十年，辽宁省相继实施了碧水工程、青山工程和蓝天工程，生态文明建设取得重要进展。同时，创新辽河流域、凌河流域管理体制，加大资金投入力度，辽河流域发生了历史性变化，摘掉了重度污染帽子。吉林省松花江水污染防治等环境保护工作成效显著，污水处理厂实现县县全覆盖，农村环境连片整治成效明显，城市空气质量优良天数持续增加，绿化美化、三北防护林等生态工程建设成果丰硕。黑龙江省的生态环境明显改善。大小兴安岭生态功能区建设成效显著，推进实施天然林保护工程、三北防护林工程、退耕还林工程、湿地保护与恢复工程、重点火险区综合治理工程，实现森林面积、森林蓄积量"双增长"，天然湿地保护面积不断增加。积极开展平原绿化、沙化治理和小流域治理，水土流失、草地"三化"和生态环境脆弱等问题得到缓解，自然保护区和生物多样性保护工作不断加强，江河污染、大气污染等环境污染得到有效治理。

2. 节能环保工作扎实推进

振兴战略实施十年，东北地区在实施节能减排绩效管理、淘汰落后产能、推进污染减排等方面积极努力，不断推进老工业基地工业污染防治和历史遗留环境隐患治理，推进热电联产、集中供热，推广地源热泵，开展大气污染联防联控和全运会环境空气质量保障工程。在推动农村环境连片整治、改善农村环境质量、抓好乡镇污水处理设施及生活垃圾处理场建设方面也下大力气。同时，在严格加强自然保护区的建设和管理、健全完善生态补偿机制、加强海洋生态系统和海岛生态系统保护、科学编制好资源利用和保护规划等方面也在有序推进。例如，东北地区都在推进国家级自然保护区、湿地公园建设，积极开展湿地保护补助工作；辽宁省加大对防沙治沙及荒漠化综合治理支持力度，计划在辽西北再启动400万亩草原沙化治理工程；加强重点生态功能区保护，加大生物多样性保护力度。

三 东北老工业基地振兴战略实施中存在的主要问题

在充分肯定成绩的同时,也应该清醒地看到,东北老工业基地尚存在一些结构性、体制机制性等问题,与发达地区的发展差距还在拉大,发展中不平衡、不协调、不可持续问题依然突出,城镇收入水平低,产业结构不合理,科技创新能力不强,资源环境约束加剧等,深化改革开放和转变经济发展方式仍任务艰巨。

(一)城镇居民收入低于全国平均水平

十年来,东北地区城镇居民收入一直低于全国平均水平,2002年,辽宁、吉林、黑龙江、蒙东地区城镇居民收入分别为6525、6260、6101、5501元,分别低于全国平均水平1178、1443、1602、2202元。振兴战略实施十年,东北地区城镇居民收入实现了较快的增长,但与全国平均水平相比,仍然存在不同程度的差距,2012年辽宁、吉林、黑龙江、蒙东地区城镇居民收入仍低于全国平均水平,分别相差1342、4357、6805、5839元,十年来,吉林、黑龙江和蒙东地区城镇居民收入与全国平均水平的差距还在拉大(见图6)。

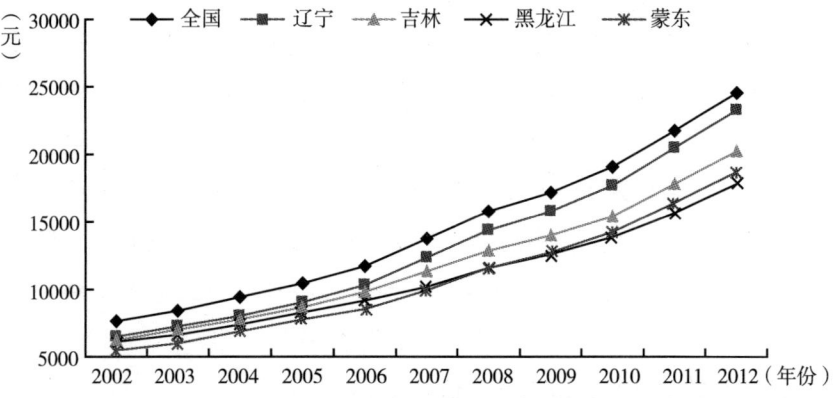

图6 2002~2012年东北地区与全国城镇居民收入增长变化

资料来源:国研网统计数据库。

（二）区域内发展不平衡

振兴战略实施十年来，东北地区经济总体上发展较快，但内部经济差距较大，发展水平参差不齐。2012年，辽宁省的地区生产总值、固定资产投资、公共财政收入和实际利用外资额等主要经济指标均相当于东北地区四成以上，尤其是实际利用外资额，辽宁省相当于东北地区的72.98%，而蒙东地区占比不到1%（见表1）。区域内经济发展梯度过大，不利于东北地区经济平衡、协调、可持续发展。

表1　2012年辽、吉、黑和蒙东地区主要经济指标占比情况

单位：%

项目	辽宁	吉林	黑龙江	蒙东地区
地区生产总值	44.13	21.17	24.38	10.32
固定资产投资	47.52	21.13	21.22	10.14
公共财政收入	55.09	18.48	20.65	5.79
实际利用外资	72.98	15.85	10.62	0.54

资料来源：根据东北三省、蒙东地区2012年统计公报整理。

（三）产业升级有待加强

1. 服务业为主的第三产业发展相对滞后

2012年，东北地区第三产业占生产总值的比重平均仅为36.6%，同期全国比重为44.6%，低于全国平均水平8个百分点。其中辽宁、吉林、黑龙江第三产业比重分别为37.5%、34.8%和37.4%。振兴战略实施十年，东北地区第三产业比重年均为36.6%，同期全国年均为42.1%。东北地区经济增长长期以来过于依赖以工业为主的第二产业，尤其是重工业的发展，以服务业为主的第三产业发展相对缓慢，成为东北地区经济社会发展中的一块"短板"（见图7）。

2. 能耗高的生产能力所占比重仍较高

东北老工业基地煤炭、钢铁、重化工等资源消耗型及环境污染型行业发展具有一定的历史原因，实施振兴战略以来，工业结构调整取得了一定成绩，但

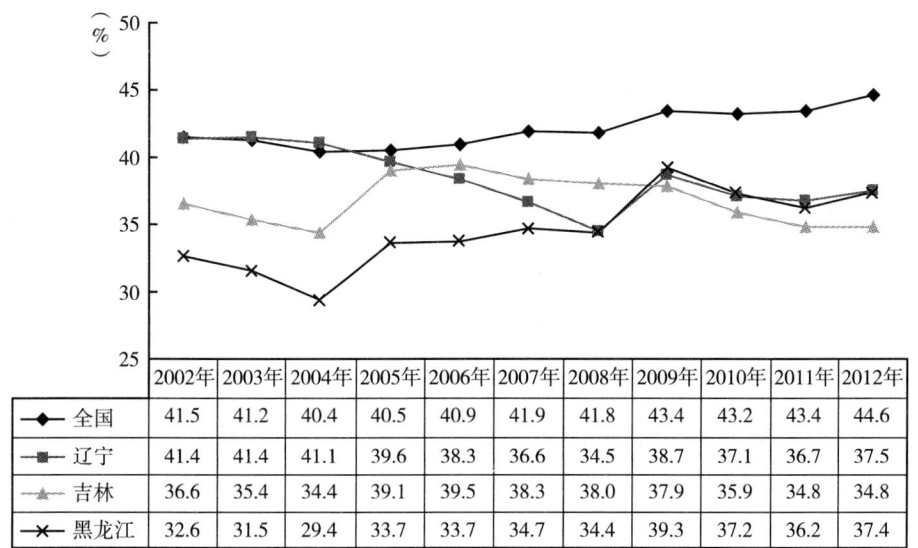

图 7　2002~2012 年东北地区和全国第三产业比例变化情况

资料来源：根据历年《中国统计年鉴》与全国及各省统计公报整理所得。

六大高耗能行业①在工业结构中依然占有较大份额。2003~2011年，黑龙江省的石油和天然气开采业、石油加工和炼焦加工业、煤炭开采和洗选业三大产业占工业产值比重由49.8%降为39.6%，辽宁的黑色金属冶炼及压延加工业和石油加工、炼焦加工业占工业产值比重由33.1%降为21.6%，黑龙江和辽宁省工业仍然呈现重化工业的发展轨迹。其间，吉林省的化学原料及化学制品制造业、非金属矿物制品业占比由13.2%上升为15.7%，高耗能行业比例有所上升，吉林省产业结构调整任务艰巨。因此，从整体上看，东北地区依赖资源投入的经济增长方式没有根本改变。

从单位地区生产总值能耗指标看，2005~2011年，虽然辽宁、吉林、黑龙江三省能耗值均成下降趋势，但仍处于全国平均值之上，7年间，全国能耗值从单位地区生产总值能耗1.28吨标准煤/万元降到0.74吨标准煤/万元，降幅达42%，而同期辽宁、吉林、黑龙江三省降幅分别为40%、44%和29%，

---

① 六大高耗能行业分别为：化学原料及化学制品制造业、非金属矿物制品业、黑色金属冶炼及压延加工业、有色金属冶炼及压延加工业、石油加工炼焦及核燃料加工业、电力热力的生产和供应业。

东北地区经济社会发展中产业能耗过高的局面仍未根本改变。

4. 农业发展基础仍不稳固

振兴战略实施十年，东北地区的种植业仍未摆脱靠天吃饭的境地，农业基础条件特别是水利设施落后的问题仍然比较突出。2010年初东北地区遭遇持续低温天气和春旱，影响粮食作物播种，夏季吉林省遭受罕见洪涝灾害。水旱灾害严重的主要原因，除气候异常外，与水利设施比较薄弱、防洪工程体系不完善有着直接的关系。农业种植业效益偏低，农产品价格波动较大，农民持续增收难度较大，农业稳定发展和农民持续增收的基础仍不牢固。

（四）经济增长过度依赖投资拉动

从增长的动力看，过去的十年东北地区经济增长很快，但主要还是依靠生产要素的大量投入。2002~2011年投资对辽宁经济增长的贡献率由33.6%上升到62.7%；同期，吉林和黑龙江分别由38.8%、34.5%上升到73.5%和54.7%（见表2）。

表2　2002~2011年东北地区三大动力对经济增长贡献率变化

单位：%

年份	辽宁			吉林			黑龙江		
	消费	投资	出口	消费	投资	出口	消费	投资	出口
2002	55.5	33.6	10.9	62.3	38.8	-1.1	59.7	34.5	5.8
2003	51.7	38.9	9.4	64.6	42.4	-7.0	58.2	30.9	10.9
2004	47.8	47.6	4.6	58.9	42.6	-1.5	57.0	33.9	9.1
2005	47.7	50.0	2.3	51.7	49.2	-0.9	48.3	35.5	16.2
2006	44.6	54.1	1.3	43.1	57.9	-1.0	47.8	37.7	14.5
2007	41.6	57.5	0.9	46.2	69.3	-15.5	49.7	43.0	7.3
2008	34.5	65.0	0.5	45.0	79.8	-24.8	51.3	46.4	2.3
2009	41.2	61.9	-3.1	44.3	79.6	-23.9	55.7	58.6	-14.3
2010	40.5	62.0	-2.5	41.1	78.8	-19.9	53.1	54.3	-7.4
2011	39.9	62.7	-2.6	39.6	73.5	-13.2	52.4	54.7	-7.1

资料来源：根据历年《中国统计年鉴》与全国及各省统计公报整理所得。

从投资效率看，2002年东北地区固定资产投资占地区生产总值的比重为30%，投入产出比为1:3.28；到2012年这一比重提升到82%，投入产出比下降到1∶1.22，因此，以投资驱动为主的东北经济亟待改善高投入、低产出的粗放发展模式（见表3）。

表3 2002~2012年东北地区全社会投资效率变化

年份	累计GDP总额（亿元）	累计固定资产投资（亿元）	固定资产占GDP比重（%）	投资效率（%）
2002	11443.96	3485.95	0.30	3.28
2003	12722.02	4211.57	0.33	3.02
2004	14544.61	5579.50	0.38	2.61
2005	16992.62	7678.80	0.45	2.21
2006	19715.17	10519.90	0.53	1.87
2007	23373.18	13920.09	0.60	1.68
2008	28195.63	18714.00	0.66	1.51
2009	31078.24	23732.92	0.76	1.31
2010	37493.45	30725.97	0.82	1.22
2011	45377.53	32643.38	0.72	1.39
2012	50430.72	41328.60	0.82	1.22

资料来源：根据历年《中国统计年鉴》与全国及各省统计公报整理所得。

（五）科技创新能力有待提高

在东北地区"十一五"时期主要规划指标中，16个计划指标仅有两项未实现预期目标（第三产业比重及R&D经费投入强度）。2005年的R&D经费投入强度规划目标是比重由1.3%提高到2010年的2%，实际完成情况为1.2%，五年来累计年均增长-0.1%。又据2011年全国科技经费投入公报调查显示，2011年辽宁、吉林、黑龙江三省研究与实验发展（R&D）经费投入强度分别为1.64%、0.84%和1.02%（同期全国平均水平为1.84%），与北京（5.76%）、天津（2.63%）、上海（3.11%）、江苏（2.17%）、浙江（1.85%）、广东（1.96%）和陕西（1.99%）相比，R&D经费投入强度有待提高。依靠科技创新实现产业结构升级，对于当前东北老工业基地来说显得更为迫切，而东北地区相对滞后的企业自主创新能力则制约了产业升级的进度。

统计数据显示，2002~2011年，东北地区的发明专利数迅速增长，申请数增长了6倍多，授权数增长了9倍多，但与其他地区相比，发明专利占全国比重下降明显，申请数比重下降了3个百分点，授权数比重下降了近6个百分点。可见，在当前全国各地政府都积极鼓励科技创新、大力引进科技人才的竞争中，东北地区仍处于落后地位，科技创新氛围有待提高（见表4）。

表4 东北地区发明专利数量变动情况

单位：件

省份	申请数		授权数	
	2002年	2011年	2002年	2011年
辽　宁	1619	14658	385	3164
吉　林	1004	3334	157	1202
黑龙江	939	5063	138	1953
东北地区	3562	23055	680	6319
占全国比重(%)	8.59	5.54	11.59	5.62
全　国	39806	415829	5868	112347

资料来源：根据历年《中国统计年鉴》与全国及各省统计公报整理所得。

（六）对外开放水平有待提升

2002~2012年，东北地区对外开放度一直低于全国平均水平，2002年东北地区对外依存度平均水平为18.64%，与同期全国水平相差24个百分点。实施振兴战略十年来，东北地区对外依存度仍未有大的改观，2012年东北地区对外依存度仍保持在18.88%，同期全国水平为46.80%。应该说，对外开放度表现为一个国家或地区对外开放的程度，更具体表现为市场的开放程度。不断提高对外开放度是各地政府的一个重要目标。因此，东北地区应适应经济全球化的新形势，实行更加主动的开放战略，全面提高开放型经济的水平（见图8）。

（七）政府主导的政策环境还未改观

当前，东北地区经济与东部沿海地区相比，呈现较快的发展态势，但仍存较大差距。这种差距不仅体现在发展水平上，更体现在市场经济观念和体制的发育不良上。国际经验表明，经济发展的关键因素在于体制机制、发展理念和政策导向。东北地区经济的发展很大程度上在于地方政府的经济行为。尽管现

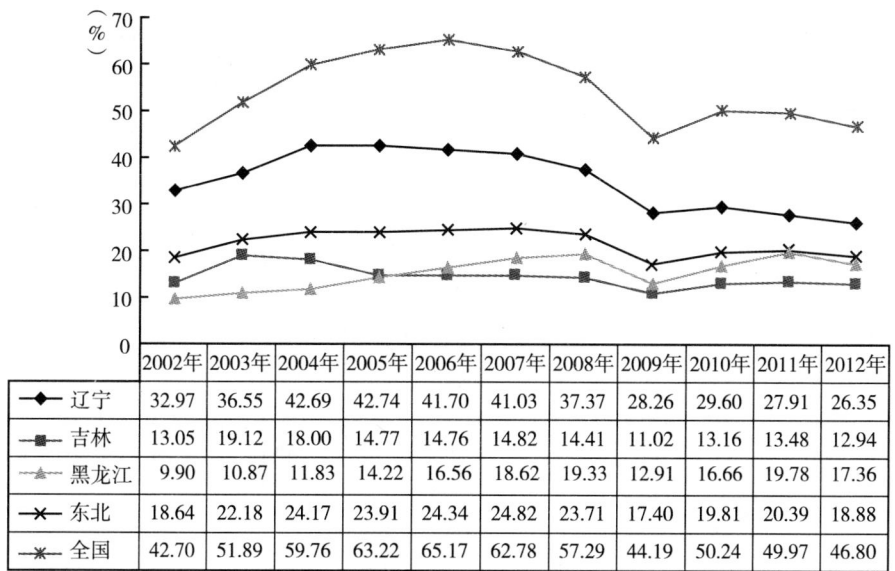

图8 2002~2012年东北地区和全国对外开放度对比变化

资料来源：根据历年《中国统计年鉴》与全国及各省统计公报整理所得。

在东北各地都在积极推动产业结构调整和经济发展方式转变，但从实际效果看，过去的十年间，为了保持本地经济高速增长，经济发展中政府的色彩越来越浓，各种鼓励政策助长了投资的盲目性，导致区域间重复投资，产业趋同，高投入、高消耗、高增长的粗放增长模式很难扭转。经济体制改革的核心问题在于处理好政府和市场的关系。因此，东北地区经济的发展应充分发挥市场机制在资源优化配置中的基础性作用，改变各地政府主导经济发展的模式。

四 未来十年东北老工业基地全面振兴的预测

（一）未来十年东北地区经济增长速度和总量预测

1996~2012年，辽宁、吉林、黑龙江三省经济发展周期与国家经济发展周期不完全一致，但总体方向是相同的。从2008年开始，受国际金融危机影响，我国经济步入下行区间，进入经济结构调整期，而东北地区仍处于经济的快速增长期。

从辽宁、吉林、黑龙江三省与全国相对增长速度的比较来看，辽宁省

2000~2012年平均增长速度是全国的1.2倍，同期吉林省和黑龙江省分别为1.26和1.12倍，东北三省的相对增长速度要快于全国（见表5）。

表5 辽宁、吉林、黑龙江三省与全国相对增长率比较

单位：%

年份	全国	辽宁	吉林	黑龙江
2000	1.00	1.06	1.09	0.97
2001	1.00	1.08	1.12	1.12
2002	1.00	1.12	1.05	1.12
2003	1.00	1.15	1.02	1.02
2004	1.00	1.27	1.21	1.16
2005	1.00	1.09	1.07	1.03
2006	1.00	1.09	1.18	0.95
2007	1.00	1.02	1.14	0.85
2008	1.00	1.36	1.66	1.23
2009	1.00	1.42	1.48	1.24
2010	1.00	1.36	1.32	1.22
2011	1.00	1.31	1.49	1.32
2012	1.00	1.22	1.54	1.28
平均	1.00	1.20	1.26	1.12

资料来源：历年《中国统计年鉴》整理所得。

综合以上因素分析，辽宁、吉林、黑龙江三省未来十年经济发展速度将分别保持在9.5%~11%、10.0%~11.5%和9%~10%之间。取两端数值，有以下两种预测方案（见表6）。初步判断，辽宁、吉林、黑龙江三省到2022年的经济发展速度可能不会高于12%，平均增长可能保持在8%~9%之间（见表6）。

表6 辽宁、吉林、黑龙江三省到2022年地区生产总值预测

单位：亿元

省份		2012年实际值	预测值(2012年价格)		
			2015年	2020年	2022年
辽宁	方案1(9.5%)	24801.3	32562	51261	61463
	方案2(11%)		33919	57156	70421
吉林	方案1(10.0%)	11937.8	15889	25590	30964
	方案2(11.5%)		16548	28518	35455
黑龙江	方案1(9.0%)	13691.6	17731	27281	32413
	方案2(10.0%)		18224	29349	35512

（二）未来十年东北地区经济社会发展趋势预测

1. 由注重高速增长向注重全面协调可持续的价值取向转变

振兴战略实施的十年里，在东北地区经济高速发展中，煤炭、钢铁、重化工等资源消耗型及环境污染型行业在其中起到巨大作用。今后十年，东北地区的经济发展模式将走新型工业化道路，并呈现显著的多样化趋势。从价值取向来说，引进并培育的多个新兴产业，打造的大批产业园区将彻底转变以传统重工业为主的格局；不断优化工业结构中的战略性新兴产业、现代服务业、文化旅游业等新兴的经济业态将成为经济增长的主导产业；经济建设、社会建设和生态建设将逐步统一协调；同时更加注重新农村建设，在城乡统筹、发展现代农业、关注民生、保持环境等方面实现全面协调可持续发展。

2. 由注重资本投入向注重全要素生产率的增长方式转变

振兴战略实施的十年里，在东北地区经济高速发展中，固定资产投资是拉动经济增长的最重要因素。今后十年，东北地区的经济增长模式将由十分注重投资，转化为依靠全生产要素的推动。技术创新、现代服务业、人才的作用等在地区生产总值的贡献率不断提升，提高全要素生产率将是东北地区未来经济发展的原动力。

3. 由注重单极优先发展向区域协调联动的空间架构格局转变

振兴战略实施的十年里，东北地区发展中存在着一些突出的问题与矛盾，其一就是各地在发展中存在着盲目性和随意性，甚至各地区之间出现相互抢夺市场、争夺项目的情况。在这些竞争中，往往一些原来基础好、地理位置佳、自然资源较丰富的地区率先发展了起来。今后十年，伴随哈大铁路开通，东北地区将由注重单极优先发展向区域协调联动的空间架构格局转变，自然资源和技术优势将有更便捷的互通和流动渠道，进一步优化资源配置将成为可能。为此，区域协调联动，打破行政壁垒，行业和市场整合，形成优势互补、相互促进、共同发展的新格局将是不可阻挡的潮流。

4. 由注重硬件设施向注重软件环境的能力建设转变

振兴战略实施的十年里，以投资拉动为主的经济增长模式使东北地区硬件设施有了很大改进。今后十年，东北地区将逐渐改变走以固定资产投资和大型

项目建设拉动内需的传统经济发展路子,软件环境的建设质量和水平将被当成工作重点。为此,全面优化东北地区人文社会环境,倡导精神文明建设与社会经济发展并重;深入发掘东北地区的传统文化资源,使之成为带动本地区经济增长新的抓手;创造良好的环境,形成本地新的文化;完善科学的高素质人才培养模式等,都比以往更加受到重视。

5. 由注重区域自我谋划向全国和全球分工的产业优势打造转变

振兴战略实施的十年里,东北地区区域性自我谋划的比重大,这样狭隘性、盲目性和随意性就难以避免。今后十年,东北地区的经济发展模式和产业布局过程都将在广泛参与全球市场的竞争中认识和实现,从而带动本区域内产业结构的调整和完善。在具体操作上,将通过参与国内市场竞争,巩固老工业基地和装备制造业基地的主体地位;通过广泛参与国际市场竞争,逐步打造出全球经济体系中的优势产业集群,包括战略性新兴产业、现代装备制造业、现代物流运输业等;通过构筑东北亚地区经济中心,带动本地区对外贸易加速发展;通过逐步占领国内相关领域市场竞争的主体地位,进行技术革新和产品升级换代等。

6. 就业形势仍然严峻,贫富差距逐步缩小

虽然十年来,东北地区就业工作取得了重大进展,但就业面临的挑战不但没有减少,相反更加受到全社会的关注。为此,全社会将继续把扩大就业作为地方经济社会发展的优先目标,调整产业结构和布局,全力做好重点人员就业,特别是青年人员就业。同时,规范个人收入分配秩序,逐步扩大中等收入者比重,有效调节过高收入,缩小地区之间和社会成员之间收入差距,贫富差距不断拉大的局面会得到有效遏制。

五 未来十年东北老工业基地全面振兴的策略

振兴战略实施十年来的实践证明,中央实施振兴东北地区等老工业基地战略的决策是及时的、正确的,已经取得了重要的阶段性成果。今后的十年是东北老工业基地全面振兴的关键期,战略机遇期。认真总结振兴十年的实践经验,进一步发挥各种有利因素,扎实推进东北老工业基地全面振兴政策和规划的深入落实，解决阻碍全面振兴的深层次矛盾，应抓住一些工作重点。为此，我们从学者角度提出如下建议。

（一）要在抢占新兴产业比较优势方面下功夫

几年前，美国奥巴马政府于金融危机后在新能源、宽带网络、干细胞、航天航空等技术开发和产业发展方面下了大力气。日本把重点放在信息技术应用、商业航天市场、低碳产业、新型汽车、医疗与护理、新能源等新兴行业上。英国启动了混合燃料电动车等"绿色振兴计划"。韩国也制定了《新增长动力规划及发展战略》，将尖端产业融合、高附加值服务、绿色技术三大领域共17项新兴产业确定为新的增长动力。东北地区应努力跟上这个新的产业浪潮，超前发展，这是决定今后振兴与否的关键。

东北老工业基地要实现全面竞争，就要在21世纪或未来产业发展上有竞争力。应该说，东北地区有发展这些新兴产业的优势。虽然就目前的条件看，受制于市场、成本和技术等因素，这些产业短期内的产业生命周期中还无法担当起支撑重任，但在经济增长中其代表着科技和产业的发展方向，对一个区域的发展具有重要的影响，将在满足社会新的需求、减少环境污染、改变产业结构、促进经济社会协调发展等方面具有长期性、整体性、基本性的意义。从这个角度来说，新兴产业将成为东北地区增长率快于平均增长率，且具有扩推动力的主导产业。这些产业对东北地区而言是真正的战略性新兴产业。如果一味地接受产业转移，缺乏产业的前瞻设计和超前发展，东北老工业基地等待的将是"被振兴"。

（二）要在实现居民收入倍增方面下功夫

在20世纪60年代末70年代初，一些南美和东南亚国家已经到达了中等收入水平，却一直没能实现跨越，被认为陷入"中等收入陷阱"。经过三四十年的努力，这些国家仍然徘徊在中等收入的阶段。相反，日本在"二战"后之所以能迅速崛起，并顺利跨越这个陷阱阶段，就与其在20世纪60年代实施了国民所得倍增计划有关。这个计划的实施，大幅提高国民生活水平，实现完全就业，缩小农业与非农业之间、大企业与小企业之间、地域之间等收入上存

在的差距，使国民经济和国民生活得以均衡发展。

从我国来说，党的十八大提出的收入倍增计划，是保障和改善民生的硬任务，是最牵动人心、最让普通老百姓振奋的目标，是率先基本实现现代化的关键举措。收入倍增计划的提出表明了党中央和国务院工作的新思路，即要坚持以就业创业为基础，以富民优先为导向，以农民增收、职工工资增加、社会保障水平提高、公共服务体系完善、困难群体帮扶为重点，促进居民尤其是中低收入者收入普遍较快增加，提升人民群众的幸福感和满意度。

实施收入倍增计划，一方面是收入分配问题，即要促进每一个国民提高收入，扩大中等收入阶层范围，形成橄榄形的社会结构；另一方面是一个重大的民生问题，即进一步完善自主创业、自谋职业政策，多渠道地保障和改善贫困群体的收入水平，特别是要对低收入人群、贫困人口多扶持；切实提高劳动报酬在初次分配中的比重，使劳动者通过创业获得更多经营性收入和财产性收入；降低垄断行业的进入门槛，使垄断行业与一般企业的工资形成合理的比例关系。

从更高层次看，实施收入倍增计划还是个战略问题，在实施这个计划的同时，还要理顺政府与市场之间的关系，完善政府服务机制，对整个发展方案作出调整与转换等。为此，东北地区各级政府应提高对这项工作的认识，因为这个计划的实施会在一个地区经济发展方式转型、产业升级，以及社会公平、和谐与稳定中发挥重要作用。

（三）要在通过文化建设聚集大量高端创新要素上下功夫

理论和实践证明，一个区域的发展水平和质量，往往与其聚集创新要素的水平和质量成正比。中国南方沿海的一些先进省市之所以走在全国的前面，其原因就是能够吸引一大批先进生产要素和聚集众多科研院所、创新人才、中介机构、风险投资等。美国硅谷正因为吸引了能够为其注入顶级智能活力、来自世界各国各种族的高学历人才，硅谷才成为硅谷。东北地区今后要成为我国新的增长极，实现全面振兴，离开要素云集，目的难以实现。

全世界的发展经验也都充分证明，一个经济增长快、创新能力强、投资回报率高、具有极大发展潜力的经济增长区域，一个发展起来的示范区、先导区、辐射区和产出区，往往都与文化和制度有关。

东北地区今后要在打造积极向上的文化和制度方面下大力气，营造一个地区良好的创新文化氛围，努力从已有的观念、发展路径、工作经验中解放出来，坚持以思想解放为引领，更新观念，破旧立新，以创新的思维谋发展，以创新的举措促工作，营造"支持创新、鼓励创新、追求成功、宽容失败"的发展环境，从而推动该地区的快速发展和全面振兴。

（四）要在学习型、服务型政府建设上下功夫

如果说，强势的政府在东北老工业基地振兴的前十年是有利的话，后十年要实现全面振兴，这样的政府就不会有利。变主导、控制、强势为管理、疏导、服务（其中公共服务是涉及社会公平和正义的评价问题），是处理好市场和政府关系的关键问题，是决定投资环境和民营中小企业发展的核心问题，更是社会回归规律和本真的过程。要解决好这个问题，前提是要建立一个学习型、服务型政府。因为要树立服务的理念，创新地发展，迎接更加严峻的挑战，实现更加难以实现的目标，政府要是不在学习上下功夫，这样的目标难以实现。

应该看到，东北地区目前从产业价值链来说，整体上还处于全国乃至全球价值链低端，在利润丰厚的前端研发、设计和后端品牌销售阶段还有相当的差距；从发展模式来说，特色不够显著、核心技术缺乏、经济规模不大、企业聚集度不高、技术创新能力不够强、具有竞争力的大企业少；从生产方式来说，高投入、高消耗、高污染、低产出、低效益的粗放型发展方式依然存在；从现实状况来说，与一些先进省、市相比，管理水平还有待提高等。弥补这些不足的工作千头万绪，但首要工作就是政府要承担历史使命，首先学习，率先学习，为全社会树立榜样，同时善于服务，这是解决问题最有效的办法和最基础的工作。

（五）要在推进资源型城市转型方面下功夫

资源型城市转型工作千头万绪，培育壮大接续替代产业是问题的关键，但这项工作难度很大。例如，尽管鞍山市改变了钢铁工业总产值曾占全市工业总

产值的60%、钢铁工业利税总额曾占全市工业利税总额的90%、钢铁企业职工人数曾占全市职工人数的50%以上的局面，但实现经济转型，以其他产业作为主导产业实在是件很有挑战的工作。为此，在东北老工业基地发展的下一个十年，资源型城市各级政府要发展接续替代产业，在产业布局、土地利用、项目审核、贷款融资、市场准入、技术开发等方面给予支持，支持其发展接续替代产业园，积极承接先进地区产业转移。

同时，要构建资源型城市的可持续发展长效机制，探讨出台可持续发展准备金制度，政府为此要统筹更多准备金，专项用于解决资源型城市环境治理、下岗职工安置等问题。对于那些资源开采处于成长期或成熟期的资源型城市，也应该开展可持续发展试点，出台支持资源型城市可持续发展的政策措施，加大财政政策支持力度，提高对资源枯竭城市财力性转移支付力度，特别是对资源型城市深部采空区、特大型矿坑治理的支持力度。在这个过程中，还要实施好资源型城市扶持就业工程，专项资金在安排上要向资源枯竭城市就业倾斜。国家应进一步要求开发银行等各类金融机构，加大对资源型城市可持续发展的支持。

（六）要在加快区域一体化建设方面下功夫

《东北振兴"十二五"规划》明确提出：鼓励东北地区实行跨省（区）经济合作，促进生产要素合理流动，提高一体化发展水平，近期先行组织开展旅游、物流、交通和科技方面的一体化协作。为此，建议巩固东北地区四省（区）行政首长协商机制，经常研究协调跨省（区）重大基础设施项目建设、产业布局，以及区域协调发展等问题；国家要做好一体化规划工作，特别是要规划一些重大基础设施，并不断督促检查。

东北地区四省（区）应加快一体化步伐，共同在企业整合、市场开拓等方面，特别是在加强企业国际化能力，共同培育一批世界水平的跨国公司；共同形成以品牌、质量、技术、服务为核心的产品出口竞争新优势；共同提高抵御国际经济风险能力，形成国际合作、竞争的开放区域，培育和带动区域发展等方面共同努力。

下一个十年，拉动东北经济发展的动力将从投资转到消费，东北地区四省

（区）的一体化更具有特殊意义。东北地区四省（区）应从每个地方政府都争着做自己的项目、争夺自己应得的那一杯羹的过去走出来，对全东北比较分散力量进行整合，形成更有力量的"拳头"，在竞争中共同取胜。

走过厚积薄发、加速崛起的十年，东北老工业基地已站在历史新起点上，应该从现在起建立协调机制，打破行政壁垒，扬长避短，实现功能互补，发挥各自的比较优势和特色，形成有分有合、合作竞争、合理布局的组合体系，整体提高东北地区的竞争力。在具体操作上，东北地区四省（区）应共同编制区域发展规划，创建区域创新服务平台；鼓励和支持东北地区四省（区）高等院校、科研机构、企业深化产学研合作，围绕东北地区四省（区）应对关键、共性技术开展联合攻关；共同举办各种形式的论坛，加强区域间人才与学术交流，促进区域合作网络的形成等。

参考文献

张小普、胡建阳主编《辽宁省国民经济和社会发展第十二个五年规划》，辽宁人民出版社，2011。

林毅夫：《繁荣的求索　　发展中经济如何崛起》，北京大学出版社，2012。

刘海影：《中国经济下一步是繁荣还是陷阱》，中国经济出版社，2013。

胡舒立、王烁：《中国2013年关键问题》，线装书局，2013。

张天维、姜瑞春等：《后金融危机时代战略性新兴产业发展研究》，辽宁教育出版社，2011。

地 区 篇

Regional Reports

B.2
辽宁老工业基地振兴的回顾与展望

张万强 李天舒 李晓萌*

摘 要:

> 东北等老工业基地振兴战略实施十年来，辽宁综合经济实力显著增强，产业结构进一步优化，历史遗留问题逐步解决，社会民生不断改善，老工业基地振兴取得了重大阶段性成就。但当前制约辽宁老工业基地振兴的体制性、机制性、结构性矛盾尚未根本解决，经济自主增长能力依然较弱。辽宁迫切需要以振兴战略实施十周年为契机，系统总结评价振兴战略实施成效，认真剖析存在问题，深入研究新十年振兴战略的总体思路。

关键词:

> 老工业基地 产业结构 全面振兴

---

* 张万强，辽宁社会科学院经济研究所副所长、研究员；李天舒，辽宁社会科学院经济研究所研究员；李晓萌，辽宁社会科学院信息研究所助理研究员。研究报告采用了省统计局、省委政研室、省政府研究室等政府部门的资料。

实施东北地区等老工业基地振兴战略,是党中央、国务院在本世纪初为推进我国区域经济协调发展、全面建设小康社会作出的重大战略决策。十年来,辽宁省委、省政府紧紧抓住这一重大历史机遇,全面落实中央支持东北振兴的各项政策措施,老工业基地振兴取得了重要阶段性成果。未来十年是辽宁实现全面振兴的攻坚期和决胜期,必须在巩固振兴成果基础上,进一步理清发展思路,明确振兴目标,全力破解深层次矛盾,确保实现老工业基地全面振兴,在科学发展道路上建设富庶文明幸福新辽宁。

一 辽宁老工业基地振兴取得的成效

辽宁振兴十年的实践,充分证明了中央实施东北地区等老工业基地振兴战略的重大决策是完全正确的。辽宁老工业基地已逐步破除了20世纪90年代以来的困难局面,重新焕发了生机与活力,呈现经济快速发展、民生持续改善、社会和谐稳定、发展后劲增强的良好态势。这是党中央、国务院正确决策和国家各部门倾力支持的结果,也是辽宁省委、省政府带领4300万人民不懈奋斗的结果。

(一)综合经济实力显著提升

振兴战略实施以来,辽宁经济呈现了持续快速发展的态势,综合实力显著增强。2002～2012年,地区生产总值从5458.2亿元增加到24801.3亿元,年均增长16.3%。人均GDP从12986元增加到56547元,年均增长15.8%。公共财政预算收入从399.7亿元增加到3103.7亿元,年均增速达22.7%。全社会固定资产投资从1605.6亿元增加到21836.3亿元,年均增速为29.8%。十年间,辽宁经济总量连跨了两个万亿元台阶,在全国位次由第8位上升到第7位,实现了新的跨越,经济增速持续超过东部地区平均水平,呈现又好又快的发展态势。

(二)体制机制改革取得重大突破

国有企业改革重组取得重要进展。十年来,通过整合重组、企业上市、政策性关闭破产等多种形式,强化体制机制创新,建立现代企业制度,股权结构多元化格局初步形成。截至2012年,全省地方国有企业实行公司制股份制改革面达到90%以上,国有工业中小企业产权制度改革全面完成,国有非工业中小企业改制面达到90%以上。体制机制创新使国有企业焕发了生机活力。非公有制经济加快发展。至2012年末,民营经济增加值已占全省经济总量的60%以上,从业人员占全省70%以上,撑起了全省经济"半壁江山",成为推动辽宁振兴的重要力量。

(三)产业结构进一步优化

一是传统优势产业不断壮大。2004~2012年,装备制造业增加值年均增长22.84%,2012年占规模以上工业增加值30.1%,提高了6个百分点,成为工业第一大支柱产业。2012年全省四大支柱产业增加值占规模以上工业增加值比重达84%。二是高新技术和战略性新兴产业快速崛起。2012年,规模以上工业企业实现高新技术产品增加值增长20.6%,开始走上创新驱动的良性轨道。重点推进了先进装备制造、新能源、新材料等九大类战略性新兴产业发展,有力支撑了产业结构的优化升级。三是服务业规模不断扩大。2012年,全省服务业增加值达到9306.8亿元,比2002年增加7048.6亿元。四是农业综合生产能力明显增强。全省第一产业增加值由2002年的590.2亿元增加到2012年的2155.8亿元。

(四)三大区域发展新格局基本形成

在振兴过程中,辽宁坚持继承与创新相结合,全面实施了沿海经济带、沈阳经济区和辽西北三大区域发展战略,有力促进了全省经济协调发展。一是辽宁沿海经济带开发开放上升为国家战略,42个重点园区蓬勃发展。全长1443公里的滨海大道建成通车,大连东北亚国际航运中心建设取得明显进展。二是沈阳经济区获批为国家新型工业化综合配套改革试验区,同城化一体化步伐不断加快。38个新城新市镇建设全面启动,57个产业园区初具规模,沈抚同城化稳步推进。五条城际开发大道建成通车。沈阳建设国家中心城市取得了新进展。三是突破辽西北取得明显成效,三市主要经济指标增速近五年超过全省平均水平，生态环境发生了重大变化，特色产业集群加快壮大，基础设施支撑能力进一步增强，生态环境明显改善，人民生活水平不断提高。

（五）科技创新能力明显增强

科技创新体系建设取得明显成效，为经济的平稳较快发展提供了强有力的科技支撑。全省研究与试验发展（R&D）经费支出由2002年的71.6亿元增加到2012年的443.1亿元，年均增长20.0%，占生产总值的比重由1.3%提高到1.8%。企业在科技创新体系中的主体地位日益突出。一大批制约重点行业发展的重大关键技术被攻克，盾构机、高档数控机床、特高压输变电设备等一批具有自主知识产权的重大装备产品成功开发，全省产业技术水平整体提升。2010年，辽宁被国家科技部列为国家技术创新工程试点省。

（六）社会民生建设步伐持续加快

一是就业再就业工作成效显著。通过政府购买岗位等多种途径，解决了体制转轨遗留的就业困难群体再就业问题，建立并逐步完善零就业家庭援助长效机制，实现零就业家庭动态为零。城镇登记失业率由2002年的6.8%降至2012年的3.6%，高校毕业生年度就业率稳定在90%以上。二是社会保障体系逐步完善。全省178.9万国企下岗职工顺利实现并轨，基本养老保险、基本医疗保险等全面建立，覆盖城乡较为完善的社会保障体系基本建立，社会保障水平逐年提高。三是棚户区改造"民心工程"成就突出。从2005年起，辽宁在全国率先开展了大规模城市棚户区改造和采煤沉陷区住宅搬迁工作，辽宁在解决城市棚户区改造这一世界性难题上取得重大突破，实现了棚改家庭、社区和城市的巨变。四是人民生活水平明显提高。2002~2012年，全省城镇居民人均可支配收入由6525元增加到23223元，年均增速为13.54%；农村居民家庭人均纯收入由2751元增加到9384元，年均增速为13.1%，社会和谐稳定局面进一步巩固。

（七）基础设施建设实现新跨越

2003年以来，辽宁全面落实国家对东北老工业基地的倾斜政策，加快重大项目建设，完善能源、交通、水利等现代基础设施体系，为辽宁振兴发展提

供了重要支撑。在能源建设方面，积极调整能源结构，大力发展风电、核电等新兴可再生能源，红沿河核电站、华能电厂等一批大项目建设投产，有效地缓解了经济建设的能源瓶颈约束。沈阳地铁通车运营，全长1443公里的滨海大道全线贯通。大连机场、朝阳机场和丹东机场扩建工程竣工，沈阳机场新航站楼加快建设，锦州机场和营口机场前期工作进展顺利，阜新军民合用机场项目扎实推进。民航机场年旅客吞吐量达到2500万人次。全省港口生产性泊位达到360个，其中万吨级以上泊位170个，港口综合通过能力4.9亿吨，基本形成了以大连、营口为主要港口的多层次港口发展新格局。2012年，港口货物吞吐量8.9亿吨，集装箱达到1513万标箱。当前已竣工、在建的铁路项目26个，总长3000公里。哈大客专开通运营，沈丹客专、丹大铁路和巴新铁路加紧建设。沈阳地铁一号线、二号线建成运营，大连地铁正在加快建设。高速公路通车里程达到3917公里。

（八）生态环境建设全面加强

全省工业能耗持续下降，主要污染物排放速度下降，生态省建设加快推进，城乡环境显著改善。2003年以来，全省累计治理水土流失面积1734.5万亩，完成河道生态治理面积100万亩、生物防护工程147公里。2012年，全省森林覆盖率达到40.2%，完成草原沙化治理400万亩、草原恢复工程300万亩，辽河、凌河流域水质明显好转。城市污水处理率提高到70%，城市环境空气质量优良天数达标率提高到94.8%。全省城市用水普及率达到98.9%；燃气普及率达到95.7%；建成区绿化覆盖率达到40.4%，人均公园绿地面积达到11.3平方米；生活垃圾无害化处理率达到85%。资源型城市经济转型迈出坚实步伐。阜新作为全国首个资源枯竭型城市转型试点市，已初步形成了装备制造、农产品加工、煤化工等接续替代产业，发展势头强劲。抚顺、盘锦等资源型城市也在经济转型中探索可持续发展之路。

二 辽宁实施振兴战略的基本做法分析

深入研究辽宁老工业基地振兴实践，可以得出以下几点理性认识：老工业基地振兴的核心问题是要解决深层次的体制机制矛盾；老工业基地振兴的基本途径是实现从传统工业化向新型工业化的过渡；老工业基地振兴的长远目标是构建经济内生增长的动力机制和增强自我发展能力。

1. 突出规划引领作用，明确方向循序推进

辽宁在深刻把握国家振兴规划的基础上，进一步深化细化振兴思路，充实振兴战略内涵，及时制定新的配套政策，逐步形成了指导辽宁老工业基地振兴的规划体系，并适时引导和循序推进振兴进程，充分体现了振兴规划的长期战略价值。

2. 利用国家政策优势，培育内生增长动力

辽宁通过积极争取综合配套改革试点，拥有了一批各层次先行先试的探索权利。区域内各类实验区（示范区）着眼于政策探索和改革，着力破解体制机制难题，有力地推动了区域整体改革开放和制度创新，成为重塑区域内生发展能力的重要源泉。

3. 大力推进老工业区改造，带动产业结构优化升级

辽宁坚持工业改造与城市改造统筹并举，形成了系统推进集中连片老工业区整体改造的成熟经验。特别在沈阳铁西老工业区调整改造中，转变了过去单纯以企业技术改造为主的思路，代之以行政管理体制改革、体制机制创新为先导，综合实施"扩权强区""东搬西建""壮二活三"战略，成功破解了老工业基地改造中"钱从哪里来、人往哪里去、产业怎么摆、企业怎么改、包袱怎么甩"等普遍性难题，走活了调整改造和振兴发展的全局。与此同时，大力发展工业产业集群，以特色产业基地为载体培育发展战略性新兴产业，形成了以科技创新引领结构调整和推动转型升级的战略导向。

4. 完善基础设施体系，优化经济发展环境

加快老工业基地振兴离不开基础设施的支撑和良好的发展环境。十年来，辽宁持续加大基础设施建设投资，推进了一批关系长远发展的重大基础设施项目，包括铁路、机场、高速公路等通道建设，以及能源、水利等重大基础设施建设。通过深化地方金融机构改革，提高金融资产质量，实现不良资产处置与促进国有企业转制、产业结构调整的有效衔接，全面推进"信用辽宁"建设，

全省信用环境和金融生态环境不断改善，为老工业基地振兴营造了良好的发展环境。

5. 科学谋划空间布局，双轮驱动同步推进

辽宁坚持科学规划城市空间、产业空间和生态空间，形成了沈阳经济区、辽宁沿海经济带、辽西北三大区域发展格局。特别是突破了内陆省份的思维定势，创造性地提出了辽宁沿海经济带开发开放和建设沿海强省的战略构想，极大扩展了产业增长空间和区域增长空间，再造了区域发展的新动力。辽宁处于工业化、城镇化"双轮驱动"的关键时期，创造性实施了建设新城、新市镇的重大举措，推动城市空间结构优化和城市转型，促进新型工业化和新型农业现代化的贯通。通过发挥新型城镇化的引领作用、新型工业化的主导作用，以及新型农业现代化的基础作用，初步形成了工业化、城镇化和农业化有机统一、同步推进的路径，奠定了区域协调发展的新格局。

6. 全力推进民生工程，彰显振兴惠民主旨

辽宁在振兴过程中坚持以人为本、民生优先，努力构建和谐辽宁。通过调整财力分配机制，率先在全国实现了城镇居民和新型农村社会养老保险全覆盖，率先探索实施了城市连片棚户区全面彻底改造的操作办法和实施机制，确保了一系列保障民生政策措施的落实。大力推进就业和再就业工程，确立了"政府促进就业、市场调节就业和劳动者自主择业"的机制，解决了最为庞大的下岗群体的就业难题，保持了就业形势基本稳定和就业创业环境不断优化。

三 制约老工业基地振兴的深层次矛盾

实施振兴战略十年来，辽宁经济社会发展成就显著，但制约经济社会发展的体制性、机制性、结构性矛盾仍未从根本上解决，发展中不平衡、不协调、不可持续问题依然突出，实现全面振兴任务艰巨。

（一）经济结构不尽合理

经济增长主要靠投资拉动，消费和进出口对经济增长的贡献率低。装备制造业产品配套能力和系统集成能力有待提高，原材料工业精深加工度低，产业结构仍处于国内外产业链的低端，产品附加值低，获利能力差。服务业发展相对滞后，对经济增长的贡献率呈现下降趋势，低于全国平均水平。战略性新兴产业规模较小，缺乏核心技术。经济增长的基础不稳固，尚未建立起稳定的技术、品牌等方面的竞争优势，容易受到外部环境的冲击，内生增长动力不足。

（二）体制性、机制性矛盾尚未得到根本解决

国有企业公司制股份制改革还有待进一步深化，现代企业制度的建立正处于攻坚阶段。厂办大集体、老工业区改造、资源型城市转型等还遗留较多问题，体制机制转轨的难度大，社会问题突出。行业协会等社会中介组织的整体市场发育程度比较低，社会化服务水平滞后，不能满足经济发展的内在要求。民营企业的发展空间和发展规模与东部沿海发达地区相比存在较大差距，市场化程度低，需要进一步优化发展环境，推进国有经济战略性调整，促进行政管理体制改革，转变政府职能，增强经济活力。财税金融等领域、社会事业体制等方面存在与经济社会发展要求不相适应的地方。

（三）资源环境约束仍然突出

在重化工业占绝对主体的产业结构下，高投入、高排放、高消耗的特征依然显著，工业产品的物耗、能耗、水耗高，经济增长对资源消耗的依赖程度高，经济发展付出的资源环境代价较大，水、土地及矿产资源等要素约束矛盾越来越突出，需要进一步加大力度防治生态安全问题。节能减排压力较大，一些流域、海域、土地等污染状况比较严重，垃圾处理、饮用水安全、空气质量等方面距离人民的要求还有一定差距。

（四）城乡区域发展不协调

2012年，沈阳和大连两个城市经济规模占全省的一半以上，其他地区特别是辽西北的阜新、朝阳、铁岭等城市相对落后，工业化水平低，产业竞争力不强，一些县乡财政困难，部分群众生活还比较困难。阜新等资源枯竭型城市虽然在产业转型方面取得了较大的进展，但可持续发展能力依然较弱，接续替

代产业发展基础不稳固,社会、生态等方面存在较多问题。城乡发展不协调,农村基本公共服务能力欠缺。城乡居民收入有待提高。

(五)自主创新能力有待增强

主要表现为研发投入低,以企业为主体的科技创新体系还没有完全形成。2011年,辽宁研发投入仅占地区生产总值的1.8%,全国排名在第10位左右。在大中型工业企业中,有研发机构的比重在14%左右,低于全国平均水平10个百分点以上。高新技术产业的发展水平还不高,一些重大技术的研发能力有限,部分重大技术装备及基础零部件仍依赖进口。

上述矛盾,既是十年振兴过程中客观存在的主要问题,也是今后深入实施振兴战略需要下大气力解决的重要问题。

四 辽宁新十年深入实施振兴战略总体思路及策略

(一)发展环境

世界经济处于经济周期的低谷阶段,呈现结构性危机特征,不稳定因素增多。美国缺乏革命性技术的引领,经济复苏缓慢,失业率居高不下,依靠量化宽松政策转移国内矛盾;欧盟仍受欧债危机的困扰,劳动生产率难以支撑高福利的财政支出,未来发展面临诸多风险;日本近年来受地震、海啸、核泄漏等灾难的影响,经济难以有实质性的好转。发达国家重新重视实体经济的发展,使发展中国家未来在吸引投资、获得高新技术等方面的难度加大。中国正处于转变经济发展方式和结构升级的关键时期,人口红利逐步消失,企业成本上升,生存和发展难度增大,转型和拐点阶段的经济社会矛盾导致"中等收入陷阱"的风险加大。同时,中国也面临着诸多的发展机遇。以新能源技术、低碳技术、生物技术、信息技术等为代表的新一轮科技革命呼之欲出,将推进全球竞争格局的改变。国内工业化、城镇化仍处于加速发展阶段,需求潜力巨大,将带动中国经济持续稳定发展。在这种复杂的国内外发展环境中推进全面振兴工作是一项艰巨的任务,辽宁必须审时度势,科学研判。

（二）战略导向

面对世界经济大调整、国内经济大转型的新形势，根据中央关于到 2020 年如期实现全面建成小康社会的新要求，辽宁要继续坚持振兴战略实施以来的成功经验，全面解决计划经济遗留的和老工业基地特有的深层次的体制性、机制性、结构性矛盾，率先实现全面振兴，即辽宁要先于东北地区其他省份实现全面振兴，先于全国其他老工业基地实现全面振兴，先于全面建成小康社会实现全面振兴。为提前全面建成小康社会，向基本实现现代化迈进，奠定具有决定性意义的基础。未来十年，针对经济社会发展实际，辽宁应坚持以下重大战略导向：

一是坚持把产业转型升级作为实现全面振兴的主攻方向。进一步处理好转方式、调结构与平稳较快发展的关系，产业转型与产业升级的关系，传统产业提升与新兴产业培育的关系。

二是坚持把创新作为实现全面振兴的主导力量。进一步强化科技创新的引领支撑作用，加快区域创新体系建设，引导创新资源向企业集聚，提高核心竞争力。

三是坚持把两大国家战略作为实现全面振兴的重要引擎。进一步强化辽宁沿海经济带和沈阳经济区的龙头作用，促进两大国家战略深度融合，推动三大区域一体化发展。

四是坚持把统筹协调发展作为实现全面振兴的基本要求。进一步统筹经济、文化和社会建设，统筹城乡发展，统筹推进工业化、信息化、城镇化、市场化和国际化。

五是坚持把资源节约和环境保护作为实现全面振兴的重点任务。进一步强化节能减排，发展循环经济，加强生态建设，不断增强可持续发展能力。

到 2020 年，把辽宁建设成为产业特色鲜明、竞争优势明显、城乡发展协调、生态环境优美、人民生活幸福的沿海经济强省；建成国家新型工业化示范区、东北亚国际合作与自由贸易试验区；建成具有国际竞争力的先进装备制造业基地、国家新型原材料基地、国家重要的技术研发与创新基地；全面建成小康社会，经济社会发展总体水平步入东部发达地区行列，由中等收入经济体上升为发达经济体。

（三）基本思路

基于国家发展改革委在《全国老工业基地调整改造规划（2010～2020年）》中提出的继续"深化、巩固、发展"振兴战略的理念，按照繁荣型、发展型、潜力型三个类别，对辽宁14个市实施"分类指导，统筹推进"的发展战略。

1. 推进繁荣型城市振兴的基本战略

繁荣型老工业基地城市包括沈阳、大连，此类城市未来调整改造的着力点在于深化体制机制改革，提升科技创新能力，加快经济结构的战略性调整，推进体制、政策等层面的先行先试工作，显著增强整体经济实力和区域竞争力，缩小与东部沿海发达城市的发展差距，充分发挥对区域经济整合、带动功能，提升城市在国内和东北亚的影响力。

繁荣型老工业基地城市发展思路是：深化国有企业改革，进一步转变政府职能，营造非公有制经济发展的良好环境，推进先行先试工作，促进老工业基地体制机制创新，消除旧体制对于生产力发展的束缚，增强老工业基地调整改造的内在动力；改造提升传统优势产业，培育、发展战略性新兴产业，建立现代产业体系，促进产业链中的中、低端产业向高端产业演进，大力发展知识和科技密集的高附加值产业，抢占产业竞争的制高点；转变发展方式，以推进节能减排工作为突破点，改善生态环境，增强老工业基地的可持续发展能力；充分发挥沈阳和大连作为沿海经济带和沈阳经济区两大城市群的领头雁作用，通过提升创新能力、建设区域金融中心等，增强高端生产要素对城市群的辐射、扩散功能，深入开展与俄罗斯、日本、韩国、朝鲜等东北亚国家的经济合作，打造国家级中心城市和东北亚重要城市。

2. 推进发展型城市振兴的基本战略

发展型老工业基地城市包括鞍山、抚顺、营口、盘锦、葫芦岛、本溪、辽阳、锦州、铁岭。此类城市调整改造的着力点一方面在于解决历史遗留问题，推进老工业区的整体改造等；另一方面在于通过大力发展特色产业基地，完善产业布局，优化产业结构，发展现代产业体系，打造新的区域增长级。

发展型老工业基地城市发展思路是：在产业结构优化升级的过程中，通过对一些问题集中的老工业区的改造，加速工业布局调整，优化整合土地资源，为一批接续替代产业、智力密集的高技术产业、战略性新兴产业、高端服务业，以及其他具有高投入密度、高技术含量、高附加值和低能耗、低污染的产业提供发展空间。大力发展特色产业基地，在巩固已经取得成绩的同时，进一步增强自我发展能力，通过政策引导加快发展，打造区域经济新的增长极。通过沈阳经济区和沿海经济带两大区域发展战略，为发展型城市提供更多的发展机遇，形成各市争先发展的大好局面，为辽宁成为中国重要的经济增长区域提供有力支撑。

3. 推进潜力型城市振兴的基本战略

潜力型老工业基地城市包括阜新、丹东、朝阳，此类城市调整改造的着力点在于通过国家和省级政府的支持，解决历史遗留问题，完善城市基础设施建设，加大生态环境保护力度，进一步保障和改善民生，培育新的经济增长点，缩小与其他城市经济、社会发展的差距，促进区域协调发展。

潜力型老工业基地城市发展思路是：国家和省级政府部门应给予潜力型老工业基地更多的扶持政策，一方面推进老工业区的整体改造、资源枯竭型城市转型等历史遗留问题，另一方面通过产业扶持政策打造更富吸引力的软环境，吸引产业投资，促进产业集聚；基于基本公共服务均等化理念，加大国家和省两级政府对潜力型老工业基地城市转移支付的力度，完善交通、信息、供水、垃圾处理等基础设施建设，提高这些城市集聚经济要素的能力。着力改善民生条件，通过健全社会保障体系等措施，提高居民收入。加大生态环境的补偿力度，促进人与自然的协调发展；在遵循产业发展规律的前提下，立足现有产业和比较优势，寻求发展的突破口。在这些城市布局一批电子信息、先进制造、生物技术等方面的高端产业和劳动密集型产业，建设现代化新型产业基地，形成新的经济增长点，推动产业结构优化升级；促进潜力型老工业基地城市与区域其他城市的互动，通过区域合作政策，接受其他城市的辐射和带动，使自身发展融入区域整体发展战略中，缩小地区发展差距。

（四）对策建议

根据国务院《东北振兴"十二五"规划》的总体部署，为确保辽宁率先

实现全面振兴目标,必须从关键环节和重点领域入手,选准突破口,抓住着力点,努力开创老工业基地全面振兴新局面。

1. 以科技创新为驱动,形成现代产业新体系

全面实施创新驱动发展战略,既要发挥老工业基地科技、人才的自有优势和潜力,也要致力于构筑优越的创新环境,筑巢引凤,全面推进自主创新和协同创新,实施知识产权战略、标准化战略和品牌战略,将智力资源优势转化为行业发展的技术优势和产业优势。巩固扩大传统产业竞争优势,全面落实战略性新兴产业发展规划,形成传统优势产业和战略性新兴产业并驾齐驱,加快新一轮工业体系的自我完善和升级改造。把发展服务业作为产业结构战略性升级的重要任务,增强生产性服务业对现代制造业发展的支撑作用。探索区域集成创新的有效途径,以新体制、新模式激活老工业基地科技资源存量。

2. 以新型城镇化为导向,促进产业城市融合发展

产业是城市发展的基础,城市是产业发展的载体,产业与城市融合是工业化和城镇化相结合的一种城市发展方式。以新型城镇化为依托,以建设产业新城为切入点,有效整合老工业基地产业与城镇资源,发挥产业支撑作用,提升城镇承载能力,形成产城协调互动、共同发展的格局。着力提高城镇化质量,强化中心城市区域发展的龙头作用,加快城区功能升级,逐步实现教育、医疗、社保等基本公共服务覆盖全部城镇常住人口,就业方式、人居环境、功能配套、社会保障等实现由乡到城的战略转变。

3. 推进体制机制创新,重建内生发展能力

继续深化国有企业改革,完善国有资产管理体制,推进经营性国有资产统一监管。建立国有资本有进有退、合理流动的常态化机制。彻底剥离企业非主营业务,全面完成厂办大集体改革,加快处理地方金融机构历史遗留问题。进一步营造民营经济和中小微企业加快发展的良好环境。加强产权市场建设,促进各种所有制经济平等使用生产要素,公平参与市场竞争,同等受到法律保护。不断深化行政管理体制、行政审批制度改革,加强政府绩效管理,促进政府职能转变。深化地方金融机构改革发展,加大债券等融资工具的运用和创新,健全多层次资本市场体系,推进行业协会等社会中介组织市场化改革。

4. 提升老工业基地对外开放新水平

进一步扩大向东北亚开放，建设开放载体和国际大通道，提升参与国际分工与合作的能力。进一步增强辽宁沿海经济带对外开放引领作用，打造承接国际先进制造业和生产性服务业转移的新高地，加快大连东北亚国际航运中心、物流中心及沿海港口群建设。把辽宁沿海经济带建成北连中蒙资源通道、东接朝鲜经济半岛经济合作区，开放型、国际化的新型工业化先导区。依托东北东部铁路建设，推进北黄海经济带开发开放，推进黄金坪中朝经济合作区建设。

5. 完善基础设施，增强发展承载能力

坚持基础设施建设适度超前，抓好现代能源体系、现代水网体系和现代综合交通体系、现代公共服务体系建设，以重大基础设施项目提升对经济社会生态支撑能力。继续推进高速公路网、城际轨道交通等城市公共交通建设，改善市政基础设施。完成重大土地整理、水利设施、生态林业等基础性工程，提升对粮食安全的支撑能力。完成重大能源、原材料、生态环保、节能减排、循环经济等项目，提升对建设"两型"社会的支撑能力。建立新型信息通信基础设施，推动云计算、互联网等信息技术广泛运用，健全信息安全保障体系，提升老工业基地"智慧型"发展水平。

6. 加大力度保障和改善民生

坚持把改善民生作为老工业基地振兴的出发点和落脚点，进一步健全覆盖老工业基地城乡居民社会保障体系，完善居民最低生活保障制度，实现新型农村社会养老保险制度全覆盖，不断提高社会保障标准。建立政府扶助、社会参与的创业和就业支撑服务体系，完善就业服务平台建设。加强各种职业培训，增强青年就业和再就业人员就业技能。实施城乡统一的零就业家庭扶持政策。健全社会管理体系，创新社会管理机制，实施重点民生工程，促进基本公共服务均等化，维护社会公平正义与和谐稳定。在振兴过程中，应适当加快老工业基地职工工资增长速度，使老工业基地劳动者收入与对国家的贡献相匹配。

7. 建设战略生态屏障，提高生态文明水平

坚持经济发展与生态环境保护并重，优化空间开发格局，提高资源综合利用效率，建设生态文明。综合推进老工业基地碧水、青山、蓝天、净土等生态工程，实施重大生态修复工程。树立绿色发展、循环发展、低碳发展的理念，

形成节约资源和保护环境的空间格局、产业结构、生产生活方式。实施主体功能区规划、资源环境管制和产业政策,加强"三废"治理和主要污染物排放。加大对生态脆弱区、敏感区、功能区的资金投入,建立完善的生态修复机制和生态补偿机制。实施黑土区水土保持工程,保护黑土资源,提高耕地质量。加强资源型地区沉陷区综合治理,优化沉陷区土地资源结构,提高环境管理能力。

参考文献

姜作勇:《辽宁省十二五发展战略研究》,辽海出版社,2010。
黄继忠等:《东北老工业基地产业结构调整优化研究》,经济科学出版社,2011。
辽宁省财政学会:《振兴老工业基地经济政策研究》,经济科学出版社,2004。
马树才:《东北老工业基地经济政策创新体系研究》,经济科学出版社,2011。
中共辽宁省委政策研究室:《振兴政策2003~2012文件汇编》,内部资料,2011。

B.3
吉林老工业基地振兴回顾与展望

丁晓燕*

摘　要：

振兴东北老工业基地战略实施以来，吉林省从基本省情出发，着眼于突破制约发展的薄弱环节，进一步增强发展活力。十年过去，吉林老工业基地发生巨大变化，综合经济实力大大增强，人民群众生活水平显著提高，城乡面貌焕然一新。但是，仍然存在一系列影响长远发展的结构性、体制性矛盾，全面实现振兴目标任重而道远。未来十年，吉林省将加大改革开放力度，着力解决人民群众最关心、最直接、最现实的利益问题，不断提高人民群众的福祉指数，使振兴发展成果更多地惠及全省人民，实现经济社会的全面进步。

关键词：

吉林老工业基地　振兴战略　回顾与展望

2003年，党中央、国务院从区域协调发展和全面建设小康社会全局出发，作出了振兴东北地区等老工业基地战略决策。吉林省紧紧围绕振兴发展的战略目标，创造性地贯彻落实中央精神，走出了一条老工业基地实现科学发展、创新发展、和谐发展的新路，老工业基地发生深刻的变化，经济社会发展取得巨大成就，焕发出新的生机和活力。

一　经济和社会发展取得重大成就

2003年10月，《中共中央国务院关于实施东北地区等老工业基地振兴战

---

* 丁晓燕，吉林省社会科学院软科学所所长，研究员，研究方向：区域经济、宏观经济、产业经济。

略的若干意见》正式发布，标志着振兴东北地区等老工业基地拉开序幕。十年来，吉林省从老工业基地振兴的全局出发确定奋斗目标，从转变发展方式的要求出发明确发展重点，从实现好、维护好、发展好人民群众的根本利益出发制定突破举措，经济社会发展步伐明显加快，老工业基地振兴成效显著。

（一）综合经济实力大大增强

十年来，吉林省奋力赶超，统筹推进"三化"，实施"三动"战略①和富民工程，国民经济运行呈现平稳增长、结构优化、民生改善的良好态势，朝着全面建成小康社会迈出坚实的步伐。经济总量持续扩大。十年来，吉林省GDP增速均超过全国平均水平，2012年吉林省经济总量达到11937.82亿元，与2003年相比，10年间经济总量翻了两番，地区生产总值迈上万亿元的台阶。地方级财政收入和规模以上工业利润均突破千亿元，"十一五"年均分别增长26.6%和23.9%。产业结构调整加快。装备制造业增加值占工业的比重超过20%，农产品加工业迅猛发展，成为新的重要支柱产业。产值超千亿元产业由2个增加到8个，多产业支撑经济发展格局初步形成。粮食综合生产能力跃上600亿斤阶段性水平，2012年总产达到668.6亿斤，创历史新高。

表1　吉林省GDP增速比较

单位：亿元，%

省份	2003年		2008年		2010年		2011年		2012年	
	GDP	增速	GDP	增速	GDP	增速	GDP	增速	GDP	增速
辽　宁	6002.54	11.5	13668.58	13.4	18457.27	14.2	22226.7	12.2	24801.3	9.5
吉　林	2522.62	10.2	6426.1	16.0	8667.58	13.8	10568.83	13.8	11937.82	12.0
黑龙江	4430.00	10.2	8314.37	11.8	10368.60	12.7	12582.00	12.3	13691.6	10.0
全　国	134977	10	316030	9.6	399759	10.4	472115	9.3	519322	7.8

（二）体制机制创新取得突破

吉林省作为一个计划经济影响较深的老工业基地，国企比重过高是其突出

---

① 三化，是指工业化、城镇化、农业现代化；三动，是指投资拉动、项目带动、创新驱动。

特点。2004年，吉林省国有及国有控股工业比重高达81.5%，在全国是最高的。市场经济条件下，吉林省过高的国有资产比重使地方国有企业机制不活，历史包袱重，竞争能力不强，导致全省经济发展慢、财政实力弱。在中央实施东北老工业基地振兴战略的背景下，吉林省以国有企业改革作为突破口进行体制突围。2005年，吉林省集中力量实施以产权制度改革为核心的国企改革攻坚，啃下了816户地方国有工业企业改制任务的"硬骨头"，实现了企业产权主体多元化。改制后，国有股本仅占总股本的25.9%。同时，非公经济获得较大发展空间，2012年吉林省非公经济占地区生产总值的比重达到50.8%，比2003年提高17.8个百分点。

（三）新农村建设扎实推进

十年来，吉林省农业和农村经济发展较快，粮食产量大幅提升，农民收入持续大幅增长，农业基础设施、农业综合生产能力和农村产业结构调整都有了长足的进步和提高。2011年，粮食生产获得特大丰收，总产达到634.2亿斤，比上年增产65.7亿斤，占全国增量的13.3%。亩产实现930.2斤，比2010年增加86.6斤，比全国平均水平高出242.7斤，位居全国第一。粮食人均占有量2309.5斤，粮食商品率达到84.2%，居全国首位。提前一年实现了国务院要求的增产百亿斤商品粮能力建设规划目标。2012年，粮食生产又跃上新台阶，总产达到668.6亿斤。畜牧业、园艺特产业、林业、农产品加工业和县域经济都持续保持增长，农村呈现多业并举、提质增效、互促共进、良性发展的新格局。村镇改造建设步伐加快，农村面貌发生较大变化。扎实推进"百镇千村"和10个整体推进县新农村建设试点，2010年转入深入实施阶段，启动建设了"千村示范、万村提升"工程，村镇改造力度不断加大。大力推进农村道路硬化、村屯美化绿化亮化，积极推进农村改厨、改厕，整修庭院街路，高标准建设农业示范园区、工业集中区和畜禽养殖小区，努力发展农村清洁能源，全面优化和改善农村环境。

（四）综合承载服务进一步完善

国家实行扩大内需政策，启动重大基础设施、调整结构和创新能力项目、民生工程建设，给东北地区经济带来新的发展机遇，一批水利、能源和交通运输基础设施加快建设。吉林省抓住国家扩大内需的机遇,全面完成了重大基础设施建设布局,形成了大规模建设的高峰期,基础设施对经济社会发展的承载能力明显增强。以国家高速公路为主体的重点公路建设得到发展,截至2011年底,吉林省建成国家高速公路里程达到2252公里,是2003年的4.2倍。长春龙嘉国际机场完成一期工程扩建,长白山机场通航,现代综合立体交通网络初步形成。引嫩入白、哈达山水利枢纽等重点水利工程建设顺利。500千伏电网骨干网架建成,到2011年发电量达到709.87亿千瓦时,比2003年翻一番。

(五)对外开放水平日益提升

以开放促振兴,形成了全方位多层次对外开放的新格局。长吉图开发开放先导区上升为国家战略并取得积极进展,给吉林对外开放插上了腾飞的翅膀。中朝罗先经贸区启动实施,开辟中日韩俄陆海联运航线。新增5个国家级经开区和高新区,长春兴隆综合保税区具备封关运营条件,珲春国际合作示范区和中新吉林食品区建设进展顺利。吉林省积极将自身发展融入东北亚区域合作的格局中,连续多年成功举办了中国吉林·东北亚投资贸易博览会,为大图们江和东北亚区域新的经贸交流合作搭建了广阔的平台,在促进东北亚区域合作发展中日益扮演着重要角色。开放的吉林吸引了世界上越来越多国家和地区关注的目光,一大批跨国公司和战略投资者落户吉林,先后有41家世界500强跨国公司在吉林省投资。招商引资成效显著,"十一五"利用外资和引进域外资金年均分别增长20.8%和38.6%,为吉林发展注入了新的强大活力。对外贸易进一步发展,2012年出口额达到245.72亿美元,是2003年的11.3倍。

(六)技术改造和自主创新力度加大

实施振兴战略以来,吉林省一大批振兴老工业基地调整改造重大项目顺利实施,国有重点老企业的技术装备水平、生产制造能力和产品质量有了显著提高。在吉林省"双十"工程引导和诸多科技成果转化政策推动下,吉林省高新技术产业、战略性新兴产业快速发展。现已初步形成了新能源汽车、汽车电子、新材料等多个高技术产业群和245家高新技术企业。探索搭建全方位科技平台,先后建设了10个高新技术特色产业基地、9个院士工作站、6个产业技术创新战略联盟和一批大学科技园；先后建立了汽车零部件、医药等公共研发平台；组建了人参、动漫等产业技术创新战略联盟；建立了9家国家级和省级科技企业孵化器。碳纤维、汽车电子等4个国家级高新技术产业化基地全部通过科技部2012年度基地复核。目前，吉林碳纤维基地碳纤维原丝生产能力已达1900吨/年，碳纤维生产能力345吨/年，碳纤维制品20吨/年。长春光电子基地已形成以光电显示和固体照明、光机电精密设备等为主导的产业集群。长春汽车电子基地已初步形成以动力控制、车载电子、嵌入式软件为主导产品，以启明公司为龙头，一大批中小企业为配套的汽车电子产业集群。

（七）资源型城市实现可持续发展

资源城市实现经济转型，是东北老工业基地调整改造的一个重点和难点，也是一个世界性的难题。随着振兴东北老工业基地战略的实施，吉林省资源型城市的转型调整步伐明显加快，接续替代产业正日渐发展壮大，成为推动当地经济社会发展的重要力量。辽源、白山是两个国家资源型城市试点市，振兴东北老工业基地以来，辽源开始探索城市转型，新材料、新能源、医药健康、装备制造、冶金建材、纺织袜业六大接续替代产业撑起一个新辽源，传统煤炭工业占全市工业经济比重已不到7%，六大接续替代产业比重接近80%。白山市确立依托资源而不依赖资源的转型思路，加快培育食品制造、现代医药、新材料、旅游业、物流等新兴产业，改造提升能源、矿产、林木加工等传统产业，创造拉长资源深加工产业链和依托生物等优势资源发展接续产业的两条路径，实现发展重生。

（八）人民生活水平进一步提高

城乡居民收入水平进一步提高。2012年，吉林省城镇居民人均可支配收入达到20208元，是2003的2.9倍；农民纯收入达到8598元，是2003的3.4倍。就业再就业成果得到巩固。截至2012年底，吉林省就业规模持续扩大，新增城镇就业268.6万人。社会保障体系进一步完善，保障水平不断提高，城乡居民养老保险、城镇职工和居民医保、新农合实现制度全覆盖，城乡低保实现应保尽保。企业退休人员基本养老金、低保和医保人均补助等大幅提高。民生工程建设得到加强。吉林省组织实施"八路安居"和"暖房子"工程，保

障性住房实现从城镇到农村、矿区、林区、垦区全覆盖，1120多万居民居住条件得到改善。

表2 吉林省城乡居民收入比较

单位：元

项目	2003年				2012年			
	全国	辽宁	吉林	黑龙江	全国	辽宁	吉林	黑龙江
城镇居民可支配收入	8472	7240.58	7005.17	6678.90	24565	23223	20208	17760
农民纯收入	2622	2934.44	2530.41	2508.94	7917	9384	8598	8604

（九）社会事业稳步推进

各类教育全面发展。以素质教育为主题，"普及和巩固义务教育，大力发展职业教育，提高高等教育质量"三大任务并重，着力推进教育公平。小学、初中学龄儿童入学率保持在99%以上，高等教育毛入学率达到35%以上。公共卫生体系建设成就巨大，医疗服务水平不断提高。城乡医疗卫生事业进一步发展。提前实现了新型农村合作医疗制度的全覆盖，在乡农业人口的参合率达到95%以上。吉林省城乡卫生设施条件进一步改善，建成了省、市、县三级功能完善、结构合理的疾病预防控制体系和突发公共卫生事件应急指挥体系，食品药品安全监管得到加强。文化、广播影视和新闻出版事业繁荣发展。截至2012年末，全省拥有文化馆77个，艺术表演团体41个，公共图书馆66个，博物馆71个，全年参观人数达863万人次。广播人口覆盖率达到98.55%，电视人口覆盖率达到98.69%。有线广播电视用户为520.02万户，其中数字电视用户达到395.4万户。2012年，全省新闻出版业经济规模达到280亿元，同比增长16.7%。

二 加快振兴矛盾突出

东北老工业基地振兴战略实施十年来，吉林省经济发展方式发生积极转变，结构性矛盾逐步缓解，经济质量和效益不断提高，经济发展和社会进步取得了积极可喜的成绩，人民群众的思想观念和精神面貌发生了深刻的变化。但是，我们也应该清醒地看到，一些历史上积累的结构性、体制性矛盾还没有完全解决，全面实现振兴目标任重而道远。

（一）经济总量偏低

吉林省 GDP 总量占全国经济总量的比重较低，10 年来基本保持在 2% 左右，2012 年为 2.3%。与发达地区相比其比重更低，2012 年，吉林省的 GDP 只分别相当于广东、江苏和山东当年 GDP 总量的 20.9%、22.1% 和 23.7%。

表 3　2012 年吉林省 GDP 比重

单位：亿元，%

项目	全国	吉林	广东	江苏	山东
GDP	519322	11937.82	57067.92	54058.2	50013.2
比重	2.3	1.0	20.9	22.1	23.7

（二）产业优化升级任务依然艰巨

随着经济不断回升向好，吉林省钢铁、冶金、化工等高耗能行业生产开始回升，新上项目也存在着领域集中、技术和产品趋同的问题。新兴产业发展滞缓，仍未形成具有较大增长潜力和较强竞争优势的新兴产业集群。2012 年，吉林省一、二、三产业结构为 11.8∶53.4∶34.8，同期全国为 10.1∶44.3∶44.6，总体来看，第一产业有待强化基础，第二产业比重仍然偏大，服务业不发达，第三产业比重显著低于全国平均水平，现代产业体系亟待完善。

（三）投资持续快速增长后劲不足

从投资变化情况看，吉林省投资增速基本处于持续减缓态势。从 2006 年起，投资规模增幅出现减缓，项目储备和接续能力明显不足，企业自有资金和地方配套资金不能及时到位，影响了投资的稳定增长。如果后续投资不能跟进、民间投资不能激活，投资对经济增长的支撑力将减弱，东北经济快速增长的态势将可能受到较大影响。投资率虽然一直高于全国平均水平，但投资效益不断下降。2012 年，吉林省固定资产投资相当于地区生产总值的 81.3%，而同期全国为 72.1%。

（四）外贸、消费拉动作用有限

长期以来，吉林省进出口贸易规模较小，2012年，全省进出口贸易总额仅占全国的0.63%，不及山东省的1/5，对外贸易明显偏小，而且总是徘徊不前，成为拉动地区经济发展薄弱的一环。全年社会消费品零售总额占全国消费品零售总额的2.3%，对经济拉动乏力。

表4 吉林省外贸比重

项目	全国	吉林	浙江	广东	江苏	山东
货物进出口总额（亿美元）	38668	245.72	3122.4	9838.15	5480.9	2455.4
所占比重（%）	0.63	1.0	7.9	2.5	4.5	10.0

（五）城乡居民收入处于较低水平

在城乡居民收入水平稳步提高的同时，我们也应该看到，吉林省与全国及发达省份的差距仍较大。城镇居民人均可支配收入低于全国平均水平，而且收入水平的差距仍在扩大，2003年吉林省城镇居民人均可支配收入低于全国平均水平1467.03元，2012年达到4356.96元，差距扩大3倍多。农民人均纯收入虽然高于全国水平，在全国排位稳定在第10位左右，但总体水平不容乐观，与其他发达地区相比差距仍较大。

表5 吉林省收入与全国平均水平比较

单位：元

年份	吉林	全国	吉林比全国
2003	7005.17	8472.20	-1467.03
2006	9775.07	11759.45	-1984.38
2007	11285.52	13785.81	-2500.29
2008	12829.45	15780.76	-2951.31
2009	14006.27	17174.65	-3168.38
2010	15411.47	19109.44	-3697.97
2011	17796.57	21809.78	-4013.21
2012	20208.04	24565	-4356.96

（六）节能减排形势仍然严峻

吉林省能源资源在三个方面处于劣势，一是一次能源短缺，二是能源的供给率不足，三是能源结构落后。同时，结构性降耗难度很大，重化工业比例偏重，冶金、建材等高耗能行业产值增幅较大。吉林省以重化工业为主体的工业结构和以原煤为主体的能源消费结构短期内难以从根本上改变，碳排放增长率虽然稳中有降，但绝对水平仍然很高，碳排放处于全国的中上游水平。

三 实现全面振兴的对策建议

过去的十年，振兴吉林老工业基地取得重大进展。面向未来，吉林老工业基地已经站在新的历史起点上，应深刻认识国内外新形势、新变化、新特点，抓住机遇，乘势而为，努力开创全面振兴新局面，促进经济社会发展再上新台阶。

（一）促进产业转型升级，再造经济竞争新优势

一是做大支柱产业。依托一汽、长客等企业，加强集成能力建设，大力促进汽车制造、高速铁路客车、新型地铁车辆等产业。二是做强优势产业。立足于高起点、大规模和产业化，积极推进国家光电产业基地和生物产业基地建设，创造条件，形成新生的竞争优势。三是大力发展战略性新兴产业。加快发展高端装备制造、生物化工、新材料、新能源汽车、生物医药、新一代信息技术等产业。大力推动高新技术纤维产业化。组织实施生物、新材料等领域重大应用示范工程，推动产业创新发展，支持重点行业低碳技术创新和产业化。加快建设生物医药、现代中药生产基地。

（二）率先实现农业现代化，巩固农业基础地位

一是大力发展现代农业。继续抓好优质粮食产业工程和国家大型商品粮基地建设，结合实施全国新增100亿斤粮食生产能力规划，加强地区粮食生产能力建设。二是加快农业科技进步。加大粮食丰产科技工程实施力度，大力推广高产优质、节本增效新技术，推进农业规模化、标准化和全程机械化进程，积极发展

优质专用和特色无公害农产品。三是加强农业和农村基础条件建设。统筹城乡发展，结合社会主义新农村建设，加快小城镇和中心村发展，全面改善村镇居民生产生活条件。全面落实各项扶持政策，加大对农村饮水、乡村道路、居住环境、通信等基础设施建设，建立和完善农业科技支撑和社会化服务体系，提高服务水平。

（三）加快企业发展壮大，强化经济增长的微观基础

一是加快推进企业兼并重组。要坚持市场主导和政府引导相结合，进一步打破地区、行业、所有制界限，优化资源配置，推动企业兼并重组，培育具有国际竞争力的大型企业集团。鼓励民营企业、外资企业等各类投资主体参与老工业基地企业改革重组。二是大力发展非公有制经济和中小企业。积极落实突出发展民营经济的40条意见，坚持"助大""扶小""孵化"的原则，以全民创业为基础，促进民营经济的生成和发展。鼓励龙头民营企业打造企业核心竞争力，发挥辐射带动作用，扶持中小民营企业低成本快速扩张，引导中小企业生产经营向支柱优势产业上、下游延伸，形成以大企业为龙头的链条式配套服务和专业化经营的产业集群。

（四）促进技术进步，全面提升创新支撑能力

一是提高自主创新能力。整合现有研发资源，高起点建设产业研发平台。以现有企业技术中心和国家工程中心为主要载体，加快支柱、优势和特色产业研发平台建设，鼓励产学研联合开发，实施企业技术创新工程和高技术产业重大工程，形成一批具有自主知识产权的技术和产品，促进传统产业高技术化和高技术产业化。二是促进自主创新成果产业化。重点建设技术转移中心、技术产权市场、技术创新园区，大力发展技术创新种子资金和风险投资。三是加强科技人才培养。加快高层次人才和急需人才开发，着力培养生产、科技第一线的应用型人才，有针对性地引进紧缺人才和重点人才。加快职业教育"百强校"建设和技能型人才培养培训工程，建设一批实训基地。

（五）继续深化改革开放，增强经济社会发展活力

一是在继续推进农村综合改革基础上，以土地流转和规模经营、农村剩余

劳动力转移、农村合作经济发展为重点，探索建立有利于新农村建设和城镇化发展的体制机制。二是以收入分配、社会保障、扩大就业、教育公平、医疗卫生和安全生产为重点，积极建立有利于构建和谐社会的体制机制。三是进一步扩大对外开放。加快推进长吉图地区开发开放。充分发挥这一区域对振兴吉林老工业基地的引擎作用，带动长吉经济带和中部城市群的同步发展，形成产业集聚，提高区域和产业整体效力，成为东北振兴的中部"隆起带"和对外开放的大平台。

（六）着力解决民生问题，加快推动富民进程

一是深入开展创业促就业活动。大力开发社区公益服务型就业岗位，落实促进大学生、农民工和困难群体的就业政策，着力帮助零就业家庭和困难群体实现就业。发挥好政府投资和重大建设项目带动就业的作用，积极落实扶持创业的各项政策措施，鼓励服务业、中小企业、非公有制经济更多吸纳就业。二是积极完善社会保障体系。加快推进城镇职工养老保险省级统筹，积极推进农村新型养老保险试点，努力扩大城乡社会保障覆盖面。进一步完善城乡最低生活保障制度，着力解决人民群众生活困难问题。三是解决好住房等突出民生问题。继续推进城镇棚户区和林区矿区棚户区改造，加大城镇廉租房、公租房建设规模，切实解决居民住房困难。

（七）切实保护生态环境，努力实现绿色发展

一是加强生态建设。坚持以生态为主导的经济发展方向，加强重点区域环境综合整治。继续搞好西部治碱、科尔沁沙地治理、中部黑土地保护和治理、天然林资源保护、退耕还林、"三北"防护林建设、湿地恢复、松花江流域综合治理等工程。二是强化节能减排。加快应用资源循环利用技术和节能降耗先进适用技术对现有企业生产方式进行更新改造。重点抓好煤电油运等生产要素综合协调，加强企业管理和安全生产。以工业、建筑业以及政府机构等领域为重点，落实节能目标，突出抓好综合能耗大户和2000吨以上的建设项目，淘汰一批高耗能、高污染、低效率的小企业，提高建设项目能耗门槛，确保实现能耗约束目标。

B.4
黑龙江老工业基地振兴回顾与展望*

吕萍 于宏 刘懿峰**

摘 要:

2003年实施振兴东北老工业基地战略十年来，黑龙江省经济增长始终保持两位数的平稳较快态势，产业结构不断优化，民生事业稳步推进，生态环境逐步改善。在取得显著成效的同时，也应清醒地认识到：黑龙江省经济增长质量存在不协调因素、民生方面存在不和谐因素、资源利用与科技创新有待完善等方面的问题。根据影响黑龙江省经济社会较快发展的问题，提出加快黑龙江省全面振兴的对策建议。

关键词:

黑龙江 老工业基地 全面振兴 稳中求进

实施老工业基地振兴战略十年来，黑龙江省加快转变发展方式，坚定不移地推进"八大经济区"和"十大工程"建设，加快"十大重点产业"发展，把握"稳中求进"的工作总基调，黑龙江省经济综合实力明显增强，各项改革积极推进，对外开放不断扩大，人民生活显著改善，社会事业全面进步，经济社会步入新的发展阶段，为加快全面建成小康社会提供了坚实的基础。

---

* 全国哲学社会科学项目《前苏联国家老工业区复兴与我国东北老工业基地振兴中的区域发展创新模式比较研究》(13BGJ015) 阶段性研究成果。

** 吕萍，副研究员，博士，主要研究方向：区域经济、数量经济等；于宏，助理研究员，博士，主要研究方向：产业经济；刘懿峰，实习研究员，主要研究方向：区域经济。

一 振兴黑龙江老工业基地实效分析

（一）经济发展迈上新台阶

1. 地区生产总值持续快速增长

实施振兴老工业基地战略以来，黑龙江省经济均保持两位数的较快增长态势，尤其是在2008年遭受金融危机的不利影响下，仍能保持11.8%的高位增长，表明黑龙江省积极通过扩大内需弥补了净出口的下滑。经济综合实力明显增强，经济总量与人均水平实现大跨越，2003～2012年期间，地区生产总值由4430亿元上升为13691.6亿元，增长2.09倍，如表1所示；人均地区生产总值由11623元上升为35711元，增长2.07倍。可以获悉：实施振兴十年来，黑龙江省经济正处于改革开放以来又一轮增长周期的上升阶段，是经济发展速度最快、效益较好的时期。

表1 2003年与2012年黑龙江省国民经济主要指标比较

国民经济主要指标	2003年 数值	2003年 增长%	2012年 数值	2012年 增长%
地区生产总值(亿元)	4430.0	10.2	13691.6	10.0
第一产业(亿元)	500.8	2.5	2113.7	6.5
第二产业(亿元)	2532.5	11.9	6456.4	10.2
第三产业(亿元)	1396.8	10.1	5121.4	10.7
全社会固定资产投资(亿元)	1223.2	12.0	9780.9	30.0
社会消费品零售总额(亿元)	1376.4	10.1	5453.4	15.9
进出口总值(亿美元)	53.3	22.5	378.2	-1.8
实际利用外资(亿美元)	12.9	4.1	39.0	15.5
地方财政收入(亿元)	499.1	14.8	1630.0	0.6
地方财政支出(亿元)	606.2	8.5	3696.2	8.8
城镇居民人均可支配收入(元)	6679.0	9.5	17760.0	13.1
农村居民人均纯收入(元)	2509.0	5.0	8604.0	13.3

资料来源：《黑龙江省统计年鉴》（2004年），《黑龙江省统计月报》（2012年12月）。

2. 产业结构优化升级

黑龙江省在振兴战略实施过程中，充分发挥资源与区位优势，产业发展势头良好。一是农业经济平稳发展，2012年第一产业增加值2113.7亿元，是2003年513亿元的4.12倍，同时加大对农业基础设施与科技投入的力度，粮食总产屡创新高——实现"九连增"，粮食产量2011年与2012年（1114.1亿斤）连续两年达到千亿斤，超过河南成为全国产粮第一大省，占全国比重从2003年的5.83%上升到2012年的9.77%，为国家粮食安全作出重大贡献。绿色食品产业继续较快增长。2012年绿色食品认证个数1640个，比2003年610个增加1030个，绿色食品加工企业实现利税63.1亿元，是2003年16.5亿元的3.82倍。二是黑龙江省全力推进工业结构调整优化升级，主导产业竞争力明显提升。2012年第二产业增加值6456.4亿元，是2003年2532亿元的2.55倍，第二产业对GDP增长的贡献率为51.9%。工业企业实现增加值和规模以上工业企业实现利税分别由2003年2249亿元和877.3亿元，上升到2012年5659.3亿元和2249亿元，分别是2003年的2.52倍和2.56倍。尤其是2012年装备、石化、能源、食品四大主导产业实现产值10429.8亿元，比2011年增长12.7%；实现增加值4108.8亿元，比2011年增长9.1%，占规模以上工业的86.3%。新兴产业跨越式发展，战略性新兴产业单位721户，累计实现工业增加值455.7亿元，占全省规模以上工业企业增加值的9.6%。三是现代服务业加快发展，旅游业快速增长，成为全国旅游热点省份。2012年第三产业增加值5121.4亿元，是2003年1388亿元的3.69倍，对GDP增长的贡献率达40.3%。实施振兴十年来，黑龙江省挖掘区域特色文化，深度开发旅游资源，生态旅游与冰雪旅游蓬勃发展。2012年旅游总收入1300.3亿元，是2003年222.3亿元的5.85倍；国内外旅游人数分别达到25173.9万人次和207.6万人次，旅游业已经成为支柱产业。金融、物流、信息、商贸、文化等产业逐步发展壮大，第三产业增长10.7%。

3. 经济增长"三驾马车"规模不断扩大

一是固定资产投资总量与增速实现"双增长"。黑龙江省进一步改善投融资环境，加大招商引资力度，促进了黑龙江老工业基地改造和经济快速发展。2012年黑龙江省完成全社会固定资产投资9780.9亿元，是2003年1223.2亿元的 7.99 倍；投资增速从 2003 年的 12.0% 上升到 2012 年的 30.0%，增长 18 个百分点，其中，2009 年增速达到最高峰为 37.6%。大项目拉动全省投资增长，新建哈尔滨至齐齐哈尔客运专线、大庆油田产能建设及哈尔滨市地铁工程等项目，2012 年亿元以上建设项目 2463 个，完成投资 4351.6 亿元；城镇建成投产项目 8564 个，项目建成投产率 70.7%。民间投资快速增长，占到半壁江山。2012 年民间投资占全社会固定资产投资比重由 2003 年 32% 上升到 2012 年 63.9%，上升了 31.9 个百分点，与此相比，国有及国有控股投资比重由 2003 年 56.9% 下降到 2012 年 37.9%，下降了 19 个百分点。

二是消费品市场平稳运行。实施振兴战略十年来，消费对黑龙江省经济增长的拉动作用不断增强。2012 年实现社会消费品零售总额 5453.4 亿元，是 2003 年 1376.4 亿元的 3.96 倍。居民收入的稳步增长为消费水平提高奠定基础，城市消费品市场继续扩大；新农村建设进程加快，农村市场逐渐恢复，其零售额由 2003 年 170.4 亿元上升为 2012 年 675.5 亿元。2003 年城镇化率为 52.6%，2012 年上升为 56.9%，城镇化水平持续提升促进了居民转变消费观念，消费结构加快升级，2012 年通信器材类增长 49.2%，文化办公用品增长 47.9%，汽车增长 10.0%。

三是对外贸易规模扩大。2012 年黑龙江省进出口总额完成 378.2 亿美元，实际利用外商直接投资额达 39.0 亿美元，两项指标分别是 2003 年（53.3 亿美元，12.9 亿美元）的 7.09 倍与 3.02 倍。黑龙江省充分利用处于东北亚中心的地理区位优势，加强与俄罗斯、日本、韩国、蒙古等国家经贸往来，尤其是对俄贸易继续居全国前列，对俄贸易额由 2003 年的 29.6 亿美元上升到 2012 年 213.1 亿美元，占全国对俄进出口总额的 24.4%。

（二）民生事业迈出新步伐

1. 城乡居民生活水平逐渐提高

一是城乡居民收入持续攀升。在各项惠民政策的推动下，黑龙江省城乡居民收入均呈现逐年增加态势，逐步实现居民收入增长与经济增长保持同步。2012 年城镇居民人均可支配收入达到 17760 元，比 2003 年 6679 元增加 1.66 倍；由于粮食连续实现"九连增"的好成绩、农产品价格提高、畜牧业快速

发展、外出打工等方面促进农民增收的渠道增多，农村居民人均纯收入达到8604元。同时，呈现农村居民人均纯收入增幅由2003年低于城镇4.5个百分点，至2012年转变高于城镇0.2个百分点的态势；城镇与农村居民收入差距逐渐缩小，两者收入比由2003年的2.66持续下降到2012年2.06，远远低于全国的收入比，如表2所示。二是居民住房条件改善。实施振兴战略十年来，黑龙江省全面推进城市、煤矿、林区、工矿、垦区棚户区改造和采煤沉陷区治理，改善了居民的住房条件，安居才能乐业，才能为提前建成小康社会奠定基础。2012年城镇人均住房建筑面积为29.0平方米，农村人均住房面积为24.8平方米，分别比2003年增加9.3平方米和5.2平方米。2012年保障性安居工程开工建设270万套，连续5年全国第一；改造农村泥草房116.3万户，全省近800万城乡居民改善了居住条件。

表2 黑龙江省居民收入与全国比较情况

单位：元

年份	全国			黑龙江		
	城镇	农村	城镇/农村	城镇	农村	城镇/农村
2003	8472.2	2622.2	3.23	6679.0	2508.9	2.66
2004	9421.6	2936.4	3.21	7470.7	3005.2	2.49
2005	10493.0	3254.9	3.22	8273.0	3221.3	2.57
2006	11759.5	3587.0	3.28	9182.3	3552.4	2.58
2007	13786.0	4140.4	3.33	10245.3	4132.3	2.48
2008	15780.8	4760.6	3.31	11581.3	4855.6	2.39
2009	17174.7	5153.2	3.33	12566.0	5206.8	2.41
2010	19109.4	5919.0	3.23	13856.5	6210.7	2.23
2011	21810.0	6977.0	3.13	15696.2	7590.7	2.07
2012	24565.0	7917.0	3.10	17760.0	8604.0	2.06

资料来源：《黑龙江省统计年鉴》（2008年与2012年）。

2. 社会保障体系日益完善

社会保障体系进一步完善，保障水平不断提高。一是城镇居民和新型农村社会养老保险制度实现全覆盖，城镇企业职工基本养老保障"统账结合"模式已经确立。2012年末参加基本养老保险1013.0万人，比2011年增长

3.3%；参加失业保险 476.2 万人，增长 0.4%。离退休职工工资逐年增长，改善退休金偏低的状况。二是医疗保险制度日趋完善，积极解决群众看病难、看病贵问题。城镇基本医疗保障制度不断扩大保险面，城镇非公有制企业、个体户、农民工等群体相继被纳入基本医疗保险体系，农村新型合作医疗全面推开，2012 年实际参加农村合作医疗农民 1447.0 万人，比 2011 年增长 2.0%。三是社会福利事业发展较快。2012 年黑龙江省财政安排专项资金 8.5 亿元，用于困难群众元旦、春节期间临时生活补贴；各类收养性社会福利单位床位 10.1 万张，收养人员 8.4 万人。

3. 基础设施建设步伐加快

政府财政收支快速增长，加快了交通运输等基础设施建设步伐。一是地方政府财政收支增加。2012 年地方财政收入与支出分别达到 1163 亿元和 3171 亿元，是 2003 年（财政收入 293.4 亿元，地方财政支出 606.2 亿元）的 3.96 倍和 5.23 倍，地方财政收入与地区生产总值比从 2003 年的 6.62% 提高到 2012 年的 8.49%，财政支出逐渐向民生方面倾斜，加大在社会保障补助、医疗卫生、教育、科学、农业等重点项目的支出力度。二是交通运输等基础设施建设步伐加快。2012 年各种运输方式共完成货物周转量 2020.7 亿吨公里，比 2003 年 1006.2 亿吨公里增加 1014.5 亿吨公里；完成旅客周转量 733.9 亿人公里，比 2003 年 367.4 亿人公里增加了 366.5 亿人公里。公路建设三年决战胜利完成，建成农村公路 6.3 万公里，高速公路总里程达到 4300 公里，居全国前列；铁路新建及扩能改造达 689.1 公里，哈大高铁和哈西客站开通运营，前抚铁路建成通车，漠河机场、伊春林都机场、加格达奇机场、鸡西兴凯湖机场等相继建成并投入运营，机场由 5 个增加到 10 个，综合交通运输设施更加完善。在国家加快水利发展的部署下，黑龙江省陆续建成嫩江尼尔基水利枢纽等重点工程，加快大型水利设施建设，提高了现代化大农业的生产能力。

（三）深化体制改革取得新进展

1. 国有企业逐渐走出困境

黑龙江省是我国的工业摇篮，受计划经济体制机制影响根深蒂固，国有企业数量多，包袱重，欠账多，是社会经济发展中比较沉重的负担。实施振兴十年来，黑龙江省通过国企深化改革，国有企业逐渐走出困境，大批国企从股份制改造到企业法人治理结构的完善，从国企剥离办社会职能到解除债务包袱，出台众多优惠政策，解决了国有企业的后顾之忧。哈电集团、"一重""哈飞""哈量"等国有企业通过优胜劣汰、调整结构，不断做大做强。国有及国有控股、股份制企业增长较快，国有及国有控股企业完成增加值由2003的1198.4亿元上升为2012年的3227.2亿元，增加了2028.8亿元。

2. 非公经济较快发展

实施振兴十年来，黑龙江省通过制定《黑龙江省人民政府关于促进非公有制经济（中小企业）加快发展意见》和《黑龙江省非公有制经济发展考核奖励办法》等关于扶持非公有制经济发展政策文件，非公有制经济不断发展壮大。如表3所示，2004~2011年非公有制经济主要指标均呈现逐渐增加的态势，其中，增加值由2004年1600.0亿元上升到2011年6303.3亿元，是2004年的3.94倍，实现占据全省经济"半壁江山"的历史性跨越。非公有制经济发展扩大了就业能力，缓解了就业与再就业问题。2012年非公经济实现总量7026亿元，占地区生产总值比重为51.3%，非公经济对全省经济增长贡献率达65.4%。黑龙江经济发展逐步形成了多种所有制经济相互补充的发展格局。

表3 非公有制经济主要指标

单位：亿元，个，人

年份	总产出	增加值	第一产业	第二产业	第三产业	单位数	从业人员数
2004	4395.9	1600.0	242.0	644.3	713.7	1813730	5695972
2005	5649.1	1948.0	267.4	751.1	929.5	1786275	5506066
2006	6652.4	2340.0	288.8	929.0	1122.2	1772938	5228549
2007	8512.8	2841.8	303.0	1148.1	1390.7	1833059	5682662
2008	10140.1	3481.3	401.9	1476.5	1602.9	1856218	5968151
2009	10356.9	4019.0	463.8	1625.2	1930.0	1937617	6875095
2010	14294.4	4972.2	545.9	2230.0	2196.3	2076690	7154627
2011	17534.3	6303.3	696.4	2861.6	2745.3	2082299	7415800

资料来源：《黑龙江省统计年鉴（2012年）》。

（四）生态省建设获得新成就

1. 生态环境逐步改善

黑龙江省扎实推进生态省建设，生态环境得到改善。2012 年末全省拥有自然保护区 212 个，比 2003 年 151 个增加了 61 个，其中，国家级自然保护区增加 14 个；自然保护区面积由 2003 年 385.2 万公顷上升到 2012 年 654 万公顷。2012 年以建设生态功能保护区为带动，推动平原半平原绿化全面完成，森林覆盖率由 2003 年 38.7% 提高到 2012 年 47.3%，提高 8.6 个百分点，森林蓄积量和质量同步提升。植树造林超额完成任务，水土流失和"三化"草原治理成效明显。基本农田保护进一步加强，通过土地整治等措施建设高标准农田 276 万亩，为绿色食品基地建设提供了生态保障，绿色食品种植面积由 2003 年 1813 万亩上升到 2012 年的 6720 万亩，继续保持全国首位。

2. 节能减排效果明显

资源开发利用更加节约，循环经济加快发展，2012 年公共机构超额完成节能 3% 的目标，淘汰落后产能企业 35 户，二氧化硫、化学需氧量排放量分别下降 0.4% 和 1.5%，万元地区生产总值能耗下降，其中，资源型城市大庆与七台河万元地区生产总值能耗分别为 1.16 吨标准煤与 1.72 吨标准煤，分别比 2011 年下降 3.90% 与 4.75%，可持续发展能力进一步增强。松花江水污染防治规划增补项目全面开工建设，水环境质量持续改善，《大小兴安岭林区生态保护与经济转型规划》和"天保工程"二期工程开展顺利。

（五）区域发展战略实现新突破

1. 哈大齐工业走廊龙头作用显现

哈大齐工业走廊是黑龙江省经济实力最强、工业化水平最高、经济辐射力最大的经济和人口密集区，2004 年，哈大齐工业走廊以仅占全省 4.7% 的土地面积实现了全省 49.2% 的地区生产总值（2607.8 亿元）、48.2% 的财政预算收入（139.4 亿元），人均生产总值 2806 亿元，是全省平均水平的 2.36 倍。哈大齐工业走廊项目区经济发展迅速，带动中西部乃至全省经济社会的发展。截至 2012 年末，哈大齐工业走廊完成工业总产值 818.7 亿元，比 2011 年增长

84.1%；创造利税56.1亿元，增长25.4%。开工项目达480个，增长36.4%；入区企业570户，增长48.1%；投产企业307户，增长96.8%。

2. 资源型城市转型步伐加快

资源型城市转型是实施老工业基地振兴战略的重要内容，黑龙江省资源型城市立足于自己的优势发展接续替代产业，调整产业结构，延长产业链。煤炭城市充分挖掘和发挥电力、煤化工、建材原料、生物工程等产业优势，建设煤电化产业基地，坚持走新型工业化道路。2012年鸡西煤焦化、食品、非金属建材、冶金和电力产业的增加值拉动全市工业增加值作用显著。其中：煤焦化增长23.9%，食品工业增长60.7%，非金属建材业增长41.9%，电力工业增长15.2%，冶金工业增长27.5%，加快发展绿色食品、新型建材、旅游、现代物流等非煤产业，逐步提升非资源产业占工业经济的比重。油城大庆在发展天然气化工及其相关的精细化工产品基础上，大力发展旅游等现代服务业，2012年石化行业实现增加值379.8亿元，同比增长12.9%，成功举办湿地旅游文化节、雪地温泉节等旅游文化活动，实现旅游收入45.9亿元，同比增长35%。林城以壮大发展优势特色产业为重点，加速发展生态旅游业等接替产业，2012年伊春木材精深加工业实现增加值22.1亿元，增长16.7%；森林食品北药业实现增加值38.9亿元，同比增长23.3%；旅游业实现增加值21.8亿元，同比增长23.5%。

二 振兴黑龙江老工业基地过程中突出问题

黑龙江省振兴十年取得了显著的成绩，同时也要清醒地认识到与发达省份相比较还有相当的差距，需要面对一些制约社会经济可持续发展的现实问题，主要表现为经济增长质量存在不协调因素、民生方面存在不和谐因素、资源利用与科技创新有待完善等方面的问题。

（一）提高经济增长质量存在不协调因素

1. 经济发展总体水平居全国中下游水平

实施振兴十年来，黑龙江省经济持续保持较快增长的同时，与发达省份相比仍然存在较大差距。一是地区生产总值位次下移4位。2003年黑龙江省GDP处于全国中游水平第13位,到2012年下降至第17位的中下游水平,与广东、江苏与山东等发达省份相比,差距分别由2003年的9195.87亿元、8030.83亿元与8005.93亿元扩大到2012年的43100亿元、40058.2亿元与36013.2亿元,呈现"不进则退"的尴尬境地。二是人均GDP位次下移7位。如表4所示,黑龙江省人均GDP由2003年处于全国上游第10位,持续下降至2012年的第17位;与此相对,辽宁与吉林排位变化平稳,且均呈现上升态势,两省分别由2003年的第8位与第13位,上升为第7位与第11位。总体来说,黑龙江省经济发展水平处于较弱的地位,不仅与发达省份有着较大差距,甚至滞后于辽宁与吉林振兴的步伐,其中,黑龙江省人均GDP排位由2003年领先吉林三位,发展至2012年落后吉林6位。因此,黑龙江省应采取重大举措加快发展振兴步伐,缩小同辽宁省等发达省份的发展差距,既是全面实施东北振兴战略的客观需要,又是为国家作出更大贡献的现实选择。

表4 部分年份东北三省人均GDP在全国的排名

年份	辽宁		吉林		黑龙江	
	数值	位次	数值	位次	数值	位次
2003	14270	8	9854	13	10638	10
2004	15835	9	11537	13	12449	12
2008	31739	9	23521	11	21740	13
2009	35149	9	26595	11	22447	15
2011	50760	8	38460	11	32819	17
2012	56547	7	43412	11	35711	17

资料来源:《中国统计年鉴》与2007年全国及各省统计公报整理并计算。

2. 产业结构调整任务较重

一个地区经济发达与否,第三产业的所占比重和发展质量是重要的衡量标准。黑龙江省经济发展滞后源于产业结构的失衡。一是第一产业投资总额偏低。伴随新农村建设步伐的加快,政府加大了对农村的投资力度,但农村投资占比由2003年的11.40%持续下降到2011年的7.65%,同时,黑龙江省存款较多贷款过少,存贷差由2003年828.7亿元扩大到2012年6419.9亿元,存贷比也由 82.77% 下降至 2012 年的 60.68%，导致黑龙江省对发展现代化大农业和加快新农村建设所需资金缺少足够的信贷支撑。与此相比，城镇投资占比持续上升，其中，房地产开发占比 2011 年上升到 17.58%，有限的资金大量投入城镇建设，缩小了农村经济发展项目、基础设施项目的资金投入，从而扩大了城乡之间的差距。二是部分工业行业生产经营面临困难。2012 年规模以上工业实现利税 2497.0 亿元，比 2011 年下降 1.5%，其中利润 1201.0 亿元，下降 3.4%；工业经济效益综合指数 372.9，下降 8.6 点。三是第三产业尤其是现代服务业发展缓慢。由于黑龙江省经济增长主要依赖第二产业，尤其是重工业的发展，2012 年黑龙江省三次产业结构为 15.4∶47.2∶37.4，第一、二、三产业对 GDP 增长的贡献率分别为 7.8%、51.9% 和 40.3%。忽视或挤压了第三产业的发展，既制约产业结构的优化升级，又影响就业岗位的增加，进而不利于促进城乡居民收入水平的提高。

3. 外向型经济发展滞后

黑龙江省对外贸易略显低迷，外商直接投资和外贸出口对地区经济增长的推动作用较小。一是从实际利用外商直接投资额看，黑龙江省外商投资环境欠佳，其对外资的吸引力较低，2003 年黑龙江省外资依存度为 1.9%，2012 年下降到 1.1%。二是从外向型经济发展程度看，2012 年黑龙江省外资依存度低于全国平均水平 1.4 个百分点；出口依存度为 6.65%，低于全国平均水平 24.89% 的 18.24 个百分点，其中，出口 144.4 亿美元，下降 18.3%；进口 233.9 亿美元，增长 12.2%，出现贸易逆差，说明黑龙江省外汇储备减少，商品的国际竞争力削弱，对外贸易处于不利地位。具体表现为：从贸易方式看，一般贸易进出口呈下降趋势；边境小额贸易、加工贸易进出口呈增长态势。从企业性质看，国有企业进出口呈增长趋势；私营企业、三资企业呈下降态势。从国别（地区）看，除俄罗斯进出口有所增加外，美国、印度、德国、韩国、日本都表现为下降趋势。从商品类别看，机电产品、高新技术产品出口都出现下降趋势。

（二）改善民生方面存在不和谐因素

1. 居民收入增长与物价上涨不协调

黑龙江省城镇居民收入低与物价高的双重压力导致黑龙江省居民增加消费

支出，生活水平下降，影响了社会发展的和谐与稳定。一是城镇居民收入一直偏低。振兴东北老工业基地以来，黑龙江省城镇居民收入一直低于全国平均水平，差距由 2003 年 1793.2 元持续扩大到 2012 年 6805 元；尤其是与辽宁和吉林的差距也在拉大，分别由 2003 年 561.6 元与 326.1 元扩大到 2012 年 5463 元与 2448 元，导致黑龙江省出现城乡收入比低于全国水平的现象，这种薄弱的经济发展基础不足以实现城市支持农村、以工促农来实现城乡协调发展。二是市场物价涨幅仍处在高位。2003 年黑龙江居民消费价格指数为 0.9%，分别低于辽宁与吉林 0.8 个和 0.3 个百分点，2011 年飙升为 5.8%，尽管 2012 年黑龙江 CPI 下降为 3.2%，但仍分别高于全国、辽宁与吉林 0.6 个、0.4 个和 0.7 个百分点，这也印证了央行发布的一份调查显示的结果：68.7% 的居民认为"物价高，难以接受"，不少居民反映"收入跟不上物价上涨水平"。

2. 就业与再就业工程仍然繁重

2008 年爆发的国际金融危机对黑龙江省就业形势产生了较大的冲击，对新毕业大学生就业、农民工转移就业、下岗失业人员再就业等重点人群和企业的影响加剧，就业矛盾更加突出。由于经济增长速度趋缓，原材料上涨，生产成本增加，到 2009 年有近三成的中小企业处于停产和半停产状态，影响到个别行业就业岗位减少，对就业的拉动能力减弱。从 2010 年 10 月农民工返乡开始显现，随后逐步加深。黑龙江省第三产业发展相对落后，意味着第三产业所能提供的就业岗位有限，从而使全省就业容量的整体水平受到影响。2003 年黑龙江省城镇登记失业率 4.2%，分别低于辽宁与吉林两省 2.3 个、0.1 个百分点，虽然出台了一系列的就业与再就业优惠政策，促进了下岗失业人员的再就业，取得了可喜的成绩，但在政策的实施上出现了偏差，致使 2011 年黑龙江省城镇登记失业人口达到 35 万人，城镇登记失业率达到 4.38%，创近五年最高。2012 年黑龙江省城镇登记失业率 4.26%，尽管比控制目标值低 0.34 个百分点，但分别高于辽宁与吉林 0.6 个和 0.3 个百分点。就业不足问题的加剧既影响居民生活水平的提高，又增加社会不稳定因素，致使黑龙江省企业办社会的负担和债务沉重，导致企业缺乏活力，生产效率低下，市场竞争力不足，反过来，又会进一步增大就业压力。

（三）资源利用与科技创新有待完善

1. 资源消耗严重

黑龙江省重工业基地是拉动全省经济快速发展的主力军，经济的发展必然以增加能耗作为代价，长期以来依靠消耗资源和能源来发展，形成了一个高耗能的产业结构。2006年黑龙江省工业主要产品单耗普遍高于全国平均水平。其中，吨钢综合能耗780千克标准煤，高于全国20千克标准煤；吨煤综合能耗44千克标准煤，高于全国4千克标准煤；吨水泥综合能耗179.7千克标准煤，高于全国20千克标准煤；供电每千瓦时综合能耗高于全国10千克标准煤。2009年煤炭、石油占黑龙江省能耗的95.5%，比全国平均水平高出8.1个百分点，而低碳、环保的天然气和水电消费仅占能耗的4.5%。一次能源消费结构中，主要以煤炭和油品为主。2010年煤炭占能源消费总量的67.4%，原油占26.2%，天然气占4.1%，其他能源只占2.3%。当前，只追求GDP快速增长和速度型财政，高碳型产业难以得到控制；降耗指标下不来，环保不达标，发展和环保使黑龙江省处于两难境地，这种状况与经济增长方式粗放、结构不合理、技术装备落后、管理水平低直接相关。

2. 区域创新能力有待提高

黑龙江省原字号产品和重工业比重过高，工业采掘和资源开发仍然占主导地位。高科技产业所占比重较小，拥有自主创新知识产权的高科技产业就更少。尽管黑龙江省科技投入不断增加，研究与发展经费支出与相当于地区生产总值比重两项指标由2003年22.6亿元和0.5%，2012年分别上升到135.0亿元和1%；2012年受理专利申请30610件与授权专利20261件，分别是2003年的6.16倍与7.25倍，科技基础较好，但是科技创新环境建设的滞后，导致科技资源的创新潜力没有得到充分发挥。依据《中国区域创新能力报告》显示，2003年黑龙江省区域创新能力排名第18位，2011年下降列全国第20位。作为粮食大省，粮食加工量仅为粮食总产的50%，深加工仅占20%。如果不加快发展新兴产业作为既定目标，不用高新技术推进装备、石化、能源和食品等优势产业升级，则无法将科技优势转化为产业优势。因此，科技转化能力、科技促进经济增长的水平有待提高。

三 全面推进黑龙江老工业基地振兴

按照中央经济工作会议的要求,"稳中求进"成为今后一段时期经济工作的主调,黑龙江省应在总结前十年老工业基地振兴成就与问题的基础上,根据《全国老工业基地调整改造规划(2013~2022年)》的部署,发挥自身优势,挖掘经济潜力,加快推进全面振兴的进程。

(一)继续深化改革开放,增强经济社会发展活力

深化改革开放是实现黑龙江省全面振兴的必由之路。一是继续深化国有企业改革。明确新时期深化国有企业改革的思路、重点任务和政策,加快完善现代企业制度特别是现代产权制度。在国有大型骨干企业建立科学管理制度上取得突破,实现国有企业的最大效益,推动骨干企业与地方企业协作一体化进程。通过股份制等产权多元化形式,以国有骨干企业为核心培育产业集群,延长产业链,扩大产业关联效应和骨干企业的外部经济性,提升骨干、地方企业共融的产业集群的竞争力。二是大力发展民营经济。进一步完善和落实促进民营经济发展的政策措施,在投资核准、融资服务、财税政策、土地使用等方面给予平等和必要的优惠待遇,从而加快提高民营经济比重和贡献,带动全省所有制结构、中央地方经济规模、企业规模结构实现根本性的调整。三是切实加强政府改革创新,转变政府职能。进一步优化财政支出结构,继续巩固和提高对科教文卫、社会保障和就业、基础设施等方面的财政支出水平。发挥价格政策在政府宏观调控中的作用,加强对市场物价的监控管理,整顿市场价格秩序,维护市场公平交易。进一步缩小行政审批范围,简化和规范行政审批程序,设立中小企业创新基金以促进其产品、技术升级,引导有条件的中小企业进入政府采购序列。四是扩大对外开放,深化外向型经济增长。黑龙江省应进一步发挥对俄的地缘、资源、物流、人文等综合优势,深化对俄境内外合作园区合作。充分利用好《黑龙江和内蒙古东部部分地区沿边开发开放带规划》即将上升为国家战略,及中日韩FTA谈判即将启动的两大利好条件,促进对俄日韩贸易和投资合作扩大规模、提升质量,最终实现转型升级。抓住沿海省

份劳动力成本上升、产业转移的机遇,扩大对外宣传、完善投资环境,大力吸引外资。实施对外贸易市场多元化战略,积极开拓美国、欧盟国家市场,努力增加战略性进口,做好蕨菜、菌类等特色农产品的深加工,优化出口商品结构。

(二)力推项目提高创新,完善现代产业体系

牢固树立"龙江发展以经济建设为中心,经济建设以产业发展为重点,产业发展以项目建设为支撑"的理念,针对占据全省经济支柱地位的工业项目过少、投资不足的问题,加快实施"八大经济区"和"十大工程"发展战略,以重点产业大项目为抓手,带动黑龙江省经济全面振兴。积极推进新型工业化示范基地建设,谋划千亿、百亿、十亿元不同层级大项目,促进大项目建设向园区集中,积极引进战略投资者,尽快形成产业发展的集聚效应,不断完善园区公共服务平台功能,进一步提升县域工业园区的建设水平和项目承载能力。带动配套服务的中小企业加快发展,培育形成以特大企业为牵动、以大企业为骨干、以中小企业为基础,竞争力强的产业链条与产业集群。同时,围绕装备、轻工、电子等重点产业振兴行业,储备重点项目,未来一段时期再认定几批省级新型工业化产业示范基地,继续组织筛选符合国家支持重点和方向的大项目、好项目,争取国家各类专项资金和差异化政策的支持。

应把提高自主创新能力作为完善现代产业体系的核心战略。一是增强技术创新和产品研发能力,加快用高新技术驱动对装备、石化、食品等主导产业进行改造提升。以大投资、长周期培养装备制造业和石油开采技术上的原始创新能力,把黑龙江建设成我国重要的重型机械装备制造基地;继续发挥黑龙江省农业的集成创新优势,扩大优良品种的覆盖面;通过模仿模式的生物医药业节省研发成本,缩短与发达国家的技术差距,将中药西药化,多推出自主创新的产品。二是将发展战略性新兴产业作为未来经济增长的新引擎。立足高端产业和产业链高端环节,着力培育发展新材料、新能源、新能源汽车、生物产业、高端装备制造业等战略性新兴产业。三是加速以企业为主体的技术创新体系建设,形成以企业为主体、市场为导向、产学研相结合的技术创新体系。引导大中型企业和集团发挥骨干作用,积极探索建立由企业牵头的重大科技项目研发

机制。在经济政策和资金贷款等方面向创新型项目倾斜，提高现有科技人员对技术引进、消化吸收、再创新的能力和水平，加大高层次、高技能、紧缺型人才的培养、引进和使用力度。

（三）积极发展现代化大农业，巩固农业基础地位

黑龙江省农业优势明显，发展潜力巨大，2013年4月国家已将黑龙江省列为现代农业综合试验区，要充分利用现代农业综合试验区的优惠条件，积极发展现代化大农业。一是加大农村投资力度，拉动农业发展。努力争取国家财政对黑龙江补贴资金和国家水利基础设施建设资金，确保黑龙江省农村存款主要用于农业和农村，确保农业贷款实行差别利率政策。由省政府组织评估各地市、县市的农村重大发展项目，统一组织全省范围的招商引资，发挥政府的协调组织功能，做好与金融机构信贷资金投放的对接工作。二是建设现代化大农业，提升农业综合生产能力。一方面，调整农业内部结构，加快发展质量农业，继续组织实施好黑龙江千亿斤粮食产能建设工程，提升畜牧业占农业产值的比重、提高经济作物和饲料的播种面积比重、增加既节省播种面积又增加产量的玉米和水稻的种植面积；另一方面，加大科技对农业的支撑，实施农产品品质创新工程，将农产品品种创新作为重大任务，大规模引进国内外高效的农业科技技术，不断推出适合寒地黑土的更多优良品种。推动农业信息化建设，整合农业信息资源，创新农业信息服务模式。同时，大力发展规模农业，借鉴欧美发达国家发展现代农业、规模农业的经验，大力发展农民专业合作组织，推广科学技术、提高经营管理水平，产生强大的市场竞争能力。三是推进农村流通现代化，加快提高粮食物流水平。围绕打造三江与松嫩平原等商品粮基地，构建黑龙江省主产区连接主销区，集合内外贸、生产加工、采购交易等功能的现代粮食物流体系，把发展大生产与构建大流通、大市场结合起来。四是放宽农业保险产业发展的入市门槛，增加农业保险的险种，鼓励阳光互助保险公司扩大业务范围，以确保农民种粮的积极性不因自然灾害和市场风险而受到挫伤。

（四）推动金融体制改革，为经济发展提供资金保障

黑龙江省应推动金融体制改革，打造支持实体经济发展的现代金融体系，

为黑龙江省经济发展提供有力的资金保障。一是根据省情实施特殊的金融政策，防止黑龙江省资金外流。实施对国家战略资源保障区、替代产业示范区存贷款原则上不出省的保护政策，并规定在黑龙江省的金融机构贷款占存款的比例原则上不得低于全国平均水平；建议实行差别存贷款利率政策，以较高的存款利率吸引存款增强资金实力，以较低的贷款利率鼓励省内外投资者在黑龙江投资办厂。二是支持农村金融改革，继续加强对农村的金融服务。设置专门的改革协调委员会，在农村金融机构税费减免、农业保险补贴以及农村信用担保体系建设方面寻求必要的财政支持；设立农村金融改革试验区，推动农村金融市场开放，大胆创新符合黑龙江农村金融需要的金融产品；深化农村金融机构改革，简化信贷审批程序，创新担保方式，强化农业发展银行政策性金融支农功能，有效满足农业生产资金需求。三是完善金融监管体制，维护金融稳定。推动人民银行企业和个人信用信息基础数据库建设；引导金融机构进一步加强不良贷款的清收工作，切实保护金融债券的合法权益；做好金融机构组织建设，成立相关协会，加强金融机构间合作，促进金融行业自律性发展。

（五）加大民生投入力度，推进社会事业发展

改善民生是全面振兴黑龙江老工业基地的根本目的，应完善就业、增加收入、社会保障、住房等民生的制度安排，让人民分享改革发展成果。一是实施就业优先战略。全力推动就业吸纳人数多的劳动密集型产业特别是中小企业和服务业的发展，稳定增加就业岗位。加大对高校毕业生与农民工等群体就业与创业的政策扶持力度，加强职业援助和就业培训，鼓励自主创业和自谋职业，继续为就业特殊困难群体创造政府公益岗位。二是提高城乡居民收入水平。深化收入分配制度改革，协调处理好企业、农产品生产者、政府、居民四方的收入在经济增长格局中的利益分配关系。增加低收入群体的收入，提高中等收入者的比重，加强高收入阶层所得税征管。三是健全覆盖城乡居民的社会保障体系。实现新农保和城镇居民社会养老保险制度基本全覆盖，加快建立面向城镇全体居民的医疗保障制度。按时足额发放企业退休人员基本养老金，继续解决好困难企业退休人员参加基本医疗保险等问题。深化医药卫生体制改革，优先满足人民群众基本医疗卫生需求。四是扎实推进保障性安居工程建设，建立健

全保障性安居工程投资、建设、营运、分配和管理机制，鼓励社会力量参与建设保障房及配套，加快廉租房和经济适用房建设，保障贫困家庭的基本居住需求。

（六）切实抓好节能减排工作，积极发展循环经济

十八大提出把生态文明建设纳入"五位一体"总体布局，贯穿经济社会发展全过程。依据《黑龙江省主体功能区规划》的要求，大力推进大小兴安岭森林生态功能区、长白山森林生态功能区和三江平原湿地生态功能区的生态环境保护和生态功能修复，加快形成以"两山一平原"国家级限制开发区域为主体，以点状分布的国家级和省级禁止开发区域为重要组成部分的生态安全战略格局。坚持节约优先、保护优先、自然恢复为主的方针，着力发展绿色经济、循环经济、低碳经济，推动资源利用方式的根本改变，为全省人民创造良好的生产生活环境，为全国生态安全作出贡献。完善节能减排评价考核机制和奖惩制度，加快建立节能减排市场机制。严格实施固定资产投资项目节能评估和审查制度，加快淘汰落后产能步伐，控制高耗能、高排放行业过快增长。开展资源节约型、环境友好型企业创建试点，推进公共机构节能。严格保护耕地，节约利用土地，深入实施重点生态工程，加强森林、湿地和江河流域等重点生态区的保护和山洪地质灾害综合治理力度。对焦炭行业和小煤矿进行清理、整顿和改造，推进资源枯竭型城市建立资源开发补偿机制和衰退产业援助机制，积极发展接续替代产业。充分开发利用丰富的太阳能、地热、风力等可再生能源，根据作物秸秆较多的现实，实现在生物质能方面的有序开发和合理利用。完善产业、资源使用方面尤其是与环境资源保护相关的法律和政策的制定，加快形成可持续发展体制机制。政府部门制定合理的生态产业发展政策、绿色产品认证制度、市场行为监督制度等，提高消费者对环境标志产品的信任度。

B.5
东北老工业基地振兴战略十年来蒙东地区经济社会发展报告

张 晶*

摘 要：

实施振兴东北等老工业基地战略十年来，蒙东地区经济社会实现了又好又快发展。经济结构不断优化，对外开放水平明显提高，基础设施条件和民生状况得到改善，城乡面貌发生很大变化。同时，蒙东地区在经济社会发展中的协调性、可持续性等深层次矛盾还有待进一步解决。面对新形势，蒙东地区需要选准发展定位，突出特色，转变发展方式，积极调整产业结构，进一步完善政策措施，促进蒙东地区经济平稳较快发展和民生改善，为全面建成小康社会奠定坚实基础。

关键词：

东北振兴 蒙东地区 经济社会 又好又快发展

蒙东地区包括内蒙古东部五盟市，土地面积为66.49万平方公里，占全区总土地面积的56.2%，总人口为1262.81万人，占全区总人口的50.7%。该区域煤炭、有色金属、农牧业资源丰富；与俄罗斯、蒙古接壤，拥有对俄、蒙的最大陆路口岸；享有振兴东北等老工业基地、西部大开发和扶持人口较少民族发展的多项优惠政策；水资源相对充足，环境容量空间大，生态环境良好。自2003年国家实施振兴东北等老工业基地战略以来，十年间是内蒙古蒙东地区经济社会发展最好最快的时期之一，也是各族人民群众得到实惠最多的

---

* 张晶，内蒙古自治区统计局科研所所长，高级统计师，自治区统计专家，研究方向：宏观经济及区域经济发展。

时期之一。目前，蒙东地区正按照国务院《全国老工业基地调整改造规划（2013～2022年）》和《东北振兴"十二五"规划》精神，认真贯彻自治区"8337"发展思路，进一步完善政策措施，促进蒙东地区经济平稳较快发展和民生改善。

一 十年振兴激发蒙东地区发展新活力

（一）经济总量不断扩大，三次产业协调发展

蒙东地区GDP总量由2003年的837.13亿元增加到2012年的5802.38亿元，占各盟市合计数的32.3%，年均增速为17.2%。三次产业结构比例由2003年的29.4∶30.7∶39.9调整为2012年的15.6∶56.3∶28.1，第一产业比重明显降低，而第二产业比重大幅提高，第三产业比重有所降低。人均GDP由6475元增加到45929元。地方财政收入由45.19亿元增加到586.04亿元，占全区地方财政收入的23.5%，年均增长32.9%。人均地方财政收入由350元增加到4639元。

1. 农牧业生产进一步加强

蒙东地区农牧业生产形势呈现稳步增长态势。2012年，蒙东地区第一产业增加值达到905.62亿元，比2003年增长95.85%，年均增长7.8%，增速快于全区平均水平1.7个百分点。2012年，粮食播种面积为6052.7万亩，粮食总产量达2046.85万吨，油料产量达59.77万吨，分别占全区的72.2%、81%和42%。种植结构进一步优化。优质玉米、高油大豆等特色优势农产品产业带已初步形成，设施农业面积达到119.3万亩。畜牧业生产经营方式加快转变。饲草料基地与肉牛、肉羊繁育基地建设等工程深入实施，进一步提升了畜牧业抗灾与生产能力。2012年，牧业年度牲畜达7461.85万头（只），占全区的66.3%，比2003年增加2465.83万头（只）；猪牛羊肉产量138.81万吨，占全区的65%，比2003年增加51.16万吨。

2. 工业运行质量稳步提高

十年来，蒙东地区深入推进"双百亿工程"，促进产业延伸升级，突出能

源、有色冶金、绿色农畜产品加工等优势特色产业发展，工业支撑保障能力进一步提高。2012年，全部工业增加值达到2903.8亿元，年均增长26%，比全区平均高2.2个百分点，工业占GDP比重达到50%，比2003年提高26.8个百分点。重点工业项目建设有序推进。2012年，完成工业项目投资2417.26亿元，年均增长38.9%，高于全区平均6.2个百分点。工业运行质量进一步提高。规模以上工业实现主营业务收入6414.26亿元，比2003年年均增长41%，高于全区平均7.8个百分点；实现利润485.42亿元，年均增长31.3%。非资源型产业和战略性新兴产业发展迅速。

3. 服务业发展态势良好

十年来，蒙东地区新兴业态加快发展，服务业综合效益和技术水平不断提升。2012年，蒙东地区服务业增加值达到1627.6亿元，比2003年增长2.58倍，年均增长15.2%，略高于全区平均增速。2012年，全社会消费品零售总额达到1510.1亿元，年均增长19.3%，比全区平均增速高0.4个百分点。城乡流通体系更趋完备。目前已建成5000平方米以上大型超市与综合市场297个，新建改造农家店1120家，赤峰国际陆港等现代物流项目顺利推进。金融业支撑作用逐步提升。2012年，人民币各项存款余额为3567.09亿元，年均增长19.9%；人民币各项贷款余额为2518.93亿元，年均增长17.4%；各类保险公司全年保费收入90.62亿元，年均增长21.6%。旅游业持续增长，成为支撑服务业发展新的增长点。2012年旅游业总收入达到586.09亿元，年均增长34%；接待国内外旅游者3882.72万人次，年均增长19.5%，国内外旅游者相当于蒙东地区总人口的3倍多。

（二）"三驾马车"对地区经济拉动作用进一步增强

2012年，蒙东地区固定资产投资达到4570.6亿元，占各盟市投资总额的35.2%，年均增长31.2%，高于全区平均增速1个百分点。其中，赤峰市投资总额最大，达到1337.29亿元，占蒙东地区投资总额的1/4以上；十年来投资年均增速最快，兴安盟已达到67.9%，高于全区平均增速19个百分点。

2012年，蒙东地区社会消费品零售总额为1510.1亿元，年均增长19.3%，高于全区平均增速0.4个百分点，占全区社零总额的33.3%。其中，城镇达到1217.5亿元，年均增长19.5%，高于全区平均增速0.4个百分点；乡村达到292.6亿元，年均增长18.5%，高于全区平均增速0.9个百分点。

2012年，蒙东地区进出口总额为50.53亿美元，年均增长27.3%，高于全区平均增速11.9个百分点，占全区的23.1%。2012年，实际利用外资近2亿美元。

（三）基础设施支撑能力逐步提升

蒙东地区各项基础设施建设步伐加快，支撑保障能力逐步提升。综合交通体系日趋完善。2012年公路建设完成投资225.8亿元，公路总里程达到8.12万公里，占全区的50%，其中高速公路实现零的突破里程达到1000多公里，各盟市、旗县间基本实现以高速及一级公路相连接，所有苏木乡镇均贯通沥青或水泥路；铁路运营里程达到5570公里，占全区的57.6%；支线、通用机场建设稳步发展，阿尔山机场正式通航，根河林业机场作为我国首家拓宽通用航空服务领域试点成功实现了首航试飞。水利重点项目有序推进。文得根水利枢纽工程作为自治区头号工程上报国家，毕拉河口水利枢纽工程、尼尔基水库下游灌区等重点项目建设前期工作进展顺利。

（四）生态建设与保护力度加大

十年来，蒙东地区生态保护和建设力度不断加大，生态环境进一步好转。2012年，完成林业建设投资40多亿元，比2003年增长1.5倍；造林面积达到45.98万公顷，占全区造林面积的58.9%。科尔沁沙地、呼伦贝尔沙地治理与松花江、辽河流域水污染治理工作力度不断加大，矿山地质灾害得到初步遏制。重点领域节能减排工作不断推进，淘汰了一批资源消耗大、环境污染重的落后产能，循环经济与清洁生产得到积极推进，蒙东地区均完成了自治区"十一五"节能减排目标任务。

（五）居民收入水平进一步提高

十年来，伴随着蒙东地区经济的发展，企业经济效益提升，地方财力增加，城乡居民收入增加。2012年，蒙东地区城镇居民人均可支配收入达到

18726 元，农牧民人均纯收入为 7523 元，分别比 2003 年增加 12673 元和 5410 元；年均分别增长 13.4% 和 15.2%，农牧民人均纯收入增速快于城镇居民人均可支配收入增速 1.8 个百分点，与全区相比，蒙东地区城镇居民人均可支配收入增速与全区平均水平基本持平，农牧民人均纯收入增速也快于全区平均水平 0.8 个百分点。蒙东地区中，城镇居民人均可支配收入和农牧民人均纯收入最高的是锡林郭勒盟，分别达到 20508 元和 8925 元。2012 年，蒙东地区城镇居民人均居住面积达到 27.8 平方米，农村牧区人均居住面积达到 24.3 平方米。

（六）社会事业持续加强

十年来，蒙东地区采取各项有效措施，进一步加大改善民生的力度，社会民生事业不断改善。就业工作取得积极进展。2012 年，城镇新增就业 9.76 万人。社会保障体系不断完善。基本养老保险参统人数累计达到 201.24 万人，新型农村养老保险参保人数达到 163.87 万人。2012 年，城镇居民最低生活保障人数达到 47.5 万人，农村牧区最低生活保障人数达到 73.25 万人。进一步实施科教兴区战略。普遍开展了以农村牧区为主的教学布局调整，农村牧区学校办学条件得到改善；学前教育规模进一步扩大，留守儿童就学问题基本解决。2012 年，蒙东地区高等学校在校生达到 7.91 万人，比 2003 年增加 5.21 万人，普通高中在校生达到 34.51 万人，比 2003 年增加 12.5 万人。2012 年，蒙东地区共获得鉴定科技成果 100 多项。民族文化不断繁荣发展。2012 年，蒙东地区拥有公共图书馆 57 个，广播混合覆盖率 97.5%，电视混合覆盖率 96.8%，接近全区平均水平。卫生事业得到加强，2012 年，蒙东地区医疗卫生机构数达到 9640 个，医疗卫生单位拥有病床位 5.48 万张，专业卫生技术人员 6.89 万人，分别比 2003 年增加 2.21 万张和 1.75 万人。

（七）蒙东地区与东北三省的合作交流日趋紧密

十年来，为了加强东北四省区合作，建立了东北四省区合作行政首长联席会议机制，自治区政府与东北三省政府先后签署了《东北三省与蒙东地区战略合作协议》《推进东北地区战略性新兴产业合作协议》《携手打造大东北无障碍旅游区行动计划》等合作举措，为蒙东地区与东北三省全面合作明确了方向。这些协议签署以来，在国家的指导下，在东北三省有关部门的支持配合下，自治区本着"优势互补、互利共赢"的原则，认真落实合作协议，在多个领域取得了积极的合作成果。煤、气、化产业联动方面，东北三省积极在蒙东地区发展煤化工，内蒙古的蒙东地区为东北三省配置相应煤炭资源，统筹推进蒙东地区能源输送管道建设，协同推进煤、气、化重点合作成果。辽宁阜矿集团白音华煤炭开发项目四号露天一期工程（500万吨/年）在建待国家验收，吉煤集团在通辽煤炭开发项目霍林河二号矿井项目（600万吨/年）已得到国家发改委同意开展前期工作；国电兴安煤制气项目已入列国家实施的"十二五"煤炭深加工项目规划；白音华—赤峰—辽宁500千伏、乌兰浩特—吉林白城双回500千伏线路已投产；内蒙古康奈尔公司80万吨苯胺项目已经开工建设。交通方面，加快建设东北三省连接蒙东地区的高速公路网络和铁路通道。通辽—双辽高速公路内蒙古段、长深高速公路金宝屯（蒙吉界）—查日苏（蒙辽界）段已于2011年建成通车，丹锡高速公路朝阳—赤峰内蒙古段、扎赉特旗—齐齐哈尔内蒙古段、赤峰—凌源一级公路内蒙古段于2012年建成通车；白音华—锦州铁路中白音华—赤峰段单线已建成，正在验收阶段；两山铁路，中国阿尔山—蒙古乔巴山铁路建设项目已入列国家《中长期铁路网规划》《东北振兴"十二五"规划》，该项目已具备开展前期工作条件；相继开通了呼和浩特—赤峰—大连、呼和浩特—通辽—沈阳、呼和浩特—通辽—哈尔滨、呼和浩特—通辽—长春、呼和浩特—满洲里—哈尔滨等9条区内连接东北三省的航线。生态环境保护合作，东北三省与蒙东地区共同推进科尔沁沙地、呼伦贝尔沙地治理，加快实施大小兴安岭林区生态保护与经济转型规划，共同构建东北地区生态屏障，辽宁省和吉林省先后有11家企业承担了蒙东地区的环境工程建设项目。锦州华冠环境科技实业公司为通辽市玉王生物科技有限公司、通辽发电总厂等9家企业提供了废水、废气在线监测第三方运营服务。重点产业对接合作，东北三省大力推动重点产业、龙头企业与蒙东地区对接协作，蒙东地区积极主动承接东北三省非资源型产业转移。大连五甲万京集团公司在赤峰市建设信息科技产业园，该项目计划总投资24亿元，项目一期工程已于2012年9月开工建设。赤峰蒙东云计算产业园项目计划总投资70亿元，一期孵化园项目已于2012年7月开工建设，由赤峰市新州中药饮片有限责任公司、辽宁中医药大学中药研究所、澳大利亚海维集团三方合资建设的中蒙药文化产业园项目，计划总投资3.78亿元，主要生产纳米中蒙药饮片、中蒙药配方颗粒。该项目已于2011年8月开工建设。加强农畜产品加工等方面合作，加快绿色食品产业发展，提升区域农牧业整体竞争力。已谋划并启动辽源市麒鸣集团年产10万吨动物血液蛋白粉项目、大安市安大牧业有限公司3000万只肉食鸡项目、皓月集团投资年屠宰100万只羊项目等一批农牧业项目。物流与沿边开放合作，东北三省支持和促进蒙东地区内陆港建设和物流业发展，加强蒙东地区与长吉图地区、辽宁沿海经济带合作，打造"绥—满经济带"。此外，还加强科技教育合作，东北三省加强与蒙东地区高等院校和科研院所的科技合作。蒙东地区加大招商引资力度，2010～2012年，东北三省在蒙东地区实施的合作项目就达到1429个，累计引进到位资金达到1387.2亿元。

二 存在的问题

（一）蒙东地区工业化与城镇化发展存在不足

工业发展规模与质量有待提高。蒙东地区工业企业规模小，工业集中、集聚、集约发展能力有待提高。产业发展普遍存在链条短、附加值低、资源综合利用水平不高的问题。非资源型产业、新兴产业投资不足，发展步伐仍然较慢，难以弥补能源工业投资放缓形成的缺口。从工业化程度看，2012年，蒙东地区工业化率为50%，高于2003年26.6个百分点，但产业层次不高。三次产业结构比例由2003年的29.4∶30.7∶39.9调整为2012年的15.6∶56.3∶28.1，第二产业比例有所提高，第一产业比例下降，但第三产业比例明显偏低，比全区平均水平低6.3个百分点。从城镇化水平看，2012年，蒙东地区城镇化率为50.1%，比2003年高8个百分点，但提高幅度低于全区平均水平5个百分点。同时，蒙东地区之间发展也不平衡，2012年蒙东地区的五个盟市中，有3个盟市城镇化率低于全区平均水平，城镇化率最高的是呼伦贝尔（68.97%），比最低的通辽市高出25.91个百分点。蒙东地区城镇化水平不高，城镇集聚效应较差，在一定程度上影响着工业化进程。

（二）第三产业发展较滞后

第三产业的发展对推进地区城镇化、加快地区发展步伐，特别是发展非资源型产业具有重要的作用。近几年，蒙东地区经济发展步伐加快，但经济内部三次产业间发展不够协调，项目融资结构相对单一，项目建设融资的主要方式是依靠银行贷款，对金融市场的参与度不够，直接融资工具尚未得到充分利用，第三产业发展水平明显偏低。目前蒙东地区第三产业在三次产业中的比重仅为29.3%，比全区平均水平低4.7个百分点；第三产业占全区第三产业的比重仅为25.2%，比工业占全区比重低了6.4个百分点。

（三）城乡收入水平均低于全区平均水平

十年来，蒙东地区城乡两个收入总量均低于全区水平。2012年，蒙东地区城镇居民人均可支配收入为18726元，农牧民人均纯收入为7523元，分别低于全区平均水平4424元和88元。其中，兴安盟城乡收入不仅在蒙东地区是最低的，而且在全区12个盟市中也是最低的。十年来，蒙东地区城镇居民人均可支配收入年均增速低于全区平均水平0.8个百分点。

（四）区域内部发展不协调

十年来，蒙东地区经济运行质量总体较好，但内部经济差距较大，发展水平参差不齐。2012年，地区生产总值最高的通辽市为1691.85亿元，而最低的兴安盟为385.16亿元，仅为通辽市的22.8%；地方财政收入最高的赤峰市为139.37亿元，而最低的兴安盟为40.37亿元，仅为赤峰市的29%；城乡两个收入，城镇居民人均可支配收入最高的锡林郭勒盟20508元，比最低的兴安盟高出5405元，农牧民人均纯收入最高的锡林郭勒盟8925元，比最低的兴安盟高出3861元。同时，近两年，锡林郭勒盟经济走势有不同程度下滑，特别是生产总值增速、规模以上工业增加值增速和固定资产投资增速下滑较大。

（五）基础设施建设相对薄弱

目前蒙东地区农牧业基础设施建设相对薄弱，实施节水灌溉农田面积相对较小,中低产田面积大。畜产品流通渠道不畅,畜牧业基础设施建设和服务体系建设急待加强。农村牧区道路通畅度相对不高。目前,蒙东地区嘎查村通沥青水泥路率仅为36%,相比全区水平低3个百分点,比西部地区低7个百分点。受地方财力影响,各旗县农村牧区公路地方配套资金落实不均衡,在一定程度上影响了项目建设。

(六)蒙东地区与东北三省人均水平仍存在差距

十年来,虽然蒙东地区经济社会有较快发展,人民生活明显改善,但是与东北三省相比人均水平仍存在较大差距。2012年,蒙东地区人均GDP低于东北三省平均水平43元,其中,低于辽宁省10618元,分别高于吉林省、黑龙江省2517元和10218元;蒙东地区人均公共财政收入低于东北三省平均水平2259元,其中,分别低于辽宁省、吉林省、黑龙江省4496元、1207元和454元;蒙东地区城镇居民人均可支配收入低于东北三省平均水平1994元,其中,高于黑龙江省966元,但分别低于辽宁省、吉林省4497元和1482元;蒙东地区农村牧区居民人均纯收入低于东北三省平均水平1347元,其中,分别低于辽宁省、吉林省、黑龙江省1861元、1075元和1081元;蒙东地区每万人口拥有的在校大学生数为63人,低于东北三省平均水平79人,其中,与辽宁省持平,但分别低于吉林省、黑龙江省148人和121人;蒙东地区每万人口拥有医疗卫生床位数为43张,低于东北三省平均水平3张,其中,与吉林省持平,但分别低于辽宁省、黑龙江省6张和3张(见表1)。

表1 2012年蒙东地区与东北三省主要人均指标对比

省区	人均GDP(元)	人均公共财政收入(元)	城镇居民人均可支配收入(元)	农村牧区居民人均纯收入(元)	每万人口在校大学生数(人)	每万人口拥有病床位(张)
辽宁	56547	7076	23223	9384	63	49
吉林	43412	3787	20208	8598	211	43
黑龙江	35711	3034	17760	8604	184	46
东北三省	45972	4839	20720	8870	142	46
蒙东地区	45929	2580	18726	7523	63	43

资料来源:数据根据东北三省、蒙东地区2012年统计公报整理。

三 对策建议

（一）蒙东地区壮大优势特色产业，加快发展步伐

蒙东地区要把国家振兴东北等老工业基地、西部大开发等机遇与自身优势相结合，推进东部盟市协调快速发展。一是推进工业优化升级。进一步优化产业结构，促进多元发展。能源方面，重点有序开发胜利、霍林河等大型煤田，配合电力外送通道建设，重点推进扎赉诺尔、宝日希勒、白音华等大型煤电一体化坑口、路口电站群建设，加快建设阿旗罕山等大型风电项目。有色金属方面，促进项目重点向产业园区集中，抓好亚鼎铜材、华润铝业等项目建设。煤炭深加工方面，重点推进兴安盟煤化电热一体化项目前期工作。非资源产业方面，着力推动机械制造、新材料、生物医药、电子信息等产业快速发展，推动通辽市氨基酸生产基地、宁城光伏产业园项目建设，加快蒙东云计算中心等信息产业项目建设步伐，构建多极支撑产业发展格局。二是提高服务业发展水平。物流业方面，围绕产业基地、中心城市和口岸，发展多元化市场主体，突出抓好锡林郭勒、通辽、呼伦贝尔等大型煤炭物流园区和战略装车点建设；加大保税物流园区、内陆港建设力度。金融业方面，鼓励和引导金融机构加大信贷投放力度，坚持扩大融资和防范风险并举，加快完善小微企业融资服务体系和农村牧区金融服务体系，促进保险市场健康有序发展；进一步加强对民间借贷的疏导和监管，积极稳妥化解各类金融风险。旅游业方面，大力推动区域旅游合作，整体打造大东北无障碍旅游目的地；充分利用满洲里和二连浩特口岸，加强与俄罗斯、蒙古国的双边、多边旅游合作。三是做大做强区域中心城市，形成多极发展的城镇化格局。中心城市是区域经济发展的龙头，蒙东地区要尽快把盟市所在地打造成区域中心城市，满洲里、二连浩特也要进一步做大规模，完善功能，建设一流口岸城市。在建设好区域中心城市的同时，还要重视抓好县城和个别重点镇的建设。要强化城市发展的产业支撑，统筹规划工业园区与城镇建设，实现园区与城镇互动发展、一体化推进。

（二）加大对蒙东地区基础设施建设力度

蒙东地区要加大固定资产投资力度，切实增强发展动力。蒙东地区要把抓投资作为当前工作的重中之重，着力抓好项目，拓展投融资渠道，加快项目审批；要把社会事业、民生项目一起谋划，大中小项目一起抓，国有民营一视同仁，形成多点支撑的项目储备；要改善投资环境，吸引各方面投资，实现投资主体多元化。国家和自治区政府必须进一步加大对其的支持力度。在产业发展、财政倾斜、城市建设和保障性住房建设、扶贫开发等方面加大力度。同时，蒙东地区也要认清形势，正视差距，切实增强忧患意识和发展的紧迫感，加大各项工作力度，不断提升综合实力和竞争力，努力在东北地区加快振兴的大背景下有更大的作为。进一步加强通道建设。公路方面，力争打通音德尔至江桥、赤峰至凌源出区一级公路，建成牙克石至博克图、桑根达来至宝昌出区高速公路，贯通赤峰至承德高速公路路面主体工程；提高农村牧区公路网密度和通畅深度。铁路方面，做好通辽及赤峰至京沈客专连接线、京通线、通霍线、大郑线扩能改造，赤大白增建二线前期工作，新建集二复线等项目。民航方面，新开工建设霍林郭勒民用机场、通辽机场航站区改扩建工程、乌兰浩特机场扩建工程，完成根河通用机场扩建工程。能源外送通道方面，力争开工建设锡盟至南京特高压送变电项目，建成赤峰至北京天然气管道工程，推进科尔沁至新民、珠日河至浦河（沈阳北）500千伏高压风电专送通道建设。加强农牧业基础设施建设，大力开展农田基本建设，扩大高产稳产田面积；抓好标准化棚舍、青贮窖池等养殖小区配套设施建设和灌溉饲草料基地建设，增强畜牧业的抗灾能力。

（三）强化生态治理和节能减排工作

蒙东地区继续组织实施好京津风沙源治理、天然林保护、大小兴安岭林区生态保护与经济转型、退牧还草、重点流域治理等生态建设工程，落实好草原生态奖补政策，确保前期成果切实得到巩固。加快节能减排改造，合理控制能源消耗总量，确保完成减排目标。要用发展的办法保护生态，实现美丽与发展双赢。

（四）切实保障和改善民生，提高蒙东地区城乡居民收入

蒙东地区切实保障和改善民生。一要确保居民收入稳定增长。努力提高城乡居民收入水平，加快推进事业单位绩效工资制度改革，继续完善企业职工工资正常增长和支付保障机制，进一步加大农村牧区劳动力转移力度，提高务工收入。通过增加蒙东地区中农牧业投入，改善生产条件，加大科技推广力度，可使农业单产水平和牲畜个体生产能力得到显著提高，进而提高农畜产品和品质，为农牧民增收创造条件。二要实施更加积极的就业政策，抓好重点群体就业、职业培训、就业服务实名制管理等工作，大力扶持城乡居民自主创业，抓好农牧民转移就业。通过推进工业化和城镇化进程，扩大就业渠道。工业化和城镇化可以带来更多的就业机会，为城市中的下岗工人、生活困难的职工和进城务工的农牧民增加创业、就业的机会和岗位。积极开展农牧民转移就业技能培训，引导农村牧区富余劳动力向非农产业转移。同时，要加大对创业人员在资金、技术等方面的扶持力度，鼓励人员进行创业活动，使创业成为增加就业机会的主要渠道。三要加快完善社会保障体系，推进城乡居民社会养老保险试点，切实提高各项社会保险待遇水平，推进社会保险制度全覆盖。积极扩大城乡社会保险覆盖面，逐步将进城务工人员也纳入城镇社保范围。加快建立与完善社会救助体系，进一步完善城市低保制度，加快推进农村居民最低生活保障制度和公共卫生体系建设。推进城乡居民社会养老保险试点，切实提高各项社会保险待遇水平，推进社会保险制度全覆盖。

（五）全面发展社会事业

蒙东地区要全面推进社会事业，实现与经济协调发展。教育方面，积极发展学前教育，推进苏木（乡镇）中心幼儿园建设工程；巩固"两基"成果，全面实现高中阶段免费教育；进一步提高民族教育发展水平，保障民族语言授课，学前教育阶段学生免费教育。卫生方面，进一步强化基层医疗卫生体系建设，全面推行县乡村卫生服务一体化管理；巩固扩大基层医改成果，加快推进公立医院改革试点。文化方面，要大力挖掘文化资源，推动文化和经济融合。要运用产业的理念、市场的手段去经营文化资源，下功夫培育若干有地区特点

和民族特色、叫得响、立得住、有前景的文化品牌，发展壮大文化产业，推进文化体制改革，继续实施公共文化服务工程，加强文化场馆建设。

（六）加强协调，努力对接

蒙东地区要进一步加强区域协作，积极做好与周边省市的各项对接工作。一是沟通协调工作还需要进一步加强。需要加强省区间、跨省区地市（盟）间对于重大合作事项的推进力度，蒙东地区要主动沟通衔接，充分利用好《东北三省与蒙东地区战略合作协议》中的相关合作内容，重视强化与东北三省优势领域的合作。二是重点产业对接合作方面还需进一步加强。蒙东地区要根据当地产业发展情况，主动承接东北三省企业发展汽车零部件制造业、机械加工业、有色金属加工制造业、现代医药业，并为企业间合作创造条件。三是加快通道建设。加强省区间的协调，做好项目前期对接工作，统筹推进东部地区成品油、天然气、煤制气、甲醇、二甲醚输送管道建设，建设完善满洲里—哈尔滨—绥芬河、齐齐哈尔—满洲里快速铁路，争取国家批准满洲里—齐齐哈尔客运专线、通辽和赤峰—京沈客专连接线，重点推进锡林浩特—赤峰—绥中港、白音华—开鲁—阜新跨区域铁路建设。四是加强科技教育合作。内蒙古民族大学、赤峰学院、呼伦贝尔学院等蒙东地区高等院校要加强与东北三省高校间的教学科研合作，联合开展课题研究，促进科技成果转化应用，有效提升蒙东地区高等院校教学科研水平。

经济篇

Economic Reports

东北工业振兴发展的方向和实现途径

李天舒*

摘　要：

　　东北振兴的核心是工业的可持续发展，振兴战略实施的十年，东北工业经济发展逐渐从政策刺激型向内生增长型转变，工业整体素质和竞争力明显增强。特别是把产业组织结构调整作为工业结构调整一个非常重要的方面，推进重点行业骨干企业联合重组，提高了工业资产配置效率。东北地区应致力形成新的工业经济增长机制，推进以产业转型升级为目标的产业现代化，形成传统优势产业与战略性新兴产业协调发展的格局。

关键词：

　　东北工业　新型产业基地　转型升级

　　东北地区经济增长的典型特征是工业对经济增长贡献突出，工业发展的速度和质量基本决定这一区域经济增长的速度和质量。自2003年振兴东北等老工业基

---

* 李天舒，辽宁社会科学院经济研究所研究员，主要研究方向：产业经济、区域经济。

地国家战略实施以来,一直将工业结构的优化升级作为振兴老工业基地的主要任务,可以说,东北振兴的核心是工业的可持续发展。振兴战略实施的十年,东北工业结构正在发生质的变化,不断取得优化存量、扩大增量的实际成果。工业经济发展逐渐从政策刺激型向内生增长型转变,工业整体素质和竞争力明显增强。

一 东北振兴战略中工业结构优化升级的战略取向

2003 年中共中央、国务院颁发的《关于实施东北地区等老工业基地振兴战略的若干意见》提出:走新型工业化道路,全面提升和优化第二产业,是振兴老工业基地的主要任务。

2007 年国家发展和改革委员会、国务院振兴东北地区等老工业基地领导小组颁布的《东北地区振兴规划》,对新型产业基地的内涵和发展重点进行阐释。2012 年颁布的《东北振兴"十二五"规划》进一步明确提出把产业转型升级作为推动东北地区全面振兴的主攻方向,不断完善现代产业体系。

东北振兴国家战略实施中,从历次重要的指导性意见和规划纲要对东北工业发展的定位和方向,可以透视出如下基本的判断。

一是国家振兴战略的功能定位明确肯定了东北传统优势产业的相对优势和创新发展的价值。东北具有庞大的重化工业资产存量、技术人才和产业工人队伍,具有产业组织和产业协作配套的积累和能力。因此,探索传统优势产业的振兴路径是东北实现经济转型的主要线索之一。

二是重化工业在工业结构优化升级中承担着重要的角色,也可以说优先发展重化工业的价值判断取向非常清晰。在东北的工业结构中,重化工业占有重要的地位。早在 20 世纪 50 年代中期,东北就已形成重化型工业结构,并且重化工业一直保持持续增长趋势,说明重化工业支撑东北老工业基地的经济发展。在具体的振兴实践中体现为,以重化工业的发展带动整个工业部门乃至整个三次产业的有效融合与协调。

三是突出在传统优势产业基础上培育新兴产业的取向,也鼓励发展劳动密集型产业。先进装备制造业、新型原材料基地都是在传统优势产业基础上通过产业链升级和产业延深创新将传统产业转型升级为新兴产业。强调把加快发展特色轻工业作为促进工业结构优化升级重要领域,《东北地区振兴规划》中提出注重发挥资源优势,发展吸纳劳动力就业的重要产业,包括化学制药和中药制剂产品、农产品精深加工业、家具和林木产品加工等轻工产业。

四是逐渐明确和突出了工业领域区域合作发展和关联产业协同发展的引导方向。《东北振兴"十二五"规划》中,针对优化东北工业发展布局,提出重点建设沈阳铁西装备制造产业等28个重点产业集群,把哈大齐工业走廊建设成为东北的重要工业发展轴线。

二 工业振兴发展的成效分析

东北振兴战略实施以来,东北工业呈现速度与效益同步增长、质量与结构稳步改善的良好态势,开始向现代产业体系纵深迈进。

(一)工业经济总量规模迅速扩大

2002~2011年,东北三省规模以上企业工业总产值从9546.82亿元增加到70290亿元,增长了6.36倍,年均增长24.8%。资产总计从16688.35亿元增加到55235.01亿元,增长了2.31倍,年均增长14.2%。所有者权益从6761.6亿元增加到23881.83亿元,增长了2.53倍,年均增长15.0%。利润总额从712.3亿元增加到5133.83亿元,增长了6.21倍,年均增长24.5%(见表1)。2012年,辽宁规模以上工业主营业务收入达到47965亿元,居全国第6位。吉林规模以上工业增加值达到5477.3亿元。黑龙江规模以上工业总产值和主营业务收入均跃上12000亿元的新台阶。

(二)工业经济效益大幅度提高

从2002年和2011年东北规模以上工业企业主要经济效益指标的变化情况看,东北工业经济效益水平有了明显的提升。一是从与全国主要经济效益指标平均水平的比较看,由2002年多数指标低于全国平均水平,变化为2011年多数指标高于全国平均水平。如2011年总资产贡献率指标与全国平均水平比较,辽宁、吉林、黑龙江分别低于1.31个百分点和高于2.03、7.73个百分点。二是从主要经济效益指标的纵向比较看提高幅度较大。如总资产贡献率指标2011年与2002的比较看,辽宁、吉林、黑龙江三省分别提高8.53、9.95、6.76个百分点(见表2)。三是主要经济效益指标实现了成倍增长,工业创造财富能力显著增强。2011年,辽宁规模以上工业实现利润2511.21亿元,比2002年增长了15.08倍;吉林规模以上工业企业实现利润1175.97亿元,比2002年增长11.13倍;黑龙江规模以上工业实现利润1446.65亿元,比2002年增长2.15倍。

表1 2002年和2011年东北三省规模以上工业企业主要经济指标

单位:亿元

年份	省区	工业总产值	资产总计	所有者权益	利润总额
2002	辽宁	4888.02	8818.23	3598.88	156.16
	吉林	2171.17	3478.51	1262.60	96.91
	黑龙江	2487.63	4391.61	1900.12	459.23
	东北合计	9546.82	16688.35	6761.60	712.3
	东北占全国的比例(%)	8.62	11.41	11.22	12.31
	全国	110776.48	146217.78	60242.01	5784.48
2011	辽宁	41776.73	31417.30	13298.77	2511.21
	吉林	16917.61	11898.88	5378.56	1175.97
	黑龙江	11514.56	11918.83	5204.50	1446.65
	东北合计	70209.00	55235.01	23881.83	5133.83
	东北占全国的比例(%)	8.32	8.17	8.47	8.36
	全国	844268.79	675796.86	282003.81	61396.33

资料来源:2003年和2012年中国统计年鉴,下同。

表2 2002年和2011年东北三省规模以上工业企业主要经济效益指标

年份	省区	总资产贡献率(%)	资产负债率(%)	流动资产周转次数(次/年)	工业成本费用利润率(%)	产品销售率(%)
2002	辽宁	6.25	59.18	1.46	3.24	98.24
	吉林	8.17	63.70	1.60	4.71	97.94
	黑龙江	17.06	56.34	1.50	22.78	97.90
	全国	9.45	58.72	1.80	5.62	98.02
2011	辽宁	14.78	57.23	2.96	6.26	98.38
	吉林	18.12	54.50	3.42	7.34	98.34
	黑龙江	23.82	56.24	2.27	14.97	97.20
	全国	16.09	58.10	2.62	7.71	98.05

（三）主要工业产品产量倍增

2002～2011年，东北三省主要工业产品产量除原油外均实现倍增，原油产量从6857.52万吨下降到5745.4万吨，下降了16.22%。粗钢产量从2367.76万吨增长到6999.09万吨，增长了1.96倍。成品钢材产量从2470.58万吨增长到7466.33万吨，增长了2.02倍。汽车产量从79.57万辆增长到249.39万辆，增长了2.13倍。金属切削机床产量从3.37万台增长到17.89万台，增长了4.31倍。东北主要产品产量在全国仍占据着十分重要的地位，对于保障我国工业体系的独立与完整有重大意义。辽宁数控机床台数、造船产量均接近全国的1/4。吉林铁路客车和轨道客车跃居国内第一位。

表3　2002年和2011年东北三省主要工业产品产品及与全国的比较

年份	省区	原油（万吨）	粗钢（万吨）	成品钢材（万吨）	汽车（万辆）		金属切削机床（万台）	乙烯（万吨）
					总量	轿车		
2002	辽宁	1351.15	1942.50	2086.68	9.01	0.94	3.13	—
	吉林	477.01	281.06	286.70	52.02	22.69	0.02	—
	黑龙江	5029.35	144.20	97.20	18.54	1.01	0.22	—
	东北合计	6857.52	2367.76	2470.58	79.57	24.64	3.37	
	东北占全国的比例（%）	41.1	12.98	12.83	24.48	22.56	10.92	—
	全国	16700	18236.61	19251.59	325.10	109.20	30.86	
2011	辽宁	1000.0	5424.82	5761.07	75.54	44.37	16.88	106.8
	吉林	739.40	906.77	1107.43	155.68	119.73	0.20	80.50
	黑龙江	4006.0	667.50	597.83	18.17	0.71	0.81	61.60
	东北合计	5745.4	6999.09	7466.33	249.39	164.81	17.89	248.9
	东北占全国的比例（%）	28.32	10.21	8.43	13.53	16.27	20.17	16.29
	全国	20287.55	68528.31	88619.57	1841.64	1012.67	88.68	1527.5

（四）工业结构优化升级取得较大进展

推动以装备制造、原材料加工、农产品深加工等优势产业为重点的产业结构优化升级。通过增量投资，带动东北装备制造业成长为具备世界级影响的主

导产业。加大原材料工业技术升级步伐,提高行业竞争力。依托东北农业优势,将农副产品深加工打造成东北地区新的支柱产业。近年,食品工业、农产品加工业、医药工业进入东北的支柱行业之列,特别是农产品加工业成为东北工业中发展最快和对工业增长贡献最大的行业之一,辽宁、吉林农产品加工业均成为第二大支柱产业。2012年,辽宁农产品加工业增加值占规模以上工业的19.4%(见表4)。

表4 2012年东北三省现实工业支柱产业

	支柱产业及各占规模以上工业增加值的比重(%)	支柱产业合计占规模以上工业增加值的比重(%)
辽宁	装备制造业(30.1%)、农产品加工业(19.4%)、冶金工业(17.8%)、石化工业(16.7%)	84.0
吉林	汽车制造业(22.7%)、食品产业(17.6%)、石油化工(14.6%)、冶金建材产业(13.6%)、医药产业(5.5%)	74.0
黑龙江	装备工业、石化、能源、食品	86.3

资料来源:辽宁、吉林、黑龙江2012年国民经济和社会发展统计公报。

轻重工业关系有所调整。东北振兴战略实施以来,重化工业在工业部门总产值中的比重一度达到了前所未有的水平。这也从一个侧面说明,在东北老工业基地振兴的起步阶段,重化工业发挥了极其重要的作用。经济总量的不断增长,进一步强化了东北地区重化工业对经济增长贡献的强度。同时,东北振兴战略中鼓励发展特色轻工业的导向,引导东北地区畸轻畸重工业结构有所扭转,近年轻工业对东北工业产出的贡献有了明显提升。2012年,辽宁轻工业资产占全省的比重为13.4%,主营业务收入占全省的比重为20.8%,利润占全省的比重为32.1%。2012年,吉林轻工业实现增加值1562.5亿元,重工业实现增加值3914.8亿元,轻重工业增加值之比为28.5:71.5。2012年,黑龙江轻工业实现增加值961.5亿元,重工业增加值实现3798.4亿元,轻重工业增加值之比为20.2:79.8。

三 工业振兴发展的基本做法

振兴战略实施以来,东北强化新型工业化主导方向,坚持不懈推进结构转型升级。按照走新型工业化的内涵要求和振兴战略的产业发展目标,用全球视野和战略思维谋划发展,培育在经济全球化格局中的产业优势。统筹传统产业与新兴产业的关系,推进工业经济增长由传统的粗放型发展模式向集约型发展模式转变。加速构建以绿色产业为方向,以高新技术为引领,以集群发展为特征,具有国际竞争力的现代产业体系。

（一）探索传统产业的创新路径,提高传统优势产业的高端发展和产业链整合能力

本着立足现有基础、发挥比较优势思路,加快培育优势产业和支柱产业。根据传统优势产业的企业经济类型、规模结构、空间结构等特点,有计划地对宝贵的工业存量资产进行大规模的改造调整。将传统优势产业的技术创新、制度创新和空间结构的拓展与优化有机结合协同推进,推进传统制造企业资源整合,破除影响转型升级发展的体制瓶颈,促进传统产业步入以质求发展的良性循环。实施振兴战略以来,围绕石化、钢铁、重大装备、造船、汽车和零部件、农产品深加工、医药等东北地区的优势领域,实施一批振兴老工业基地调整改造重大项目,以增量带动总量增加和存量优化。特别是在振兴战略实施的前三年,国家对东北老工业基地调整改造重大项目予以集中、倾斜支持。2004~2006年,国家安排东北老工业基地调整改造项目分别为297、234和29项,总投资分别达到1089亿、602亿和144亿元。鞍钢、一重、哈电、沈鼓、沈阳机床等一批国有重点企业通过项目的实施,技术装备达到国际先进水平,制造技术水平有了显著的提高。东北行业骨干企业在大型水电机组、超高压及特高压输变电装备、冶金成套装备、石化成套装备、重型数控机床等重大技术装备领域取得了大批自主化成果,重点产品大幅拓展了市场空间。同时东北在振兴战略实施过程中,环境污染重、资源消耗大的"五小"工业基本得到控制,没有借振兴之机而盲目发展。

（二）着力推进装备制造业、原材料工业企业的联合、兼并和资产重组,提高工业资产配置效率

把产业组织结构调整作为工业结构调整一个非常重要的方面,推进重点行

业骨干企业联合重组。以重大产业项目增量推进现代产业体系建设，打造一批世界级、国家级重大企业集团。振兴战略实施中，东北钢铁、汽车、石化和重型装备制造领域国有大型企业的强强重组取得突破性进展。推进传统优势产业中国有大企业的改制改组改造和空间迁移，大胆探索国有大企业之间强强联合重组和有效吸引域内外优势发展资源的途径，引导和鼓励传统优势产业的领军型企业提高整合域内外发展资源的能力，增强优势产品实现进口替代和开拓外部市场能力，快速向世界级企业迈进。鼓励行业领军企业提高产业链高端控制能力，由生产制造型企业向具备系统集成能力的制造业服务商转变。通过引导企业按照集团化、专业化模式进行重组、联合和分工，发展专业配套协作生产体系，对提高工业资本运营效率起到了重要作用。大连远洋集团先后三次并购国内外同行业企业，已经成为全球最大的高速钢钻头制造商，市场份额达到37%。

（三）发展新型产业集群，把提高产业园区建设水平作为构建现代产业体系的重要支点和路径之一

打造东北优势产业基地，提高承载能力和产业集中度。东北地区根据区位条件、资源禀赋、产业优势，规划建设一批产业园区。产业聚集区按照功能、产业定位开发建设，主要定位于发展高端装备制造业、高新技术及新兴产业，为传统产业创新发展和处于萌芽期、初创期的战略性新兴产业提供较好的产业聚集发展平台。注重工业产业集群研发、设计、人才培训、检验检测等公共服务平台建设，在竞争与合作并存、自主与开放一体中推动区域制造业生产基地中组装企业与零部件企业、产业供应链与需求链、产业集群内与集群外各类创新要素的合理配置。带动了土地集聚，并迅速聚集资本、技术、劳动力和先进管理经验等发展要素。吸引企业把更高技术水平、更大增值含量的加工制造环节和研发机构转移过来。

推动沈阳—大连城市群、长春—吉林工业带、哈大齐工业走廊的建设，推进东北沿海经济带、东北东部经济带的产业布局调整和优化，东北地区范围内已经形成一批布局合理、主业特色鲜明、投入产出水平较高的优势产业聚集区。产业园区的形成和发展，加快了高新技术产业聚集，促进了传统优势产业升级换代，对完成老工业基地的经济结构战略转型和长远发展具有决定性意义。如辽宁到2012年，销售收入超过百亿元的产业集群达到75个，超千亿元的产业集群达到4个。本溪生物医药、抚顺先进能源装备、阜新液压装备、辽阳芳烃及精细化工、大连软件信息服务等特色产业基地都体现几何型成长的态势。

四 工业振兴发展面临的问题

东北传统重工业比重大，高耗能、低附加值的企业较多，长期以来形成的粗放型经济增长方式难以在短期内全面转变。东北仍存在一定程度的产业分工体系不够合理的问题，区域之间存在一定的产业同构现象和由此引发的对投资、市场等争夺，制约着东北工业资源配置效率和工业经济增长质量的提高。

（一）在全国工业格局中的地位相对下降

振兴战略实施以来，虽然东北工业呈现高速增长态势，工业经济规模迅速扩大，但在全国工业格局中的现实地位相对下降。2002~2011年，东北三省规模以上企业工业总产值占全国的比例由8.62%下降为8.32%。资产总计占全国的比例由11.41%下降为8.17%，所有者权益占全国的比例由11.22%下降为8.47%，利润总额占全国的比例由12.31%下降为8.36%。大型企业集团立足全国进行资源配置以及产业临港化趋势，导致东北传统优势产业综合能力有所下降。如哈飞汽车被长安集团兼并后，在哈尔滨生产规模急剧缩小，导致黑龙江汽车产业下滑严重。2012年，辽宁规模以上装备制造业实现增加值累计为9.8%，低于规模以上工业0.1个百分点，为近7年来装备制造业增加值累计增速首次低于规模以上工业平均水平，反映出对地区工业经济增长的支撑能力正逐步减弱。

主要工业产品产量虽然倍增，但占全国的比重均有所下降。2002~2011年，东北地区主要产品产量中只有金属切削机床产量占全国的比例由10.92%提高到20.17%，其他如原油、钢材、汽车等产品产量占全国比例均有所下降。原油产量占全国的比例由41.1%下降到28.32%，粗钢产量占全国的比例

由12.98%下降到10.21%，成品钢材产量占全国的比例由12.83%下降到8.43%，汽车产量占全国的比例由24.48%下降到13.53%。

这表明振兴战略实施的结果，只是稳固了东北地区在全国工业格局中的基本地位，真正在东北地区形成一批国际性或全国性重要产业基地仍任重道远。

（二）优势资源转化和精深加工能力亟待提高

东北老工业基地资源型产业存在产业链短、加工深度低的问题。一是"原字号"输出现象较为严重。如黑龙江原油调出量占总产量的六成，原煤出省量占总产量的4成。黑龙江石油产量居全国第一，但资源加工度远低于全国平均水平，石油加工仅占42%。二是主要原材料行业产能利用率闲置，也在某种程度映衬出原材料工业精深加工度低。如辽宁有8400万吨的原油加工能力，2012年加工原油6352吨，产能利用率为75.62%。有8000万吨的粗钢产能，2012年产量为5150万吨，产能利用率为64.38%。

（三）工业经济运行质量效益水平有待改善

东北工业发展长期依靠高投资的拉动，是典型的"资源要素依赖型"发展模式。面对近年经济发展放缓和高成本时期到来的发展环境条件，多数工业企业面临"去库存化"和"去产能化"的双重压力，影响工业整体效益的制约因素增多。特别是东北重工业比重大、效益较低的问题凸显，也使产业转型升级缺乏必要的资金支持。如2012年，辽宁石化行业实现利润28.2亿元，同比减少39.6亿元，仅占规模以上工业的1.5%。冶金行业工业增加值占规模以上工业的17.8%，但实现利润仅占规模以上工业的11.3%。2012年，黑龙江石化行业整体亏损24.1亿元，能源行业利税和利润分别减少121.3亿元和87.2亿元。

五 推进工业振兴发展的思路

致力形成新的工业经济增长机制，建立工业经济发展新优势。实现工业结构调整和转型升级的策略之一，就是充分发挥产业多样化的优势，发挥组合效应，实现包容性增长。应准确识别区域工业升级的机会，判断和把握潜在比较优势产业演进的可持续性，提高工业升级能力。立足比较优势特别是动态比较优势，包括资源优势、产业基础优势、生态优势、科技优势等，积极扩大比较优势。推进以产业转型升级为目标的产业现代化，继续破解工业结构刚性，形成传统优势产业与战略性新兴产业协调发展的格局。

（一）建立适应市场要求的产业分工体系

明确区域独特的专业分工，整合和优化配置区域内资源。东北地区集中了很多以能源、原材料和装备制造业为主的大型骨干企业，如汽车制造业、石化及其他工业专用设备制造、矿山设备制造业、输配电及控制设备制造业等，工业部门的区域分工协作的空间较大。这些产业的产品大多具有产业链长、专业化程度高等特点，如果能充分利用其潜在发展空间形成以大中型企业为核心、众多小企业为其配套的产业分工协作关系，将充分带动东北工业经济的整体发展。因此，应从区域分工的视角，打破既有的一些不合理的产业联系，按照市场化的方式重新塑造东北地区工业发展的区域合作与分工机制，形成工业经济发展的合力，促进地区比较优势向竞争优势转化。

（二）实施以市场为导向的优势资源转化战略

东北原材料工业无论在技术、规模经济还是原料供给等方面都具有良好的基础和相对优势。东北对资源和物产依托的发展模式短期内不会改变，但要进一步确立依托资源而不是依赖资源的理念，降低对原字号产品的依赖。在资源换产业上实现突破，实现由粗加工向精深加工的延伸。应在振兴战略的引导下，按照先进水平衡量及市场需求对原料工业结构的新要求，寻求特色资源产业新的发展目标和路径。更好发挥东北较强的资源、能源和科技研发优势，加快发展新能源、新材料、生物产业等新兴产业，提高东北原材料工业适应市场需求的能力。

国家重大生产力布局向东北倾斜，利用东北产业基础，支持东北建设国家级农产品加工基地，建设国家级精细化工基地。支持东北扩大石油、煤炭的产地加工规模，支持石化产业和煤化工等资源型产业发展。对资源精深加工类企业予以税收优惠支持。给予煤化工产业特殊政策，扶持煤化工基地建设。提供专项资金支持，推进食品加工产业升级。对从毗邻国家进口的能源、资源和原材料商品进一步给予经营权、增加配额和减少税收等优惠政策。

（三）培育壮大处于价值链高端、技术含量高、具有高附加值的高技术产业

一是继续调整行业内部结构。加快发展技术含量高、能耗低的先进制造业，降低传统重工业特别是高耗能产业在工业结构中的比重。把发展高技术产业作为实现工业结构升级的重要载体。努力提高医药制造业、电子及通信设备制造业等高技术产业在工业结构中所在比重。二是调整优化产品结构。推进信息化与工业化融合，加快对重点产品核心技术、工艺、设备的改造升级，提高制造业的智能化和数字化水平，提高产品的增加值率。三是统筹优化东北产业空间布局和产业定位，把产业园区作为工业项目建设的重要载体和现代产业体系建设的重要依托。充分考虑各级各类园区主业特色、资源禀赋、环境容量、产业配套，使产业园区容量和承载力在既有基础上得到质的提升。继续引导工业企业向产业园区、特色产业基地等集中，通过产业共生发展，提高工业集约发展能力和水平。

参考文献

张其仔、李颢：《中国产业升级机会的甄别》，《中国工业经济》2013年第5期。
程伟等：《东北老工业基地改造与振兴研究》，经济科学出版社，2009。
徐江平：《老工业基地发展动力机制研究》，中国农业大学出版社，2010。
于秋华：《辽宁实施老工业基地振兴战略的基本经验及启示》，《大连海事大学学报（社会科学版）》2009年第8期。

B.7 东北现代农业发展问题研究

陈淑华*

摘 要：

得益于经济发展中所拥有的诸多优势，东北振兴取得了重要阶段性成果，现代农业发展的基础更加坚实，基本形成了农产品供给充足、农业产业结构优化、农业技术装备优良和农业综合生产能力提升的现代农业发展格局。东北地区现代农业发展要有大的跨越，必须重视发展特色农业、合作农场、外向型农业，必须提高粮食综合生产能力和构建新型农业经营体系；而要实现上述发展目标，做好以下几项工作至关重要：政府强农惠农，为现代农业提供政策支持；投入先行资本，为现代农业提供基础保障；科技创新驱动，为现代农业提供技术保障；工业反哺农业，为现代农业提供动力支持；垦区先行先试，为现代农业提供示范效应。

关键词：

东北地区 现代农业 传统农业 粮食生产 区域经济

近几年，东北农业取得跨越式发展，农业在保障国家粮食安全、提升农产品市场竞争力、实现传统农业转型、促进农业可持续发展等方面的作用也与日俱增。而东北农业的连年增长主要得益于农村经济发展中所拥有的资源优势、政策优势、投入优势和要素优势。目前，东北地区农业发展的环境已发生改变，以往支持农业发展的诸多优势也发生了悄然变化：资源优势的逐步消退，形成了东北现阶段农业发展的资源环境约束；要素优势的逐步消退，则形成了

---

* 陈淑华，黑龙江省社会科学院黑龙江社会科学杂志社编审，研究方向：理论经济学。

东北现阶段农业发展的要素供给约束等。审视省情区情实际，东北地区开始现代农业的探索实践势在必行。

一 东北现代农业的发展现状

由于东北振兴战略的大力推进，2012年，东北地区的农业获得了阶段性成果。东北地区（本文仅指东北三省，以下同）出现了农民收入、粮食产量、第一产业、森林蓄积和固定资产投资五项指标年均增幅高于全国1.34~3.77个百分点的良好局面，东北地区已经成为全国重要的商品粮基地、肉食品供应基地和奶制品供应基地，东北农业的贡献日渐凸显。

（一）发展现代农业的基础更加坚实

一是农业经济快速发展。2012年，黑龙江、吉林和辽宁的农林牧渔业增加值分别为2113.70亿、1412.11亿和2155.80亿元，分别比2003年增加1600.70亿、923.31亿和1533.30亿元。其中，三省的种植业增加值分别为1478.2亿、772.16亿和930.10亿元，分别比上年增长5.8%、4.5%和6.7%。二是粮食产量再创新高。2012年，黑龙江、吉林和辽宁三省的粮食产量分别达到5761.50万吨、3343.00万吨和2070.50万吨，分别比2003年增加3249.2万吨、1083.4万吨和572.2万吨，为全国粮食实现"九连增"作出了突出贡献。其中，三省的水稻产量分别达到2171.20万吨、532.03万吨和507.80万吨，玉米产量分别达到2887.90万吨、2578.78万吨、1423.50万吨。三是畜牧业继续保持良好发展势头。2012年，黑龙江、吉林和辽宁三省的畜牧业增加值分别为506.5亿、516.57亿和655.10亿元，分别比2003年增加212.50亿、230.57亿和257.10亿元。其中，三省的肉类总产量由2003年的694.24万吨增加到879.2万吨，奶类总产量由2003年的92.18万吨增加到733.7万吨，蛋类总产量由2003年的350.31万吨增加到488.3万吨。四是农业物质装备水平显著提高。2012年，黑龙江、吉林和辽宁三省的农机总动力为4552.90万千瓦、2554.65万千瓦和2526.90万千瓦，比2003年分别增加 2745.50 万千瓦、1324.65 万千瓦和 991.10 万千瓦；农业综合机械化水平分别为 91.67%、69.60% 和 68.00%，其中，黑龙江省的农业机械化水平居全国首位。

表1 2012 年东北地区现代农业发展的主要指标

项目	省份	黑龙江省	吉林省	辽宁省
农产品供给	粮食总产量（万吨）	5761.50	3343.00	2070.50
	猪牛羊禽肉类总产量（万吨）	213.90	253.70	411.60
	蛋类总产量（万吨）	108.20	100.20	279.90
	奶类总产量（万吨）	559.90	49.10	124.7
农业结构	种植业产值占农业总产值比重（%）	69.93	54.68	43.14
	畜牧业产值占农业总产值比重（%）	23.96	36.58	30.39
	林业产值占农业总产值比重（%）	2.95	4.35	3.49
	渔业产值占农业总产值比重（%）	1.38	1.48	18.66
农业物质装备	农机总动力（万千瓦）	4552.90	2554.65	2526.90
	农业综合机械化水平（%）	91.67	69.60	68.00
农业科技进步贡献率（%）		63.00	55.00	58.00
农村居民人均纯收入（元）		8603.80	8630.00	9384.00

资料来源：黑龙江、吉林和辽宁省国民经济和社会发展统计公报（2012年）。

（二）发展现代农业的优势更加凸显

东北地区自然禀赋较好，农业基础雄厚，具有发展现代农业的良好条件。

一是规模生产优势。东北地区是世界仅存的三大黑土带之一，也是全国人均耕地面积最大的地区，其耕地主要集中分布于松嫩平原、辽河平原和三江平原，土地集中连片不仅适合机械化和规模化耕作，也适合集约化和产业化经营，发展现代农业的条件得天独厚。二是特色农产品发展优势。2012 年，黑龙江省绿色（有机）食品生产持续发展，认证面积达到 6720 万亩，比 2003 年增加 4907 万亩；绿色食品认证个数为 1640 个，比 2003 年增加 1030 个。吉林省实现园艺特产业产值 1050 亿元，比 2003 年增加 854 亿元；有效使用绿色食品标志产品、有机食品、无公害农产品分别为 949 个、335 个和 2812 个，比 2003 年分别增加 748 个、251 个和 2700 个。辽宁省有效使用绿色食品标志产

品、有机食品、无公害农产品642个、66个和2461个。显而易见，优质高效、安全生态已成为东北地区农产品的主要标志，这主要得益于东北地区的农业开发较晚，农业生态环境未遭破坏；地处高寒高纬度地区，气候条件适宜于农牧业生产；森林、草场和湿地资源丰富，具备开发生产优质和绿色农产品的自然条件。三是外向型农业发展优势。东北地区地处东北亚腹地，现有开放型口岸40余处，农产品和畜产品打入国际市场有得天独厚的地缘优势。而依托地缘和人缘优势，东北境外农业开发和合作也取得了不菲的成绩：2012年，黑龙江省外向型农业稳步发展，在俄农业开发面积达到720万亩，增长4.3%；农产品进出口贸易额突破30亿美元，增长6.3%。吉林省在俄罗斯滨海边疆区的哈罗里区建设了10万公顷的农业产业化示范园区，其产业优势、资金优势和人才优势已与俄罗斯的土地资源形成互补态势；同时吉林省在哈萨克斯坦、菲律宾、朝鲜等国家协议租地面积达265万公顷，建设了一批以玉米、水稻、大豆为主的示范农场。辽宁省国家级典型农产品出口安全示范区达到7个，位列全国第三；农产品出口额达47.8亿美元，增长8.1%，正式迈向农产品出口大省行列。上述数据的描述可以大体勾勒出东北外向型农业发展的优势和特色，而境外农业的顺利发展无疑为东北地区挖掘境外粮食生产潜能、进而为国家建设粮食战略后备基地提供了可能。四是政策扶持优势。东北地区的农业综合优势明显，国家对东北地区的农业生产和农机的补贴力度较大，对农业龙头企业及农业专业合作社的优惠政策也比较到位，特别是在农业基础设施、粮食主产区利益补偿、农产品精深加工等方面对东北的政策和资金支持力度较大。五是先行先试优势。因为东北地区在人均耕地面积、粮食产量、农业机械化程度、商品粮输出等方面均处于全面领先地位，所以东北地区不仅是中国现代农业发展的示范区，也是中国重要农业政策的先行先试区。目前，国家已确定黑龙江省先行开展现代农业综合配套改革试验。而先行先试意味着东北地区发展现代农业的机遇难得：综合改革试验区的经验可以为东北地区转变农业发展方式、创新农业体制机制、激发农产品消费需求、打造国家大粮仓提供可操作的经验和做法，也可以使东北地区在先行先试过程中最早破解制约农业发展的体制性障碍、最先实现从传统农业向现代农业的转变。

（三）发展现代农业的问题仍然存在

以现代农业的视野来衡量，东北地区的农牧业资源优势远未发挥出来，发展现代农业的瓶颈制约因素依然存在：一是农业基础设施薄弱。东北地区农业资源丰富，但农业基础设施相对于现代农业生产要求还存在差距：大型水利工程匮乏、中小型农田水利设施病险多、机电灌溉面积不足、水土流失严重、中低产田比重较大、地块细碎、抵御自然灾害的能力较弱等是东北地区农业基础设施薄弱的典型表现。二是科技贡献有限。目前，东北地区农业科技进步的速度仍不能满足现代农业发展的需要，其表现为：吸收模仿的科技成果多于自主创新成果；种植业科技成果多于林牧渔业科技成果；大宗农产品的科技成果多于特色农产品创新成果；农业科技生产成果多于农业科技配套成果；农业一般管理人员多于农业科技人员等。三是农业劳动生产率不高。《中国现代化报告2012：农业现代化研究》指出，中国农业劳动生产率只有世界平均值的47%、高收入国家平均值的2%，中国农业发展呈现"一条腿长"（谷物单产高）和"一条腿短"（劳动生产率低）的尴尬境地。东北地区的劳动生产率虽然高于全国，但由于农业基础设施建设滞后和抵抗自然灾害能力脆弱，影响农业劳动生产率的两大重要因素——土地生产率和土地装备率与世界农业现代化水平相比还有相当差距。四是农产品竞争力较弱。东北地区的农业在由传统农业向现代农业转变过程中，其弱质性产业的本质没有根本改变，加之不重视农产品市场的开发，东北农产品的市场竞争优势正在减弱，那些增长快、潜力大的市场正在由国外产品占有，而市场增长潜力大的玉米和大豆等产品的生产则没有得到应有重视。从中长期发展来看，东北现代农业发展受市场因素影响的趋势难以逆转，现代农业发展面临严峻挑战。

二　东北现代农业发展的主要方向

从农业发展来看，现代农业是自然再生产的过程，要提高土地产出率、资源利用率和劳动生产率，必须重视农业的规模化、专业化和合作化，发展现代化装备的集约型农业；现代农业是经济再生产的过程，要满足消费者对农产品数量和质量的要求,必须发展优质安全、可持续增长的生态农业、特色农业,成为高效农业;现代农业是社会再生产的过程,要满足13亿人口的粮食供给,必须提高粮食单产和粮食综合生产能力,成为国家重要的商品粮基地。未来,东北地区现代农业的发展大体上也应循着上述农业发展的基本路径,尤其应在发展特色农业、合作农场、外向型农业,以及提高粮食综合生产能力和构建新型农业经营体系等方面领先于其他地区。

(一)提高粮食综合生产能力

近些年,东北地区以占全国1/6的耕地,提供了占全国1/3以上的商品粮,东北粮仓发挥了巨大的稳压器作用。但这并不意味着中国的粮食问题已经达到高枕无忧的地步,也不意味着中国的粮食供求已经摆脱"紧平衡"的状态。事实上,中国粮食持续稳定增长的基础仍不牢靠,中国农业生产仍承受着自然和市场双重风险的影响,尤其是在土地资源开发已接近极限的情境下,增加粮食单产、提高粮食综合生产能力仍有较大困难。这说明东北地区的粮食生产仍存在很多不确定性,努力增加粮食供给量、强化农业基础地位仍任重道远。由此,《东北振兴"十二五"规划》要求,东北地区应以保障国家粮食安全,发展高产、优质、高效、生态、安全的现代农业作为首要发展目标;《全国新增1000亿斤粮食生产能力规划(2009~2020年)》也要求,东北地区应充分利用三江平原、松嫩平原和辽河平原的资源优势,以建设水稻、玉米、小麦、大豆等优势产业带为重点,进一步改善粮食品质和挖掘粮食生产潜能。

(二)构建新型农业经营体系

近几年,通过实施大基地、大园区、大企业和大合作等发展战略,东北地区重点建设了一批高标准、高质量的国家级或省级农业生产基地、示范园区和龙头企业,有效解决了传统产业模式下存在的生产链条短、生产环境开放、不可控因素多、生产经营分散、农产品流通环境复杂等问题,农业的集约化、专业化、组织化和社会化水平不断提高;通过依托龙头企业和其他各类组织的引领带动,尤其是通过采用"公司+农户""专业协会+农户"

"公司+合作社+农户""批发市场+农户"等形式,东北地区的农业生产、加工和销售各环节有机结合起来,有效延伸了农业产业链条,也提高了农产品的综合利用效率和转化增值水平;通过走品牌之路,不断扩大农产品精深加工规模和档次,东北地区打造了一批在国内外市场具有较大影响力的优势农产品品牌,有效提升了农产品质量安全水平,也提高了农产品的市场竞争力和在国内外市场上的占有份额。十八大报告提出要"构建集约化、专业化、组织化和社会化相结合的新型农业经营体系",显然,东北地区在构建新型农业经营体系方面有优势、有基础、有潜力,而且可以在全国起到引领作用。这表明构建新型农业经营体系已成为东北现代农业发展中避不开也绕不过的重大问题,也是东北地区发展现代农业的重要切入点。而依托东北地区独特的生态环境和条件、高效利用农业资源、延伸农业产业链条、一二三产业融合发展、打造名优品牌、提供优质安全农产品、走集群发展之路、培育大型企业集团、提升农产品竞争力等则是构建新型农业经营体系的重点发展方向。

(三)发展特色农业

东北地区发展特色农业的条件非常优越:既有涉及森林、草原、湿地、耕地等多个生态系统,也有跨越近14个纬度带的气候资源,还有种类异常丰富的生物物种资源,在此基础上发展生态农业可谓是顺风顺水。事实上,原始农业和传统农业不一定有利于农业资源和生态环境的利用和保护,刀割火种、草场退化和水土流失等都是传统农业发展的顽疾。东北地区要克服传统农业粗放、细碎经营的缺陷,农业发展的趋势必然是优质高效、生态安全,这不仅是农业日益商品化、市场化、社会化的结果,也是农业资源、土地制度、劳动力转移和社会经济条件等诸多因素共同作用的结果,也说明发展特色农业可以也应该成为东北现代农业发展的主要方向之一。鉴于东北地区"大粮仓"的战略地位,各省应在保证国家商品粮供应的基础上,立足于资源优势发展特色农业,可重点发展以果蔬、中草药、食用菌、大豆等为主的高效农业;重点发展以乳制品、畜禽加工为主的生态农业;重点发展具有较高知名度的绿色农业,并扶持创建若干个上规模的绿色农业产业基地。

（四）发展合作农场

传统农业发展的最大弊端在于彼此隔绝、画地为牢的分散经营模式，在这种生产模式下，农民在变数较大的自然和市场双重因素的影响下常常不知所措也很难获得更多收益。而通过合作农场的方式，则可以解决东北现代农业发展所面临的诸多问题和不足：通过合作将零散的土地集中起来进行规模经营，可以获得比传统农业更高的产出效益；通过利用现代经营理念从事生产经营活动，可以使现代农业在传承传统农业精华的基础上，逐步建立起优质高效、结构合理和可持续发展的农业生态系统。合作农场的发展形式很多，既可以是家庭合作农场，也可以是农民合作农场，各省应根据实际情形发展中小规模的合作农场，而不宜千篇一律更不能一刀切。其中，引导土地承包经营权规范流转，使更多土地集中在种养大户，通过种养大户的机械化、规模化和专业化的经营生产，使东北地区的农业资源优势转变成生产优势和经济优势至关重要。

（五）发展外向型农业

伴随着工业化、城镇化进程的加快，东北现代农业发展的外部环境日趋向好。但我们也要意识到，在农业发展方式转型过程中的两块短板——资源和环境与经济发展之间的矛盾仍未破解的前提下，尤其是在东北地区的粮食总产量实现九连增的高基数之上，东北农业再上新台阶的难度将会越来越大。因此，不断拓展境外农业开发和合作的范围，争取在获取境外农业资源开发上有新的进展也是东北地区农业发展的主要方向之一。目前，东北地区境外农业合作大都局限于传统的劳务输出和种植业生产，未来一段时期，境外农业的开发与合作既要从传统的种植业生产向特色农业种植、农产品加工业、农产品批发零售等方向发展，合作的范围也要从与东北地区毗邻的各国边境地区向其腹地发展和延伸；既要通过大型农业的示范带动作用，争取在获取境外重大农业资源开发项目、农业技术合作项目上有新的突破，也要依托东北农业发展的要素优势，在毗邻地区建设大型农业园区，以带动境内外优势生产要素和相关产业向园区集聚。

三 东北现代农业发展的支撑体系

从东北地区现代农业发展的未来考虑，如果其现代农业仍囿于传统农业生产模式，可能会出现以下结果：倘若东北地区不能提供消费者所需的农产品，其已有的部分消费市场将被其他地区逐步占领；倘若其他省份的现代农业快速成长起来，东北地区的农产品在国内市场上的优势将受到挑战。这意味着东北地区的现代农业仍存在着很多不确定性，也昭示着我们现代农业发展必须有大的跨越。

（一）政府强农惠农：为现代农业发展提供政策支持

东北振兴不是一个产业或领域的振兴，而是区域的全面振兴，这其中就包括巩固和发展现代农业的基础地位。可以说，东北现代农业的发展与东北老工业基地的振兴是一脉相承的，也是一项长期的任务，不可能一蹴而就，还需要政府在各方面给予支持。可以预见的是，在市场功能欠缺、农业资源有限的情形下，自然需要政府进行有利于农业发展的资源分配和要素分配，以集中有限的人财物力投资于大项目、大工程和大规划；需要政府保护农业资源和生态环境，以形成以优质高效安全为特征的而不是以数量为特征的农业生产经营模式；需要政府健全粮食主产区的利益补偿制度，以在调动农民种粮积极性的基础上使农民获得最大化收益；需要政府推动和创建现代农业示范区，以带动更多地区现代农业的加快发展；需要政府引导工业反哺农业，以让现代农业在工业的反哺中受益。当然，政府对现代农业的支持远不止上述方面，在重大科技项目推广、农民合作经济组织创建、市场信息与标准发布、重大农产品安全管理、重大动植物疫病防治、农民教育与培训等方面也应加大服务力度。总之，发展现代农业是政府的重要职责，政府必须倾其全力促进现代农业的发展。

（二）投入先行资本：为现代农业发展提供基础保障

农业是国民经济的基础产业，而农业基础设施则是农村经济长期稳定发展的重要因素，也是农村经济发展的先行资本。美国经济学家 H. 钱纳里研究指出：在人均收入140~1120美元的发展阶段，基础设施的全要素生产率对产出增长的贡献将由16%提高到30%，东北地区人均收入正好在此范围之内。东北地区现代农业要突破发展面临的诸多约束，基础设施也要由适应粮食生产向粮食生产和多种经营转变、由适应传统农业的粗放经营向现代农业的规模经营转变。一是加强农田水利建设。保证农业用水是现代农业生产的关键所在，研究表明，在影响粮食生产的诸要素中，水的增产效用最为突出，水利对粮食生产的贡献率高达40%以上。对此，应组织实施一批农田水利、高效节水灌溉工程，推进节水型农业建设；应着重在节水、蓄水、改水三个环节上下功夫，积极推广应用喷灌、滴灌等高效节水技术和装备，扩大农田节水灌溉面积；应加快"病险水利工程治理"，增强农业防洪抗旱能力；应加快重大水利工程、水利枢纽及配套灌区建设。二是推进农业机械化。东北地区连片集中的农业发展现状决定了农业机械化的不可或缺，为加快推进粮食作物生产全程的机械化，应积极推广大马力、高性能、节能环保和复式作业机械；应加强先进适用、节能减排、生产急需的农业机械的研发，并在粮食主产县域推广应用；应完善农业机械化税费优惠政策，对农机作业服务实行减免税；应重点扶持发展农机大户、农机合作社和农机专业服务公司；等等。三是加强物流通道建设。东北地区的粮食商品化水平较高，而商品化对粮食的仓储和运输等也有较高要求，物流通道已成为现代农业发展的关键环节。为此，东北地区应改变以往铁路运力小、公路运输无规模、海运不成熟的状况，以交通相对发达的城镇为中心，形成铁路、公路、海运等多种粮食物流渠道，对已建成的交通网应进行适应现代农业发展要求的改造，以保证交通基础设施建设与农业生产活动的发展需求相适应。

（三）科技创新驱动：为现代农业发展提供技术保障

在现代农业的发展过程中，选择何种驱动方式主要受经济发展阶段的影响。一般的，一个国家或地区处于发展的初级阶段，往往会选择要素驱动和资本驱动，以实现发展赶超目标；而当一个国家或地区的经济实现了较高增长并进入发展的较高阶段后，则会选择创新驱动和财富驱动。应该说，中国的经济发展已经到了选择创新驱动经济发展的时候，这也是十八大报告突出强调要将科技创新作为提高综合国力的战略支撑的重要原因。事实上，在现代农业发展过程中，科技创新对现代农业发展的驱动作用也非常显著：科技创新可以实现粮食的稳产高产，可以提高农产品的比较效益和国际竞争力，可以发展高品质、高附加值的农产品，可以提高农业资源利用效率和实现农业的可持续发展。

目前，发达国家80%的农业收益来源于农业科技创新，而2012年东北地区的农业科技贡献率只有58.67%。显然，单纯依靠要素和资本投入提高农业产量已不大可能，东北地区的现代农业要想超前发展，绝不可以在现有水平徘徊，也不可能在其他地区之后亦步亦趋，而是应围绕现代农业发展要求，力争在关键领域和核心技术上实现重大突破。这是东北地区现代农业发展的必然要求，也是提高劳动生产率，进而实现农业又好又快发展的根本途径。就东北地区而言，可以根据各地农业生产状况和农业资源禀赋采取不同的发展对策：一是跳跃战略，即发展最先进农业技术，如新品种选育、生物农药研制等，通过先进农业技术的开发，不断提高农业劳动生产率和农业资源利用率，以此保证东北现代农业在技术上的领先优势。二是跟进战略，即吸收和发展已成熟的一些适用农业技术，可重点开发高油玉米、高蛋白大豆、优质水稻和高淀粉等优势农产品及适用技术，为农产品品种和品质结构优化提供技术保障。三是突出战略，即突出解决一批影响现代农业发展的重大科技问题，如具有自主知识产权的良种培育和丰产栽培、具有稳产高产和抗灾减灾作用的农业技术的集成应用、具有普及效应的农业节水技术、具有应用前景的粮食收储快速检测技术等，重点应放在良种培育上。

（四）工业反哺农业：为现代农业发展提供动力支持

通过上述分析可以看出，东北地区的农业发展之所以起伏多变，根本原因在于现代农业与东北工业化之间的不匹配，尤其是工业强势经济的掠夺效应，使得农业这一弱势产业积累的资源日益流失，农业也牺牲了许多局部利益。从国际经验来看，虽然西方发达国家大多以工业与服务业为其支柱产业，但不容忽视的是，一方面这些国家的农业非常发达，人均农业增加值大大高于中国；另一方面工业化对现代农业的推进也发挥了重要的作用，可以说发达国家是以"几个轮子协调前进"的方式实现了现代化。而中国的经验教训也表明，工业化的欠发展将使现代农业失去动力，而现代农业水平落后于工业化，也将使工

业化发展受到阻滞,并影响到现代化进程。基于现代农业的发展可以为工业化提供充足的劳动力和原始资本,而工业化可以带动并装备现代农业发展的现实,发挥东北地区工业基础雄厚的优势,坚持用现代物质条件装备农业,用现代产业体系提升农业,为现代农业提供技术装备保障等至关重要。工业对农业的反哺应重点体现在以下几方面:适应农业生产、农产品加工业和仓储流通需求,积极研制生产配套农机具、农产品精深加工设备和物流设备等产品;适应现代农业发展需求,在基础设施建设、生态环境保护、农产品市场培育、农村剩余劳动力转移等方面加大反哺力度,不断提高农业、农村的发展能力。总之,工业化的发展不能偏离现代农业的发展,也应使工业的资本要素和技术要素能够顺利流入农村,农村剩余劳动力能够顺利嵌入城镇,最终通过发达城镇的工业反哺粮食主产区的农业,增强农业自我积累、自我发展、自我循环和自我扩张的造血功能。

(五)垦区先行先试:为现代农业发展提供示范效应

黑龙江垦区经过60余年的开发建设,已经累计向国家交售商品粮3864.6亿斤,2012年,黑龙江垦区粮食总产突破450亿斤,商品粮占全国可调配总量的1/2,黑龙江垦区现代化大农业在黑龙江经济发展中的示范带动作用与日俱增,黑龙江垦区在现代农业发展中积累的一些经验和做法也受到前所未有的关注。虽然垦区的示范作用未必适合所有区域的现代农业发展,但是后发展地区借鉴垦区的发展经验,通过产业拉动、技术辐射和引进要素,从而高起点起步和发展是毋庸置疑的。一是加快把农垦的规模化生产、社会化服务、产业化发展等现代生产方式向周边地区推广辐射,拓宽垦区带动示范领域;二是垦区应进一步提高粮食综合生产能力、现代化装备能力、科技创新能力、农产品竞争能力等,以保持在现代农业发展中的先导示范地位;三是继续探索土地代耕制、全程生产作业、承包租赁制和托管制等经营形式,发挥垦区机械化、集约规模优势;四是积极推进场县合作共建,不断扩大共建范围和领域,以促进垦区先进生产要素向农村流动、先进农业技术要素向农村移植;五是选择经济基础较好的垦区设立城镇,通过城镇化引导农村人口和劳动力向非农产业和城镇转移,由此拓展农民的就业空间和增加农民的转移性收入。

B.8
东北三省现代服务业发展研究

赵 勤 王化冰*

摘　要：

　　老工业基地振兴十年来，东北三省现代服务业在总量和质量上都有了新的提高，逐渐成为拉动区域经济增长、吸纳劳动就业、扩大对外开放的重要力量。但总体上看，东北三省现代服务业发展仍然滞后，与产业升级和经济发展的要求还不相适应，存在着一些比较突出的矛盾与问题。在新十年振兴中，东北三省应进一步转变发展理念、加强产业融合互动、扩大服务消费需求、优化产业布局、推进城镇化进程、强化开放合作，实现现代服务业突破性发展。

关键词：

　　东北三省　现代服务业　发展研究

　　现代服务业是以现代科学技术，特别是信息网络技术为主要支撑，建立在新的商业模式、服务方式和管理方法基础上的服务性行业，它既包括随着技术发展而产生的新兴服务业态，也包括运用现代技术对传统服务业的改造和提升。作为服务业的核心部分，现代服务业具有知识密集性、产业关联性、空间集聚性、技术创新性、环境友好性等基本特征，已成为区域经济结构调整的战略重点。十八大报告明确提出，要推动服务业特别是现代服务业发展壮大。老工业基地振兴十年来，东北三省现代服务业虽然获得较快发展，但总体上看，与产业升级和经济发展的要求还不相适应。大力发展现代服务业，是推进东北

---

* 赵勤，黑龙江省社会科学院副研究员，博士，研究方向：产业经济；王化冰，黑龙江省社会科学院工程师，研究方向：服务经济。

三省产业结构优化升级、加快经济发展方式转变的内在要求，也是改善民生、促进社会和谐发展的有效途径。

目前，我国尚未建立起针对现代服务业的统计标准，根据现代服务业内涵及特征，对照《国民经济行业分类（GB/T 4754-2011）》，从统计简便性和易操作性出发，本文将现代服务业统计范围界定为：信息传输计算机服务和软件业、金融业、房地产业、租赁和商务服务业、科学研究技术服务和地质勘查业、水利环境和公共设施管理业、居民服务和其他服务业、教育、卫生社会保障和社会福利业、文化体育和娱乐业十个行业。

一 东北三省现代服务业发展成效分析

2003年老工业基地振兴战略实施以来，国家和东北三省加大对现代服务业的政策扶持力度，东北三省现代服务业获得了较快发展，产业地位日益重要，逐渐成为拉动区域经济增长、吸纳劳动就业、扩大对外开放的重要力量。

（一）总量规模持续扩大

截至2011年底，东北三省共有现代服务业法人单位181388个，占服务业法人单位的37.7%，其中辽宁省现代服务业法人单位101641个，占东北三省的56.0%；吉林省现代服务业法人单位30990个，占东北三省的17.1%；黑龙江省现代服务业法人单位48757个，占东北三省的26.9%（见表1）。2012年，东北三省服务业增加值达到18579.5亿元，同比增长10.4%，高出全国平均水平2.3个百分点，其中现代服务业增加值突破8000亿元，约占服务业增加值的45%。东北振兴十年来（2003～2012年），东北三省服务业增加值比2002年翻了两番多，按可比价格计算，年均增长达12.4%；现代服务业增加值是2002年的5倍多，按可比价格计算，年均增长超过14.0%，高于地区生产总值年均增速。

表1 2011年东北三省现代服务业法人单位数

单位：个

行业 \ 地区	东北三省	辽宁	吉林	黑龙江
现代服务业	181388	101641	30990	48757
信息传输、计算机服务和软件业	14271	9240	1778	3253
金融业	4715	2371	898	1446
房地产	25266	14517	4136	6613
租赁和商务服务业	44509	26687	6518	11304
科学研究、技术服务和地质勘查业	24418	13455	4338	6625
水利环境和公共设施管理业	6003	3098	1276	1629
居民服务和其他服务业	12026	6686	1914	3426
教育	24466	11481	5248	7737
卫生、社会保障和社会福利业	18392	10239	3285	4868
文化、体育和娱乐业	7322	3867	1599	1856

资料来源：《2012年中国第三产业统计年鉴》。

（二）产业投资快速增长

东北三省现代服务业固定资产投资规模快速增长，已成为全社会固定资产投资增长最快的领域，现代服务业基础设施条件得到明显改善。2011年，东北三省现代服务业固定资产投资从2002年的413.8亿元增加到2011年的12550.0亿元，占服务业固定资产投资的比重从2002年的24.0%提高到2011年的76.3%，占全社会固定资产投资的比重由14.8%提高到38.4%（见表2）。从行业投向看，房地产业、水利环境和公共设施管理业是现代服务业的主要投向，租赁和商务服务业、金融业固定资产投资也有较大增长。2012年，东北三省服务业完成固定资产投资20109.5亿元，占全社会固定资产投资的49%。辽宁省服务业完成固定资产投资11593.0亿元，同比增长21.9%，占全社会固定资产投资的53.8%，其中信息传输软件和信息技术服务业、科学研究和技术服务业、水利环境和公共设施管理业、租赁和商务服务业分别完成固定资产投资133.1亿、160.4亿、1675.7亿、368.1亿元，同比增长26.2%、48.8%、12.5%、-10.3%。吉林省现代服务业完成固定资产投资2801.1亿元，占服务业固定资产投资的70.0%，占全社会固定资产投资的

28.8%。黑龙江省现代服务业完成固定资产投资3380.3亿元,占服务业固定资产投资的74.9%,占全社会固定资产投资的34.6%。东北振兴十年来,服务业固定资产投资年均增长28.7%,其中现代服务业固定资产投资年均增速超过40%。

表2 2011年东北三省现代服务业固定资产投资情况

单位：亿元,%

行业\地区	东北三省	辽宁	吉林	黑龙江
现代服务业	12550.0	7666.0	2231.5	2652.5
信息传输、计算机服务和软件业	226.0	105.5	38.1	82.4
金融业	70.9	56.7	4.9	9.3
房地产	8096.3	4884.5	1480.6	1731.2
租赁和商务服务业	520.8	410.4	33.1	77.3
科学研究、技术服务和地质勘查业	167.2	107.8	28.8	30.6
水利环境和公共设施管理业	2424.2	1489.2	437.3	497.7
居民服务和其他服务业	224.0	156.5	35.3	32.2
教育	306.8	178.1	59.7	69.0
卫生、社会保障和社会福利业	193.2	93.0	41.0	59.2
文化、体育和娱乐业	320.8	184.3	72.7	63.8
占服务业固定资产投资比重	76.3	78.8	72.1	73.1
占全社会固定资产投资比重	38.4	43.2	30.0	35.5

资料来源：《2012年中国第三产业统计年鉴》。

（三）重点行业提速发展

老工业基地振兴以来,东北三省信息服务、软件、金融业、房地产、旅游业、文化等行业获得了较快发展,现代服务业内部结构不断优化,专业化水平得到进一步提高。

信息服务业快速发展。信息传输、计算机服务和软件业发展迅速。以软件业为例,2012年,东北三省软件业务收入达2472.98亿元（见表3）,同比增长39.2%,其中信息技术咨询服务、数据处理和运营服务等新兴信息技术服务增势明显。实施振兴战略十年来,东北三省软件业步入高速发展阶段,软件产业收入增长11.3倍,年均增长率约38.0%,占全国的比重也由2002年的

4.5%提升到2012年的9.9%。

金融业持续发展。2012年末,东北三省金融机构本外币存款余额64336.2亿元,比年初增加8302.1亿元;贷款余额45368.8亿元,比年初增加5853.2亿元。2012年,金融业增加值达到1548.4亿元,占服务业的比重也由2002年的4.5%提高到8.3%。实施振兴战略十年来,东北三省金融业规模持续扩大,增加值年均增长19.6%。

表3 2012年东北三省软件业主要经济指标完成情况

行业 \ 地区	东北三省	辽宁	吉林	黑龙江
企业数(个)	4508	3186	877	445
软件业务收入(亿元)	2472.98	2096.23	270.00	106.75
软件产品收入	799.29	701.12	59.40	38.77
信息系统集成服务收入	605.99	514.63	65.70	25.66
信息技术咨询服务收入	346.04	277.85	51.80	16.39
数据处理和运营服务收入	357.51	311.06	34.50	11.95
嵌入式系统软件收入	341.59	269.11	58.60	13.88
IC设计收入	22.55	22.45	—	0.098

资料来源:工业和信息化部运行监测协调局:《2012年1~12月软件产业主要经济指标完成情况》,http://www.miit.gov.cn,2013-02-15。

房地产业平稳发展。2012年,东北三省共完成房地产开发投资8301.6亿元,房屋竣工面积11611.8万平方米,商品房销售面积15087.1万平方米,房地产业实现增加值约1700亿元。实施振兴战略十年来,东北三省房地产业增加值年均增长超过15.0%,占服务业的比重从7.1%提高到9.0%以上。

旅游业蓬勃发展。2012年,东北三省全年接待国内外旅游者71034.6万人次,比上年增长16.3%,其中,接待国内旅游者70228.2万人次,增长16.3%;接待入境旅游者805.9万人次,增长12.5%。全年旅游总收入6418.4亿元,比上年增长19.8%。截至2012年末,东北三省共有星级以上宾馆986家,其中五星级宾馆32家;国家A级旅游景区685个,其中5A级旅游景区9个。实施振兴战略十年来,东北三省星级以上宾馆增加了264家,旅游接待人数年均增长19.2%,旅游业总收入年均增长22.1%。

文化产业强劲发展。2012年，东北三省文化产业增加值超过1500亿元，增速超过20%，占地区生产总值的比重超过3%；一批文化产业园区和基地初具规模，国家级文化产业示范园区和示范基地累计达到35个；有37家企业成功入选2011~2012年度国家文化出口重点企业。辽宁省文化产品出口金额为9.39亿美元，其中大连市达4.08亿美元，比上年增长722.8%，黑龙江省文化产品出口金额为3.50亿美元。实施振兴战略十年来，东北三省通过园区集聚、项目带动、龙头拉动、产业融合、品牌塑造等措施，不断推进文化产业快速发展，文化竞争力、品牌知名度及对外影响力得到了有效提升。

（四）产业贡献逐渐增强

现代服务业在东北三省经济社会发展中发挥着越来越重要的作用。一方面，现代服务业经济效应日益提升。2012年，东北三省服务业对地区生产总值增长贡献率为43.5%，比第二产业高出2.3个百分点，成为拉动区域经济增长的重要引擎，其中金融业、房地产业、信息服务和软件业、旅游业等现代服务业对经济增长的贡献不断提高。另一方面，现代服务业吸纳就业能力逐渐增强。2011年，东北三省现代服务业城镇单位从业人员为404.5万人，比2010年净增21.5万人，增幅达5.6%，占全社会新增就业比重达到9.7%。其中，卫生、社会保障和社会福利业新增5.4万个就业岗位，增幅达8.9%；房地产业新增5.1万个就业岗位，增幅达29.5%；信息传输、计算机服务和软件业新增2.6万个就业岗位，增幅达14.6%；教育行业新增2.6万个就业岗位，增幅为2.0%；金融业新增2.5万个就业岗位，增幅为5.5%；水利环境和公共设施管理业新增2.3万个就业岗位，增幅为7.5%（见表4）。

（五）集聚特征日益明显

近年来，东北三省大力推进现代服务业集聚式发展，在信息服务、金融商务、总部经济、文化创意、科技创新、旅游会展等领域初步形成了一批专业化、特色化的服务业集聚区。2010~2012年，辽宁省共争取国家资金6200万元、安排省级专项资金5.9亿元支持服务业集聚区快速发展。2012年，辽宁省在建的108个服务业集聚区共完成固定资产投资4000亿元；实现主营业务

表4 东北三省现代服务业城镇单位就业情况

单位：万人

行　业	东北三省		辽宁		吉林		黑龙江	
	2010年	2011年	2010年	2011年	2010年	2011年	2010年	2011年
现代服务业	383.0	404.5	159.3	174.5	95.1	100.2	128.5	129.8
信息传输、计算机服务和软件业	17.8	20.4	7.0	8.5	5.2	5.8	5.6	6.1
金融业	45.1	47.6	20.7	22.4	10.2	10.5	14.2	14.7
房地产	17.3	22.4	8.8	11.5	3.6	5.3	4.9	5.6
租赁和商务服务业	22.6	22.5	12.2	12.6	4.5	4.4	5.9	5.5
科学研究、技术服务和地质勘查	30.7	32.9	12.0	13.9	6.7	6.8	12.0	12.2
水利环境和公共设施管理业	30.6	32.9	12.8	14.2	8.1	8.5	9.7	10.2
居民服务和其他服务业	10.5	9.0	2.8	3.0	1.1	0.9	6.5	5.1
教育	135.1	137.8	52.3	55.1	36.7	36.8	46.1	45.9
卫生、社会保障和社会福利业	60.6	66.0	25.6	28.1	15.3	17.5	19.7	20.4
文化、体育和娱乐业	12.7	13.0	5.1	5.2	3.7	3.7	3.9	4.1

资料来源：《2011年中国第三产业统计年鉴》《2012年中国第三产业统计年鉴》。

收入超过6500亿元，其中，18个集聚区年营业收入在100亿元以上，38个集聚区年营业收入在50亿元以上，60个省级集聚区主营业务收入占总量的70%以上。吉林省加快推进30个省级服务业集聚区建设，其中，长春净月低碳生态服务业集聚区已逐步建设成为服务长吉图、辐射全省的现代服务业集聚区和国家服务业改革的先行区、示范区；东北亚文化创意科技园已成为吉林省内规模最大、集聚企业数量最多、产业规格和知名度最高的文化产业园区，2012年被命名为国家级文化产业试验园区。黑龙江省按照企业集群、产业集聚、资源集约的发展方向，加快实施哈尔滨地理信息产业园区、哈尔滨动漫产业基地、哈尔滨新媒体产业化基地、大庆服务外包园区、大庆文化创意产业园、黑河曙光云计算基地等一批现代服务业集聚区建设。

（六）开放水平逐步提高

随着我国在信息服务、金融、融资担保、旅游等领域开放程度的不断深化，东北三省现代服务业对外开放水平也在逐步提高。一是引资规模扩大。东北各省积极抓住世界产业重心由制造业向服务业转移的机遇，落实国家外资产业政策，现代服务业引资规模持续扩大。2011年，辽宁省现代服务业外商直接投资102.3亿美元，占服务业外商直接投资额的90.1%，占外商直接投资总额的42.2%；黑龙江省现代服务业外商直接投资8.0亿美元，占服务业外商直接投资额的82.5%，占外商直接投资总额的24.7%。2012年，辽宁省信息传输、计算机服务和软件业实际使用外商直接投资8.9亿美元，同比增长2.2倍；科学研究、技术服务和地质勘查业实际使用外商直接投资10.6亿美元，同比增长93.9%；黑龙江省现代服务业实际使用外商直接投资7.8亿美元。二是国际服务外包发展迅速。辽宁省离岸服务外包走在全国前列，2011年全省离岸服务外包合同额为16.1亿美元，同比增长38%，合同执行额为13.4亿美元，同比增长44%；2012年吉林省离岸服务外包执行金额2888.9万美元，同比增长29%。示范城市龙头作用明显。2012年，大连离岸外包合同金额18亿美元，同比增长39%，执行金额15亿美元，同比增长40%；哈尔滨离岸外包合同金额为8.1亿美元，同比增长14.9%，执行金额为5.0亿美元，同比增长96.7%。三是对外工程承包和劳务合作稳定增长。2011年，辽宁省完成对外承包工程和劳务合作营业额18.1亿美元，按现价计算，是2002年的3.6倍；吉林省完成对外承包工程和劳务合作营业额6.3亿美元，按现价计算，是2002年的3.2倍。四是旅游服务进出口快速增长。2012年，东北三省共接待入境旅游人数805.9万人次，比上年增长13%，旅游服务出口45.2亿美元，同比增长12.5%。

二 东北三省现代服务业发展存在的主要问题

尽管老工业基地振兴以来，东北三省现代服务业在总量和质量上都有了新的提高，但总体上看，其发展还较为滞后，与东北三省产业升级和经济发展的要求还不相适应，仍存在一些比较突出的矛盾和问题。

（一）规模比重偏低，增长速度不快

现代服务业规模不大、比重偏低、速度不快的问题仍然存在。2012年，东北三省服务业增加值为18579.5亿元，其中，辽宁、吉林、黑龙江分别为9306.8亿、4151.3亿、5121.4亿元，分别排在全国31个省市区的第8位、第

24位和第17位；服务业增加值占地区生产总值的比重为36.8%，低于全国平均水平7.8个百分点；服务业增加值增速为10.4%，虽高于同期地区生产总值增速0.2个百分点，但仍低于工业增速0.5个百分点。现代服务业增加值占服务业增加值的比重在45%左右，比全国平均水平低了近10个百分点，比北京等现代服务业发达地区低了近25个百分点；现代服务业增加值占地区生产总值的比重在16%左右，比全国平均水平低了7个百分点。《东北三省振兴规划》提出的到2010年服务业增加值占地区生产总值比重达到41%的预期指标至今尚未完成。

（二）内部结构不优，产业层次不高

从现代服务业内部结构来看，行业结构不优仍十分明显。2012年，旅游业收入同比增长19.8%，高于全国平均增速4.7个百分点，占全国旅游业总收入的24.7%，产业区位熵高达2.56，具有较强的竞争力。而信息服务、金融、房地产业、科技服务等行业虽然发展加快，但比重较小、贡献不高、竞争力不强。软件业务收入达2473.0亿元，增速高于全国平均水平10.7个百分点，产业区位熵为1.02，具有一定的竞争力，但业务收入只相当于江苏省的57.4%、广东省的58.5%、北京市的68.5%。金融业增加值占服务业增加值的8.3%，低于全国平均水平3.9个百分点；占地区生产总值的3.1%，低于全国平均水平2.2个百分点；占全国金融业增加值的5.3%，产业区位熵为0.55，不具有竞争力。房地产业增加值占服务业增加值的9.6%，低于全国平均水平3.4个百分点；占地区生产总值的3.5%，低于全国平均水平2.1个百分点；约占全国房地产业增加值的6.0%，产业区位熵为0.62，不具有竞争力。租赁和商务服务业、科学研究技术服务和地质勘查业总量小、比重低。同时，产业层次不高，处于产业链高端研发、设计、创意、营销等服务业发展不足，绝大多数行业缺少支撑行业发展的领军企业和知名品牌，产业规模化、品牌化、专业化优势不突出，影响力和竞争力不强。

（三）产业互动不够，融合程度不深

老工业基地振兴以来，虽然东北三省现代服务业与农业、制造业融合态势

初步显现,但尚未形成相互促进、融合发展的局面。一是农业、制造业对生产性服务业的有效需求相对不足。受长期计划经济的影响,企业生产社会化、专业化程度不高,大量的服务业或服务环节被内置在生产企业内部,很大程度上抑制了生产性服务需求;受发展阶段的限制,东北三省制造业多处于产业链中低端,对中间投入服务的需求层次偏低,不能为现代服务业发展提供强有力的支持。二是现代服务业对现代农业、先进制造业发展的推力不够。目前,东北三省现代服务业发展水平滞后于制造业发展水平,特别是金融业、信息服务业、研发服务业、商务服务业等发展不充分,缺乏核心服务能力,不能满足现代生产企业在研发设计、市场调研、咨询服务、品牌营销等方面的需求,推动现代农业发展和制造业转型升级的效应还不显著。

(四)居民收入偏低,服务需求不足

东北三省现代服务业发展水平,明显受制于城乡居民收入和消费水平,特别是城镇居民收入水平和消费水平。2012年,辽宁、吉林、黑龙江三省城镇居民人均可支配收入分别为23223元、20208元和17760元,分别低于同期全国平均水平1342元、4357元和6805元,分别排在全国31个省市区的第9位、第23位、第29位。辽宁、吉林、黑龙江三省城镇居民人均消费性支出分别为16594元、14614元、12984元,均低于全国平均水平,而且城镇居民生活消费支出仍以生活用品为主,仅食品、衣着支出就约占人均消费性支出的50%,医疗保健、交通通信、文化娱乐服务支出占消费支出的比重约为30%。对现代服务业需求不足,直接限制了消费性现代服务业结构和层次的提高。

(五)区域发展不平衡,城市间差距较大

东北各省、各城市间现代服务业发展水平差距明显。从省区来看,辽宁省现代服务业增加值占东北三省现代服务业增加值的比重超过50%,尤其是软件、金融、旅游业等产业发展水平明显高于吉林、黑龙江两省。2012年,辽宁省软件业务收入占东北三省软件业务收入的84.8%,占全国的8.4%,全国排名第4位,而吉林、黑龙江两省软件业务收入合计还不到辽宁省的18%,分别排在全国第14位和第18位。辽宁省金融业增加值、旅游收入分别占东北

三省的 56.3%、61.4%。从城市来看，沈阳、大连、哈尔滨、长春四个副省级城市现代服务业发展比较充分，信息服务业、软件业、金融、房地产、教育、科学研究和技术服务、商务会展等现代服务业高度集中，而其他次中心城市发展相对不足，大部分资源型城市和中小城市发展滞后。2012 年，四大城市服务业增加值占东北三省的比重高达 54.2%，其中软件业收入约占东北三省的 90%。在四大城市中，大连、沈阳服务业增加值约占四大城市服务业增加值的 60%，担当着领跑者的角色。此外，一些城市现代服务业发展还存在定位雷同、层级趋同、特色不明显、业态同质化等问题，削弱了各区域集聚效应和协同效应的发挥。

三 加快东北三省现代服务业发展的对策建议

在国家实施老工业基地振兴战略十年后，东北三省已经进入全面实现振兴的发展阶段，现代服务业发展也面临着国际产业向服务领域加速延伸、制造业服务化趋势加强、国家同步推进"新四化"建设、老工业基地新一轮振兴发展、居民消费结构快速升级等难得的历史机遇。在老工业基地调整改造的新十年，东北三省要立足现有基础，充分利用各种有利条件，坚持特色发展、错位发展、高端发展、创新发展，以服务东北、面向全国、辐射东北亚为目标，全力推进产业集聚、产业互动、产城共进、区域合作，加快实现现代服务业突破性发展。

（一）转变发展理念，更加突出现代服务业战略地位

一是从根本上转变工业主导的传统发展理念，把现代服务业提到事关东北三省振兴全局的战略高度，把促进现代服务业优先、快速发展作为新一轮振兴的重要任务，特别是大中型城市要把现代服务业作为主导产业加快发展。二是立足自身产业基础和发展潜力，更加突出特色发展、错位发展理念，进一步找准产业定位，大力培育各自比较优势，形成区域布局合理、层级错落有致的现代服务业分工格局，促进现代服务业的快速健康发展。三是着眼于全球现代服务业发展的前沿，树立参与全球经济高端竞争的理念，通过创新发展，主动嵌

入全球高端服务业产业链中,提升产业向外辐射力和影响力。四是积极转变行政区各自发展的理念,树立东北三省资源共享、优势互补、协同发展观念,统筹发展规划,优化产业布局,衔接重大设施建设,协商城市间重大问题,实现现代服务业的共同发展。

(二)加强产业融合互动,加快生产性现代服务业发展

一是优先发展现代制造服务业。发挥东北三省在石油石化、汽车、光电子、数控机床、水电设备、数控切割设备、包装机器人、火电设备、生物医药等制造领域的比较优势,推动制造业内部服务专业化发展,大力发展研发设计、知识产权服务等高端现代服务业,推动大型工业企业向总承包商和集成服务商发展。二是积极发展农业生产性服务业。依托东北三省农业优势,特别要抓住黑龙江成为现代农业综合改革配套实验区试点和俄罗斯加速开发远东地区的有利契机,注重加强现代农业产业链各环节、关键领域和管理模式的服务创新与引导支持;加快农业科技创新体系和现代农业产业技术体系建设,推动现代农业科技服务、现代农业物流、农业中介服务等行业发展;鼓励现代农业生产服务企业发展壮大,在财政补贴、税收信贷、政府采购、项目支持等方面给予一定支持;重视集农业流通、科技、信息、认证、培训、展销于一体的农业服务业集聚区建设。

(三)扩大城乡服务消费,推进消费性现代服务业发展

一是增加城乡居民收入。通过提高最低工资标准、完善工资支付保障机制、实施工资增长计划、构建农民增收长效机制、强化收入分配调控手段等措施提高城乡居民工资性收入;通过扩大养老保险、医保、工伤保险统筹范围,提高养老金、失业金、医保补助标准,加大政府支农惠农力度等措施,提高城乡居民保障性收入。二是改善服务消费环境。完善消费性服务业政策支持体系,减少对消费性服务企业的行政性干预,加大城乡基础设施建设、义务教育、公共医疗等方面投资,促进消费性现代服务业适度均衡发展,扩大城乡居民服务消费。三是促进消费结构优化提升。以大众消费为基础、以高端时尚消费为主导,不断拓展新的服务方式和领域,培育消费热点,创新

消费方式，丰富消费服务产品类型，满足城乡居民消费结构升级和多样化需求。

（四）优化产业布局，促进现代服务业集聚发展

一是以大中城市为中心，特别要以四大副省级城市为核心，加快形成现代服务业增长极。围绕东北三省生产力布局和城市空间格局，促进现代服务业的极化和网络化发展。沈阳、大连、长春、哈尔滨四大城市，要发挥综合优势，优化现代服务业发展环境，重点发展高端服务业，力争在信息服务、金融、科技服务业等部分现代服务业和新兴服务业发展上有大突破，加快形成现代服务业的增长极，带动和引领整个东北三省经济发展。鞍山、锦州、吉林、延吉、齐齐哈尔、牡丹江等次区域中心城市，要加快建设特色鲜明、优势明显的现代服务业体系，增强集聚辐射功能。大庆等资源型城市，要优先发展生产性服务业，大力发展特色旅游业、信息产业，特别要利用资源产业基础和独特技术优势，开展服务外包。营口、丹东、延边、黑河等口岸城市，要重点加快现代商贸流通、特色旅游等服务业发展，推动消费性现代服务业向专业化、国际化发展。此外，还要适当加强对欠发达地区现代服务业发展的引导和扶持。二是以特定优势区域、产业园区为载体，加快现代服务产业集聚发展。通过优化资源配置、改善发展环境，鼓励引导具有发展潜力、能形成产业链的同类企业向优势区域和园区集聚，重点培育发展一批布局科学、功能完善、特色鲜明的现代服务业集聚区，形成现代服务业发展的外部经济优势。要积极培育现代服务业优势骨干企业，吸引世界500强等大型服务企业入驻；引导集聚区内企业差异化发展，延伸服务链条，建设上下游配套产业体系；支持重点企业提升技术创新和模式创新能力，注重提高现代服务业关键技术创新、产品研发、产业链协同能力，推进集聚区由企业集聚、功能集聚向创新集聚发展。

（五）加快城镇化进程，带动现代服务业快速发展

一要结合东北三省自然地理环境、资源禀赋和城镇发展条件，围绕提高城镇化水平，积极拓展服务业领域，推动房地产、旅游、文化、娱乐等消费性现代服务业发展，推动教育、医疗、养老等公共性现代服务业发展，推动金融、

信息服务、科技服务、商务服务等生产性服务业的发展。二要保障现代服务业发展的土地供应。城镇规划要为现代服务业加快发展留出用地空间；每年新增建设用地指标向现代服务业倾斜，优先保障服务业重大项目建设用地，鼓励以自主开发、土地折价入股合作开发、协议转让、土地租赁等方式开发利用存量土地发展现代服务业。

（六）强化开放合作，推动现代服务业协调发展

一方面，要扩大对外开放。应将东北三省现代服务业纳入全球视野，充分利用两种资源和两个市场，参与国际分工，开展跨国经营、参与全球竞争。优化发展环境，有重点、有选择地承接国际服务业转移和服务外包业务，积极吸引跨国公司和国内大型服务企业落户东北，或参与重大服务业项目建设，全面提升合资合作水平，带动部分现代服务业快速发展；鼓励有条件的服务企业走出去，通过开展海外并购、建立全球服务网络、加强国际战略合作，主动融入全球产业链，提升高端服务业发展水平；大力发展服务贸易，重点发展服务出口，适当扩大服务进口，加速服务业技术标准、认证体系与国际接轨，不断提高东北三省现代服务业素质和国际化经营能力。另一方面，加强区域合作。借鉴长三角、珠三角等发达地区发展现代服务业的经验，构建东北三省现代服务业发展合作机制，加强分工协作，推进现代服务业资源共同开发，促进区域内资金、人才、信息等资源有效配置，推动多层次创新研发体系建立，加强现代服务业产业联盟与供应链联盟的共同建设，实现东北三省现代服务业协同发展。同时，还要重点搞好与香港、北京、上海等发达地区现代服务业的合作，重点加强与文化创意、高技术服务、金融服务、股权投资、服务外包等现代服务业领域的对接合作。

参考文献

邱灵、杨玉英：《加快东北地区服务业发展》，《宏观经济管理》2013年第2期。
丰志勇、何骏：《中国生产性服务业发展模式研究》，《软科学》2009年第1期。
石明磊：《统筹推进"三化"与发展现代服务业》，2012年8月14日《吉林日报》。

B.9
东北三省产业集聚区发展研究[*]

李佳薇　王璐宁　曹颖杰[**]

摘　要：

　　振兴东北老工业基地战略实施以来，东北三省产业集聚区呈现多层次、全方位快速发展态势，产业集聚区规模不断扩张，经济总量增大，经济效益提升。同时，存在公共服务体系不完善、区域发展不平衡、自主创新能力不强、产业链亟待整合等问题。今后，东北三省产业集聚区应在强化政府公共服务职能、注重全东北协同发展、合理规划产业布局、培育战略性新兴产业等方面促进其可持续发展。

关键词：

　　东北三省　产业集聚区　集聚效应　产业布局　战略性新兴产业

　　产业集聚区是各种生产要素在一定地域范围的大量集聚和有效集中的产业空间布局形态。产业集聚区内具有共性或互补性而相互联系的企业依托相关的功能服务平台支撑在空间上集聚，形成具有强劲、持续竞争优势的经济群落。产业集聚区作为当代产业生存与发展最有效的组织形态，在集聚生产要素、优化资源配置、加快制度创新、营造产业生态环境等方面发挥着越来越重要的作用。

---

[*] 本报告为国家社科基金项目《资源型地区战略性新兴产业发展研究》（12BJL075）的阶段性成果。

[**] 李佳薇，辽宁社会科学院产业经济与WTO研究所助理研究员，主要研究方向：产业经济与对外贸易；王璐宁，辽宁社会科学院产业经济与WTO研究所助理研究员，主要研究方向：产业经济与对外贸易；曹颖杰，辽宁社会科学院产业经济与WTO研究所助理研究员，主要研究方向：产业经济与对外贸易。

一 振兴战略实施以来东北三省产业集聚区发展取得的成绩

振兴东北老工业基地战略实施以来，东北三省产业集聚区呈现多层次、全方位快速发展态势。但是，由于东北三省对于产业集聚区还没有完整的规划和统计，产业集聚区的发展状况仍主要依托于各类经济园区的发展状况而体现。①

（一）东北三省产业集聚区规模不断扩张

1. 产业集聚区数量增多

截至 2002 年底，东北三省共有国家级经济技术开发区 5 个。至 2013 年 3 月，增加至 18 个，占全国总数的 9.42%，其中，辽宁省 7 个、吉林省 5 个、黑龙江省 6 个（见表 1）。

表 1 东北三省国家级经济技术开发区名单（截至 2013 年 3 月）

序号	省 份	名 称	批准时间
1	辽 宁	大连经济技术开发区	1984.9
2	辽 宁	营口经济技术开发区	1992.10
3	辽 宁	沈阳经济技术开发区	1993.4
4	吉 林	长春经济技术开发区	1993.4
5	黑龙江	哈尔滨经济技术开发区	1993.4
6	辽 宁	大连长兴岛经济技术开发区	2010.4
7	辽 宁	锦州经济技术开发区	2010.4
8	吉 林	吉林经济技术开发区	2010.4
9	黑龙江	海林经济技术开发区	2010.6
10	黑龙江	宾西经济技术开发区	2010.6
11	吉 林	四平红嘴经济技术开发区	2010.11
12	吉 林	长春西新经济技术开发区	2011.1

---

① 各类经济园区包括经济技术开发区、高新技术产业开发区、现代服务业园区、加工贸易园区、高效农业园区等在内的各类开发区和园区。本研究报告以国家级经济技术开发区和国家高新技术产业开发区这两类经济园区为代表对东北三省产业集聚区发展现状进行数据梳理。

续表

序号	省份	名称	批准时间
13	黑龙江	哈尔滨利民经济技术开发区	2011.4
14	黑龙江	大庆经济技术开发区	2012.10
15	黑龙江	绥化经济技术开发区	2012.12
16	辽宁	盘锦辽滨沿海经济技术开发区	2013.1
17	辽宁	沈阳辉山经济技术开发区	2013.1
18	吉林	松原经济技术开发区	2013.3

资料来源：中国投资指南网。

截至2002年底，东北三省共有国家高新技术产业开发区7个。至2012年底，增加至13个，占全国总数的12.38%，其中，辽宁省6个、吉林省4个、黑龙江省3个（见表2）。

表2 东北三省国家高新技术产业开发区名单（截至2012年底）

序号	省份	名称	批准时间
1	辽宁	沈阳高新技术产业开发区	1991.3
2	吉林	长春高新技术产业开发区	1991.3
3	黑龙江	哈尔滨高新技术产业开发区	1991.3
4	辽宁	大连高新技术产业开发区	1991.3
5	黑龙江	大庆高新技术产业开发区	1992.11
6	吉林	吉林高新技术产业开发区	1992.11
7	辽宁	鞍山高新技术产业开发区	1992.11
8	辽宁	营口高新技术产业开发区	2010.9
9	辽宁	辽阳高新技术产业开发区	2010.11
10	吉林	延吉高新技术产业开发区	2010.11
11	黑龙江	齐齐哈尔高新技术产业开发区	2010.11
12	辽宁	本溪高新技术产业开发区	2012.8
13	吉林	长春净月高新技术产业开发区	2012.8

资料来源：科技部网站。

2. 产业集聚区吸纳力增强

与2003年相比较，2011年东北三省国家高新技术产业开发区入驻企业增加了98.93%，占全国比重增加了1.37个百分点；就业人数增加了88.82%，但占全国比重下降了4.35个百分点。其中，辽宁省国家高新技术产业开发区入驻企业增加了1.59倍，就业人数增加了1.29倍；吉林省国家高新技术产业开发区入驻企业增加了47.55%，就业人数增加了41.88%；黑龙江省国家高新技术产业开发区入驻企业增加了60.22%，就业人数增加了91.85%（见表3）。

表3 东北三省国家高新技术产业开发区驻区企业及吸纳就业情况

单位：个，万人

省区	2003年驻区企业	2011年驻区企业	2003年就业人数	2011年就业人数
东北三省总数	3077	6121	56.55	106.78
东北三省占全国比重(%)	9.36	10.73	14.30	9.95
辽宁	1369	3542	22.74	52.06
吉林	1243	1834	20.32	28.83
黑龙江	465	745	13.49	25.88
全国	32857	57033	395.36	1073.64

资料来源：根据中国科技统计年鉴数据整理。

（二）东北三省产业集聚区经济总量增大

1. 生产总值及工业增加值大幅增长

与2003年相比较，2010年东北三省国家级经济技术开发区生产总值增长了4.31倍，工业增加值增长了3.17倍。其中，辽宁省国家级经济技术开发区生产总值增长了4.39倍，工业增加值增长了2.72倍；吉林省国家级经济技术开发区生产总值增长了3.22倍，工业增加值增长了3.13倍；黑龙江省国家级经济技术开发区生产总值增长了6.13倍，工业增加值增长了5.45倍（见表4）。

表4 东北三省国家级经济技术开发区生产总值及工业增加值

单位：亿元，%

省区	2003年生产总值	2010年生产总值	2003年工业增加值	2010年工业增加值
东北三省总额	714.67	3793.36	469.6	1957.51
东北三省占全国比重(%)	14.34	14.13	13.04	10.49
辽宁	480.85	2592.27	295.41	1098.49
吉林	160.13	675.80	114.19	471.48
黑龙江	73.69	525.29	60.10	387.54
全国	4985.02	26849.14	3602.08	18660.51

资料来源：根据中国投资指南网数据整理。

2. 出口额及地区贡献率提高

与2003年相比较，2010年东北三省国家级开发区①出口额增长了2.29倍，地区贡献率增长了0.38个百分点。其中，辽宁省国家级开发区增长了2.27倍，地区贡献率增长了4.24个百分点；吉林省国家级开发区增长了1.03倍，地区贡献率下降了0.64个百分点；黑龙江省国家级开发区增长了6.02倍，地区贡献率增长了3.45个百分点（见表5）。

表5 东北三省国家级开发区出口额及对地区贡献情况

单位：亿美元，%

项目	2003年出口额	2010年出口额
东北三省总额	73.47	241.35
占全国比重	7.35	4.81
占地区比重	37.42	37.80
辽宁	57.58	188.50
占地区比重	39.50	43.74
吉林	11.76	23.84
占地区比重	53.90	53.26
黑龙江	4.13	29.01
占地区比重	14.37	17.82
全国	998.97	5012.67

资料来源：根据中国科技统计年鉴、中国投资指南网、国家统计局网数据整理。

（三）东北三省产业集聚区经济效益提升

1. 营业总收入大幅增长

与2003年相比较，2011年东北三省国家高新技术产业开发区营业总收入增长了4.62倍，技术性收入增长了3.74倍。其中，辽宁省国家高新技术产业开发区营业总收入增长了5.72倍，技术性收入增长了4.12倍；吉林省国家高新技术产业开发区营业总收入增长了3.60倍，技术性收入增长了89.70%；黑龙江省国家高新技术产业开发区营业总收入增长了4.59倍，技术性收入增长了3.58倍（见表6）。

---

① 国家级开发区是指国家级经济技术开发区和国家高新技术产业开发区，下同。

表6 东北三省国家高新技术产业开发区营业收入情况

单位：亿元，%

省区	2003年营业总收入	2003年技术性收入	2003技术性收入占比	2011年营业总收入	2011年技术性收入	2011年技术性收入占比
东北三省总额	2568.35	141.17	5.50	14445.44	669.43	4.63
东北三省占全国比重	12.27	12.83	—	10.83	7.21	—
辽宁	994.60	113.30	11.39	6682.13	580.60	8.69
吉林	1045.40	14.47	1.38	4810.47	27.45	0.57
黑龙江	528.35	13.40	2.54	2952.84	61.38	2.08
全国	20938.73	1100.46	5.26	133425.10	9284.39	6.96

资料来源：根据中国科技统计年鉴数据整理。

2. 净利润大幅提升

与2003年相比较，2011年东北三省国家高新技术产业开发区净利润增长了5.37倍。其中，辽宁省国家高新技术产业开发区增长了5.97倍，吉林省国家高新技术产业开发区增长了5.17倍，黑龙江省国家高新技术产业开发区增长了4.44倍（见表7）。

表7 东北三省国家高新技术产业开发区净利润情况

单位：亿元，%

省区	2003年净利润	2011年净利润
东北三省总额	147.98	942.68
东北三省占全国比重	13.10	11.11
辽宁	61.66	429.71
吉林	59.41	366.45
黑龙江	26.91	146.52
全国	1129.20	8484.17

资料来源：根据中国科技统计年鉴数据整理。

3. 缴税额及地区贡献率提高

与2003年相比较，2010年东北三省国家级开发区缴税额增长了3.20倍，地区贡献率增长了5.71个百分点。其中，辽宁省国家级开发区缴税额增长了3.82倍，地区贡献率增长了4.71个百分点；吉林省国家级开发区缴税额增长了 2.21 倍，地区贡献率下降了 6.71 个百分点；黑龙江省国家级开发区缴税额增长了 3.89 倍，地区贡献率增长了 17.01 个百分点（见表8）。

表8　东北三省国家级开发区缴税额及对地区贡献情况

单位：亿元，%

省区	2003年缴税额	2010年缴税额
东北三省总额	262.14	1100.21
占全国比重	15.01	11.44
占地区比重	38.07	43.78
辽宁	114.07	550.23
占地区比重	31.57	36.28
吉林	103.39	331.70
占地区比重	82.21	75.50
黑龙江	44.68	218.28
占地区比重	22.18	39.19
全国	1746.68	9618.47

资料来源：根据中国科技统计年鉴、中国投资指南网、国家统计局网数据整理。

产业集聚区能够实现关联产业和要素向园区集聚，能够承接一些国内外产业转移，能够创新产业发展模式，能够探索与其他主体合作共建园区的新机制，能够引导产业链整体提升和关联产业协同发展等，这些产业集聚区在推动东北三省走新型工业化道路、加快推进经济发展方式转变、进一步提升经济发展的质量和水平、实现东北三省经济由大到强的转变中发挥了巨大作用。

二　振兴战略实施以来东北三省产业集聚区发展存在的问题

（一）公共服务体系不完善，发展环境有待提高

科学完善的体制机制是产业集聚区健康快速发展的重要保障。东北老工业基地振兴和调整需要开放的市场，而产业集聚区管理体制不顺、管理定位不明晰、公共服务体系不完善，尤其是政府的公共服务职能发挥不充分，一定程度

上制约了产业集聚区的发展。亟待构建完善的产业集聚区公共服务体系，为产业集聚区营造良好的创新发展环境。

（二）区域发展不平衡，辐射带动作用差异大

东北三省产业集聚区的发展多数是在原有开发区、工业园区基础上进行规划和建设的，相当部分已经具有规模和集聚效应，集聚区内基础设施、公共服务等配套体系相对比较完备，但是仍存在有些产业集聚区规模小、集聚能力不强、配套设施和服务体系相对不完善、对经济的带动作用不明显等问题，造成区域之间产业集聚区发展存在一定的差异，对经济的辐射带动作用不平衡，对区域经济发展的推动效应差异大。

（三）自主创新能力不强，缺乏核心竞争力

自主创新成为支撑经济发展的核心要素，是企业竞争力强弱的标志。与2003年相比，2011年东北三省国家高新技术产业开发区营业总收入中技术性收入增长了3.74倍，但技术性收入占营业总收入的比重下降了0.87个百分点。其中，辽宁技术性收入比重下降了2.7个百分点，吉林技术性收入比重下降了0.81个百分点，黑龙江技术性收入比重下降了0.46个百分点。从整体上看，东北三省产业集聚区内的大部分企业仍属于传统产业，普遍缺少研发机构，缺乏具有自主知识产权的产品和技术，部分关键技术和装备主要依靠进口，产业核心技术匮乏；技术成果转化率低，多数企业没有将新技术推向市场；尚未形成以企业为主体的技术开发和创新体系，产学研结合不紧密，很大程度上制约了企业核心竞争力的提高。

（四）产业集聚效应有待加强，产业链亟待整合

与2003年相比，2010年东北三省国家级经济技术开发区生产总值占全国同类开发区比重下降0.21个百分点，工业增加值占全国同类开发区比重下降2.55个百分点。2011年东北三省国家高新技术产业开发区净利润占全国同类开发区比重较2003年下降了1.99个百分点。由于东北三省产业集聚区大多数由政府主导进行创建和发展，忽视对主导产业起支撑作用的关联产业的发展，

造成仅仅是空间上的集聚，产业集聚相当部分还处于初级发展阶段，与南方一些发达省份相比还存在一定的差距，主导产业定位不明确，产业重复建设现象存在，产业关联度低，没有形成布局集中、特色鲜明完整的产业链，产业集聚效应有待提高。

三 东北三省产业集聚区发展对策及建议

（一）强化政府的公共服务职能，构建创新服务体系

东北三省的产业聚集区发展，应改变长期以来依靠政府行政力量配置资源的做法，将市场机制定位为主导机制，政府要通过提供制度保证、公共服务和维护公平合理的产业发展环境，为集聚区创造良好的制度环境，进而激活区域市场机制。具体措施包括，为集聚区提供必要的基础设施和公共服务，建立技术研发和试验平台、成果孵化平台、技术咨询和培训等中介平台，以及生产和市场服务平台，提高科技成果转化效率，推动科技与生产要素有效结合。通过制定和执行法律法规维护公平竞争的市场秩序，一方面要建立科研开发的奖励制度以激励企业发明创新活动，另一方面要完善著作权和专利权保护的法律法规，坚决追究侵犯知识产权者的法律责任，维护企业的合法权益和公平的市场竞争环境。

（二）全东北集聚区协同发展，提高集聚国际化竞争力

整体优化东北三省产业发展的空间布局，实现东北三省跨行政区域的产业集聚。加强东北三省区域性合作，首先应着力打破体制性障碍，改变政府的资源分割措施，取消有损于市场一体化的地方性保护政策。使企业能够突破省区间行政区划限制，根据实际生产需要自由转移研发、生产以及销售中心，选择更加合适的地点合理布局下属部门和分支机构，进而引导资源的合理配置和产业链的有效整合。加强东北三省与东部发达地区的经济合作，在产业集聚过程中科学规划东部产业转移承接，不断缩小地区差距。合理规划东北三省整体产业集聚的空间分工，整合各地产业集聚优势，实现全东北产业集聚区的协同化

发展。加强集聚区国际交流,积极吸引外资企业特别是国外大型跨国公司集聚。支持集聚区内国际化全产业链的科技合作项目,对高新技术项目进行引进、吸收和再创新,增强集聚的竞争力,提高全产业链国际化水平。

(三)各地区利用好各自的比较优势,合理规划产业布局

各地区在选择集聚发展的主导产业时,必须根据本地区资源禀赋特点和聚集资源的能力,合理规划集聚类型和规模,避免低水平重复建设和恶性竞争。形成特色突出、层次递进、优势互补、协调发展的产业集聚格局。要避免大城市因产业聚集过度带来的区域产业效益下降和成本、环境压力,引导有过度集聚倾向的产业向中小城镇转移。小城镇具备生产要素和生活成本低的优势,只要合理有效地引进和利用高新技术、设备和科学的管理制度,完全可以有效实现产业的承接转移,改善当地的经济发展状况和社会环境,避免区域经济发展水平失衡对经济社会造成负面影响。小城镇要科学合理地承接产业转移,选择适合本地区产业优势和发展需求的项目,不盲目发展与自身条件不匹配的新产业。

(四)优化传统产业结构,培育战略性新兴产业

发挥东北作为老工业基地的优势,增加研发投入,依靠科技创新推动传统产业结构优化升级,完善现代产业体系。推进集群内企业产业链整合,提高产品的附加值,限制和淘汰那些技术落后、资源消耗大的传统产品,依靠低投入、低能耗方式促进经济增长。提高技术密集型产业的比重,以推进信息化和工业化深度融合为重点,加快推进向产业链高端升级。注重集聚区企业产业链的上下游整合,通过资源共享实现产业内部优势互补和产业融合创新,逐渐形成具有鲜明地方特色的产业集群来为地区经济的发展提供助力。合理布局战略性新兴产业集聚格局,积极发展对东北振兴有重大引领带动作用的战略性新兴产业,重点是高端装备制造、新能源、新材料、生物、新能源汽车、节能环保和新一代信息技术等产业。发展为战略性新兴产业提供信息、资金服务的软件业和金融业等生产性服务行业,在优化第三产业内部结构的同时推动对工业结构的优化。

（五）重点培育大型企业，协调发展中小型企业

大型企业具有规模优势和品牌优势，是产业集聚区存在和发展的基础，能够带动整个产业链的发展升级。中小型企业具有专业性强、生产经营灵活、技术改造快的特点，在集聚区中对大型企业的技术研发和生产销售提供支持和补充作用。特别是战略性新兴产业在技术和产品上存在着很强的配套要求，中小型企业的发展水平对战略性新兴产业的集聚更为重要。东北三省在推动产业集聚的发展过程中，不仅要重点培育大型企业，努力打造龙头企业，同样要关注中小企业的协调发展，使上下游的中小企业充分发挥产业链配套作用，大、中、小企业围绕主导产业形成具有合理分工协作体系的企业集群，共同推动集聚区经济发展。

（六）重视资源环境，增强可持续发展能力

资源环境问题已经成为全球性的突出问题，产业集聚区是一个重要的载体，建立集约、绿色、环保、循环的新型产业发展模式，推动可持续发展，对于资源型地区的东北三省来讲具有重要的战略意义。东北三省应进一步树立发展生态经济、循环经济的绿色发展理念，建立严格的土地利用和水资源管理制度，完善生态补偿机制。加强环境保护，特别是针对产业集聚区内污水处理出台相关的标准和政策。加大节能减排力度，淘汰高污染和高耗能企业和工程，引进低耗能、可循环利用资源项目，逐步推进产业集聚区节能工程，使资源利用更加合理，生态环境极大改善，可持续发展能力持续增强。

参考文献

张小普、胡建阳主编《辽宁省国民经济和社会发展第十二个五年规划》，辽宁人民出版社，2011。

张天维、李天舒：《新型工业化与科技创新战略研究》，辽宁民族出版社，2009。

B.10
东北三省公共财政支出状况与对策建议

赵玉红 张春昕*

摘 要：

> 提出东北振兴战略十年来，东北三省不断加大对公共领域的投入，建立保障和改善民生的长效机制，公共财政支出向满足公共产品和公共服务需求转变趋势日益明显，为东北三省经济政策和重大改革措施的落实提供了较强财力保障。但随着支出总量增加，公共财政支出面临很大压力；同时，公共财政支出结构改善有限，用于教育、医疗卫生、社会保障等的支出有所增加，但远远不能满足需要，特别是对农村的公共投入更是处于较低水平。促进基本公共服务供给大致均等化应是未来公共财政支出的重要目标，今后要注重培育地方主体税种税源，缓解公共财政支出压力，并逐步提升民生发展领域支出比重。

关键词：

> 公共财政 财政收入与支出 财政支出结构

公共财政支出政策是构建公共财政框架最核心的部分，东北三省当前的公共财政支出政策总体而言正处于由经济建设型财政向满足公共产品和公共服务需求转变、财政支出公共化趋势日益明显的转型过程中。东北三省处于工业化、城镇化中期发展阶段，2006年，东北三省人均GDP超过2000美元，对公共产品和公共服务需求范围较为广泛，需求数量也较大。对东北三省公共财政支出规模和结构的研究，对于建立东北公共财政框架从而促进东北经济发展具有重要意义。

---

* 赵玉红，辽宁社会科学院经济所副所长、研究员，研究方向：公共经济学；张春昕，辽宁社会科学院人力资源所助理研究员，研究方向：公共经济学。

一 东北三省公共财政支出状况分析

自2003年起东北地区实施老工业基地振兴战略十年来，伴随政府职能从经济管理型向服务型逐步转变，财政部门不断加大对公共服务领域的投入，着力建立保障和改善民生的长效机制，公共财政支出的公共性、公益性特征日益明显。2003~2012年，东北三省公共财政支出年均增速为22.5%。2003~2011年，东北三省公共财政教育、社会保障和就业、医疗卫生、文化体育支出分别年均增长23.75%、16.99%、31.70%、20.68%。

1. 公共财政支出投入力度加大，为经济政策和重大改革措施的落实提供了较强的财力保障

2003~2011年，东北三省公共财政共投入经济建设资金14957.37亿元，有效拉动了社会投资，促进了三省经济的稳定增长；在城乡统筹发展思想指导下，公共财政支出重点关注"三农"问题，注重和促进城乡之间经济社会协调发展，认真落实国家农村税费改革和全部免征农业税政策，东北三省公共财政支出投入了大量资金安排粮食直补资金、农机具更新补贴资金、良种补贴资金，公共财政支农支出2012年达到了668.3亿元，其中，支持现代农业发展投入304.6亿元，落实各项惠农补贴和农村金融奖补政策投入311.2亿元，实施村级公益事业建设一事一议财政奖补投入52.5亿元；省公共财政逐年加大省对县的转移支付力度，县、乡两级普遍存在的拖欠工资的问题基本解决，还在一定程度上保证了公用经费支出；支持老工业基地改造、国企改制、企业分离办社会和完善城镇社会保障体系试点工作，加快了国企改革步伐，2011年城镇社会保障和就业支出达1348.4亿元。

2. 公共财政支出总量上支大于收，支出增速与收入增速基本持平

2012年，东北三省地方财政一般预算支出10192.9亿元，占全国地方财政一般预算支出的9.53%；地方财政一般预算收入为5308.2亿元，占全国地方财政一般预算收入的4.99%。2003~2012年，东北三省的地方财政支出绝对规模增长了4.8倍，从2003年的1758.51亿元增加到2012年的10192.90亿元，十年间东北三省一般预算支出平均增速22.5%，与东北三省地方财政收入平均增速（22.7%）基本持平（见图1）。

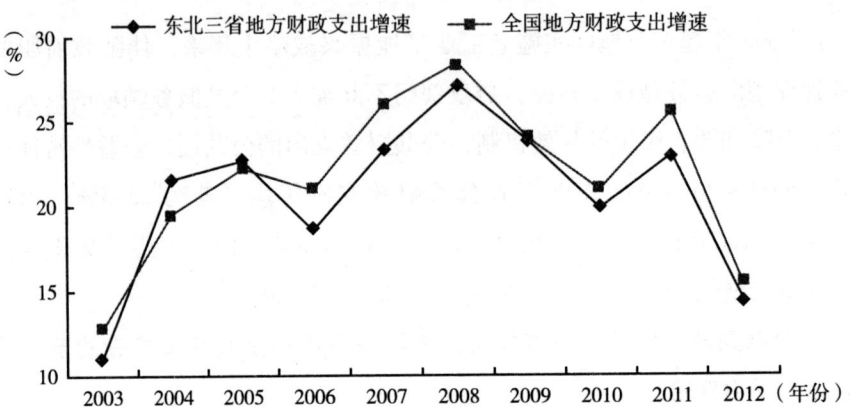

图1 2003~2012年东北三省与全国地方财政支出增速变动趋势

数据来源：2003~2011年数据来自《中国统计年鉴》（2003~2012年），2012年数据来自国家和辽吉黑三省2012年国民经济和社会发展统计公报，以及国家和辽吉黑三省2012年财政预算执行情况报告（下同）。

从相对规模上看，东北三省地方财政一般预算支出占GDP比重逐年增大，从2003年占比13.82%增至2012年占比20.21%，东北三省地方财政一般预算支出增速高于GDP的增速。2003~2012年，东北三省一般预算支出占GDP比重平均高出全国平均水平1.16个百分点（见图2）。

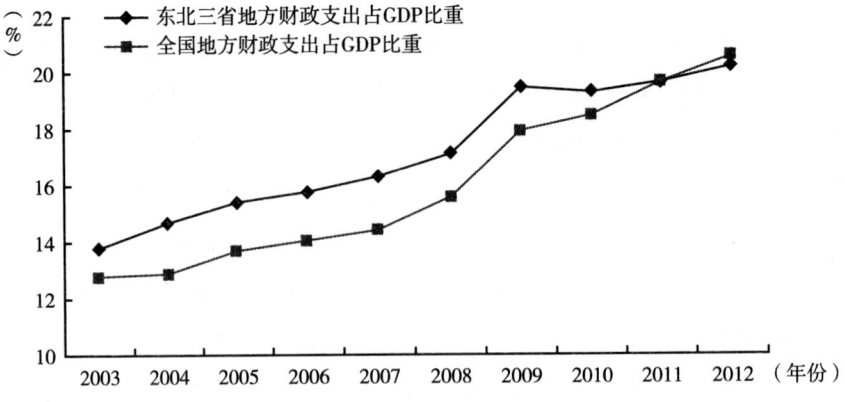

图2 2003~2012年东北三省与全国地方财政支出占GDP比重变动趋势

3. 公共财政支出结构逐步优化，资金流向注重满足人们对公共产品和公共服务的需求

2011年，东北三省地方财政一般预算支出构成为社保文教支出占总支出的41.02%、经济建设支出占40.83%、行政管理支出占10.15%、国防及其他支出占8.01%；与2011年全国地方财政支出平均水平相比，东北三省公共财政社保文教支出占比低了0.63个百分点，经济建设支出占比高出2.92个百分点，行政管理支出占比低了0.73个百分点。与2003年相比，东北三省社保文教支出占比降低了6.63个百分点，经济建设支出占比增加了9.12个百分点，行政管理支出占比降低了4.82个百分点，国防及其他支出占比增加了2.34个百分点。

教育、卫生、社会保障等公共性支出逐步增加。虽然教育支出占GDP比重总体水平偏低，低于全国平均水平，但东北三省公共财政教育支出占GDP比重总体呈上升趋势，从2003年占比1.83%上升至2011年的2.73%。而教育支出占公共财政支出的比重基本持平，2003年为13.26%，2011年为13.90%。

卫生支出占公共财政支出比重呈上升趋势，2003～2011年，东北三省卫生支出占公共财政支出比重从3.66%上升到5.58%，2011年与2003年相比，增加了7143.16亿元。

社会保障支出虽然占比呈现减少趋势，但占公共财政支出比重远远高于全国平均水平，2011年东北三省社会保障支出1348.40亿元，占全省公共财政支出总额比重15.15%，高出全国平均水平3.71个百分点。

环保支出呈波动上升趋势，2011年东北三省环保支出268.89亿元，占GDP比重0.6%，占公共财政支出比重3.02%。从东北三省内部看，辽宁在环保上的支出无论是规模上还是占比上，都低于吉林和黑龙江，2007～2011年五年平均看，辽宁环保支出占比2.08%，明显低于吉林3.86%和黑龙江3.46%的平均水平（见表1）。

2011年东北三省农业支出940.75亿元，占公共财政支出比重10.57%，高出全国平均水平0.3个百分点。2003～2011年，东北三省逐步增加对农业的投资，农业支出占公共财政支出比重总体呈上升趋势，从2003年占比6.26%，至2011年上升到10.57%。

表1 2007~2011年辽宁、吉林、黑龙江环保支出情况

年份	辽宁		吉林		黑龙江	
	环保支出（亿元）	占公共财政支出比重(%)	环保支出（亿元）	占公共财政支出比重(%)	环保支出（亿元）	占公共财政支出比重(%)
2007	30.73	1.74	30.45	3.45	44.34	3.73
2008	48.18	2.24	45.61	3.86	48.51	3.15
2009	55.71	2.08	49.48	3.35	59.07	3.15
2010	77.44	2.42	71.55	4.00	89.00	3.95
2011	74.20	1.90	102.42	4.65	92.27	3.30
均值	57.25	2.08	59.90	3.86	66.64	3.46

二 东北三省公共财政支出面临的问题

在向市场经济体制转型过程中，东北三省的公共财政支出政策也发生了很大变化：基础设施投资、社会保障与就业等公共产品和服务的支出在很大程度上满足发展需要，公共财政支持经济发展的方式在转变，公共财政资金更多地发挥引导作用，在公共财政资金预算编制方面也有很大改善等。尽管如此，在公共财政方面仍有很大空间需要改进。

1. 公共财政收支缺口增大，公共财政支出面临压力

在实施东北老工业基地振兴战略过程中，既要弥补以前公共财政缺失造成的欠账，比如低水平的社会保障、企业办社会等，还要增加支出满足居民不断上升的公共服务和公共产品的需求，东北三省社会保障改革试点、农业省种粮补助等一系列政策带来东北三省公共财政支出总量快速扩张以及明显的结构性增长。而从1994年分税制改革后，地方财力下降，公共财政收支差距增大，东北三省公共财政收支缺口2003年为908.6亿元，2012年为4884.7亿元。地方财政自给率较低，2003年以来东北三省公共财政自给率最高仅为52.08%，最低为45.04%，其中辽宁的情况稍好于吉林和黑龙江两省，黑龙江省是国家公共财政转移支付省份，财政自给率最低时仅是33.53%（见表2），人均财力水平较低，在满足公共财政支出需求方面财力显得尤为不足。地方财政收支不对称的矛盾造成地方对中央财政的依赖性增大。东北三省目前所处阶段对公

共产品和公共服务的需求增加将使公共财政支出规模有不断扩大趋势，公共财政支出面临着很大挑战。

表2 2003~2012年东北三省财政自给率情况

单位：%

年份	东北三省	辽宁	吉林	黑龙江
2003	48.33	56.99	37.63	44.05
2004	46.11	56.87	32.75	41.49
2005	45.77	56.07	32.82	40.39
2006	46.62	57.47	34.13	39.94
2007	48.08	61.37	36.29	37.10
2008	48.34	62.97	35.83	37.49
2009	45.04	59.32	32.93	34.17
2010	46.47	62.73	33.71	33.53
2011	50.45	67.67	38.61	35.70
2012	52.08	68.21	42.14	36.68

2. 公共财政支出结构有待进一步优化

东北三省公共财政支出总量大幅增加的同时，公共财政支出结构改善有限，一方面有限的财力中仍有很大一部分用于经济建设和行政管理支出，另一方面公共财政用于公共产品和服务的支出有限，主要表现在虽然用于教育、医疗卫生、社会保障等的支出有所增加，但远远不能满足需要，特别是对农村的公共投入更是处于较低水平。

（1）经济建设和行政管理支出的比重较大。总体上看，经济建设支出和行政管理支出这两部分已经占地方一般财政预算支出的50%以上，能够用于民生需求的公共财政支出资金有限。东北三省公共财政支出中用于经济建设的资金比例远远高于大部分发达国家水平，也高出国内平均水平，而且近两年有不断增长趋势。2011年东北三省经济建设支出3634.32亿元，占公共财政支出比重40.83%，高出全国平均水平2.92个百分点。2010年以前，经济建设支出占公共财政支出比重始终在30%左右波动。而自2010年开始，经济建设支出占公共财政支出比重上调至40%左右。其中，与2009年相比，2010年经济建设支出占比增加最多的省份为黑龙江，从33.54%增至42.28%，增加了

8.74个百分点；辽宁、吉林分别增加了 6.63 个和 7.41 个百分点（见图 3）。这与当时为缓解金融危机带来的经济发展压力而采取的政策有很大关系，同时表明地方政府在发展地方经济上介入较多，公共财政资金用于经济建设支出的增加势必挤占其他支出。一直高于全国平均水平的社保文教支出（2003 年东北三省该比重为 47.65%，高出全国平均水平 5.27 个百分点）从 2010 年开始低于全国平均水平，2011 年东北三省社保文教支出占公共财政支出比重 41.02%，低于全国平均水平 0.63 个百分点，特别是教育和卫生支出与全国平均水平相比较低。行政管理支出占比虽然呈下降趋势，东北三省行政管理支出占比从 2003 年的 14.97%，降至 2011 年的 10.15%，但与目前发达国家行政比重多在 4%～8% 的水平相比，仍然有较大的下调空间。

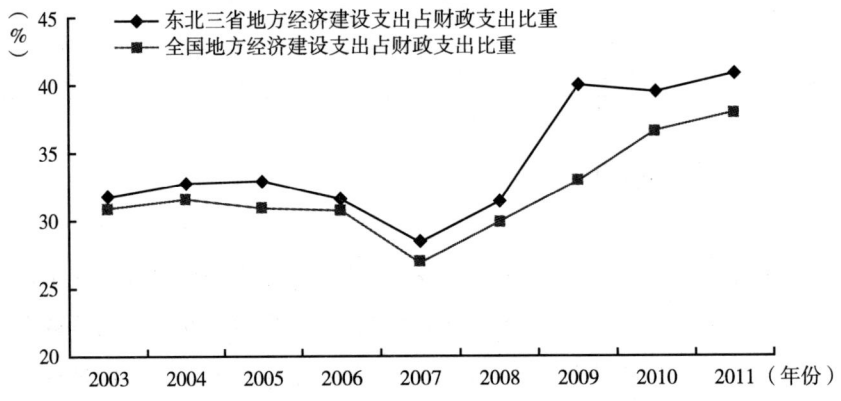

图 3　2003～2011 年东北三省及全国地方经济建设支出占财政支出比重变动趋势

（2）公共财政支出的二元结构倾向仍很明显。长期以来，我国实行城乡差别化财政支出政策，公共财政在基础设施、教育、社会保障等方面的城乡差别化支出带来城乡差别。从固定资产投资情况来看，城镇人均固定资产投资，黑龙江省从 2003 年的人均 0.53 万元上升到了 2011 年的 3.22 万元；辽宁省从 2003 年的人均 0.90 万元上升到了 2011 年的 5.85 万元。农村人均固定资产投资，黑龙江省从 2003 年的人均 0.08 万元上升到了 2011 年的 0.30 万元；辽宁省从 2003 年的人均 0.14 万元上升到了 2011 年的 0.83 万元。城市在政府主导和财政资金大量投入下,已经建立起较为全面的社会保障体系,而农村社会保障的范围小、标准低,虽然公共财政投入农村的社会保障总量增加,但其比重仍较低。

3. 公共财政转移支出对缩小基本公共服务差距作用有限

转移性支出是公共财政支出的重要构成部分,是促进基本公共服务均等化的重要手段。近年来,东北三省公共财政转移支付数额不断增加,在改善教育、医疗卫生、交通等基本公共服务方面有效发挥了作用,改善了居民生活质量,但是公共财政转移支付在缩小城乡之间、地区之间基本公共服务差距方面发挥的作用有限。居民转移性收入中绝大部分来自政府转移性收入,因此我们用这个较容易获得的数据来说明问题。转移性支出在城乡居民之间分配不平衡,不仅没有缩小城乡收入差距,反而加剧了这种不平衡。2003~2011年,东北三省城镇居民人均累计获得转移收入98301.23元,农民人均累计获得转移性净收入10204.18元,城镇居民获得的转移收入是农村居民的9.6倍(见表3),由此可见城镇居民在分享公共财政转移支出方面占有显著优势。同时,政府在教育、卫生、交通等公共服务方面城镇投入要远远大于农村,在很大程度上加剧了城乡差距。

表3 东北三省城镇及农村居民人均获得转移性收入

单位:元

年份	城镇居民	农村居民	年份	城镇居民	农村居民
2003	5986.65	174.32	2008	11793.68	1534.63
2004	6519.90	433.03	2009	13784.05	1784.14
2005	7888.54	572.88	2010	15539.12	1922.99
2006	9111.59	760.26	2011	17278.99	2060.67
2007	10398.71	961.46	合计	98301.23	10204.18

在地区之间,人均收入较高的地区获得的转移性支付也高,而人均收入较低的地区获得的政府转移性支付也低,这在一定程度上加剧了地区之间发展差距。以辽宁为例,2011年辽宁人均可支配收入最高的大连为24276.16元,其获得的转移性收入为8303.6元;人均可支配收入最低的朝阳为14957.79元,其获得的转移性收入为5753.81元。

三 东北三省公共财政支出的预测和建议

东北三省目前处于工业化、城镇化中期发展阶段,决定了对公共产品和公共服务的需求将持续增加,必然要求公共财政支出规模呈现不断扩大趋势。特别是对就业、教育、公共卫生和基本医疗服务、养老保障、生态环境、住房保障等方面的公共产品和公共服务的需求,将呈大幅上升趋势,公共财政收支压力在一定程度上仍会呈现紧张的态势。但是不断增长的公共财政收入,客观上为公共财政支出向民生领域倾斜创造了有利条件。

1. 培育地方主体税种税源,缓解公共财政支出压力

随着经济发展阶段的变化,公共财政支出的主要对象将从提供社会基础设施转向提供教育、卫生保健和社会福利等方面。由于人口的增加和人均生活水平的提高,这种支出结构的变化也必然带来公共财政支出规模的不断扩大。近年来,中央出台多项民生政策,地方财政支出的压力加大,因此增加地方税源是缓解公共财政收支紧张的根本。培育地方主体税种,加强营业税、财产税等地方税体系建设,增强地方自主发展力量从而增强地方财力总规模;此外,虽然大部分公共财政支出是刚性的,但像地方政府的行政事业支出等还有很大的削减空间。

2. 优化公共财政支出结构,逐步提升民生发展领域支出比重

不断增长的公共财政收入客观上为公共财政支出向民生领域倾斜创造了有利条件。建立全面覆盖、高水平的民生财政应是未来公共财政支出的重要目标。但东北三省的财力决定了不可能短期内高水平满足全部需求,应该有重点、分步骤地实施。就业、教育、公共卫生和基本医疗服务、养老保障、生态环境、住房保障等是公共财政支出重点关注的领域,应逐步增加对这些方面的支出。随着市场机制的完善和民营资本的进入,公共财政用于经济建设的支出比重要降低,介入的领域和力度都要有一定限制,公共财政支出经济发展的方式也要改变,公共财政资金要和金融资金相配合,更多的发挥引导和调控的作用。

3. 完善转移支付制度,促进基本公共服务供给大致均等化

优化公共资源配置,增加一般性转移支付规模,促进城乡之间、地区之间基本公共服务水平大致均等化。加大对农村地区的公共财政均等化转移支付以保证有充足、稳定的财力缩小城乡收入差距,建立城乡统一的义务教育体制,改善农村学校环境和师资力量,增加对农村教育的投资;建立和提高农民最低生活保障标准,建立符合农民特点的养老保障等;增加对农民卫生支出,改善农村医疗卫生条件,通过对农村地区医务人员的培训、对农村医疗的对口支持等方式提高农村医疗水准;增加对农村地区基础设施的投入,改善农村生活环境和投资环境;有序将农民工纳入城镇就业、社保、医疗、子女教育和住房等基本保障范畴,逐步实现农民工与城市居民的基本保障权利无差异。发挥公共财政转移支付缩小地区间财力差距的作用,增加对经济不发达地区的转移支付。可以在目前以纵向转移模式为主的同时,逐步建立区域间横向公共财政转移支付制度,逐步缩小区域间基本公共服务差距。

B.11
东北三省金融发展报告

张国俊*

摘　要：

　　自老工业基地振兴战略实施以来，东北三省金融业以市场为导向的金融资源配置能力不断增强，为经济社会发展提供了强力支撑，但由于市场化内涵机制培育相对不足，金融业整体发展水平相对不高，一些主要矛盾也未得到根本缓解。展望未来，东北三省首先应努力丰富区域金融体系的现代市场经济内涵属性，不断深化符合市场化方向的区域金融改革与创新，同时要特别注重加强金融发展和改革的区域协调以及广义内涵的区域金融生态环境优化。

关键词：

　　老工业基地　东北金融　金融生态环境

实施东北地区等老工业基地振兴战略以来，东北三省金融业紧紧围绕老工业基地全面振兴这一主题，认真贯彻落实国家各个时期的金融宏观调控政策，不断加大金融体制改革与创新力度，金融风险防范能力不断提高，以市场为导向的金融资源配置功能进一步增强，并为区域经济社会的健康、平稳、较快发展提供了强力支撑。同时，三省各级地方政府高度重视本辖区的金融工作，积极为辖区金融业的健康发展创造有利环境，促使本地区金融业保持了平稳运行态势和健康发展趋势。

---

* 张国俊，辽宁社会科学院城市发展研究所副研究员、辽宁省金融学会常务理事，研究方向：区域金融和辽宁省情。

一 东北振兴十年金融发展和改革的主要成就

（一）银行业金融机构资产质量得到根本性改观

在老工业基地振兴战略实施前及实施后的最初几年，东北三省都是我国不良贷款情况比较严重和集中的地区。据中国人民银行沈阳分行统计，东北三省金融机构2002年末和2003年末本外币不良贷款率分别高达31.56%和26.36%，分别高出全国平均水平11.76个和8.56个百分点①。2003年成立的中国银监会加大了不良贷款核查力度，并于2004年10月发布了被视为较为规范统计的最早数据：截至2004年8月末，东北三省主要银行业金融机构不良贷款余额为4053.33亿元，不良贷款率为31.44%，比全国平均水平高16.78个百分点。

老工业基地振兴战略针对东北三省的一项重要政策支持，就是配合国有商业银行的股份制改革对不良资产进行核销或剥离处置。其中建设银行、中国银行、交通银行以及人民银行的不良资产在2004年核销或剥离，工商银行和农业银行的不良贷款分别在2005年和2008年被剥离，地方城市和农村信用社的不良贷款也在近10年内陆续被妥善处置。随着商业银行不良资产剥离处置的基本完成，东北三省银行业金融机构不良贷款余额出现实质性下降，不良贷款率也逐级降低。三省主要商业银行2008年末的不良贷款余额为451.70亿元，占全国的比例也从2005年末的13.57%大幅度下降到8.02%。在随后的几年内，三省商业银行资产质量始终处在历史最好时期，不良贷款余额占全国的比例也基本呈现不断降低的趋势。截至2012年末，三省商业银行不良贷款余额为304.3亿元，占全国的比例为6.17%，吉林和黑龙江两省的不良贷款率分别为0.80%和0.93%，均低于全国平均1.00%的水平，只有辽宁省高于全国水平0.20个百分点（见图1）。

（二）银行业金融机构资金实力得以快速提升

老工业基地振兴战略的实施直接驱动了东北三省金融机构资金实力的快速

---

① 本专题所使用数据资料除已注明的外，原始数据均来源于各相关年度《中国金融年鉴》、中国人民银行官方网站统计数据库、中国银行业监督管理委员会年报和中国区域金融运行报告总报告及各省分报告。

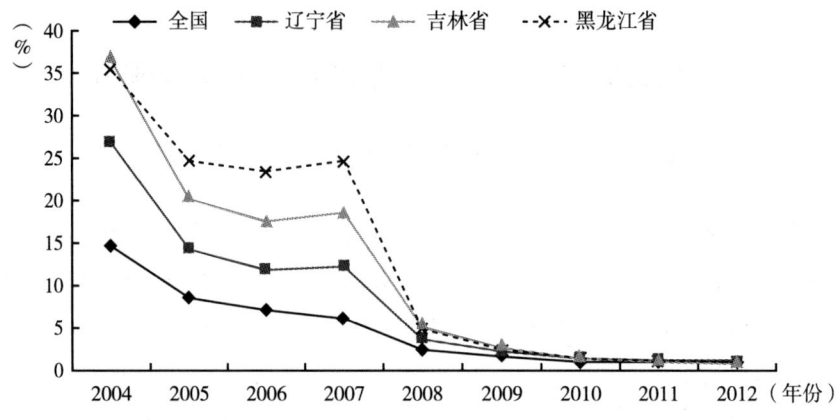

图1　2004~2012年东北三省不良贷款率变动情况

资料来源：2004年数据为当年8月末数据，来源于《人民日报海外版》2004年10月25日第十版；其他年份均为年末数据，来源于中国银行业监督管理委员会历年年报。

提升。截至2012年末，东北三省银行业金融机构资产总额合计88886.50亿元，是2004年末的3.19倍，年均增长15.60%[①]；金融机构本外币各项存款余额合计为64656.30亿元，是振兴战略实施前2002年末的4.13倍，年均增长15.23%，其中，辽宁、吉林和黑龙江三省年均增长率分别为15.72%、15.51%和14.11%；金融机构本外币各项贷款余额合计45836.90亿元，是2002年末的3.40倍，年均增长13.02%，其中，辽宁、吉林和黑龙江三省年均增长率分别为14.87%、11.20%和10.75%。

与不良贷款率10年间前高后低的趋势相反，东北三省存贷款余额增长变化呈现为前低后高的趋势。其中前5年的存贷款余额年均增长率分别为12.82%和7.61%，均低于整个10年的年均增长率，特别是贷款余额年均增长率明显偏低，其原因主要在于三省金融生态环境基础较差，这段时间正处在改善进程中，影响了金融机构信贷投放的积极性；而后5年由于各项振兴政策效果逐渐显现，特别是金融生态环境治理效果的日益显现，再加上2008年四季度以后应对国际金融危机政策措施的出台，三省存贷款新增额和增速连创历史新高，存贷款余额年均增长率也分别高达17.71%和18.70%，明显高于前5

---

① 银行业金融机构资产总额分省数据自2004年开始公开发布。

年乃至整个10年的年均增长率。其中，辽宁、吉林和黑龙江三省后5年本外币各项存款余额年均增长率分别为17.63%、19.41%和16.65%；本外币各项贷款余额年均增长率分别为19.57%、16.28%和18.83%。

资金实力的提升又为加快东北地区的全面振兴提供了可靠的信贷保障和支持。2012年，东北三省新增贷款5995.89亿元，是2002年的6.10倍，各银行业金融机构10年间累计为东北三省的经济社会发展提供了36215.20亿元的新增贷款支持，特别是2009年以来每年新增贷款均在5000亿元以上，2009年甚至达到了6858.19亿元。

（三）地方金融发展与改革不断深化

1. 地方性股份制商业银行改革成效明显

城市信用社的分类处置以及城市商业银行的股份制改革，其目的主要是以卸掉历史包袱为基础，通过产权制度的明晰和治理结构的完善，来提升地方城市商业银行的综合实力和竞争力。经过近10年来的综合治理，城市信用社的分类处置基本结束，地方城市商业银行改制为地方性股份制商业银行工作也已陆续完成①。截至2012年末，东北三省共有地方性股份制商业银行18家，其中辽宁省15家，吉林省1家，黑龙江省2家，资产总额16528亿元，是2005年末的5.38倍，占银行业金融机构资产总额的比重达到18.59%。而这18家地方性股份制商业银行，无论是规模较大的还是较小的，在当地的经济社会发展中都发挥了极其重要的作用，许多地方银行存贷款规模甚至在当地排名第一。

2. 小型农村金融机构改革深入推进

根据全国农村信用社改革试点的总体安排，吉林省于2003年9月、辽宁和黑龙江两省于2004年8月启动改革，并分别于2004年5月、2005年7月和8月先后完成管理体制转换。农村信用社的产权制度改革和公司治理结构也在较短的时间内取得实质性进展，资本充足率快速提升，不良贷款率迅速下降，盈余面不断扩大。历史包袱得到初步消化后，随着改革的不断深化，三省农村商业银行、

---

① 其中辽宁省还有本溪和盘锦2家地方银行因资本金等指标未达标而没有更名为城市银行；另外，营口沿海银行于2010年12月获批开业，注册资本仅15亿元，截至2012年末的总资产也仅54.23亿元。

农村合作银行和农村信用社等小型农村金融机构的资金实力以及"三农"发展的金融支撑功能日益增强,金融支持"三农"发展主力军地位也进一步强化。截至2012年末,东北三省共有小型农村金融机构205家,资产总额达到9219.40亿元,是2005年的4.41倍,占银行业金融机构资产总额的比重也超过10%。

3. 新型农村金融机构发展迅速

2007~2008年,村镇银行、贷款公司和农村资金互助社三类新型农村金融机构试点工作陆续在东北三省展开。其中作为首批试点的六个省份之一,吉林省在2007年成立了5家村镇银行、1家贷款公司和1家资金互助社,辽宁和黑龙江两省随后在2008年开始试点。到2008年末,三省有15家村镇银行正式开业或批准成立,占全国的16.48%,另有1家贷款公司和1家资金互助社开业。随着试点工作的不断深入,新型农村金融机构已逐渐发展成为东北三省农村金融体系的重要组成部分以及金融支持"三农"发展的主力之一。截至2012年末,东北三省共设立新型农村金融机构115家,资产总额545亿元,三类机构数量分别占全国的13.20%、11.10%和20.40%。

4. 小额贷款公司试点及发展初步完成区域覆盖

小额贷款公司的试点及发展是地方金融发展与改革的重点。2008年9~12月,东北三省小额贷款公司试点陆续启动,其中辽宁省首批5家小额贷款公司于12月31日同步开业。进入2009年即从试点启动阶段进入迅速发展阶段,三省开始大规模批准筹建,并初步完成了机构布局的区域覆盖。到2012年末,东北三省小额贷款公司机构数量已达到928家,实收资本382.01亿元,年末贷款余额345.05亿元(见表1)。小额贷款公司的快速发展既在服务中小企业和"三农"方面发挥了重要作用,也进一步丰富了东北三省的金融机构体系。

表1 2010~2012年东北三省小额贷款公司情况统计

单位:个,亿元

年份	全国			东北三省		
	机构数量	实收资本	贷款余额	机构数量	实收资本	贷款余额
2010	2614	1780.93	1975.05	408	129.24	101.39
2011	4282	3318.66	3914.74	663	225.59	194.14
2012	6080	5146.97	5921.38	928	382.01	345.05

资料来源:根据中国人民银行各相关年度小额贷款公司分地区统计数据整理。

（四）证券业及保险业步入平稳运行轨道

1. 直接融资比例大幅度提升

从 20 世纪 90 年代中期开始到振兴战略实施前的这段时间乃至战略实施后的前几年，是东北三省证券业的低谷阶段，不仅连续多年没有企业上市，而且有不少已上市企业因经营不善而退市，证券经营机构也大多因违规经营被关闭。随着 2006~2007 年三省企业上市工作陆续恢复以及证券经营机构综合治理工作的圆满完成，整个证券行业开始步入正轨，并日益取得明显成效。2003~2012 年，东北三省非金融机构债券融资和股票融资累计 5614.02 亿元，其中，2008~2012 年占 89.28%，股票债券等直接融资比例也由 2002 年的 2.01% 大幅度上升到 2012 年的 22.53%，近 3 年也稳定保持在了 10% 以上（见表 2），其中辽宁、吉林和黑龙江三省 2012 年的股票债券融资比例分别为 26.40%、12.80% 和 18.90%。

表 2　2002~2012 年东北三省非金融机构融资情况

单位：亿元，%

年份	贷款融资量	贷款融资比例	股票债券融资量	股票债券融资比例
2002	982.77	97.99	20.13	2.01
2003	1522.92	97.13	44.98	2.87
2004	1154.85	99.41	6.85	0.59
2005	1454.38	97.87	31.62	2.13
2006	2025.16	96.03	83.64	3.97
2007	2045.13	82.50	433.97	17.50
2008	3568.30	91.66	324.50	8.34
2009	6858.19	91.73	617.91	8.27
2010	5620.78	84.59	1023.62	15.41
2011	5969.59	82.09	1302.51	17.91
2012	5995.89	77.45	1744.42	22.53

资料来源：根据辽宁、吉林和黑龙江三省 2012 年度金融运行报告的相关数据计算整理。

2. 保险业的经济社会发展保障能力日益增强

保险业的发展历程同证券业类似，保险经营机构在振兴战略实施前的综合

实力整体不强,区域经济社会发展的保障能力也不高。振兴战略实施后,随着保险市场秩序的进一步好转,东北三省保险市场主体日益丰富,服务体系日趋完善,保险业改革特别是政策性农业保险的全面推进,不仅使保险业自身进入稳定发展轨道,更使保险业成为保障本地区经济社会发展的重要力量。2012年,东北三省保险经营机构实现原保险收入合计1139.74亿元,是2002年的3.94倍;全年赔款及满期给付支出合计352.65亿元,是2002年的4.96倍,十年间累计为东北三省提供了2197.28亿元的风险损失补偿及满期给付(分省情况见表3)。

表3 2002~2012年东北三省原保险收入及赔款给付情况统计表

单位:亿元

年份	辽宁省		吉林省		黑龙江省	
	原保险收入	赔款给付	原保险收入	赔款给付	原保险收入	赔款给付
2002	152.90	39.40	51.00	15.20	85.65	16.48
2003	183.30	39.30	67.40	14.90	118.72	19.90
2004	205.50	48.80	74.32	14.29	127.64	24.05
2005	224.60	51.70	75.72	13.88	139.60	25.20
2006	254.50	73.80	90.61	21.26	157.20	34.40
2007	308.10	117.40	116.79	44.58	155.50	82.20
2008	436.10	155.40	159.52	53.21	251.20	103.00
2009	461.80	150.90	184.87	56.09	278.40	96.70
2010	604.90	147.50	239.20	56.27	343.20	77.60
2011*	525.10	175.50	223.00	60.00	317.80	86.80
2012	563.00	182.90	232.54	71.45	344.20	98.30

*2011年以后保险业相关数据采用《企业会计准则》2号解释实施后的新口径数据。

资料来源:相关年度《中国金融年鉴》和辽宁、吉林、黑龙江三省2012年度金融运行报告。

二 金融发展和改革进程中的主要问题

(一)金融机构存贷款余额全国占比总体下降

老工业基地振兴战略实施后,各金融机构尤其是国有控股商业银行逐渐加大了对东北三省的信贷支持力度,因此使东北三省金融机构存贷款余额和新增额频创新高。但通过横向比较发现,三省金融机构存贷款新增额及增速依然落后于许多经济发达地区,存贷款余额全国占比也出现整体下降。截至2012年末,东北三省金融机构本外币各项存款余额在全国的比重为7.12%,比2002年末的8.54%下降了1.42个百分点,其中,辽宁、吉林和黑龙江三省分别下降0.59个、0.24个和0.59个百分点;同期本外币各项贷款余额在全国的比重为7.24%,比2002年末的9.64%下降了2.40个百分点,其中,辽宁、吉林和黑龙江三省分别下降0.55个、0.83个和1.02个百分点。分阶段来看,2005年之前属于明显下降态势,2006年之后则呈现平缓下降并转缓慢盘升的趋势,分省变动情况与之基本类似。

(二)金融相关比率低于全国平均水平

金融相关比率是衡量一个国家或地区经济金融化程度即金融发展水平的重要指标,在地区层面也反映了金融业对本区域经济发展的支持力度,其计算公式为某一时点金融资产价值与同期国民生产总值之比。国内学者的分析一般以存贷款总量与国内生产总值之比来表示,据此计算出东北三省及全国2002~2012年的金融相关比率变动情况。东北三省2002~2012年的金融相关比率始终低于全国平均水平,表明东北三省金融业发展水平和金融业对本区域经济发展的支持力度都低于全国平均水平。同时,尽管东北三省和全国的金融相关比率时有下降时有上升,但与全国的差距总体上呈现为扩大态势。东北三省2002年末的金融相关比率为2.54,仅比全国平均水平低0.15,到2012年末下降到2.19,差距扩大到0.78,差距最大的2011年末相差0.86。其中辽宁、吉林和黑龙江三省2012年末的金融相关比率分别为2.48、1.85和1.96,而2002年末则分别是2.71、2.62和2.23。

(三)金融产业的经济增长拉动力依然较小

金融业增加值在国内(地区)生产总值中的比重大小,反映的是一个国家或一个地区金融业拉动经济增长力量的大小。为适应老工业基地全面振兴的需要以及经济结构调整的需要,金融业的发展受到越来越多的重视,产业增加值也取得了快速增长。2012年,东北三省实现金融业增加值1548.36亿元,是2002年的7.89倍,年均增长22.95%,占本地区生产总值的比重也由2002年的1.71%增加到3.07%,但与全国平均水平比较,这一比重还有很大差距。2012年末金融业增加值占国内生产总值比重的全国平均水平是5.51%,东北三省相差2.44个百分点,而在2002年则相差2.12个百分点,表明东北三省金融产业对经济增长的拉动力远远小于全国平均水平。从分省情况看,辽宁、吉林和黑龙江省2012年金融业增加值占本省生产总值的比重分别为3.52%、2.05%和3.15%,均低于全国平均水平,三省分别比2002年提高了1.00个、1.06个和2.18个百分点,但辽宁和吉林两省的提高幅度均低于东北三省1.36个百分点和全国1.68个百分点的平均水平。

(四)金融产业的区域地位尚缺乏比较优势

在区域经济学中,通常用区位商系数来判断一个产业是专业化部门还是自给性部门,或者说,区位商系数是衡量一个区域内部某一产业或行业发展水平和优劣地位的重要指标,其数学含义为区域内某产业或行业的产值在本地区生产总值中的比重与该产业或行业总产值与全国总产值中的比重之比。当区位商系数大于1时,该产业或行业的专业化程度较高,属于专业化部门,在该区域具有比较优势地位。2012年,东北三省金融业区位商系数仅有0.56(见图2),而第一产业系数和第二产业系数均已超过1,金融业甚至远低于第三产业整体0.83的系数平均值。从图2所示的变动情况看,东北三省金融业十年来尽管取得了快速发展,但区位商系数始终小于1,系数最高的2009年也仅有0.60,表明金融产业在东北三省区域内仍不具备比较优势,甚至可以说是处于相对劣势地位。

(五)金融领域的一些主要矛盾尚未得到根本缓解

在东北三省乃至全国大多数地区,金融领域的一些固有矛盾或累积问题长期困扰这些地区的金融发展和改革。其中比较突出的矛盾或问题主要有银行信贷高速增长与中小企业融资难题依旧的矛盾、政策鼓励直接融资与企业依赖银行融资过度的矛盾、金融体系不断完善与农村信贷支持依然不足的矛盾以及金

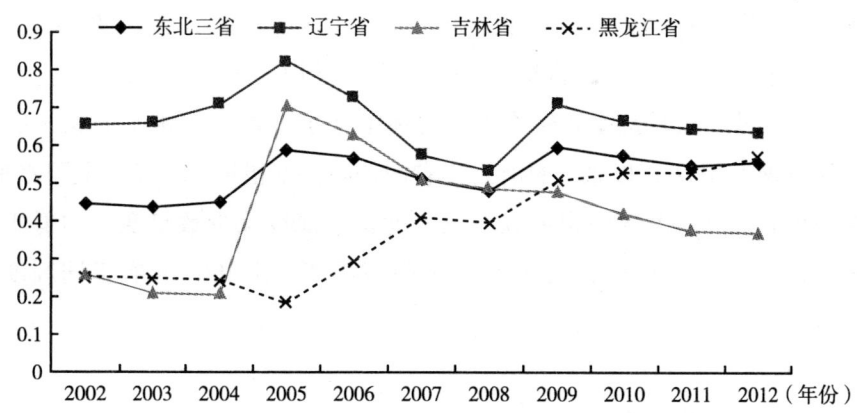

图 2 2002～2012 年东北三省金融业区位商系数变动情况

资料来源：根据中国统计年鉴和东北三省统计年鉴相关数据计算整理。

融发展的地区间发展差距过大问题。

从发展差距来看，沈阳、大连、长春、哈尔滨四市积聚了东北三省的绝大部分金融资源，其中四城市 2012 年末各项存、贷款余额占东北三省的比重分别高达 54.46% 和 62.33%[①]，金融机构数量也主要集中在四城市，至于市场化属性强于银行业的证券及保险业来说，四城市的集中度更高。

从农村信贷支持来看，东北三省 2012 年末涉农贷款余额 11369 亿元，占各项贷款余额的比重为 24.80%，比全国平均水平低 1.40 个百分点，主要是辽宁省的比重较低，黑龙江和吉林两省都高于全国平均，涉农贷款具体项目中的农村贷款和农户贷款比重也是辽宁省较低。

从企业依赖银行融资过度来看，东北三省近年来的直接融资比例尽管在不断提高，但间接融资占比仍高于全国各地区平均水平，如 2012 年全国各地区贷款融资在融资总额中占比为 67.20%，东北三省则为 77.45%，这与本地区直接融资市场发育程度不足密切相关。

而中小企业信贷融资尽管受到越来越多的重视，增速也在不断提升并高于

---

① 根据相关数据计算整理，其中沈阳、大连和哈尔滨三市存、贷款余额数据来源于各市 2012 年统计公报，长春市数据来源于吉林省统计信息网，哈尔滨为人民币数据，其他三市为本外币数据。

全部各项贷款增速，贷款余额所占比重也在逐年增加，但融资满足率却始终低于大型企业，这与中小企业自身的信用资质密切相关。

除此之外，保险密度和保险深度总体上低于全国平均水平的状况并没有明显改善，2002年以来，只有辽宁省的保险密度指标一直高于全国水平，吉林和黑龙江两省的保险密度以及三省的保险深度除少数年度外均低于全国水平，而辽宁和吉林两省近两年来的保险深度均比2002年有不同程度的下降。

三 深化东北区域金融发展和改革的主要对策

（一）努力完善区域金融体系的现代市场经济内涵属性

着力形成种类齐全、结构合理、服务高效、安全稳健的现代金融体系，是国家金融业发展和改革"十二五"规划的重要指导思想与主要的政策着力点。东北三省过去十年间区域金融整体发展水平依然欠佳，其本质原因在于本地区金融发展与改革主要以外延拓宽为主，内涵机制的培育则显得相对不足，无论是相对发达的辽宁省还是相对欠发达的吉林和黑龙江两省，过去十余年均不同程度地处在外延性的金融机构体系完善阶段，既制约了金融业自身综合实力的有效提升，也影响了对实体经济发展支持功能的有效发挥。

因此，未来十年金融发展与改革的重点应在于具备现代市场经济内涵属性的区域金融体系的总体完善，以便为逐渐消除制约经济与金融协调发展的深层次矛盾和体制性障碍创造前提条件。其一是努力完善以多元化为基本特征，区域布局合理、城乡覆盖广泛、多种所有制机构协调发展的现代区域金融机构体系；其二是努力完善信贷市场、货币市场、证券市场、期货市场、保险市场和产权市场协调发展，间接融资和直接融资互为补充的现代区域金融市场体系；其三是努力完善服务优质高效、竞争规范有序、开放创新兼备、功能不断提升的现代区域金融服务体系；其四是努力完善社会信用制度健全、金融生态环境良好、有利于金融安全稳定运行、有利于经济金融协调发展的现代区域金融发展支持体系。

(二)不断深化符合市场化方向的区域金融改革与创新

按照市场化方向推进金融关键领域改革以及促进金融创新,以充分发挥市场在金融资源配置中的基础性作用,也是国家金融业发展和改革"十二五"规划重要的政策着力点。东北三省过去十年间金融发展与改革的一系列成就,与坚持国家宏观金融货币政策覆盖下的区域金融改革与创新密切相关,而金融支持老工业基地全面振兴也需要区域金融改革与创新的不断深化。经过近三十多年的改革实践和探索,利率市场化和汇率形成机制改革已经成为阻碍金融发展的深层次体制机制问题,是"十二五"时期乃至未来更长的一段时期内金融改革的关键领域。

无论是利率市场化改革还是汇率形成机制改革,都属于系统性改革范畴。东北三省在深化区域金融改革中,特别需要以强化系统协调性为原则,在国家整体金融改革系统框架内深入推进地方金融体制的综合改革,引导民间资本参股地方法人金融机构,积极推进金融总部基地建设。而在金融创新方面,重点是加强以市场为导向的金融产业组织、金融产品和金融服务模式的创新,特别是要深化产业发展基金、债券融资、低碳金融、信用担保、融资租赁、民间金融等欠发达金融领域以及农村金融服务和中小企业融资等相对薄弱环节的组织、产品和服务模式的创新,以实现不同金融领域和不同金融环节的协调发展,进而推动区域金融服务能力和服务效率的综合提升。

(三)注重加强金融发展和改革的区域协调与互动

促进区域协调互动发展是加快转变经济发展方式的重要内容,而区域金融的协调互动发展则是区域协调互动发展的核心内容和必然要求,也是发达地区金融发展和改革的先进经验。东北三省过去十年间特别是振兴战略启动阶段金融发展与改革的一系列成就,与国家以卸掉历史包袱为核心的金融政策支持以及地方政府的配套措施紧密相关,或者说国家的政策支持起到了决定性作用。自进入实质性振兴阶段后乃至整个"十二五"时期,老工业基地全面振兴的工作重点已从各项政策的支持转向体制机制的完善和区域协调发展的统筹。就东北三省的金融发展和改革来说,亦应从过去更多地寻求国家政策援助转向省

际及其不同区域间的全面战略合作为主、争取国家的金融政策支持为辅。

其中在全面战略合作方面,按照《东北四省区合作框架协议》确定的总体合作原则和金融领域合作方向要求,在东北四省区合作行政首长联席会议制度框架内建立金融合作协调会议制度,协调本区域金融发展和改革的总体部署,以强化区域金融协调互动发展的系统性和可操作性;同时迫切需要建立各省区金融机构间的经常性联系机制,并通过振兴东北区域金融论坛、金融行业联席会议等平台,开展双边和多边的区域交流与合作。在国家的金融政策支持方面,重点是争取"一行三会"等国家金融管理和监管部门对东北三省金融机构特别是地方金融机构在机构组织、产品和服务模式创新等方面给予协调与支持;同时要进一步密切政、银、企合作关系,共同开发和创造本地区的有效融资需求市场。

(四) 特别注重广义区域金融生态环境的继续优化

金融生态环境的根本性改观是东北三省过去十年间金融发展和改革取得一系列成就的基础,也是未来十年深入推进区域金融发展和改革的前提。其基本经验一是各级地方政府对金融生态环境建设的高度重视;二是金融管理部门抓住地方政府重视和支持改善金融生态环境的有利契机,加快推进辖区金融生态环境建设;三是地方政府相关部门密切配合,共同推动金融生态环境建设。但我们大多数人日常所理解的金融生态环境是狭义内涵的,主要是以社会信用体系为主体的。根据中国社会科学院《中国地区金融生态环境评价》课题组确定的评价体系,广义内涵的金融生态环境构成要素包括政府治理、经济基础、金融发展、制度与信用文化四大类指数及其16个一级分项指标和40多个二级分项指标。继续优化广义内涵的金融生态环境的重点,应依据这四类指数及其分项指标并结合东北三省的实际发展状况来确定。

其中在"政府治理"方面,一是不断增强各级地方政府特别是市、县级地方政府的透明度,努力增强政务信息公开的及时性和全面性;二是采取切实可行的措施努力降低辖区内企业的税赋率;三是部分地区还需切实加强政府政策的连续性和一致性。在"经济基础"方面,一是在经济结构调整进程中注重加强服务业特别是金融服务业的发展,深入实施金融服务业发展提速计划或增长计划,不断提升金融服务业对经济增长的贡献率;二是注重非国有部门特别是中小企业的发展,重点是打牢夯实中小企业的发展根基,从而有效地提升中小企业信用资质,为缓解中小企业融资难以及提升中小企业综合竞争力创造基础条件。在"金融发展"方面,一是把区域金融深化作为未来十年区域金融发展和改革的主攻方向,逐步推动本区域经济货币化程度的有效提升;二是注重省际及各省辖区内不同地区间的金融协调互动发展,在继续推动相对发达地区金融业高质量发展的同时,深入推进相对欠发达地区金融业的快速发展,逐步缩小不同地区间金融业的发展差距;三是注重区域金融市场发育,促进直接融资比重的稳定提高,特别要注重大连商品交易所龙头带动作用的充分发挥。在"制度与信用文化"方面,一是在加快建设"信用东北"进程中深入推进诚信文化建设,不断提升企业的诚信度和各级地方政府对于诚信文化建设的支持力度;二是注重律师事务所、会计师事务所、信用担保机构和地区行业协会等市场中介组织的发展,不断壮大诚信文化的市场推动力。

参考文献

戈德史密斯:《金融结构与金融发展》,上海三联书店、上海人民出版社,1994年中译本。

刘煜辉、陈晓升主编《中国地区金融生态环境评价(2009~2010)》,社会科学文献出版社,2011。

王力、张红地:《内蒙古金融业发展对策研究》,《中国金融》2013年第10期。

B.12
东北三省国有企业改革与发展报告

温晓丽 宋帅官*

摘 要：

国有企业改革与发展是东北经济体制改革和老工业基地实施振兴的核心环节，对东北地区发展有着重要影响。近年来，在各级政府的积极努力下，东北地区国有企业改革取得了突破性进展。梳理十年来的发展成就不难发现，未来深化改革依然需要解决诸多问题，本报告致力于在国有经济结构布局优化、自主创新能力提高、企业治理结构建设及历史遗留问题解决等方面对国有企业发展提出可行性的对策建议。

关键词：

国有企业 深化改革 自主创新 现代企业制度

自改革开放以来，随着市场经济体制的建立，国有企业作为市场发展的微观主体之一，就在不断地适应市场经济发展变化中进行着改革和探索。2002年，党的十六大将国有企业改革推向了深入，对国有经济改革和发展在三个方面作出了新的政策规定：一是确立了坚持和完善公有制为主体、多种所有制经济共同发展的基本经济制度，第一次以政府文件形式将公有经济和非公有经济统一于社会主义经济发展中；二是确立了国有资产管理制度，将改革国有资产管理体制作为深化经济体制改革的重大任务；三是突出强调了国有企业内部治理结构，鼓励探索国有制的多种有效实现形式。正是在党的十六大报告和2003年国家提出实施东北振兴战略的大背景下，东北三省国有企业改革经历

---

* 温晓丽，辽宁社会科学院经济研究所助理研究员，研究方向：产业经济与区域经济；宋帅官，辽宁社会科学院经济研究所助理研究员，研究方向：产业经济。

了以产权制度改革和国有经济布局战略性调整为主的重要发展阶段,国有企业数量大幅减少,国有经济比重降低,运行质量和资产总量却不断提高,国有经济改革与发展向着纵深方向推进。

一 东北振兴以来的国有企业改革与发展基本情况

从实践来看,东北地区的国有企业改革大体上是将企业分为以下几种类型推进的:第一类是针对国有大型企业进行股份制改造和规范的公司制改革;第二类是针对国有中小企业进行改制,实现企业国有产权和职工身份的"双置换";第三类是针对劣势国有企业实施破产关闭。基于三种不同的国有企业类型,推进国企改革大致经历了两个阶段,第一个阶段是东北振兴战略实施之后到2008年之前,是国有企业大规模改革全面推进阶段,几种类型的企业改革同时推进,到2008年,小型国有企业改制基本完成;第二个阶段是2008年至今,国有企业进入深化改革阶段,主要是针对国有大型企业,尤其是国有工业大企业的整合重组、企业上市、企业内部治理结构建设等问题进行深化改革。经历了10年的发展过程,东北地区国有企业改革与发展取得了显著成效,主要表现在以下几个方面。

(一)国有企业结构和布局调整不断优化

从战略上调整国有经济布局和结构,是东北三省深化国有企业改革的重要内容之一。自东北振兴以来,东北各地区不断推进体制机制创新,通过各种改革的政策措施使国有经济向着关乎国民经济发展命脉的重要行业、关键领域集中,国有经济的控制力和影响力不断提高。

1. 国有及国有控股工业企业数量减少,但工业总产值、资产等指标呈增长态势

2011年东北三省国有及国有控股工业企业数为1401个,比2003年减少了1872个,工业总产值、资产总额、主营业务收入、利润总额各项指标除个别年份外却大体呈增长态势,年均增长率分别为16.04%、11.12%、15.86%、11.18%。国有资产2011年是2003年的2.3倍。值得注意的是,2009年,工业总产值、主营业务收入、利润总额三项指标与上年相比为负增长,初步判断,与2008年的世界金融危机的影响有着重要关系(见表1)。

表1　2003～2011年东北三省国有及国有控股工业企业主要经济指标

年份	企业数（个）	工业总产值 总量（亿元）	工业总产值 增幅（%）	资产总计 总量（亿元）	资产总计 增幅（%）	主营业务收入 总量（亿元）	主营业务收入 增幅（%）	利润总额 总量（亿元）	利润总额 增幅（%）
2003	3273	7881.93	14.7	12913.11	-2.5	8336.66	18.1	794.47	37.7
2004	3073	10008.63	27.0	13507.31	4.6	10420.86	25.0	1105.58	39.2
2005	2673	11911.79	19.0	14503.17	7.4	12116.28	16.3	1264.49	14.4
2006	2381	13586.6	14.1	16026.03	10.5	13726.76	13.3	1485.99	17.5
2007	1745	16176.86	19.1	18266.43	14.0	16372.32	19.3	1787.69	20.3
2008	2005	19208.77	18.7	21850.92	19.6	19632.49	19.9	1530.49	-14.4
2009	1795	18215.87	-5.2	24313.78	11.3	18914.35	-3.7	1111.25	-27.4
2010	1775	22428.58	23.1	27326.09	12.4	23382.54	23.6	1659.85	49.4
2011	1401	25912.61	15.5	30099.34	10.1	27076.86	15.8	1938.93	16.8

数据来源：《中国统计年鉴》（2004～2012）。

2. 国有工业经济在工业中的比重逐年下降，但与全国相比，比重仍略高

从表2可以看出，东北振兴战略提出以来，东北地区国有及国有控股工业企业各项经济指标占规模以上工业企业的比重都在逐年下降，到2011年，只有资产总额和应交增值税两项指标所占比重在50%以上，其余指标所占比重均在40%以下，企业数量所占比重仅为5.51%。

表2　东北三省国有及国有控股工业企业经济指标占全部规模以上工业比重

单位：%

年份	企业数	工业总产值	资产总计	主营业务收入	利润总额	应交增值税
2003	27.99	67.45	74.41	69.93	81.80	78.95
2004	23.77	65.35	71.72	68.90	83.23	79.29
2005	15.57	61.65	67.20	63.28	80.85	74.59
2006	11.36	55.77	63.39	56.66	77.24	70.29
2007	7.36	52.39	61.63	53.87	69.23	65.17
2008	6.36	47.08	58.44	48.23	55.46	58.96
2009	5.33	40.05	56.91	41.76	39.76	49.97
2010	5.13	38.11	54.93	39.90	37.64	52.46
2011	5.51	36.91	54.49	38.11	37.77	51.88

数据来源：《中国统计年鉴》（2004～2012）。

将表2、表3对比来看,在工业经济成分构成中东北地区国有工业各项指标比重高于全国平均水平。2003年,东北国有及国有控股工业企业利润总额和所交增值税占比都在80%左右,工业总产值、资产总额和主营业务收入指标在工业中的占比也都在60%~70%,可以说东北振兴战略提出以前,国有及国有控股工业经济在东北工业经济中占有绝大部分。而同期全国国有及国有控股工业经济指标中只有资产总额和应交增值税两项指标所占比重超过50%,其余指标均低于50%。到2011年,随着国有企业改革的不断深入,国有经济陆续从一般性竞争领域退出,国有工业各项指标占规模以上工业比重有很大下降,但仍高于全国平均水平。

表3　全国国有及国有控股工业企业经济指标占全部规模以上工业比重

单位:%

年份	企业数	工业总产值	资产总计	产品销售收入	利润总额	应交增值税
2003	17.47	37.54	55.99	40.53	46.01	55.13
2004	14.47	35.24	52.03	38.04	46.84	54.33
2005	10.11	33.28	48.05	34.43	44.04	48.10
2006	8.27	31.24	46.41	32.34	43.51	46.05
2007	6.14	29.54	44.81	30.68	39.75	43.60
2008	5.00	28.37	43.78	29.50	29.66	38.26
2009	4.72	26.74	43.70	27.96	26.89	37.21
2010	4.47	26.61	41.79	27.85	27.78	37.21
2011	5.24	26.18	41.68	27.19	26.81	35.76

数据来源:《中国统计年鉴》(2004~2012)。

3. 国有企业改革重组取得重大进展

自东北振兴战略实施以来,国有企业改革重组就成为各省国企改革的重要任务,在省级政策支持层面,辽宁省和吉林省分别下发了有关深化国有企业改革的政策意见,黑龙江省也出台了有关国有企业产权制度改革的试行办法,鼓励和支持具备条件的企业实施股份制改造和重组,在政策指导和推动下,改革重组取得重大进展。在实践中,东北地区国有企业改革重组具有两个鲜明特点:一是突出了强强联合。很多地方国有大企业与中央国有大企业实施联合重组,例如,中国通用技术集团收购重组齐齐哈尔第二机床和哈量集团、中钢集团整体收购碳素集团、中电投重组吉林能源交通公司、中铝集团收购抚顺铝业全部股份、中国兵器工业集团重组辽宁华锦化工集团、沈阳冶金加盟中国有色集团等，据国资委统计，央企参与地方大型国企重组改制的份额，已占辽宁国有重组改制企业的1/3强①；二是企业兼并重组由数量型向效益型转变，同行业或相近行业的横向兼并重组，实现了资源共享和规模经营，形成了一批主业突出，具有自主知识产权和竞争力的大型企业集团，企业效益明显改观。以中国兵器工业集团并购重组辽宁华锦集团为例，重组后，破解了华锦集团过去资金、原料等发展瓶颈，投资近200亿元的46万吨/年乙烯工程、500万吨/年油化及储运等"十一五"重点工程全面建成投产。2012年，华锦集团实现销售收入454.51亿元，公司总资产达371.8亿元。

（二）国有企业自主技术创新能力不断提高

在国有企业布局进行战略性调整的同时，东北各省把提高国有企业的自主创新能力作为国有企业可持续发展的动力，不断加大科技创新投入，支持企业研发中心建设和科研成果转化等，在重大项目、行业关键技术和共性技术研发方面取得重大突破。

2011年，辽宁省国有企业研发经费46亿元、新产品销售额630亿元。拥有国际级研发机构4个，省级研发机构12个，企业研发机构17个。②东北特钢集团"十一五"期间承担着多项国家重点工程项目，研发的产品有8项获得国家及省部以上科学奖励；沈鼓集团研制出的国内首件整体铣制三元闭式叶轮，世界上仅有两家企业掌握这项技术；本钢集团高附加值和高技术含量产品已占总产量的80%。

黑龙江省国资委将自主创新作为对国企年度考核重点，推动国有企业自主创新发展。在各方的共同努力下，国企技术研发机构不断增加，早在2006年时，全省就有41%的国有大中型企业已经建立了研发机构，有7家国有企业建立了国家级企业技术中心，有65家国有企业建立了省级企业技术中心。③

---

① 《辽宁国企推行"开放式"改革》，2006年6月18日《人民日报》。
② 辽宁省国资委统计数据。
③ 郭铭华：《黑龙江41%国有大中型企业自主创新建成研发机构》，2006年7月29日《黑龙江日报》。

传统企业与高新技术企业、高校、研究机构合作共同研发设计。龙煤集团与黑龙江共友科技发展公司、中国电波传播研究所共同成立"煤矿雷达技术研发中心";建设集团与哈尔滨工业大学组建"寒区低碳建筑省级工程中心";中盟龙新化工向中海油转让拥有自主产权的MMA装置技术,开创地方国企向央企技术输出先河。

吉林省已建成12个国家重点实验室和多家省属实验室和省级科技创新中心,国有企业技术创新在全省具有领先和示范作用。吉林一汽集团拥有自己的汽车设计研究中心,先后研制成功具有自主知识产权的混合动力客车和轿车产品以及车控系统、具有国际水平的大功率柴油发动机等,从整车设计、关键制造技术到综合测试等多个方面取得突破,提高了自主创新能力,实现了传统产业高技术化。

(三)以产权制度改革和建设现代企业制度为主的制度体系更加完善

在过去十年的国有企业改革过程中,东北三省为国有企业改革的顺利进行制定了大量的规章制度,为国有企业改革奠定了坚实的制度基础,制度体系更加趋于完善。

在中央实施东北振兴战略的指导下,东北三省纷纷出台了促进国企改革相关文件,搭建起了国有企业产权制度改革和现代企业制度建设的制度框架。有代表性的如:2005年,辽宁省制定了《关于深化国有企业改革的政策意见》(辽政发〔2005〕15号),提出了放开国有企业股权比例限制;完善社会保障及职工安置政策;完善改制企业用地和土地出让政策;积极推进国有企业主辅分离、辅业改制;健全改制企业经营者的激励机制等多个方面的内容。同年,吉林省也出台了《关于进一步深化国有工业企业改革的指导意见》(吉国企改〔2005〕1号),文件中确立了产权出售、招商重组、引资改造、同业整合、管理层收购、债权转股、辅业改制、分立改制、兼并、破产10种产权改革方式。黑龙江省《关于鼓励各类投资者参与国有企业产权制度改革的试行办法》(黑政发〔2004〕22号),在人员安置、债务处置、分离企业办社会职能、土地使用等方面对国有企业产权改革给予了政策安排。通过产权制度改革,国有中小企业改制基本完成，国有大型企业也实现了多种所有制结构的投资主体多元化格局。三省国有企业完成改制9000家左右，改制面达90%以上。

另外，随着国有企业改革不断向纵深推进，现代企业制度建设也在逐步推进，大多数国有企业建立了现代企业制度的基本框架。完善了国有企业董事会制度，规范了企业法人治理结构，有效地实现了决策权和执行权的分离，提高了国有企业的决策水平和执行效率。企业内部的劳动、人事、分配三项制度改革步伐加快，全员劳动合同制全面实行，人事制度上实现了人员能进能出、能上能下的机制，收入分配上实行收入能增能减的以岗位工资为主的制度。

（四）国有企业对外开放水平显著提高

近年来，国有企业对外开放水平不断提高，在整个区域的对外经济贸易中发挥着重要的作用。2012年，辽宁省国有企业出口值127.4亿美元，占全省出口总值的22%；吉林省全年国有企业累计实现出口值18.19亿美元，比上年增长18.7%，占全省出口总值的30.4%；黑龙江省国有企业进出口总值170亿美元，增长6.1%，占全省进出口总值的44.9%。

一方面，实施"引进来"，引进国外发达国家企业的先进技术、管理模式和资本，促进本土企业的发展，另一方面，实施"走出去"战略，对外贸易和对外投资方式越来越多样化，跨国投资和并购成为国有企业国际化经营和走出去的一个重要方式和途径，合作领域集中在装备、化工、医药、汽车零部件技术等方面。大连机床集团先后收购美国英格索尔公司、德国兹默曼有限公司；沈阳机床集团并购了德国SCHIESS公司；沈重集团控股法国NFM公司；丹东曙光汽车集团并购美国德纳公司；哈电站、龙建路桥、北大荒集团、华宇、吉信等国有企业海外市场不断拓展，已初具跨国经营能力。国有企业的对外开放由过去单纯技术和资本引进转向"走出去"的境外投资和并购的跨国经营阶段。

（五）国企改革的部分历史遗留问题得到初步解决

东北作为全国的老工业基地，历史上国有企业发展曾对新中国经济建设有突出贡献，步入市场经济之后，受体制性因素和结构性因素影响，东北很多国有企业经营能力下降、大面积亏损、企业债务增多、人员包袱重，有效解决历史遗留问题关乎东北国企改革成败。因此，从中央到地方都对东北国有企业改革历史遗留问题给予高度关注，并为更好地解决这些问题提供了政策支持。

中央有关部门相继出台了政策性破产、主辅分离、完善社会保障体系试点、处置历史欠税和不良债务、推进厂办大集体改革等一系列政策措施解决国有企业的历史包袱。通过各种政策措施的相继实施，国有企业的历史遗留问题得到初步解决。下岗职工基本生活保障制度向失业保险并轨，企业部分债务得到处置，很多企业完成了分离企业办社会职能和主辅分离工作。黑龙江省近3000户国有企业卸掉了冗员包袱，183万人实施了并轨；向地方政府移交中小学621所，移交率超过95%；完成辅业改制574户，改制面达99.4%；四大资产管理公司处置债务493亿元，盘活呆滞资产近200亿元。① 黑龙江厂办大集体改革、央企"三供一业"分离移交工作全国领先。北满特钢成功偿还了工行和四大资产管理公司等产权人8亿元历史欠债。截至2008年底，辽宁全省累计列入政策性关闭破产项目270个，全省已有138户国有大型企业实施了主辅分离工作，累计完成企业主辅分离辅业改制350户，分流安置富余人员2.9万人，享受减免税1.7亿元。吉林省制定了厂办大集体改革方案和实施意见，拟定了相关配套文件，妥善处理相关问题。

二 国有企业改革与发展存在的突出问题和难点

东北振兴战略实施以来的国有企业改革虽然取得了重大突破，但仍存在一些体制机制性的问题、结构性的问题和历史遗留问题需要未来加以解决。

（一）国有经济结构和布局还不尽合理，经营效率不高

尽管经过多年的改革，东北国有企业数量在减少，国有资本在向大企业、向重要行业和关键领域集中，国有企业产业结构和布局仍不尽合理。但由于历

---

① 东北振兴司产业发展处：《东北老工业基地国企改革重组进展情况及建议》，中华人民共和国国家发展和改革委员会网站，http://www.sdpc.gov.cn/zjgx/t20090221_262517.htm。

史路径依赖的原因，目前，东北国有企业多数分布和集中在重化工业和基础原材料行业，这些行业具有高消耗、高污染和低附加值的产业特征，行业内的多数企业是采取一种外延式扩张的发展模式，经营效率不高。2003～2011年，全国国有及国有控股工业企业利润年均增长率为20%，而辽宁和黑龙江则分别为10%和9%，吉林略高为21%。2011年，辽宁国有及国有控股工业企业资产负债率比全国平均水平高出5个百分点，总资产贡献率、工业成本费用利润率却分别比全国平均水平低4.7个和5.7个百分点。

（二）国有企业技术创新能力有待进一步提高

与发达地区国有企业和国际企业相比，东北地区国有企业研发投入强度还相对较低，部分企业的自主创新能力不足，缺少具有自主知识产权的关键技术和品牌产品。多数企业的观念还没有完全转变，技术创新更多的是依托于国家和省级政府项目，而没有充分考虑市场因素。以企业为主体、以市场为导向、产学研相结合的技术创新体系尚未建立起来。

（三）国有企业真正规范的现代企业制度尚未普遍建立

目前，已经进行产权制度改革的国有企业的现代企业制度建设还不是很规范，有效的公司法人治理结构还没有真正建立起来。存在着形式上的变化大于实质上的变化的现象，部分企业只是实现企业层面上的"所有权与经营权分离"，而仍按企业原本的经营模式运作，国有资产管理体制改革滞后。在资产管理方面，"政企分开""政资分开"还没有真正实现，符合现代企业制度改革方向的政府国有资产管理制度改革没有完全建立起来，企业监事会监督职能没有很好发挥，对企业经营者缺乏有效监督和经营激励机制。

（四）部分历史遗留问题有待妥善解决

厂办大集体问题一直是东北地区国有企业改革要解决的难点问题之一，尽管近年来厂办大集体问题得到中央和地方政府的高度重视，也不同程度地有所解决，但由于资金、职工安置等问题限制厂办大集体问题仍然存在，有关政策还缺少必要的操作细则。

目前，部分企业由于"三供"和物业费用过高问题造成移交困难，个别国有企业办社会职能没有完全分离。部分国有企业，因"壳企业"债务链无法化解、欠缴税款、产权不清、拖欠职工费用较大等历史遗留问题，至今无法实现改制。

三 未来国有企业改革发展方向和思路

国务院国资委副主任邵宁认为，国有企业在向两个方向集中，并逐渐形成了两种类型不同的国有企业，即具有公益性质或者功能性的国有企业和竞争性领域的国有大企业。地方公益性国企则包括供水、供气、污水处理、公共交通等方面的企业，其余多半为竞争性大企业。未来国企深化改革的主要内容也应是围绕这两类国企坚持市场化方向展开的。针对国有企业发展现状，按照党的十八大精神和科学发展观的要求，国有企业深化改革的方向和思路应着重体现在以下几个方面。

一是建立健全公益性质国有企业的企业内部三项制度、治理结构和国有资产的监督管理体系。一方面，构建合理有效的劳动用工制度、干部人事制度和分配制度，在合理的制度安排下搭建规范的企业治理结构应是公益性国企改革和发展的重要内容之一；另一方面，在内部建设之外，形成坚实有力的国有资产监督管理体系和网络更是促进公益性国企兼顾社会服务和企业良性发展目标的重要途径和保障。

二是强化资本运作，推进企业整体上市，培育大型国有企业集团。在经历股份制调整之后，东北国有企业面临的一个突出问题就是在一定行业和领域内做优做强。因此，国有企业的市场化、公众化改革被提上发展日程，各级政府也都在积极促成有潜力的国有企业通过资本市场完成整体上市，让国有企业成为市场竞争主体，不断提升企业跨国经营能力和产业竞争力，培育大型国有企业集团，让国有大型企业最终发展成为引领地方经济社会发展的领军企业。

三是完善和规范企业法人治理结构。要把国有企业真正变为市场竞争主体，必须建立起产权明晰、政企分开、权责明确、管理科学的法人制度。目前，虽然东北很多国有企业实行了公司制，也建立了股东会、董事会和监事会，但只是名字的形式发生了改变，职能并没有真正建立起来。推进国有企业现代企业制度建设和完善公司法人治理结构应该是国有企业改革一项长期性任务。

四是依照产业发展规律，国有工业企业将有可能迎来企业办社会主辅分离之后的二次分离。目前，制造业生产服务职能外部化成为一种趋势，东北国有企业作为东北工业的重要组成部分，一段时期以来，为减轻国有企业负担，从中央到地方都积极促进企业将一部分生活服务类职能分离出去，随着第一次分离的逐步完成和产业专业化分工的深入，将国有制造业企业中的生产性服务类职能分离出去或将成为一种趋势。

四 国有企业改革对策建议

针对东北国有企业发展存在的问题及发展方向，提出如下政策建议。

（一）进一步调整优化国有企业结构布局，提高发展质量和效益

通过产权转让、资产重组、境内外上市等多种方式，引进省外资本、国外资本和民间资本参与地方国有企业重组，加快多元投资主体的股份制改造，培育具有国际竞争力的大企业集团，推动国有企业向重点行业的战略性产业集中，国有企业发展与民营企业发展形成产业配套和优势互补的格局。改变国有产业结构低端化的发展态势，积极实施以节能减排、循环经济等为主的内涵式发展模式，提高国有企业发展的质量和效益。

（二）加大科技研发投入，提高国有企业自主创新能力

从政府层面，通过实施项目带动的办法，对于行业重大的基础共性技术和关键技术的研发给予配套资金支持，对于有突出贡献的科技研发成果及转化给予奖励和支持，搭建企业之间技术交流与合作平台，鼓励国有企业牵头组建一批产业技术创新战略联盟，实现联合攻关和科技资源信息共享。从国有企业层面，应加快建立以企业为主体、以市场为导向、产学研结合的技术创新体系。建立企业科技发展专项资金，形成一套集科技研发投入、科技奖励、人才培

训、科技成果转化等内容于一体的企业技术创新管理制度，通过上市、发行债券、产权交易、专利技术入股等多种方式建立科技投入资金来源的多渠道筹措机制，提高企业自主创新能力。

（三）完善现代企业制度，构建科学有效的国有企业组织结构

以产权多元化为基础，明确股东会、董事会、监事会、经理层各自的分工和职责界定，加强企业内董事会、监事会建设，建立外部董事或独立董事参与的董事会决策机制；对国有企业经营者实行年薪制基础上的股权奖励等激励政策，建立有效的国有企业高层管理人员激励约束机制；加强国有资本监管部门工作的针对性和有效性，建立政府职责到位的监督管理机制；深化企业内部三项制度建设，形成有序的劳动用工和考核制度、科学合理的高级管理人员任免制度以及清晰公正的收入分配制度。

（四）继续着力解决国有企业历史遗留问题

进一步落实主辅分离、厂办大集体、政策性破产等相关改革政策，加快推进未改制企业实施改革，探索解决遗留的"壳企业"问题，继续争取中央对东北国有困难企业改制中的经济补偿金、拖欠职工费用和保险等方面的资金和政策支持。完善改革的配套政策和社会保障政策，维护企业职工权益。

参考文献

李荣融：《关于国企改革发展的报告》，载《学习时报》，中国共产党新闻网。
匡贤明：《国企改革需要新的战略思路》，2010年6月1日《南方日报》。
邵宁：《国有企业改革发展方向》，载《行政管理改革》，中国共产党新闻网：http：//theory.people.com.cn/GB/13431621.html。
白天亮：《"十二五"国有企业改革方向初定将分公益性竞争性》，2011年12月14日《人民日报》。

B.13
东北三省中小企业的发展及展望

刘佳杰　兰晓红*

摘　要：

东北老工业基地振兴十年的发展证明，中小企业的发展壮大是促进老工业基地振兴的最活跃因素。本文在密切结合东北中小企业取得一系列发展成绩的基础上，客观分析了面临的总体实力弱、所有制结构单一、产业结构失衡、机会不均等各类问题，并以此提出一系列发展中小企业的对策建议。

关键词：

东北老工业基地　振兴　中小企业　发展

2003年，中央开始实施振兴东北等老工业基地战略，东北三省落实国家扶持中小企业发展政策，中小企业紧紧把握这一难得的历史机遇，实力得到有效提升。目前，东北三省的中小企业已广泛分布于国民经济内的各个行业，成为促进老工业基地振兴的重要一环，对于振兴东北老工业基地具有重要的战略意义和现实意义。

一　东北振兴以来中小企业的发展情况

老工业基地振兴战略启动以来，东北三省陆续出台一系列支持引导中小企业发展的政策法规，创造了一个多元竞争、充满活力的环境，保证其健康发展、稳步增长。振兴十年来，东北的中小企业迅速成长，成为经济活动中最活

---

* 刘佳杰、兰晓红，辽宁社会科学院经济所助理研究员，研究方向分别为公共经济、农业经济。

跃、发展最快的力量，成为实现经济增长、增加财政收入、新生产业构建、增加就业岗位重要的生力军，成为推动区域经济发展的主动力。

（一）整体规模持续扩大

分地区看，2012年，辽宁中小企业累计实现增加值15870亿元，是2004年的4.5倍，年均增幅为20.8%。2011年，吉林中小企业主营业务收入达到1.39万亿元，占全省地区生产总值的49.2%；黑龙江中小企业增加值为6303.3亿元，2003年以来，年均增幅14.6%。

中小企业数量稳步增加。2003~2011年，东北私营工业企业总量增加了13817个，占全国总量的比重由6.5%增至8.5%（见表1）。2004年起，辽宁规模以上工业企业中小企业数量占规模以上工业企业总数的99%以上（见表2）；吉林规模以上民营工业企业户数总计4100户，比2010年底新增217户；私营企业共12.2万户，比2010年净增7699户，同比增长14%。2012年，黑龙江中小企业单位户数为207.7万户，吸纳就业745.6万人。

表1 2003、2011年全国与东北三省私营工业企业主要指标增长情况

区域	企业单位数(个)		工业总产值(亿元)		利润总额(亿元)	
	2003年	2011年	2003年	2011年	2003年	2011年
全 国	23631	180612	95979.5	252325.7	6522.9	18155.
东 北	1534	15351	9380.4	23064.5	908.34	1693.59

资料来源：《中国统计年鉴》（2004~2012）。

表2 辽宁规模以上工业企业中小企业数量

项目	2003年	2004年	2005年	2006年	2007年	2008年	2009年	2010年
总计(个)	6842	10635	11510	14754	16556	17269	23364	23832
大型企业(个)	95	104	114	118	123	127	134	147
中型企业(个)	715	860	899	967	1041	1008	1249	1358
小型企业(个)	6032	9671	10497	13669	15392	16134	21981	22327
中小企业所占比例(%)	98.6	99.0	99.0	99.2	99.3	99.3	99.4	99.4

资料来源：《辽宁统计年鉴》（2004~2011）。

从东北三省私营工业企业主要指标增长对比上看（见表1），总产值平均增长11.9%，利润总额实现年均增长8.1%，东北中小企业的持续性发展对带

动东北整体经济水平起到至关重要的作用。

分地区看,辽宁规模以上中小企业总产值由2003年的50.3%提升至2011年的63.9%,提升了13.6个百分点(见表3)。目前,辽宁中小企业占全省经济总量的64%,对全省的财税贡献超过了40%。2011年,吉林中小企业上缴税金412亿元,占全省财政收入的34.1%,中小企业已经占据吉林经济总量的半壁江山。黑龙江的中小企业得到跨越式发展,截至2012年,中小企业增加值占GDP的比重超过全省51.3%。

表3 辽宁规模以上中小企业总产值

单位:亿元,%

项目	2003年	2004年	2005年	2006年	2007年	2008年	2009年	2010年	2011年
大型企业	3040.8	4040.2	5294.0	6529.8	7675.4	8643.2	8841.9	11181.8	13798.2
中型企业	1645.1	2280.6	2604.0	3172.7	3994.1	5223.9	6136.4	7155.0	6999.7
小型企业	1426.9	2282.9	2916.4	4465.3	6579.9	8853.3	13174.2	17882.5	19689.8
中小企业所占比例	50.3	53.0	51.0	53.9	57.9	62.0	68.6	69.1	63.9
总计	6112.9	8603.9	10814.5	14167.9	18249.5	22720.5	28152.7	36219.4	41776.7

资料来源:《辽宁统计年鉴》(2004~2012)。

2012年,辽宁中小企业实现出口交货值1895.3亿元,比2007年增加795.3亿元。2011年,吉林中小企业实现出口交货值1536.1亿元,与2004年相比,年均增幅为81.5%,中小企业出口增长迅猛。

(二)产业结构逐步优化

实施东北三省等老工业基地振兴战略以来,中小企业成为东北三省加快国企改革的重要推动力。中小企业利用参股、控股、兼并、嫁接、租赁等各种形式,积极参与改组、改造比重较大的国有企业、集体企业所有制改革,发展混合所有制经济,继续探索公有制的有效实现形式,提高了区域内市场化程度,促进了老工业基地产业结构调整。中小企业产生了一批资本密集、技术密集的骨干企业和集团,催生了现代服务业、信息技术、新材料等新兴产业,形成包括营口的镁砂耐火材料基地、通化的国家现代中药产业基地、绥化的亚麻等一批以专业化、规模经营为特征的产业集群及集聚区。东北振兴三年后,辽宁、吉林和黑龙江国有及国有控股工业企业增加值占本省工业增加值的比重分别比振兴前下降11.5个、15.0个和2.0个百分点。2009年,吉林就有210多户中小企业通过不同形式参与国企改革,注入资金13亿元,盘活国有存量资产35亿元,安置下岗职工3万多人。黑龙江中小企业积极参与国有企业改革改制工作,盘活了一大批国有存量资产。

(三)经济效益稳步提升

东北振兴战略实施以后,东北三省中小企业尽管经历了经营困难、成本上涨、世界经济整体放缓等一系列不利因素影响,但抗经济波动成长能力增强。中小企业的生产经营利润空间已经得到基本保证,竞争力进一步增强,经济效益增长较快,对老工业基地经济增长的贡献越来越大。辽宁小型企业发展态势要明显好于中型企业。到2012年底,全省规模以上小型企业实现主营业务收入25578.4亿元,工业增加值累计增速15.1%,增加值总量占规模以上工业的比重为56.2%。尽管小微企业增加值总量极小,但增加值累计增速达15.4%,在辽宁各类型企业中表现尤为突出。通过技术升级,"十一五"时期,辽宁中小企业研发了多达35800项的新产品,广大中小企业经济效益不断提升。2012年,黑龙江规模以上工业企业中,中小企业实现增加值1638.9亿元,占全部规模以上工业企业的34.4%;完成主营业务收入5130.6亿元,占全部规模以上工业的41.7%;实现利税总额495.3亿元,占全部规模以上工业的19.8%。规模以上工业企业高于地区全部规模以上工业企业的增势,对全省经济的拉动作用愈发明显。

(四)特色集群发展迅速

中小企业集群成为东北产业集群重要的产业组织形式,呈现数量多、辐射强等特点。2010年,辽宁共有105个产业集群,沈阳、大连、鞍山产业集群经济总量占全省总量的53.1%;全省产业集群营业收入正在以年均递增超过50%的速度成长。吉林通过扶持千户成长企业,着力推进长春汽车零部件、梅河口果仁加工、四平换热器、通化医药、蛟河石材、吉林石化等产业集中布局,以实现产业布局的规模化发展。黑龙江把培育特色鲜明、带动作用突出的产业集群作为发展经济的重要内容，以信息技术改造提升传统产业、推进电子商务、发展软件和电子信息产业等重要领域。这种集群内的众多中小型加工企业，对内是由市场联结的独立生产者，对外则联合成为一个统一体，形成了协同效应和规模效应①。

（五）创造丰富就业岗位

从东北振兴的角度上说，东北三省国企改革的顺利推进是以中小企业的参与为前提条件的。从就业角度来讲，中小企业是吸纳就业的绝对载体，极大配合了国企改革。在东北三省完善社会保障体系试点工作中，中小企业功不可没，是它们及时吸纳了大量下岗失业人员②。截至2011年，辽宁中小企业从业人员占全省城镇从业人员的76%、新增就业的80%以上；吉林中小企业就业总人数超过470万人，中小企业已经成为东北三省社会劳动力就业的主渠道。

（六）对外开放进程加快

在东北外贸经营主体结构中，中小企业已成为东北三省最大的出口主体。辽宁的钢铁、铝材、机电等传统优势出口产品仍占主导地位，市场主要包括美国、东盟及南非、加拿大、澳大利亚等新兴市场。2012年1~11月，辽宁中小企业出口195.3亿美元，增长56.5%，增加出口额70.5亿美元，对全省出口增量贡献度为132.8%，拉动全省出口增长14.8个百分点。其中，锦州市民营经济完成出口交货值18.5亿元，同比增幅达39.1%，居辽宁首位。吉林中小企业固有的"出口靠玉米"现象已不复存在，出口商品结构逐步改善，工业制成品已占出口总值的80%，初步形成民营、国有及外商投资企业共同出口的"大经贸"格局。截至2012年，黑龙江中小企业实现进出口总额207.5亿美元，占全部进出口总额的54.9%。中小企业产品国际竞争力进一步提高，国际市场开拓能力进一步增强。

---

① 臧静梅、孙晓玲：《产业集群：我国中小企业发展的必然趋势》，《经济视角》2009年第14期。
② 于红、吕彤：《发展中小企业对振兴辽宁老工业基地的意义和作用》，《辽宁税务高等专科学校学报》2007年第12期。

二 东北中小企业面临的主要问题

东北是传统的老工业基地，多年以来，以制造业为代表的重化领域一直是东北三省的支柱产业，忽略了中小企业在经济社会发展中的巨大潜力。与之形成鲜明对比的是，以从事劳动密集型为主的中小企业发展相对缓慢，仍面临生存与做强、产业调整与技术升级等问题。

（一）经济总量较低，发展水平相对落后

东北三省中小企业总体实力较弱。2007年，吉林私营企业总户数仅占全国1.4%，仅相当于广东的12.4%、浙江的17.1%；实现增加值为广东的13.5%、浙江的16.9%；其他主要发展指标也仅为南方发达省份的10%～20%。从竞争力上看，多数中小企业还以传统的密集型产业为主，强烈依赖资源开发，附加值不高，游离于产业集群之外；拥有自主知识产权的高科技中小企业数量有限，现代服务业比重较小。从实际利用外资额上看，即便是在振兴后的第三年，辽宁、吉林和黑龙江实际利用外资总比重也仅分别是全国总量的8.6%、1.1%和2.5%。金融危机爆发后，东北中小企业又经历一轮生死大考，成本急剧上涨、利润下降，国内市场份额更小。

（二）结构矛盾突出，生产布局不合理

东北所有制结构较为单一，比重较高的重化工业发展较为密集，其他所有制成分很难从产业内部独立成长，进入壁垒较高，调整困难很大。一直以来，东北工业结构中的国有企业、大中型企业比重过大、不良资产居高不下，而中小企业比重过小，国有经济比重过大也加剧了企业重组、资源配置的难度。2009年，全国非公有经济占GDP比重约为55%，浙江、江苏等省已超过70%以上，辽宁为59%，黑龙江仅为46%。例如，大庆的石油采掘业占工业产值比重超过70%，国有经济比重过大而高附加值的新兴科技产业极少。这样，大庆中小企业的发展空间受到很大限制。经过几年调整，东北三省工业结构有所改善，但国有企业、大型企业比重大，重工业的主体地位依然如故，结构调

整之路曲折而漫长。同时，在东北的部分落后地区，几乎没有其他形式的资本落入，这样其发展就陷入单纯依靠国企生存的境地。

（三）产业结构失衡，集群效应不明显

从东北中小企业产业结构的层次上看，多数产业集群仍主要依赖于低成本优势，集中于传统产业和技术含量较低的一般竞争性行业，仍以初加工、资源型和劳动密集型为主，配套能力较弱，产业结构调整缓慢，新兴产业所占比重依然有限。2012年，辽宁鞍山钢铁深加工产业开工率为73%，朝阳市铁选企业停产面达56%，企业生产经营举步维艰。吉林千户成长型企业中，资源型初级加工业占33%，普通制造业占31%，而科技型企业仅占17%，高新技术企业仅占11%。从效应上看，缺乏龙头企业及品牌产品，缺乏功能定位，专业化分工模糊，不具备规模优势。企业参与度和带动能力较弱，几乎不存在链条集群，严重缺乏专业化分工协作。东北中小企业的产业规划及布局基本以政府主导为主，企业的市场活动有时甚至是政府行为，不利于中小企业的发展。

（四）服务配套落后，缺乏互补合作

目前，东北大企业利用其固有优势，依然占用较多但极为有限的要素资源，在企业重组、银行贷款等方面享受广大中小企业不敢奢望的利益眷顾及政策照顾。同等条件下，广大中小企业受到政策上的约束和限制，不仅无法享有各种对等机遇，更不能与大企业进行对缝与合作。多年以来，受国家宏观调控政策的影响，融资难、贷款难一直是制约东北三省中小企业发展的瓶颈问题。2005年，吉林中小企业固定资产投资总计169亿元，金融部门贷款仅占3.4%，平均每年吉林中小企业获得的贷款份额不足10%。2012年，辽宁锦州中小企业的资金缺口超过150亿元，80%的中小企业因资金不足难以扩大生产规模、进行技术改造；盘锦市中小企业资金缺口达到38.3亿元。于是，在东北振兴的过程中，一方是大企业包揽投资、融资等固有优势，另一方则是数量众多的中小企业被边缘化，东北振兴并不能动员所有中小企业积极参与。长此以往，大型企业与广大中小企业无法形成合理的分工体系，二者竞争大于互补的现状必会降低东北三省总体综合竞争力。

三 东北中小企业的发展机遇

从其他国家的发展经验上看,发展中小企业会更具有后发优势。我国现有的经济统计数据也充分说明,作为最富活力的经济群体,中小企业是创造经济奇迹的重要因素。中小企业越发展,地区非国有化程度就越高,经济增长率也会越高。只发展传统的大型国有企业无法实现老工业基地全面振兴,若想有实质性突破,必须在改革原有大型国有企业的同时大力发展中小企业。十年来,东北经济持续稳定发展、经济体制改革不断深化,为中小企业提供了新的发展机遇。

(一)经济全球化拓宽了中小企业的发展空间

随着经济全球化的深入发展,中小企业将面临更为广阔的发展空间。国际、地区间的经贸往来与合作日趋频繁,市场潜力无限扩展,对中小企业而言,企业发展与上升的空间会相应拉大,对中小企业的繁荣与发展起到积极的促进作用。

(二)各级政府高度重视中小企业的发展

回顾东北三省中小企业的发展历程可以看出,中小企业的发展壮大是各级政府高度重视的结果,更是发展环境不断改善的结果。中央充分肯定了中小企业在推进国民经济增长、缓解就业压力、促进技术创新、吸引民间投资和优化经济结构等方面的重要作用。继十七大强调"两个毫不动摇"后,十八大提出"毫不动摇鼓励、支持、引导非公有制经济发展,保证各种所有制经济依法平等使用生产要素、公平参与市场竞争、同等受到法律保护",中央到地方一系列的政策措施陆续出台、落实。这就显示,中小企业在金融、技术创新、税收等方面的政策、法律基础更加明确,发展过程中的各种体制性、制度性的障碍正在逐一破解,为中小企业的加速发展提供了良好的社会氛围。2012年,辽宁把发展科技金融、促进创新体系建设及产学研结合等扶持政策作为中小企业的工作重点;吉林把全省中小企业发展的主基调,从注重总量扩张向扩总量

与提质量并重、做大做强做特做优、全面提升发展层次和效益方向转化；黑龙江启动实施"中小企业成长计划"，动员和依靠全社会力量，整合和利用各种资源，对成长型中小企业加大扶持力度。

（三）经济结构的调整提供更多发展契机

作为老工业基地改造的重要内容，经济结构调整仍将持续，东北正在陆续出台一系列深化改革的具体措施，这就为中小企业发展提出更高的要求。从国际上看，发达国家和南方发达省份产业转移速度进一步加快，这就为东北承接发达地区中小企业的产业转移、增强中小企业招商能力提供了新的机遇。经济结构调整的巨大倒逼机制为中小企业并购、重组、资源整合提供了良好的机遇。垄断、竞争性行业放宽准入，为中小企业的介入创造了条件。十八大后，随着金融体制改革的加速，东北已经着力打造各类结构合理、功能完善、高效安全的现代金融体系，陆续推出包括关于资本市场规模、资本结构、创业板等具体实质性措施，为中小企业广泛参与金融市场经营创造了有利条件。东北三省传统的石化、医药、汽车等支柱产业继续做大做强，新一批投资项目正在上马，相应的产业链逐步产生并形成一定规模，为中小企业提供更为广阔的配套空间。东北具有丰富的土地、装备供给资源，聚集着雄厚的发展潜力，也成为中小企业发展的资源优势。同时，随着工业化、城镇化进程的加快，部分国有经济在某些关键领域的退出，一些产业、行业需求马上显现，这就需要中小企业的参与及支持。因此，东北老工业基地改造会促进中小企业发展空间的提升。

但是，也应该看到，经济全球化的拓宽也会使部分缺乏技术创新能力、规模实力相对落后、缺少竞争优势的中小企业面临更大的经营压力和风险。从国内中小企业发展的总体态势上看，东北三省缺乏民营大企业。通过2012年中国民企500强排名可以看到，辽宁入围11家，吉林仅修正上榜，黑龙江4家入围。整个东北三省才占据全国的3.2%，与中小企业在区域经济发展中的地位极不协调。从侧面可以看出，东北中小企业整体的规模和实力与南方经济发达省份相比还相距甚远，中小企业间的竞争依旧激烈，机遇与挑战将长期并存。

四 促进东北中小企业发展的对策建议

（一）创造促进中小企业发展的软环境

就政府层面而言，要继续从战略高度把握与认识发展中小企业是东北老工业基地振兴的根本举措，坚持大企业、大集团与中小企业共同发展的基本方针政策，实现质与量双发展。政府适当向中小企业倾斜，充分调动各类要素资源以增量带动存量，突破并寻找新的中小企业经济增长点。建立健全各类保护中小企业利益的法律法规，运用法律手段保护和促进中小企业发展。研究并出台地方性法律法规，为中小企业发展创造更优越的发展环境。创造利于中小企业发展的社会基础与政策环境，创造促进不同规模的企业公平竞争的市场环境，这是对广大中小企业最实在的支持，也是政府改善中小企业发展环境的工作重点。在扶持发展中小企业的过程中，各级政府职能要从"管理"转向"服务"，减少行政干预及指令，发挥政府对中小企业的政策引导力和服务推动力。加快服务型政府建设，提供和完善高效良好的公共服务，减免各类不必要的行政审批程序，增强政务透明度，提高办事效率，完善监督机制。要使广大中小企业体会到政策的公平待遇与经济的公平竞争。

（二）加大对中小企业的金融支持力度

积极推进中小企业的资本市场改革与发展。只有打造信誉良好的金融环境，才能撬动金融对中小企业发展的杠杆作用。多年来，东北三省中小企业发展一直无法回避的问题就是融资困难。通过加大金融支持力度，设立包括中小企业发展基金等金融政策，建立完善与东北中小企业相适应的多层次、多元化的信贷服务体系。制定并规范中小企业的税收优惠政策，通过技术研发补助基金等辅助政策资助科技型中小企业技术创新和升级。坚持各类金融机构发展并存的市场机制，以保证其为中小企业在融资租赁、担保和保险等方面提供融资服务。加强对民间资本投资方向、途径的研究，监管并培育若干民间投资组织，探索适合各地民营资本生成及运作特点的投资方式，使民间资本的投资组合切实发挥积极效应。注

重发挥农村信用联社等地方金融机构的积极作用，建立中小企业信用等级制度，完善风险补偿机制。通过典当、金融租赁等多渠道解决中小企业融资难题。

（三）打造与国有企业互补的优势产业群

一个地区的中小企业产业结构应与该地区经济结构、产业结构相适应，能充分体现其竞争优势。发挥东北三省支柱产业中大企业、大项目的带动辐射作用，推动中小企业调整产业结构。政府应促进各类型企业建立合理的产业分工链，打造特色集群发展模式使其加强辐射、带动功能，打造中小企业特色经济，既保持其灵活多变、反应敏捷的特点，又能使企业间通过专业化分工与协作获取外部规模经济效益，并随着同种工序中中小企业数量的增加获得外部规模经济效益[1]。要坚持区域化布局，打破行政区划和企业主体限制，以龙头企业、各类开发区、工业园区为载体，逐步实现从单个产业转到跨部门或产业内价值链分工活动的发展，实现大中小企业利益共同体。鼓励市场化联动，倡导社会化协作，把传统产业升级和发展高新技术产业结合起来，确保生产服务社会化程度不断提高。继续加大调整产业结构的力度，提升各类中小企业总体实力，实现由粗放经营向集约经营转变、低附加值产业向高附加值产业转变。

（四）建立自我完善机制提升企业核心竞争力

中小企业把握国家各项政策，建立自我发展机制，提升企业家素质。依托东北大专院校优势，优先安排对中小企业经营管理者的培训，建立经理人才测评与推荐中心，发展、完善中小企业人才市场[2]。企业要有明确的战略管理意识，科学地规划企业发展战略，分析自己所面临的竞争因素，把企业的发展脉点做实。加强中小企业间协作与联合，提高规模效益和抗风险能力。加大技术创新力度，提升产品技术水平和质量，通过加快产业升级和优化产品结构提升企业核心竞争力。

---

[1] 宁晓艳：《促进东北老工业基地中小企业发展对策研究》，《佳木斯大学社会科学学报》2007年第5期。

[2] 王茂祥：《民营经济要为振兴东北老工业基地振兴作出贡献》，《中国科技产业》2004年第4期。

社 会 篇
Social Reports

B.14
东北三省就业问题研究*

王力力**

摘 要：

> 振兴东北战略提出以来，东北三省就业工作取得了一定的成绩。就业规模不断扩大，就业结构逐步优化，城镇失业得到有效控制，资金支持逐年增加，培训与援助工作不断完善，就业服务水平显著提高。但劳动力供求总量的矛盾、结构性矛盾依然突出，收入分配差距比较明显，劳动力市场机制还不完善等问题依然存在，今后一段时期应继续深入推进实施就业优先战略、加快产业结构调整、做好重点人群就业、深化收入分配制度改革、大力加强职业技能培训等工作。

关键词：

> 东北三省 就业规模 就业结构 结构性矛盾

---

* 2011年黑龙江省哲社办专项课题《"十二五"时期黑龙江省产业升级与就业关系研究》（11D014）阶段性成果。

** 王力力，黑龙江省社会科学院经济研究所助理研究员，研究方向：宏观经济。

就业乃民生之本。党的十六大之后,扩大就业成为我国宏观调控的四大指标之一,十七届五中全会上把促进就业作为经济社会发展的优先目标,在《中华人民共和国国民经济和社会发展"十二五"规划纲要》中,就业优先成为重要战略。东北三省一直高度重视就业问题,采取积极的就业政策,努力促进就业,就业工作取得重大进展。

一 东北三省就业工作取得的主要成绩

振兴东北老工业基地战略提出以来,东北三省逐步完善就业政策,加大资金支持力度,提升服务水平,就业工作取得了显著的成效。就业的规模、城乡结构、产业结构、所有制结构都发生了深刻变化,并且有效地控制了城镇失业率。

(一)就业规模不断扩大

2011年末,东北三省就业人员总量达到5680.5万人,其中辽宁为2364.9万人,吉林为1337.8万人,黑龙江为1977.8万人。东北三省就业总量比2002年末增加1025.4万人,年均增加百万人以上。其中城镇就业人员总量由2002年末的2076.3万人增加到2011年末的2719.7万人,增加了643.4万人。乡村就业人员总量由2002年末的2578.8万人增加到2011年末的2960.8万人,增加了382万人(见表1)。

(二)就业结构逐步优化

1. 就业城乡结构得到优化

城镇就业占东北三省就业总量的比重明显上升。随着东北三省城镇化和工业化进程的不断加快,城镇对就业人员的吸纳能力继续增强,有力地推进了农村富余劳动力的转移。2002~2011年,东北三省城镇就业人员数量的增长速度持续快于全国增长速度,东北三省城镇就业人员数占全部就业人员总量的比重从2002年的44.7%上升到2011年的47.9%。

表1　东北三省2002～2011年就业总量情况

单位：万人

年份	东北三省			辽宁			吉林			黑龙江		
	就业总量	城镇	乡村	就业总量	城镇	乡村	就业总量	城镇	乡村	就业总量	城镇	乡村
2002	4655.1	2076.3	2578.8	1842.0	848.5	993.5	1186.6	530.6	656.0	1626.5	697.2	929.3
2003	4686.2	2064.8	2621.4	1861.3	845.0	1016.3	1202.5	533.5	669.0	1622.4	686.3	936.1
2004	4854.7	2196.6	2658.1	1951.6	867.8	1083.8	1222.0	551.1	670.9	1681.1	777.7	903.4
2005	5108.1	2360.4	2747.7	2120.3	1006.8	1113.5	1238.9	553.7	685.2	1748.9	799.9	949.0
2006	5162.7	2393.6	2769.1	2128.1	995.2	1132.9	1250.5	558.6	691.9	1784.1	839.7	944.3
2007	5274.4	2470.5	2803.9	2180.7	1027.0	1153.6	1266.1	565.2	700.9	1827.6	878.2	949.4
2008	5332.0	2489.5	2842.5	2198.2	1033.5	1164.7	1281.4	569.9	711.5	1852.4	886.1	966.3
2009	5451.4	2569.5	2881.9	2277.1	1096.6	1180.5	1297.3	574.1	723.2	1877.0	898.8	978.2
2010	5561.1	2629.4	2931.7	2317.1	1109.1	1208.0	1311.9	577.2	733.8	1932.0	942.9	989.4
2011	5680.5	2719.7	2960.8	2364.9	1141.8	1223.1	1337.8	589.3	748.5	1977.8	988.6	989.2

资料来源：历年中国统计年鉴，辽宁、吉林、黑龙江统计年鉴整理计算得出。

2. 就业产业结构得到优化

东北三省就业结构总体呈现第一产业就业人员比重持续下降、第二产业就业人员比重保持平稳、第三产业就业人员比重稳定提高的良好态势。具体而言，辽宁2002年第一、第二、第三产业就业人员数量分别为697.6万人、580.6万人、747.1万人，到2011年第一、第二、第三产业就业人员数量分别为699.9万人、645.1万人、1019.9万人，就业产业结构由2002年的34.4∶28.7∶36.9优化为2011年的29.6∶27.3∶43.1；吉林2002年第一、第二、第三产业就业人员数量分别为587.3万人、219万人、380.3万人，到2011年第一、第二、第三产业就业人员数量分别为573.9万人、270.2万人、493.7万人，就业产业结构由2002年的49.5∶18.5∶32.0优化为2011年的42.9∶20.2∶36.9；黑龙江2002年第一、第二、第三产业就业人员数量分别为811.0万人、338.5万人、477.0万人，到2010年第一、第二、第三产业就业人员数量分别为798.6万人、374.4万人、759.0万人，就业产业结构由2002年的49.9∶20.8∶29.3优化为2010年的41.3∶19.4∶39.3。

3. 就业所有制结构得到优化

2002年，东北三省国有单位与集体单位从业人员总数为1080.3万人，到

2011年末减少至868.1万人；有限责任公司、股份有限公司以及外商和港澳台商投资企业就业人员数量由2002年的250.3万人到2011年末增加至455.6万人，其中辽宁省241.7万人，比2002年增加121.9万人；吉林省97.4万人，比2002年增加47.4万人；黑龙江116.5万人，比2002年增加36万人。城镇私营个体在吸纳社会劳动力就业方面的作用逐步增强，2011年城镇私营个体就业人员数量辽宁省为562.3万人，比2002年增加了233万人；吉林为279.4万人，比2002年增加142.8万人；黑龙江为320.5万人，比2002年增加了148.3万人，增速快于全省从业人员增长速度。就业所有制结构的优化为东北三省的经济发展和社会稳定发挥了积极作用，也为扩大和促进就业拓展了空间。

（三）城镇失业得到有效控制

2012年，东北三省实现新增就业213万人。2002~2012年，东北三省城镇登记失业率基本呈现稳定下降的态势，尤其是近五年来，除黑龙江省城镇登记失业率略高于全国城镇登记失业率外，辽宁省与吉林省城镇登记失业率均低于全国水平（见表2）。

表2　2002~2012年东北三省与全国登记失业率情况

单位：%

省份	2002年	2003年	2004年	2005年	2006年	2007年	2008年	2009年	2010年	2011年	2012年
辽宁	6.5	6.7	6.4	5.7	5.1	4.4	3.8	3.9	3.7	3.7	3.6
吉林	3.6	4.3	4.2	4.2	4.2	3.9	4.0	4.0	3.8	3.7	3.9
黑龙江	4.9	4.2	4.5	4.4	4.3	4.3	4.2	4.3	4.3	4.3	4.2
全国	4.0	4.3	4.2	4.2	4.1	4.0	4.2	4.3	4.1	4.1	4.1

资料来源：历年中国统计年鉴，2012年辽宁、吉林、黑龙江省统计公报，国家人保厅网站。

（四）资金支持逐年增加

东北三省财政支出持续向民生领域倾斜。2012年，辽宁省社会保障和就业方面的财政支出达到723.3亿元，占辽宁省公共财政总支出的15.9%，比

2002年增加603.9亿元,增长了5倍;吉林省社会保障和就业方面的财政支出为304亿元,占吉林省公共财政总支出的12.3%,比2002年增加265.2亿元,增长了近7倍;2011年黑龙江省社会保障和就业方面的财政支出为392亿元,占黑龙江省公共财政总支出的14%,比2002年增加了335.5亿元,增长了近6倍。就业资金的支持为东北三省提高社会保障水平、促进和扩大就业发挥了重要积极的作用。

(五)培训与援助工作不断完善

东北三省面向全体劳动者的职业培训制度和对就业困难群体的就业援助制度不断完善。职业培训体系已经初步建立,高技能人才培养工作取得明显成效,技工教育发展取得历史性突破,职业培训能力得到显著加强,建立了面向城乡全体劳动者的职业技能培训制度,全面开展就业前培训、在职培训、再就业培训和创业培训,为劳动者提高就业能力创造了条件。"十一五"时期,辽宁省累计培训城镇失业人员141.3万人次,培训农村转移就业劳动者133.1万人次。全省共有180.7万人次参加职业技能鉴定,144.9万人次获得职业资格证书。黑龙江省"十一五"时期共培训各类人员270多万人次。吉林省2012年共组织创业培训5.46万人,带动就业8.58万人。此外,东北三省每年都坚持开展惠及城乡各类困难群体的"就业援助"系列专项活动,面向零就业家庭等就业困难人员的就业援助制度已经全面建立,并初步实现了就业援助精细化和长效化。

(六)就业服务水平显著提高

十年来,东北三省加强服务职能,就业服务水平明显提升。辽宁省省、市、县(市、区)、乡镇(街道)四级公共服务体系基本形成,管理机构逐步健全,覆盖范围逐步扩大,公共服务设施建设初具规模,服务项目体系不断完善;吉林省针对高校毕业生专业对口需求、跨地区流动需求、网上求职需求、自主创业需求,采取专业型招聘会、专场交流招聘会、开通"公共人才就业创业"公益性服务网站、建设大学生创业园等方式提供人性化就业服务。推行分类援助,完善制度保障落实,每年帮助近7万名就业困难人员实现就业;

黑龙江省各级公共就业服务体系不断建立健全,省、市、县(区)、街道(乡镇)、社区(村)五级服务平台全部建立,形成了覆盖城乡、功能齐全、统一完整的公共就业服务网络。特别是基层平台建设取得突破性成果,全省550个街道、892个乡镇、4331个社区和9262个行政村全部建立劳动就业社会保障服务中心(站)。进一步提高了就业和社会保障公共服务能力,改善了服务环境。

二 东北三省就业存在的主要问题

尽管东北三省就业工作取得了一定的成绩,但是扩大和促进就业过程中也面临很多的挑战,存在的各种问题也比较突出。具体表现为:劳动力供求总量的矛盾,结构性失业矛盾,收入分配差距明显,劳动力市场机制还不够完善等。这些因素共同导致了未来就业工作的艰巨性。

(一)劳动力供求矛盾仍然存在

从宏观意义上讲,劳动力供给量取决于人口规模和构成以及劳动参与率。近年来,东北三省的人口总数一直在增加,2011年达到10966万人,比2002年增加251万人。劳动年龄人口[①]为8695.1万人,占总人口的比重高达79.3%。劳动年龄人口在一定程度上反应劳动力的供给量,其数量上的持续增加,占总人口的比重逐年增高,都意味着东北三省有着丰富的劳动力资源。劳动力资源中,只有经济活动人口才构成劳动力的供给,反应劳动力供给状况的一个重要指标就是劳动参与率[②]。2011年,东北三省劳动参与率为66.0%,相比往年呈逐年上升态势,但与全国相比,却仍然偏低。可见,东北三省的劳动利用率相对来讲还不够充分,就业压力较大。通过劳动年龄人口与劳动参与率,进而可以得到经济活动人口数(即劳动供给量)为5738.7万人,劳动力供求总量缺口达60万。尽管这种缺口在逐年缩小,但劳动力供求矛盾依然存在。

---

① 此处劳动年龄人口采用国际统计口径,即无论男性还是女性,劳动年龄人口均定为15~64岁。
② 劳动参与率是指经济活动人口(包括就业者与失业者)占劳动年龄人口的比重。

(二)就业结构性矛盾依然突出

一方面表现为产业结构与就业结构的矛盾,东北三省的就业结构严重滞后于产业结构的发展。理论上,产业结构与就业结构之间存在一种协调一致的关系。长期来看,一个国家或地区随着工业化程度的提高和产业结构的调整,就业结构必然发生相应的变化。但从东北三省的现状来看,就业结构严重滞后于产业结构。第一产业从业人数比重过大而对经济增长的贡献偏低。随着东北三省产业结构的调整和优化升级的加速,第一产业由原来接纳就业的主要领域逐渐成为排斥就业的主要领域,释放出大量的剩余劳动力。按照经济发展规律,这部分劳动力将转移到第二产业和第三产业中。但是由于种种原因,多年来剩余农村劳动力的转移速度远远赶不上经济升级的速度。首先,依照钱纳里标准,第二产业产值比重与就业比重是基本一致的,而东北三省第二产业普遍存在着产品加工深度不足、附加值较低、轻重工业比例失调等问题,经济的增长主要依靠大量资本与资源的投入,劳动力的投入对经济增长的拉动作用十分有限,没有达到资源禀赋的有效配置,形成了"高增长,低就业"的格局。其次,第三产业发展速度缓慢,滞后于工业化进程。一直以来受历史、体制的影响,东北三省第三产业发展相对落后,成为制约经济和社会发展的薄弱环节。第三产业的发展滞后,意味着能够提供的就业岗位有限,最终限制了对劳动力需求的总体水平。

另一方面体现在劳动力需求和劳动力供给不相适应。"招工难"和"就业难"同时存在。随着科学技术的不断发展,那些新兴行业以及技术性较强的行业对劳动力有较大需求,但高校办学不注重人才培养与社会需求的衔接,导致其所提供的劳动力供给难以与社会需求对接。与此同时,社会上存在的大量失业人员,由于自身素质不高和缺乏相关技能,无法达到用工要求,加大再就业难度。

(三)收入分配差距比较明显

首先,地区之间的收入差距比较明显。2011年东北三省城镇单位就业人员年平均工资分别为:辽宁省38154元,吉林省33610元,黑龙江省31302

元，全部低于全国平均水平（41799元），东北三省的工资水平在全国的排名位次也比较落后，辽宁为第16位，吉林为第27位，黑龙江排在末位。其次，不同行业之间的工资收入差距比较明显。随着经济的较快发展，从业人员工资水平不断提高，但作为企业普通在岗职工，尤其是劳动密集型企业的在岗职工，收入水平还比较低，且增幅小；而一些新兴产业收入水平不断增长，且增幅明显，在不同行业之间、同一行业不同企业之间、同一单位不同岗位职工之间的收入差距有所拉大。以黑龙江为例，如表3所示，2011年国民经济各行业收入最高的是金融业，平均工资为49143元，最低的是农、林、牧、渔业，为15069元，最高行业收入为最低行业收入的3倍多，差距为34074元。近些年，农、林、牧、渔业一直是收入最低的行业，并且与最高收入行业之间的差距有逐年扩大的趋势。

表3 2011年黑龙江省各行业平均工资情况

单位：元

行　　业	平均工资
农、林、牧、渔业	15069
采矿业	44726
制造业	31197
电力、燃气及水的生产供应业	40677
建筑业	26155
交通运输仓储及邮电业	37930
信息传输、计算机服务和软件业	45331
批发和零售业	28649
住宿和餐饮业	23462
金融业	49143
房地产业	26558
租赁和商务服务业	32841
科学研究技术服务和地质勘察业	47545
水利、环境和公共设施管理业	20115
居民服务及其他服务业	35488
教育	37095
卫生、社会保障和社会福利业	36158
文化、体育和娱乐业	32918
公共管理和社会组织	34016

资料来源：2012年中国统计年鉴整理计算。

（四）劳动力市场机制还不完善

与就业体制的市场化相适应的就业促进体系、社会保障体系、管理服务体系和监督调控体系还不够健全。公平竞争、就业准入和非歧视政策等市场规则还不完备，职业介绍机构缺乏诚信，劳动力市场歧视等现象大量存在，缺乏必要的维护市场公平竞争、调控市场以及法律监督的手段。公共就业服务投入不足，基层就业和社会保障平台建设亟待加强，职业培训基础设备设施薄弱，人力资源市场信息化建设滞后，影响劳动力流动就业的体制机制障碍依然存在，人力资源市场的动态监测依然薄弱，针对失业的监测和预警机制有待进一步完善。

三 东北三省促进就业的对策建议

（一）深入推进实施就业优先战略

继续把扩大就业作为地方经济社会发展的优先目标，各级政府在制定国民经济发展规划、调整产业结构和布局、加快经济发展的同时，把促进充分就业作为经济社会发展的优先目标，坚持经济发展与扩大就业并举，在保持经济平稳较快发展、调整经济结构的同时，稳定和扩大就业。积极探索建立经济政策对就业影响的评价机制，注意对失业风险的防范和控制，加大财政对就业的支持力度，合理安排资金投向，完善投资结构，充分发挥政府投资、民间投资、外来投资对就业的带动作用。

（二）加快产业结构调整促进就业

1. 明确产业结构调整的战略方向

在产业结构优化升级的过程中，要审慎和全面评估技术进步对就业带来的双重影响。结合东北三省区域资源禀赋，通过产业政策导向促进产业结构优化升级和就业结构优化升级的协调推进。既要保证三次产业实现以技术进步为基础的可持续发展，为扩大就业容量创造条件，又要不断发展第二、第三产业的深度和广度,为扩大就业提供稳固的产业发展基础。

2. 大力发展第三产业

第三产业相对劳动生产率较高,有较强的就业吸纳弹性,是一个多行业、多层次的产业,投资领域广,发展空间大,适合多种经济成分、多种投资主体经营。到目前为止,与国内发达地区相比,东北三省第三产业对地区生产总值的贡献率相对较低,第三产业发展相对薄弱,吸纳就业能力不强。应加大对第三产业的投入力度,充分调动各方面积极性。通过对外开放和区域间产业转移,利用东北地区劳动力资源相对丰富的优势,发展区域内就业容量较大的服务业。在发展好商贸、餐饮、社区服务等与人民生活息息相关的服务业的基础上,大力发展现代物流、信息咨询、金融、保险、证券、房地产等现代服务业,完善服务体系。培育新兴行业,创造大量的就业机会和就业岗位,充分吸纳第一、二产业的劳动力,向产业结构高级化推进。

3. 多项并举开发就业岗位

针对东北三省劳动力总量供大于求的现状,要继续鼓励和支持发展吸纳就业能力强的劳动密集型产业。同时,积极发展知识和技术密集型的战略新兴产业,不断开拓和升级就业的新领域。大力发展非公经济、民营经济,进一步推动落实支持小、微型企业健康发展的政策措施,不断优化中、小、微型企业的生存和发展环境,增加就业稳定性。制定和落实自主创业的扶持政策和鼓励措施,优化创业环境,加强创业培训力度,提升创业服务水平,促进以创业带动就业。

(三)做好重点人群的就业工作

1. 全力做好青年人员就业工作

把高校毕业生就业作为就业工作的首要任务,完善毕业生就业政策体系和就业服务体系。转变高校毕业生就业观念,鼓励到中小企业以及非公有制企业就业,引导高校毕业生深入城乡基层就业。鼓励高校毕业生自主创业,完善和落实创业扶持政策,加强创业教育、创业培训和创业服务。帮助高校毕业生参加就业见习,积极开展高校毕业生就业失业登记,提供免费职业培训,强化就业服务,切实保障高校毕业生就业权益。

2. 切实做好农村富余劳动力转移就业工作

坚持城乡统筹,加快建立、健全城乡劳动者平等就业的制度,消除就业歧视,创造公平、公正的就业环境。进一步完善农村劳动力职业培训、就业服务、劳动维权"三位一体"的工作机制。推进小城镇建设,发展县域经济、扶持乡镇企业、大力发展农产品加工业和休闲农业,为农村富余劳动力开辟更多的生产和就业门路。全面支持农民创业,完善落实创业政策措施,在金融贷款、财政贴息、场地规划、项目支持、税费减免、准入门槛、社会服务等方面提供便利条件。

3. 加强对就业困难群体的援助力度

建立健全对就业困难人员和零就业家庭动态管理和针对性帮扶工作机制。完善落实就业援助政策,采取开发公益性岗位、优先推荐就业、开展公共就业服务专项活动等措施,促进就业困难人员实现稳定就业,确保零就业家庭动态为零。

(四)深化收入分配制度改革

"十二五"规划指出,按照市场机制调节、企业自主分配、平等协商确定、政府监督指导的原则,形成反映劳动力市场供求关系和企业经济效益的工资决定机制和增长机制。加强对部分行业工资总额和工资水平的双重调控,缩小行业间工资水平差距,打破行业垄断。东北三省应根据自身经济社会发展的实际情况,研究制定提高最低工资标准,通过地方财政补贴等方式,强化对企业职工工资的增长机制管理,从而可以逐步缩小与全国及发达地区之间以及三省之间工资水平的差距。

(五)大力加强职业技能培训

劳动者的素质是影响经济社会协调发展和可持续发展的关键因素。大力发展教育,尤其是发展职业教育和就业培训,不断提高劳动者素质是促进和扩大就业的必需途径。目前东北三省正处于产业结构调整时期,随着产品的更新换代,大量技能无法适应的劳动者面临下岗和失业的威胁,所以必须大力加强职业技能培训,加快提高劳动力素质,以适应市场需求。一是要加快技能培训的

市场化,改变目前技能培训主要由政府主导的现状,逐步发展为政府购买服务之下的市场主导。二是要继续加大对劳动者培训的财政投入。相比发达国家和地区,东北三省就业支出占公共财政支出的比重仍然过低。同时,要尽快从以培训供给者为主要对象转变为以培训服务接受者为主要对象,确保劳动培训市场化的同时,劳动者有能力获得培训服务。①

---

① 中国社会科学院"社会形势分析与预测"课题组:《2013年中国经济社会发展趋势》,2013年1月28日《北京日报》。

B.15 东北三省城镇居民收入问题研究

李小丽*

摘　要：

东北振兴十年，经济社会得到全面发展，居民收入稳步提高。但与全国其他地区相比，尤其与东部地区比较，居民收入差距较大，城镇居民收入低于全国平均水平。究其原因，一是居民部门在国民收入初次分配中的比重较低，二是政府调节再分配的力度不够，三是产业结构不优化，四是民营经济发展滞后，吸纳就业能力不足。提高城镇居民收入，缩小省际及东北地区与国家之间收入差距的途径：一是调整产业结构，使产业结构趋于合理化和产业结构达到高度化，二是规范收入分配秩序，三是建立健全社会保障体系，使人民的生活水平得到切实提高。

关键词：

东北三省　城镇居民　收入问题　路径选择

近年来，党和政府着重强调"实现发展成果由人民共享"，把提高人民生活水平作为政府工作的着力点和落脚点。党的十八大再次提出要"千方百计增加居民收入"。东北地区作为老工业基地，在推动国家经济社会发展过程中作出了历史性的巨大贡献，但改革开放以后，东北地区在经济总量、产业结构升级、居民收入等方面与全国其他地区慢慢拉开了距离，尤其是城镇居民收入增长缓慢。面对新的历史转型期，国家在继续实施振兴东北战略的同时，加大了对东北地区的政策倾斜和投资力度，对于改善东北地区民生和提高居民收入、缩小与南方发达地区的收入差距起到了积极的推动作用。

---

* 李小丽，黑龙江省社会科学院应用经济所研究员，研究方向：区域经济与收入分配。

一 东北地区三省城镇居民收入比较

作为国家重工业"长子"的东北地区,在改革开放之前,无论是工业生产、农产品产量,还是森林、煤炭、石油等资源,都为国家创造过辉煌,城镇居民人均可支配收入高于全国平均水平。随着体制改革的不断深入,东北地区各省的经济发展速度越来越慢于南方各省份,城镇居民收入水平也与南方省份的距离越拉越大。

(一)东北地区与全国其他地区比较

近几年来,东北地区城镇居民收入增加速度较快,但由于基数较低,增长幅度仍然不及其他地区,且低于全国平均水平。2012年,东北地区城镇居民人均可支配收入平均水平为20704元,与收入最高的东部地区城镇居民人均可支配收入平均水平29575元相差近万元。从2005年至2011年,东北地区城镇居民人均可支配收入年均增长13.13%①,虽然略高于全国平均增长速度0.16个百分点、高于东部地区1.13个百分点,但在东、中、西部及东北四个地区排名中,东北地区仍然偏后,2005年排名最后,其余年份皆排名第三,与全国平均水平的差距从2005年1763元,扩大到2012年的近4000元,出现越来越扩大的趋势。

表1 东、中、西部及东北地区城镇居民人均可支配收入排序

	2005年			2012年	
排名	地区	城镇居民人均可支配收入(元)	排名	地区	城镇居民人均可支配收入(元)
1	东部	13374.88	1	东部	29575
2	中部	8808.52	2	中部	20705
3	西部	8783.17	3	东北	20704
4	东北	8729.96	4	西部	20496
东北地区与全国差距(元)		1763	东北地区与全国差距(元)		3934

资料来源:根据中国统计年鉴数据整理。

---

① 按照国家统计局的统计口径,从2005年开始按东部、中部、西部和东北四个地区进行统计。

（二）东北地区三省之间比较

1. 城镇居民人均可支配收入水平不均，差距较大

东北地区三省城镇居民收入总体呈平稳增长态势，但省际城镇居民人均可支配收入水平不均，存在一定差距。2012年，辽宁省城镇居民人均可支配收入23223元，在全国排第9位；吉林省城镇居民人均可支配收入20208元，在全国排第23位；黑龙江省城镇居民人均可支配收入17760元，在全国排第29位。辽宁省城镇居民收入相对较高，且在全国排名比较靠前，吉林省城镇居民收入高于黑龙江省，2012年，黑龙江省城镇居民人均可支配收入分别比辽宁省和吉林省低5463元和2448元，增长速度分别比其他两省低0.32个和0.41个百分点。从近十年的数据观察，黑龙江省城镇居民人均可支配收入与辽宁和吉林两省的差距有不断扩大趋势。2002年，辽宁和吉林两省城镇居民人均可支配收入分别比黑龙江省高7%和2.6%，到2012年，辽宁和吉林两省城镇居民人均可支配收入分别比黑龙江省高出30.8%和13.8%，差距越来越大。

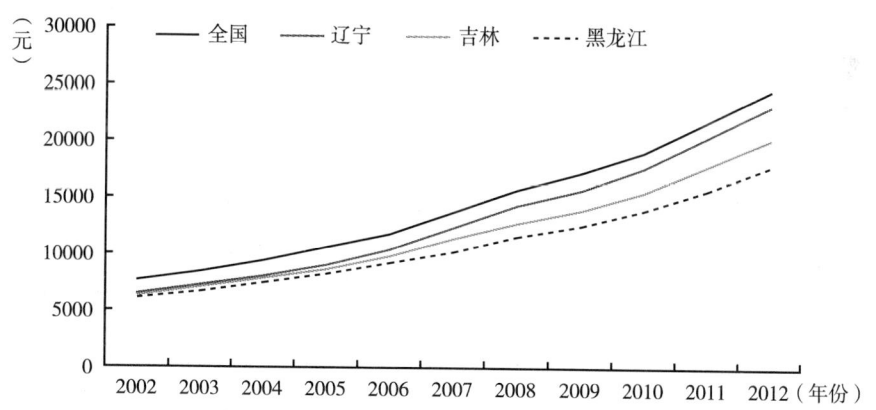

图1　2002~2012年东北地区及全国城镇居民收入变化趋势

资料来源：根据中国统计年鉴、辽宁省统计年鉴、吉林省统计年鉴、黑龙江省统计年鉴数据整理。

2. 城镇居民收入以工资为主，转移性收入增长较快

我国城镇居民收入结构为：工资性收入、经营性收入、财产性收入和

转移性收入。工资性收入为城镇居民的主要收入来源，一般占城镇居民收入的60%~70%；其次是转移性收入占20%~30%；经营性收入和财产性收入都在10%以下，换言之，工资性收入和转移性收入是决定我国城镇居民收入的两个"方阵"。从近十年来的情况看，东北地区三省城镇居民工资性收入与人均可支配收入增长态势相当，比较平缓。从2002年至2012年，辽宁省城镇居民工资性收入年均增长12.20%，吉林省年均增长12.32%，黑龙江省年均增长11.46%，三省相差不到1个百分点。三省的转移性收入增长略快于工资性收入增长速度，辽宁省转移性收入年均增长15.26%，吉林省为12.68%（到2011年），黑龙江省为11.49%。三省相比，辽宁省城镇居民转移性收入平均增长较快，分别比吉林省和黑龙江省高2.58个和3.77个百分点；东北三省城镇居民的经营性收入和财产性收入增加较快，十年来，辽宁省城镇居民的两项收入年均增长25.05%和23.85%，吉林省为16.08%和14.69%，黑龙江省为15.25%和23.04%，由于此两项收入在城镇居民家庭总收入中所占比重偏小，所以对城镇居民收入变化影响不大。

3. 东北地区三省城镇内部居民收入差距较大

东北地区三省城镇内部居民收入差距很大。2012年，黑龙江省城镇居民10%最高收入组的收入是10%最低收入组收入的9倍，吉林省为8.7倍，辽宁省为8.2倍，全国平均为8.6倍。根据东北各省统计年鉴和国家统计年鉴提供的2002~2012年城镇居民10%最高收入组和10%最低收入组的收入数据推算，十年来，东北三省城镇居民内部收入差距基本在8~11倍之间，其中黑龙江省波动较大，2008年黑龙江省城镇居民10%最高收入组与10%最低收入组的收入差距接近11倍；吉林和辽宁省城镇居民收入差距与黑龙江省相比波动略小，吉林省一般在7倍左右，辽宁省在8倍左右。

（三）东北地区三省与全国部分省会城市比较

东北地区三省省会城市与全国部分省会城市比较，城镇居民人均可支配收入居中游和以下。在2012年全国25个省会城市城镇居民人均可支配收入的排名中，辽宁省沈阳市排第13名、吉林省长春市排第16名、黑龙江省哈

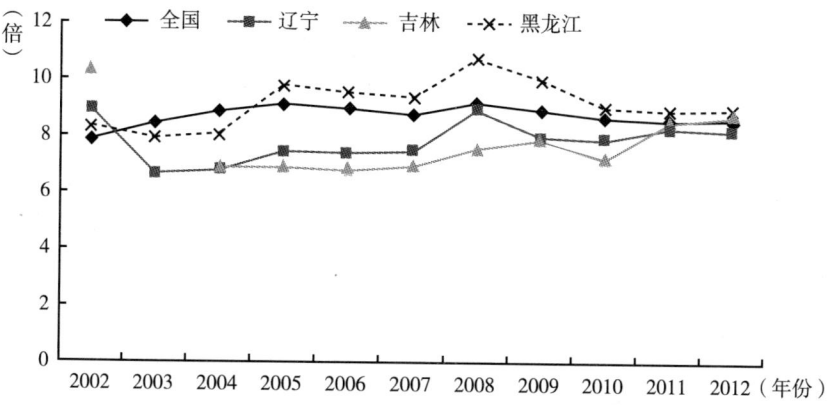

图2 东北三省城镇居民最高收入组与最低收入组收入倍数变化

资料来源：根据东北各省年鉴、国家统计年鉴数据整理。

尔滨市排第20名。与排名第1的杭州比较，沈阳的差距为15411元、长春的差距为18753元、哈尔滨的差距为19343元；东北三省省会城市之间比较，2012年，沈阳市城镇居民人均可支配收入比长春市多3342元，比哈尔滨市多3932元。

表2 全国部分省会城市居民人均可支配收入排名（2012年）

单位：元

排名	城市	城镇居民人均可支配收入	排名	城市	城镇居民人均可支配收入
1	杭州	41842	14	济南	25755
2	上海	40188	15	合肥	25434
3	广州	38054	16	长春	23089
4	北京	36469	17	石家庄	23038
5	南京	36322	18	重庆	22968
6	呼和浩特	32646	19	太原	22587
7	长沙	30288	20	哈尔滨	22499
8	西安	29982	21	银川	21901
9	天津	29626	22	贵阳	21796
10	福州	29399	23	兰州	18443
11	成都	27194	24	乌鲁木齐	18385
12	武汉	27061	25	西宁	17634
13	沈阳	26431			

资料来源：根据2012年各城市经济社会统计公报发布数据整理。

二 东北地区三省城镇居民收入较低成因分析

东北地区三省城镇居民收入与全国其他地区比较总体偏低;东北地区三省之间比较也存在差异,辽宁省城镇居民收入较高,其次是吉林省,最后是黑龙江省。在经济转型过程中,体制、机制、政策、社会等矛盾都会成为影响城镇居民收入的重要因素。

(一)初次分配格局限定了居民收入份额

国民收入初次分配格局决定了居民部门、政府部门和企业部门在国民收入分配中的利益格局。居民部门即劳动者报酬占国内生产总值的大小,体现着劳动者在国民收入初次分配中所得到"蛋糕"份额的多少,如果居民部门分得的"蛋糕"份额较少,居民个人的收入必然受到限制。一般来讲,市场经济发达国家劳动者报酬所占 GDP 比重较高,美国劳动者报酬占 GDP 比重高达 70%,其他很多市场经济比较成熟的国家的比重也都在 54%~65%。我国在改革开放初期,劳动者报酬占 GDP 比重较高为 50% 以上,2003 年以后,劳动者报酬在国民收入分配中的比重不断下降,2011 年劳动者报酬占 GDP 比重为 44.94%。通过对东北地区近二十年的数据监测发现,三省的劳动者报酬占 GDP 比重都显示出下降趋势。辽宁省劳动者报酬占 GDP 比重波动较小,一直保持在 45% 左右,1994 年为 45.6%,2011 年为 46.2%;吉林省劳动者报酬占 GDP 比重开始较高,但近几年下降的速度较快,从 1994 年至 2003 年,吉林省劳动者报酬占 GDP 比重一直在 60% 左右,最高的 2001 年达到 66.23%,到 2011 年下降到 38.89%;黑龙江省劳动者报酬占 GDP 比重偏低,且下降趋势明显,1995 年为 48%,2011 年下降到 36.9%,下降 11.1 个百分点。

根据我国市场经济发育程度,劳动者报酬的比重偏低,基本符合市场经济发展规律。随着社会主义市场经济发展越来越成熟,我国劳动者报酬的比重会越来越高,早在 2009 年初,温家宝总理在政府工作报告中就指出,要抓紧制定调整国民收入分配格局的政策措施,逐步提高劳动者报酬在初次分配中的比重。

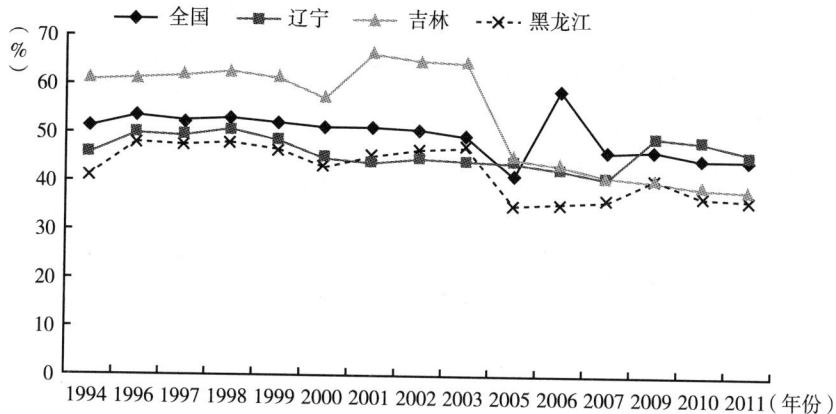

图3 东北三省劳动者报酬占GDP比重变动情况

资料来源：根据中国年鉴数据推算整理。

（二）政府调节再分配力度不够

如果初次分配是市场效率的结果，再分配则应体现社会公平，政府通过国民收入再分配进行调节是使收入分配趋于合理化的有效手段。政府采取分配措施首先要有足够的财力，从我国初次分配情况看，分配比重有越来越向政府部门倾斜的趋势，1994年，我国政府部门在国民收入初次分配的比重为11.91%，2011年上升为15.61%，近二十年的时间上升了3.7个百分点。同期，辽宁省政府部门在国民收入初次分配中比重由15.37%上升到18.64%，上升了3.27个百分点；吉林省由10.37%上升到15.5%，上升了5.13个百分点；黑龙江省由17.39%降到16.83%，略微下降0.56个百分点。东北地区三省政府部门收入总体呈上升趋势。

政府实施再分配的手段主要是通过初次分配获得税收等收入，经过财政支出的预算，用于经济建设、文教卫生、国防建设、社会福利、行政管理等各个方面。由于我国正处于经济社会转型期，为了保持经济快速发展，政府必然承担社会经济职能，由此形成了建设型财政模式。尤其是地方政府，在追求GDP的目标下，加之社会资本参与投资力度不够，政府自然成为投资主导者，却忽略了公共财政职能，挤压了居民收入分配的份额。尽管我国不断加大公共财政建设力度，但财政支出中用于经济建设支出比重仍然远远高于其他项目支出。从近五年的数据看,辽宁省财政支出中经济建设费用支出比重都在50%以上;吉林省在50%左右;黑龙江省比重略高于其他两省,2011年达到60.83%。

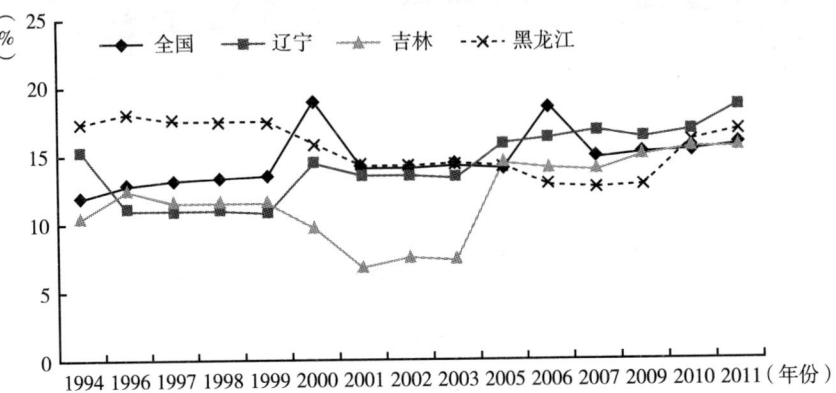

图4 东北三省政府部门在国民收入初次分配中的比重变动情况

资料来源:根据中国年鉴数据推算整理。

表3 东北地区三省财政支出项目构成

单位:%

项 目	省 份	2006年	2007年	2008年	2009年	2010年	2011年
经济建设费	辽 宁	50.6	51.11	53.09	53.03	59.1	51.79
	吉 林	54.8	50.69	53.16	53.15	47.33	48.34
	黑龙江	56.71	52.08	51.79	55.93	59.87	60.83
社会文教费	辽 宁	20.43	21.66	21.79	24	21.35	22.58
	吉 林	20.2	24.91	24.5	22.69	23.12	24.03
	黑龙江	21.43	24.86	24.14	23.64	22.26	22.29
国 防	辽 宁	0.24	0.33	0.02	0.28	0.24	0.29
	吉 林	0.09	0.15	0.12	0.22	0.21	0.2
	黑龙江	0.2	0.21	0.18	0.18	0.22	0.18
行政管理费	辽 宁	23.41	22.55	21.14	18.02	17.01	16.01
	吉 林	21.27	22.93	20.86	19.62	17.2	15.91
	黑龙江	18.23	20.88	21.59	17.56	15.86	14.23
其 他	辽 宁	5.31	4.33	3.73	4.67	2.3	9.33
	吉 林	3.64	1.31	1.36	4.32	12.15	11.52
	黑龙江	3.42	1.97	2.31	2.68	1.79	2.47
合 计		100	100	100	100	100	100

资料来源:根据东北地区三省年鉴数据整理推算。

(三)产业与就业结构非协调性,影响居民收入

2003~2012年,辽宁省第一产业比重在8%~11%,第二产业比重在45%~54%,第三产业比重在37%~41%;吉林第一产业比重在12%~19%,第二产业比重在40%~53%,第三产业比重在35%~40%;黑龙江省第一产业比重在12%~15%,第二产业比重在47%~54%,第三产业比重在34%~37%。而三省的劳动就业结构与三次产业结构却出现了非一致性。2003~2012年,东北地区三省第一产业就业比例都保持在30%以上,辽宁省第一产业劳动就业比例为30%~35%,第二产业为28%左右,第三产业为37%~43%;吉林省第一产业为43%~50%,第二产业为18%~20%,第三产业为31%~37%;黑龙江省第一产业为41%~51%,第二产业为19%~21%,第三产业为28%~40%。第一产业辽宁省就业比重相对较低,分别比其他两省平均低10个百分点以上;第二产业辽宁省比其他两省就业比重平均高9个百分点左右;第三产业辽宁省分别比吉林省平均高约5个百分点,比黑龙江省平均高约7个百分点。

从近十年来东北地区三省劳动就业在三次产业分布情况可见,一是增加值在20%以下的第一产业仍聚集着30%~50%的劳动者,劳动力向高层次的第二产业或第三产业转移的速度缓慢;二是十年来三省的第三产业增加值基本在35%~40%徘徊,产业发展缓慢,由此说明,现代产业部门在东北地区三省的发展规模与力度不足,导致第二和第三产业无法吸收大量劳动者从第一产业转移出来,因而也无法刺激第二产业和第三产业劳动工资水平的增长。

(四)民营经济发展滞后,影响城镇居民收入

2012年,东北地区三省城镇私营个体经济就业人数占城镇总体就业人数比例都在75%左右,同年全国城镇私营个体经济就业人数占城镇总体就业人数不足70%,东北地区城镇私营个体经济就业高于全国平均水平,由此可说明,东北地区三省城镇私营个体经济有较强的吸纳剩余劳动力就业的能力。但城镇私营个体经济发展规模不足影响了城镇居民就业规模,进而影响城镇居民收入增加。东北地区三省民营经济发展无论是发展环境、整体规模、投资力度

或是企业自主创新能力等方面都存在较大差距,民营经济发展滞后在一定程度上影响了东北地区城市化进程,同时在吸纳剩余劳动力就业方面"疲软"无力。

三 提高东北三省城镇居民收入路径选择

1. 优化产业结构

根据中国社会科学院财经战略研究院 2012 年 12 月 12 日发布《中国宏观经济运行报告 2012》的统计分析,1991 年以来的 20 年中,中国的经济结构失衡指数总体处于次级不均衡状态,中国经济结构严重失衡,其中收入分配失衡指数已接近预警状态。经济结构如果持续失衡会导致经济发展的不可持续性,进而影响就业结构与收入分配结构。经济结构调整的重要内容是要进行产业结构调整,使产业结构趋于合理化和产业结构达到高度化。目前,东北地区三省在产业结构优化上远未达到合理化水平,更谈不上高度化。2012 年,辽宁省三次产业结构比重为 8.7∶53.8∶37.5,吉林省为 11.8∶53.4∶34.8,黑龙江省为 15.4∶47.2∶37.4,其中第三产业比重东北地区各省都在 35% ~38%,与全国平均水平相差 5 ~8 个百分点。2009 年,国家在《关于进一步实施东北地区等老工业基地振兴战略的若干意见》中再次强调要"优化经济结构,建立现代产业体系",要求东北地区要"做优做强支柱产业""积极培育潜力型产业""加快发展现代服务业",东北地区三省也把改造传统产业、推进产业信息化、发展战略性新兴产业及现代生产服务业和生活服务业作为"十二五"时期战略发展的重要任务来抓。如能如期实现,不但能使东北地区具有优势的大型铸锻件、核电设备、风电机组、盾构机械、先进船舶和海洋工程装备、大型农业机械、高速动车组、大功率机车、高档数控机床等产品档次提升和产品品牌效应增强,还会使其产业结构的高度迅速提高,缩小与南方发达省份的差距。另外,产业结构的优化还会加快推进缩小城乡差别的进程,尽快地将农村剩余劳动力从传统产业解放出来,加快城镇化水平的提高。同时,鉴于高端产业发展对劳动力素质的高要求,产业层次的提升对于提升劳动者文化素质和业务素质、改善劳动就业结构,进而提高居民收入水平具有积极的意义。

2. 规范收入分配秩序

提高人民生活水平、增加居民收入的重要手段是规范收入分配领域的秩序，通过实施治理收入分配规则混乱、收入分配机制混乱、收入分配标准混乱的办法，建立收入分配新秩序。首先，对收入分配的制度系统进行健全和完善，例如，建立个人收入信息公开制度，政府能够及时和清楚地掌握每个居民的收入信息，对逃避纳税者进行监督和治理，将高收入者和低收入者的收入差距通过税收机制调节和规范在合理的范畴之内。其次，收入分配制度的建立能够制止和避免"灰色收入"的产生，目前，"灰色收入"已经成为威胁社会稳定的不和谐音符、扩大居民收入差距的"隐性"推手，根据王小鲁课题组2005~2006年对全国十几个省份（其中包括辽宁省和黑龙江省）几十座城市的抽样调查发现，有4.8万亿的隐性收入没有反映在居民收入统计的数据中，主要发生在高收入阶层，如果包括了隐性收入之后再对居民收入差距进行校正，只以城镇居民为例，10%的最高收入组与10%的最低收入组的收入差距就从9倍扩大到31倍。"这意味着我国国民收入的分配失衡比过去所普遍了解的情况更严重。"再次，规范收入分配秩序还要建立收入分配机制，正如国内许多专家学者的观点：建立优先就业的宏观调控机制，建立正常的工资增长机制，建立城乡劳动者同工同酬机制，建立政府公共服务机制等。最后，要更新观念、调整心理，增加满足感。其实，居民收入的增加并非居民生活水平提高的唯一条件，通货膨胀、物价上涨、就业率低、社会保障机制不健全等经济社会因素都会影响居民生活的质量，"容易满足"也是提高幸福指数的重要方面。

3. 建立健全社会保障体系

社会保障是居民收入的稳定器，是保障维持居民基本生活和维护生命的最低防线。通过社会保障手段实现国民收入再分配，既体现着发展成果由人民共享、改革成果惠及百姓的国家经济社会发展目标，也体现着社会公平、政府责任及政府的执政能力，因此，建立健全社会保障系统既关乎百姓利益和其他社会集团的利益，也关系着国家的前途命运。我国社会保障体系包括社会保险、社会福利、社会救济和社会优抚四个部分。泱泱大国，在现有财力及经济发展程度下，对13亿人进行社会保障实属不易。2011年，国家财政用于社会保障和就业与医疗保险支出占国家财政总支出的16.05%；辽宁省财政用于社会保障和就业与医疗保险支出占全省财政一般预算支出的21.49%，吉林占20.11%，黑龙江省占20.14%。近年来，东北地区三省财政对社会保障投资力度的稳步加大，一方面得益于国家振兴东北战略加大对东北地区的政策倾斜，另一方面得益于各省政府对社会保障系统工程建设的重视，三省规划在"十二五"末健全和完善社会保障体系，建立覆盖城乡居民的基本医疗保障体系，完善失业、工伤、生育保险制度，提高保障水平，发挥社会保障对改善人民生活、提高生活质量的应有作用。

₿.16
东北三省社会保障体系发展建设研究

王 一*

摘　要：

　　老工业基地振兴战略实施以来，东北三省的社会保障制度取得了突破性进展，初步建成了覆盖城乡的社会保障体系，基本消化了国企改制的社会成本，做实个人账户工作走在全国前列，逐步实现了由配套工具向制度化建构的转变。但仍存在诸多体制性、结构性问题有待解决，在未来的工作中，为进一步完善东北三省的社会保障制度，应以增强公平性、适应流动性、注重可持续性为原则，不断健全完善具有东北三省特色的社会保障体系，促进社会保障从形式普惠走向实质公平。

关键词：

　　东北振兴　社会保障　协调发展

　　自2003年国家实施东北老工业基地振兴战略以来，东北三省经济社会发展水平显著提高，以国有企业改革为重点的体制机制变革取得重大突破，重点民生问题逐步解决，城乡面貌发生很大变化。可以说，实施东北三省等老工业基地振兴战略的十年，是改革开放以来东北三省经济综合实力提高最显著、城乡居民得到实惠最多的时期。在此背景下，社会保障制度作为民生工作的重要领域也取得了突破性进展，初步建成了覆盖城乡的社会保障体系，基本消化了国企改制的社会成本，做实个人账户工作走在全国前列，逐步实现了由配套工具向制度化建构的转变。但也应该意识到，由于各种历史与现实原因，东北三省社会保障制度在可持续性、公平性、整合性等方面仍存在诸多体制性、结构

---

* 王一，吉林省社会科学院社会学所助理研究员，博士，研究方向：社会保障与社会政策。

性问题,已经取得的成果有待进一步巩固,深层次矛盾有待进一步解决。因此,在振兴东北战略十周年的历史背景下,认真总结社会保障制度的实践经验、反思问题障碍、提出未来发展思路,不仅是完善社会保障制度的需要,也是推进东北老工业基地全面振兴的需要。

一 东北三省社会保障制度十年历程

进入21世纪以来,在关注民生、以人为本的政策环境下,社会保障的制度理念已经由改革开放初期的效率优先向公平优先转变,社会保障作为再分配制度,其维护社会公平的职责逐步得到普遍认同,社会保障制度建设迎来了前所未有的发展机遇。但东北振兴是在国企转制的背景下拉开序幕的,社会保障制度在振兴初期仍然是作为配套改革措施推进的,保障对象和覆盖范围都有所限制,此后,随着新型农村社会养老保险、城镇居民基本医疗保险、农村最低生活保障制度等项目的深入推进,社会保障制度覆盖面逐步扩大,开启了制度化建构过程。

(一)配套改革阶段:2003~2006年

自振兴东北老工业基地战略实施伊始,东北三省抓住机遇进行了国企改革攻坚战,大量国有企业进行了各种形式的产权变革、资产重组的公司化改造。国企改制将职工的保障责任由企业转移给社会,直接推动了社会保障制度的配套改革。

一是东北三省抓住国有企业下岗职工基本生活保障向失业保险并轨的试点机遇,妥善解决并轨人员的再就业、社会保险关系接续、劳动关系处理问题。截至2006年4月试点工作结束,东北三省共有超过300万名下岗职工实现了由基本生活保障向失业保险的并轨,兑现经济补偿金近500亿元,有力地配合和促进了国企改革攻坚战的顺利完成,起到了维护社会稳定的重要作用。

二是在养老保险方面,这一阶段已经从传统的现收现付制转变为"统账结合"的部分积累制模式,但个人账户普遍处于空账运行状态,辽宁省自2001年开始实施做实养老保险个人账户的试点,2004年吉林省和黑龙江省也在国家政策的支持下开始推进这项工作,按1%的比例起步做实个人账户,到

2006年末，三省有80%的基金实施了有效运营，取得了较高的收益；落实中央《关于完善企业职工基本养老保险制度的决定》要求，逐步提升个人缴费与养老金待遇的关联性，起到了良好的制度激励作用，同时对于城镇个体工商户和灵活就业人员参加城镇职工基本养老保险给予优惠政策，养老保险的覆盖面显著扩大。

三是在医疗保险方面，原有的公费医疗和劳保医疗制度被"统账结合"的城镇职工基本医疗保险所取代，初步实现了权利与义务相对等，有效控制了医疗费用不合理使用；2003年，开始落实中央发布的《关于建立新型农村合作医疗制度的意见》要求，形成了以大病统筹为基础的农民医疗互助共济制度，截至2006年底，东北三省共有近100个县参加了新农合试点，其中吉林省有24个县参加了新农合试点，覆盖农业人口840.17万人，参合农民达624.42万人，参合率达74.32%。

四是在社会救助方面，落实中央颁布的《城市居民最低生活保障条例》，其中没有生活来源、没有劳动能力又没有法定赡养人、扶养人或者抚养人的城市居民，全额享受当地城市居民最低生活保障标准。同时开始由单一救助向综合救助发展，从基本生活保障向医疗、住房、教育等保障过渡，截至2006年底，东北三省共有超过50个县（市、区）开展了城市医疗救助制度试点工作，并建立了大病医疗费报销与常见病救助性结合的救助模式，为今后城市医疗救助工作的全面铺开积累了经验。

从总体上来讲，这一阶段东北三省的社会保障制度以配合解决国企改制遗留问题为主线，但社会保障的主体性地位已初步显现，保障项目和覆盖面都不断拓展，为下一阶段的制度化建构奠定了良好的基础。

（二）制度化建构阶段：2007年至今

在国企改制工作结束后，东北三省的社会保障制度逐步摆脱国有企业改革配套工具的命运，开始有了主体性的发展，制度框架逐步明确，内容逐步完善，成为经济社会发展中一项独立而不可或缺的制度安排。

一是开展新型农民社会养老保险和城镇居民社会养老保险。2009年，东北三省开始进行"新农保"试点工作，这项新型社会养老保险制度遵循"保基本、广覆盖、有弹性、可持续"的基本原则，引导农村居民自愿参保。2011年，东北三省开展城镇居民社会养老保险试点工作，将城镇户籍非从业人员纳入养老保险范畴。自此，养老保险实现了制度层面的全覆盖。

二是建立城镇居民基本医疗保险制度。东北三省落实中央《关于开展城镇居民基本医疗保险试点的指导意见》要求，逐步推动落实城镇居民基本医疗保险制度的试点工作。这项制度的目标群体是城镇非从业人员，资金来源以家庭缴费为主，政府按实际情况给予特殊困难群体适当补贴，属于以大病统筹为主的现收现付制医疗保障项目。截至2012年底，东北三省城镇居民医疗保险最高支付限额达到当地居民人均可支配收入的6倍以上且均不低于6万元，统一建立了城镇居民大病补充医疗保险制度，最高支付限额10万元，平均报销比例不低于80%。城镇居民基本医疗保险制度与城镇职工基本医疗保险制度、新农合共同构成了覆盖城乡的医疗保险制度体系。

三是建立农村最低生活保障制度。2007年，东北三省开始落实《关于在全国建立农村最低生活保障制度的通知》要求，积极推进农村最低生活保障制度建构，对于因丧失劳动能力、疾病、年老等原因造成的家庭年人均纯收入低于当地最低生活保障标准、生活常年困难的农村居民，提供维持其基本生活的物质帮助。自此，覆盖城乡的最低生活保障制度在东北三省初步建立，切实解决了农村贫困家庭的经济困难。

从总体上来看，这一阶段东北三省逐步建立起与市场经济体制相适应的社会保障体系，在制度层面上基本实现了全覆盖。城镇职工基本养老保险、城镇居民基本养老保险和新农保三项制度的实施实现了城乡居民养老保险的全覆盖；城镇职工基本医疗保险、城镇居民基本医疗保险和新农合三项制度的落实实现了城乡居民医疗保险的全覆盖；在社会救助、社会福利等方面也更加注重覆盖全体城乡居民。社会保障制度基本完成了从单位组织的配套工具到和谐社会的重要目标的伟大转变，为社会保障制度持续良性发展奠定了良好的基础。

二 东北三省社会保障制度的基本经验

在过去的十年中，面对老工业基地振兴带来的体制创新机遇，东北三省的社会保障制度实现由配套改革向制度性建构的重大转变，在制度层面上初步实现了城乡居民的社会保障全覆盖，扶贫开发事业为社会和谐稳定与经济健康发展发挥了不可替代的作用，主要表现为以下几点。

一是建立新型社会保障体系。经过十年来的改革发展，东北三省的社会保障制度覆盖了现代社会保障制度要求的各个项目，包括养老保险、医疗保险、失业保险、工伤保险、生育保险等社会保险项目，最低生活保障制度等社会救助制度，以及社会福利和优抚安置等项目。体系框架的基本确立对社会保障制度的规范发展具有十分重要的意义。

二是注重与经济社会发展水平相适应。东北三省社会保障制度由配套改革向制度性建构的转变，体现了社会保障制度建设与经济社会发展整体要求的配合性，社会保障制度在这次改革中经历了严峻的考验，基本做到了与经济社会发展水平相适应，在经济社会变革中充分发挥了维护稳定和保障发展的作用，而且随着经济体制改革不断深入，社会保障制度越来越完善。

三是价值取向逐步向公平优先转变。改革开放后，效率优先成为整个社会的共识，社会保障的价值取向也受到影响，"社会保障不是免费午餐"成为改革时代的流行观点，降低政府责任成为社会保障改革的重要目标，整个改革进程表现出一种矫枉过正的取向。但当工人失业、退休者需要养老金、百姓看病贵看病难、城乡贫困现象显著的时候，政府开始意识到不能用经济领域的价值观念进行社会保障制度改革，社会保障应有的追求公平的价值取向开始被越来越多的人重新认同，各项社会保险制度的覆盖面迅速扩展，东北三省逐步走出矫枉过正的年代。从对公平至上的矫枉过正，到社会保障价值取向与经济发展价值取向的紊乱不清，再到近年来社会保障的公平观念开始被越来越多的人认同，在改革进程中，社会保障制度的公平取向在历经曲折后重新得到人们的认同。

四是政府责任回归理性。经过近十年的深化发展与制度性建构，东北三省形成了政府、企业、社会成员共担的社会保障责任体系。这种责任体系在延续了国家责任的基础上，强化了社会和个人的责任，增强了制度的安全性与可靠性。同时，社会保障制度呈现资金筹集多元化、管理服务社会化的趋势，政府与社会的合作关系初步形成。

三 东北三省社会保障制度面临的问题与挑战

尽管东北三省的社会保障制度已经初步实现了制度全覆盖,但由于各种历史和现实原因,社会保障制度在可持续性、公平性、整合性等方面仍存在诸多体制性、结构性问题,主要表现在以下几个方面。

(一)公平性不足

社会保障作为具有经济福利性的生活保障体系,是公共资源的重要组成部分,应该修正市场资源分配产生的不平等,起到保护弱者的作用,满足公共利益的需要。但东北三省社会保障覆盖面的不断扩大并没有从根本上解决社会保障的公平性问题,主要表现在城乡、区域和阶层之间。首先是城乡分层问题。社会保障的城乡二元格局使农村居民所享受的养老、医疗等方面的社会保障待遇与城市存在较大差距。其次是区域分层问题。改革开放以来,区域、城市之间的经济发展水平出现分化,在东北三省范围内主要体现在省会城市、地级市与县级市之间的分化。最后还有阶层间的福利分层。公共部门的就业者特别是公务员"保护过度",非公共部门的就业者特别是农民和农村迁移劳动者"保护不足"。以养老保险为例,目前存在着城镇职工基本养老保险制度、"退休金"制度和城乡居民社会养老保险制度三种制度形态,不同制度间待遇差距很大。除去城乡、区域和阶层之间的福利分层以外,还存在部门、行业等方面的福利分化现象,目前的社会保障资源配置在巩固并强化着现有的社会分层格局,这不仅违背了社会福利的宗旨,还违背了以人为本的价值理念。

(二)运行效率较低

从总体上来看,东北三省社会保障制度运行效率较低,主要表现在:一是统筹层次低,由于不同统筹地区各自为政,资金不能调剂使用,极大地限制了社会保险的社会共济作用,影响和制约了社会保险基金效用的发挥,导致基金使用效率低下,而且统筹层次越低意味着决策权越分散,基金的风险越高。当地政府对社保资金有很大的支配权,挤占、挪用等现象时有发生。二是城乡社会保障制度的整合和衔接仍不到位，当居民在城乡之间流动时，其社会保障待遇未能得到自由、合理、有序的转续，身份资格认定、缴费年限认同、保障资金转移、待遇核定计发等政策都不尽合理，导致社会保障待遇的损失。三是社会化程度较低、管理体制不顺畅增加了制度运行的成本，影响了社会保障制度的效率。从总体上看，东北三省社会保障总体水平仍然滞后于经济发展水平，在一定程度上影响居民对于未来的预期，而且在调节收入分配方面的作用发挥得也不够充分，社会保障资源主要集中于城市，进一步强化了城乡差距；社会保险统筹层次较低，不利于调节地区差距；社会保障制度对于就业的带动作用也不明显，甚至阻碍了劳动力的自由流动，东北三省社会保障制度对社会经济运行的促进作用仍有待加强。

（三）存在"碎片化"现象

东北地区的社会保障制度改革走的是一条逐项推进、多轨并存的渐进式道路，推进程度的差异造成了现实中的"碎片化"问题。养老、医疗、社会救助等各项社会保障制度分别由人力资源社会保障、卫生、民政、教育等多部门经办，各部门的管理方式并不统一，信息也不能共享，导致各地间难以转移接续，不仅妨碍劳动力流动，而且加大了管理成本。另外，由于各社会保障项目都是从基层试点开始逐步推广的，社会保障项目的统筹层次难以提高，目前东北地区企业职工基本养老保险实现了省级统筹，其他保障项目都实行市级甚至县级统筹；由于各地缴费比例和待遇标准各不相同，异地养老保险资格认证困难，医疗保险异地就医即时结算难以实现，又制约了社会保障的制度建构。

（四）存在可持续性风险

首先，东北三省的社会保险筹资模式存在一定的制度缺陷，城镇职工基本养老保险等社会保险制度采取的是"社会统筹与个人账户相结合"的筹资模式，在人口老龄化的背景下，社会保险存在"系统老龄化"的风险，也就是说存在实际缴费人群相对减少、享受人群相对扩大的趋势。这一现象不仅存在于社会养老保险中，也存在于社会医疗保险中，系统老龄化使社会保障存在严重的可持续性风险。其次，社会保障的资金来源比较单一，城镇职工各类社会

保险项目的资金来源主要依靠企业和个人缴费，财政和其他渠道筹资较少，不仅加重了企业负担，也造成了一定的系统风险。最后，社会保险基金的贬值现象比较严重，东北三省的历史欠账较多，需要提高基金的利用效率。但从近年的实际效果看，社会保险基金的投资回报率很低，势必影响社会保障支付能力和制度的可持续性。

四 完善东北三省社会保障制度的对策建议

在劳动者流动性不断增强、人口老龄化趋势愈加显著的背景下，东北三省的社会保障制度需要以增强公平性、适应流动性、注重可持续性为原则，不断健全完善具有东北特色的社会保障体系，促进社会保障从形式普惠走向实质公平。

（一）适应劳动力流动性需要，注重社会保障制度的整合与衔接

由于各种历史和现实原因，目前东北三省社会保障制度的整合与衔接尚不到位，东北三省正处在工业化、城镇化快速发展的历史时期，劳动力流动规模明显增加，社会保障制度必须适应劳动力的流动性需要。一方面要提高社会保险统筹层次，改变目前社会保险县（区）级统筹的状况，逐步实现省级统筹，实行统一制度、统一标准、统一管理、统一调剂的管理方式，促进劳动力的合理流动，扩大基金调剂范畴，充分发挥互助共济和防范风险的功能。另一方面要实现社会保险无障碍衔接，以农民工群体为重点，妥善解决劳动力流动过程中养老保险、医疗保险等社会保险关系的转移接续问题，实现医疗保险缴费年限在各地互认和累计合并计算。

（二）增强社会保障基金支付能力，保证制度的可持续性

社会保障基金是社会保障制度长期稳定运行的经济基础，在人口老龄化和劳动力流动性不断增强等多重压力的背景下，有必要增强社会保障基金的支付能力。一是明确各级政府社会保障责任，建立分级投入机制，提升社会保障支出比重，保证地方政府的财政收入水平与支出责任相匹配，增加对欠发达地区

的转移支付，缩小地区间的待遇差别。合理确定各保障项目的保障水平，控制并缩小群体间待遇差距。二是依法加强社会保险费征收和惩处力度，探索建立社会保险诚信机制，努力做到应缴尽缴，同时严格规范社会保险基金支出，保障资金安全。三是开拓社会保障基金投资渠道，确保社会保障基金保值增值。此外，要确定合理的社会保障水平，既满足公众的基本生活需求，又避免"泛福利化"倾向，还要注意制度的激励作用，提高公众参保的积极性，保障社会保障的可持续性发展。

（三）加强社会保障管理与监督，提升管理服务水平

目前社会保障事务由人力资源和社会保障部、民政部、卫生部等部门分散管理，多头管理的状况不利于社会保障的监管工作。要做好制度间的协调与衔接应重点做好以下工作：一是建立和完善社会保障监督体制。建立健全统一的社会保障监管机构，做到权责对等，集中监管，同时，应充分发挥工会、社会组织等社会群体的监督权利，完善监管体系。二是进一步提高社会保障管理服务水平。要加快建立项目齐全的社会保障信息管理系统，实现信息资源的共享机制，适应人员流动和转接移续的需要。三是加强社会保险经办机构能力建设，整合现有基层经办资源，规范和优化社会保障管理服务流程，创新管理服务手段，提高管理效率和服务质量，以满足人民群众的实际需要。

参考文献

郑功成：《中国社会保障改革与发展战略：理念、目标与行动方案》，人民出版社，2008。

关信平：《当前我国社会保障制度公平性分析》，《苏州大学学报（哲学社会科学版）》2013年第5期。

吴雪平：《我国社会保障政策的经济分析》，《人民论坛》2013年第4期。

李争艳：《浅谈我国社会保障管理体制的改革与创新》，《现代经济信息》2013年第3期。

B.17
东北三省教育事业的发展状况分析

张　媛*

摘　要：

在老工业基地全面振兴的过程中，东北地区的教育事业经过不断的改革创新，取得了显著成效。在以政府为主体、社会各界共同参与的办学体制下，东北地区的教育体制改革不断深入，现已形成基础教育、高等教育、职业教育和继续教育合理衔接，学校教育与在职教育相互配合，学历教育与非学历教育协同发展的布局完善的发展结构。教育越来越成为推动东北地区经济社会发展，服务东北全面振兴的重要力量。

关键词：

教育事业　基础教育　高等教育　职业教育

一　东北振兴中教育事业的发展成就

实施东北老工业基地全面振兴战略以来，东北地区的教育事业迎来了跨越式发展。各类教育在促进公平的基础上着力提高教学质量，提升教育在服务经济社会发展中的作用和能力，以适应改革的发展和新形势的客观要求。基础教育、高等教育、职业技术教育和成人继续教育等各类教育事业蓬勃发展，有序推进。

（一）基础教育稳步发展

全面振兴战略实施以来，东北地区的基础教育经历着从应试教育向素质教

---

* 张媛，辽宁社会科学院社会学研究所助理研究员，管理学硕士，主要研究方向：社会保障水平与收入分配理论。

育推进的重要时期，城乡教育资源分布的公平性提高，农村基础教育的建设和管理加强，教育资源布局较为均衡合理，教学质量和效果全面提升，基本满足了人民群众对基础教育的合理需求。经过调整、合并和改造，东北地区拥有的小学数量从2003年的30902所减少到2012年的14799所，由于生源持续减少，小学在校生也从2003年的712.7万人减少到2012年的542.2万人。普通中学数量从2003年的6758所减少到2012年的5527所，在校生则从2003年的646.3万人减少到2012年的482.3万人（见表1）。

表1　东北振兴以来基础教育情况分省一览表

年份	省份	小学		普通中学	
		数量（所）	在校生数（万人）	数量（所）	在校生数（万人）
2003	辽宁	11339	289.2	2341	241.1
	吉林	8163	183.3	1698	157.8
	黑龙江	11400	240.2	2719	247.4
2006	辽宁	8434	254.7	2237	226.9
	吉林	7010	155.6	1591	149.0
	黑龙江	9288	210.3	2516	216.8
2009	辽宁	6037	225.6	2112	207.7
	吉林	6184	146.11	1488	133.8
	黑龙江	7202	190.4	2247	194.7
2012	辽宁	4779	213.0	2024	183.1
	吉林	5186	142.4	1457	117.4
	黑龙江	4834	186.8	2046	181.8

资料来源：辽宁、吉林和黑龙江三省各年的国民经济和社会发展统计公报。

为建设优质、高效的基础教育，适应全面建设小康社会的要求，东北地区的基础教育在多个方面进行了有益的探索和改革。一是着力加强农村教育，提高农村的毛入学率，持续开展农村小学初中控辍保学工作，各省建立了监测点，对辍学数据进行认定性的评估考核，有效控制了农村辍学现象的发生；二是加强教师队伍建设，考核教师的师德水平和教学能力，提高专职教师比例，提高教师的学历层次；三是改善办学条件，特别是加强农村校舍改造和教学用具及教辅器材的更新，增加学校图书和计算机的供给数量；四是在基础教育公立资源的前提下，鼓励社会力量和民间资本通过多种形式、多种渠道合法办学；五是深化教学内容改革,以灵活多样的教学方式,将书本知识与现实社会紧密联系,将中华传统教育与当今时代特征紧密结合,提高教学内容的实用性和吸引力;六是全面推进素质教育,注重培养具有观察力、创造力等主动思维能力和实践能力的人才。

(二)高等教育持续发展

实施东北全面振兴战略以来,东北地区的高等教育发展迅速。2012年,东北地区的毛入学率在全国居前列,其中辽宁48%,吉林37%,黑龙江34.8%,均高于全国30%的平均水平。东北地区的高等教育基本实现了从精英教育向大众教育的转变,初步形成了结构优化、布局合理、学科齐全的具有东北特色的高等教育体系,在人才培养、知识研究、社会服务能力等方面有了新进展。普通高校数量和在校人数均持续增加。普通高校数量从2003年的165所增加到2012年的249所,在校人数从2003年的122.6万人增加到2012年的221.8万人(见表2)。

表2 东北振兴以来高等教育情况分省一览表

年份	省 份	普通高等学校	
		数量(所)	在校生数(万人)
2003	辽 宁	69	51.4
	吉 林	41	32.0
	黑龙江	55	39.2
2006	辽 宁	77	72.1
	吉 林	45	43.5
	黑龙江	65	58.4
2009	辽 宁	107	85.3
	吉 林	45	53.1
	黑龙江	78	70.9
2012	辽 宁	112	93.4
	吉 林	58	57.9
	黑龙江	79	70.5

资料来源:辽宁、吉林和黑龙江三省各年的国民经济和社会发展统计公报。

实施全面振兴战略以来,为满足社会需求,东北地区扩大了高等教育招生规模,并在一些方面实现了重要的突破。一是为适应培养高层次创新型人才的需要，提高学科建设和效益，东北地区的一些高校进行了合并更名等改革实践，提升了高校整体实力和竞争力，促进了学科的稳定发展。二是加强教学研究，改革教学内容，提升整体实力和竞争力，高校博士点和硕士点持续增加，培养优秀博士和硕士人才的数量持续增加。三是东北地区的高等院校积极探索"产、学、研"相结合的道路，积极承担国家科技项目和国际合作项目，发挥自身服务社会功能，积极兴办高新技术产业，在东北老工业基地振兴的过程中发挥着独特的智囊作用。

（三）职业技术教育迅猛发展

国家实施东北振兴战略以来，东北地区的职业技术教育迎来了前所未有的发展机遇。职业技术教育发展迅速，规模不断扩大，社会认可度和影响力持续提高。东北地区的职业技术学校数量从2003年的612所增加到2012年的1227所，在校人数从2003年的36.8万人增加到2012年的100.6万人（见表3）。

表3 东北振兴以来职业技术教育情况分省一览表

年份	省份	职业技术学校	
		数量（所）	在校生数（万人）
2003	辽宁	298	18.7
	吉林	147	9.2
	黑龙江	167	8.9
2006	辽宁	274	21.8
	吉林	186	14.6
	黑龙江	179	11.7
2009	辽宁	492	55.7
	吉林	384	32.3
	黑龙江	415	39.0
2012	辽宁	463	48.4
	吉林	377	22.9
	黑龙江	387	29.3

资料来源：辽宁、吉林和黑龙江三省各年的国民经济和社会发展统计公报。

在全面振兴战略的指引下，东北地区的职业技术教育取得了很大成就，为东北老工业基地振兴输送了大批实用性、创新性和技能型专业人才。东北地区

先后成立了一批职业技术大学,这些大学在课程设置和培养方向上注重对学生实践能力的培养。一些高等院校还开办了高职班。经历了近几年的发展,东北地区的职业技术教育已经具备一定的基础和规模,适应了经济和社会发展的需要。

(四)终身教育正在形成

东北振兴战略实施以来,特别是近些年来,东北地区的成人教育、远程教育、社区教育正在逐步完善,全民受教育程度显著提高,终身教育体系正在逐步形成。成人教育方面,进行成人高等教育改革,加强对成人教育的质量监控力度,加强对函授辅导机构的年度检查和备案,做到规范化管理,以确保教育质量。远程教育方面,提高网络的适用性,加强网络监管。兴办社区大学、老年大学等,丰富社区文化,提升居民素质。终身教育有效完善了东北地区的国民教育体系,是适应当前教育和社会发展的新理念、新模式。

二 东北地区教育事业发展过程中存在的问题

东北地区的教育资源和教学水平在全国始终居前列,在老工业基地振兴的过程中,东北地区的教育事业在自身发展的同时,也对经济和社会的发展起到了重要的推动作用。但是,从经济和社会发展的全局来看,东北地区的教育事业仍存在一些不容忽视的问题,需要切实加以解决。

(一)教育发展仍不均衡

东北振兴战略实施以来,东北地区的教育实践将推动实现教育资源、教学水平的公平性、均衡性作为改革的目标和重点,采取了一系列制度措施加以推进。但从整体来看,教育发展的不均衡问题仍较为明显。

首先是城乡差距。较之南方发达省份来讲,东北地区的城乡二元结构更为明显,城乡差距特别是教育资源配置、财政经费投入上的不均衡更为突出。东北农村地区的办学条件、师资力量和教学内容明显滞后于城市发展,农村教师普遍工资待遇不高,影响了正常教学工作,甚至出现优秀教师外流、师范院校毕业生不愿扎根农村执教、农村学校较多存在着非正式代课老师等现实问题。农村校舍建设，图书、计算机等硬件条件更明显落后。其次是校际差距。当前，九年一贯制的义务教育在东北地区已全面落实，适龄学生均可实现"有学上"的问题，但城区内不同学校在教学质量、知名度等方面的差异，导致人们大量涌入"名校"，这样的学校班级规模较大，人数较多，影响了教学质量和学生的身心健康，而其他的非名校则往往生源不足，教学资源难以实现合理配置。

（二）素质教育仍需努力

在全面振兴的过程中，东北地区的教育部门积极落实国家实施素质教育的改革方向，采取了一些切实可行的措施和实践，取得了一些成效。但从总体来看，与全国一样，东北地区的素质教育依然处于摸索推进的阶段，存在一些传统的发展阻力。素质教育的重要性虽已得到社会的广泛认同和教育政策上的极大支持，但由于我国当前的社会评价体系没有发生根本性变化，实施素质教育难以使考生获得较好的中、高考成绩，就难以得到社会的认同，学校甚至会失去生存和发展的基础。因此，实施素质教育所需要的社会环境还需逐渐形成和完善，应从全面长远的角度将素质教育推向深入。

（三）高等教育的整体竞争力仍需加强

东北地区的高等教育院校数量和规模在全国居前列，一些重点院校在全国的知名度较高、影响力较大，但随着国家高等教育管理体制改革的深入进行，东北地区高等教育的整体影响力有所下降。东北地区近些年来实施的高校合并重组，虽整合了教育资源，节约了社会管理成本，但也导致部分知名院校的学科优势有所淡化。需要在学科结构、专业设置以及课程内容上进行及时更新，以适应社会发展的新形势、新要求，形成一批适应东北老工业基地振兴所需要的新兴学科。东北地区的高等教育与服务现实社会所需的联系还不够，应加强高等教育与重点产业和大型企业的合作力度，在教学内容、毕业实践以及就业政策上采取更多倾向性的措施，吸引名牌院校的毕业生留在东北地区发展创业，从而为东北老工业基地振兴和东北地区的高等教育发展提供顺畅双赢的平台和发展机制。

（四）学前教育、职业教育、继续教育有待发展

当前，学前教育已经引起国际上的普遍重视，而在中国，学前教育始终是教育体系中相对薄弱的环节。从东北地区来看，普遍存在着公立学前教育资源紧张，私立学前教育费用较高，因此"入园难、入园贵"的现象已引起全社会的广泛关注，特别是在经济较为发达、人口相对集中的中心城市则更为明显。另外，公立幼儿园教师积极性不高，私立幼儿园教师素质参差不齐，人员流动性大，农村地区学前教育则更为薄弱，毛入学率存在较大提升空间。

职业技术教育方面，对职业技术人员的培养应紧密结合老工业基地振兴的实践。当前，职业技术教育在专业设置、课程选择等方面与社会所需还没有做到完全有效的衔接，应采取切实的改革措施，促进东北地区的人才结构向高层次、创新型、实用型、复合型人才转变。另外，职业技术教育经费投入不足，职业技术实训基地数量有限，实习设备多为企业淘汰的机器设备，难以起到开发学生动手能力和理论联系实际的目的。

继续教育方面。当前，东北地区的继续教育尚未完全得到全社会的广泛重视，一方面，部分参加继续教育的学员把学习重点放在提高学历层次上，忽视了通过接受教育真正提升自己；另一方面，社会上的一些办学机构在实施继续教育的过程中对学员要求不严，在课程设置以及成绩考核等方面重视程度不够，影响了继续教育真正落到实处，需要采取措施引导继续教育沿着正常的方向发展。

三 东北地区教育事业发展的对策建议

东北地区的全面振兴离不开人才的培养和教育事业的全面发展，如何实现东北地区教育事业的突破式发展，使教育更好地服务于东北老工业基地全面振兴的实践，是需要认真研究和探讨的课题。

（一）重视学前教育有序发展

东北地区的学前教育资源应坚持公益性和普惠性相结合的方针，构建与城市规划布局相结合的学前教育资源分布网络，为适龄幼儿提供优质、便捷、灵活的学前教育服务。应将学前教育经费列入地方财政预算，并确保占有合理的份额，以保证学前教育顺利开展。首先，重视开发学前教育资源。应根据城市规划和区域人口特征，增加公立幼儿园或鼓励公立幼儿园开办分园或兼并重组幼儿园，特别是对于新开发地区，在城市配套上应将学前教育作为重要部分予以重视安排。鼓励开发单位在兴建社区的同时配套建设幼儿园，鼓励社会资本兴办幼儿园，并在园区场地、税费标准等方面给予一定的政策优惠，引导民办幼儿园提供价位合理的学前服务。其次，尤其重视发展农村学前教育。建立县、乡、村三级农村学前教育管理体制，加强农村学前教育的宣传和引导工作。最后，加强对学前教育的管理和引导。落实安全责任制，加强对各类幼儿园的安全设施管理检查，加强各类幼儿园的食品安全和卫生环境检查，为幼儿提供安全、清洁、舒适的生活环境。严格加强幼儿园收费管理工作，切实杜绝乱收费现象。以科学促进幼儿身心健康和智力发育为宗旨，纠正幼儿教育中的"小学化"倾向，为幼儿提供寓教于乐的成长环境，保障幼儿的健康成长和学前教育的有序发展。

（二）推进基础教育均衡发展

基础教育是整个教育体系中最为基本、最为重要的部分，必须给予高度的重视，切实保障九年义务教育的均衡发展。首先，重视解决农村基础教育问题。必须从制度层面对农村基础教育给予政策倾斜和支持，规范农村教育体制，采取合村并校的方式，整合农村教育资源。挖掘农村师资力量，提高农村教师的工资等待遇水平，对师范毕业生到农村执教给予政策上的倾斜和资金上的补助，鼓励更多的大学毕业生服务农村建设。对农村的校舍改造、图书计算机等教学设备引进等给予专项资金支持，保证有限的教育经费和教育资源优先用于基础教育特别是农村基础教育，提高农村教学设施的标准化程度。对农村基础教育的课程设置等进行及时更新，可建立城市学校与农村学校的帮扶机制和联片教研活动，城市学校在教学方法、教学内容等方面对农村学校进行指导，城市教师可轮流到农村执教，农村教师也可定期到城市学校参观学习，还可以利用远程网络系统加强相互之间的交流与合作，形成城乡教育一体化的良

好发展趋势。其次，加强校际合作交流。可采取重点学校兼并其他学校并以此设立分校的方式，缓解"择校热"的现象，分校区与主校区采用一样的师资力量。再次，改革教学内容。应切实减轻基础教育学生课业负担过重的问题，严禁利用假期等休息时间为学生补课，严禁以考试成绩为依据对学生和教师进行排名，丰富学生的课外活动，减轻学生的课业负担和学习压力。最后，重视进城务工人员子女和农村留守儿童的教育工作。采取切实有效的措施保证他们平等接受义务教育的权利，建立政府、社会共同关心爱护留守儿童的社会联动机制。

（三）加强高等教育学科建设

东北地区的高等教育应发挥自身优势，走特色化大学的发展道路。应着力建设一批有知名度和广泛影响力的重点大学，强化高校办学优势，建设好自身已有的国家重点学科，争取增加更多的国家重点学科。首先，优化高等教育专业结构。在高等教育的专业设置、课程内容等方面进行深入细致的考察和研究，根据当前经济社会发展的实际需要，特别是紧密结合东北全面振兴的实践，以市场需求为依据动态调整学科专业设置和课程安排，为东北振兴输送更多知识型、复合型、应用型人才。其次，深化高等教育制度改革。应切实发挥东北地区经济结构的现实特点，突出实践教学环节，在一些企业中设立高校实践教学基地和成果孵化基地，通过生产实践提升高校学生的实践动手能力，促进其理论联系实际，更好地掌握所学知识，也促进高等教育机构多出快出更多的科研创新成果，所以说，东北老工业基地振兴为高等教育提供了难得的外部环境与社会需求。最后，推动高等教育服务社会。东北老工业基地振兴离不开诸多具有创造性的复合型高端人才，特别是理工科专业人才，而高等教育作为这类人才的摇篮，在东北振兴中承担着技术支持的作用。除此之外，在改造传统产业的过程中，需要高等教育机构提供先进的新材料、新设备、新产品以及新技术，因此高等教育机构与企业的联合不仅有利于高等教育自身的发展，更加有利于为企业生产建设提供直接的技术支持和人才支持，从而服务东北地区的全面振兴。

（四）优化职业教育结构布局

在东北老工业基地振兴的过程中，职业技术教育发挥着举足轻重的作用。

因为东北地区发展工业具有比较优势，而发展工业离不开各类技能型应用型人才，特别是东北地区的制造业具有劳动力密集、技术密集等特点，建设先进的制造业更需要大量高素质的技术工人，所以东北地区应大力发展高等职业技术教育和中等职业技术教育。首先，政府应切实重视职业技术教育。将职业技术教育纳入地方产业发展规划中，加大公共财政对职业技术教育的投入力度，建设职业技术教育实训基地，改善教学设备，健全职业教育教师培训体系，拓宽培训途径，打造高素质的职业教育师资队伍。其次，以就业为导向进行动态调整。应根据市场需求及时调整职业技术教育的专业设置、教学内容及教学方法，重视实践教学环节，在企业设立职业技术教育实训基地，也可因此设立就业联动机制，即在企业实习结束后，根据双方意愿制定就业决策，做好职业教育的就业服务和职业指导。再次，加快发展农村职业教育。东北地区是国家重要的商品粮生产基地，农业在国民经济中所占比重相对其他地区较高，建设社会主义新农村，发展现代农业，离不开大量有文化、懂技术、会经营的新型农民，因此必须大力发展农村职业技术教育，加强涉农专业和相关教学内容的更新完善，增强服务"三农"的能力。最后，完善职业教育支持政策。为提高职业教育的吸引力，应逐步实现中等职业教育免费制度，推进职业教育的学历证书和职业资格证书"双证书"制度，健全困难学生补助制度和优先推荐就业制度，拓宽学习渠道，引导更多人在职学习，提高全社会对职业教育的认可程度。

（五）推进终身教育体系健全

东北地区应以国民教育资源为依托，鼓励引导各级各类学校面向社会开放学习资源，构建新型继续教育体系，搭建公民终身教育服务平台，满足人民群众日益增长的多样化文化需求。首先，统筹协调继续教育的发展。应将继续教育纳入地区教育规划中，加强继续教育法制建设，鼓励个人参加继续教育，支持用人单位以集体形式为员工参加继续教育提供条件。其次，加强继续教育能力建设。应以社区、机关、企业等为依托，开展各类继续教育课程，开发开办老年大学、示范性家长大学等灵活便捷的学习方式，并针对不同人群的不同需求安排实用性强的教学内容，还可以通过远程网络视频的方式，将继续教育送到千家万户。最后，推动继续教育服务社会。可以通过企业教育的方式，设置符合职工职业生涯发展和企业经营发展所需的继续教育培训课程，也可以依托高校开展企业高级管理人员和高级科研人员培训课程，这样不但提高了企业职工的整体素质，同时有助于他们更好地从事生产经营活动，发挥继续教育在东北振兴中的独特作用。

（六）引导素质教育全面推进

全面推进素质教育，是我国顺应国际教育发展的总体趋势，旨在提高劳动者素质和国民素质的重要举措。应深化教育课程与教学改革，以素质教育为目标深化教育体制改革。首先，应更新思想和育人理念，重视培养学生的爱国主义和集体主义情怀，使学生在掌握基础知识和基本内容的基础上，重视培养学生开朗、乐观向上的生活态度和积极进取的创新精神，培养学生终身学习的愿望和能力，提高学生的文化素质和审美能力，促进人的全面发展。其次，各类教育在内容上的侧重应有所不同。九年义务教育应注重培养学生的学习兴趣，提高学生自主学习的能力和习惯，高中阶段的教学内容应具有选择性和多样性特点。最后，探索多样的教学方法和教学内容。教育工作者应根据不同阶段学生的心理发育特点、学习能力规律等探索灵活多样的具有较强吸引力和有效性的教学方式，借助现代多媒体教学手段，使教学内容更符合社会发展的现实要求，更有益于提高学生的创造力和主动思维能力。

参考文献

邵波：《振兴东北老工业基地与东北地区职业教育发展》，《教育探索》2006年第7期。
陈雪、黄鲁玙：《东北老工业基地高职高专院校人才培养创新的思索》，《山东纺织经济》2011年第6期。
张松：《东北经济振兴对职业教育的需求分析》，《商业经济》2007年第12期。
李颖：《创新高职教学体系，服务区域经济发展》，《职业时空》2008年第9期。

B.18 东北三省文化发展报告

李晓南*

摘　要：

振兴东北战略实施以来，东北三省文化工作在不断冲破体制、观念等束缚中前进，成绩斐然，文化事业和文化产业蓬勃发展，文化生产力得以解放，文化创新力逐步增强，文化影响力持续提升。但在迈向文化大省、文化强省的同时，三省在文化产业规模、发展方向与布局等方面还存在一定欠缺。今后一个时期，东北三省文化建设将按照《全国老工业基地调整改造规划（2013～2022年）》的具体要求，进一步巩固已取得的阶段性成果，继续扶持龙头企业，扩大文化消费，优化产业布局，注重文化建设与提升城市功能相融合，在新的历史起点上争取获得突破性进展。

关键词：

文化建设　文化产业　东北振兴

实施东北振兴战略以来，在东北三省各级党委、政府的高度重视与领导下，东北三省文化建设以文化体制改革为突破口，锐意进取，攻坚克难，文化事业不断进步，文化产业不断发展，十年来硕果累累，亮点频呈，取得令人瞩目的成就，为东北三省经济社会全面发展作出积极贡献。

一　东北三省文化事业与文化产业发展基本状况

（一）文化体制改革卓有成效

开展实施东北老工业振兴战略十年以来，东北三省不断深化推进文化体制

---

* 李晓南，辽宁社会科学院社会学研究所助理研究员，研究方向：文化社会学。

改革,通过整合资源、整体推进,均已在重点领域获得实质性进展。其中,辽宁省在深化文化体制改革领域已经走在全国前列,被中央评为文化体制改革先进省。全省100个县(市)、区完成了文化市场综合执法改革任务,组建了综合执法机构,执法效能显著提高。国有文艺院团改革也实现历史性突破,到2012年底,全省61家国有文艺院团,已有58家全部转企改制。14个市全部完成了文化、广电、新闻出版三部门的整合,2011年底,全部实现"三局合一"。同时,不断突破按照行政区划和级别配置文化资源的传统,积极探索文化资源跨区域深度整合。以辽宁大剧院为龙头,组建了中国辽宁剧院联盟,提高全省文化演出市场的整体水平。辽宁日报报业集团在进入市场后,与中部7市党报合作,地市党报全部改版,所属都市报、晚报统一更名为《辽沈晚报》地方版。在广播、电视部门完成融合的基础上,又于2011年末开启了辽宁广播电视台与沈阳广播电视台两级广电媒体合作,通过人力资源、设备、管理运行等方面的统筹整合,摸索省市广电系统同城合作的新模式。自2003年,吉林省率先在全国进行了文化体制改革,较好地完成了中央确定的阶段性改革任务。中央领导对此多次予以充分肯定和高度评价。至2012年,有256个文化单位完成体制改革,注销文化单位288家,有10861人实现了由事业身份向企业身份的转变。在文化市场综合执法改革领域,过去长期存在的文化市场管理工作职能交叉、多头执法和管理缺位等问题已初步解决。改革后,电影、电视、出版、演艺、动漫等行业竞争力进一步增强,出现了长影集团、吉林出版集团、吉林歌舞剧院集团、吉林动漫集团等一批骨干企业。黑龙江省从实际出发,通过加强顶层设计,高层推动,制定灵活务实的政策,在重点领域、关键环节上着力,突破改革瓶颈。对转企改制后的国有文艺院团,其原有事业费、专项经费等继续拨付;转企改制的省属文艺院团,由省级财政平均安排1000万元,用于设备更新和精品创作。到2012年底,已经全面完成中央确定的阶段性改革任务,全省有276家文化单位完成转企,11246个事业编制完成核销,通过改革,国有文化企业的市场主体地位得以增强。

(二)文化事业蓬勃发展

公共文化服务体系不断健全。十年来,东北三省文化事业坚持以人为本,逐步完善公共文化服务体系建设，文化事业建设不断推进，成效显著。2002年，党的十六大报告首次正式提出政府构建公共文化服务的理念，2005年，党的十六届五中全会提出要加大政府对文化事业的投入、逐步形成覆盖全社会的公共文化服务体系的战略规划。此后，三省公共文化服务体系建设进入快车道，在搭建公共文化服务网络、探索公共文化服务方式、完善公共文化服务组织体制和运行机制、保障低收入和特殊群体基本文化权益等方面，三省分别出台了一系列具体政策，作出了重要工作指示，各级财政均加大了对文化事业的投入力度。

公共文化基础设施条件不断改善。至2012年末，辽宁省有文化馆、艺术馆122个，公共图书馆128个，博物馆61个，档案馆150个。年末广播综合人口覆盖率为98.6%，电视综合人口覆盖率为98.7%。年末有线电视用户906.8万户，其中数字电视用户521万户。全年出版报纸70种，出版量15.5亿份；杂志315种，出版量1亿册；图书10369种，出版量1.5亿册。吉林省至2012年末拥有文化馆77个，艺术表演团体41个，公共图书馆66个，博物馆71个，全年参观人数达863万人次。广播人口覆盖率达到98.55%，电视人口覆盖率达到98.69%。有线广播电视用户520.02万户，其中数字电视用户达到395.4万户。全年出版图书2.70万种（套），报纸年总印发量近18亿份，期刊年总印发量近3.8亿册，年出版音像电子出版物640多种。黑龙江省至2012年末共有艺术表演团体54个，文化馆131个，公共图书馆107个，博物馆102个。全省共有档案馆163个，已开放各类档案340万卷、6.6万件。广播综合人口覆盖率为98.6%，电视综合人口覆盖率为98.8%。有线电视用户560.0万户，有线数字电视用户315.0万户。全年出版报纸79472万份，出版杂志5673万册，出版图书6931万册（张）。①

文化惠民工作有实效。以全面推进文化信息资源共享工程为重要抓手，充分整合国家和各省各级各部门建设资金与已有资源，构建公共文化服务体系，落实各项文化惠民项目。近几年来，三省逐步构建覆盖城乡的五级文化服务网，并注重向基层社区特别是农村社区公共文化建设倾斜，文化资源共享工程

---

① 数据来源：2012年辽宁省、吉林省、黑龙江省国民经济和社会发展统计公报。

进村入户工作切实开展，基本实现全覆盖，至2013年各省乡镇综合文化站建设也已全部完成。并通过"职工书屋"、社区文化站等多种方式，对农民工及其子弟提供各类文化服务。其中，辽宁省以广电模式推广文化资源共享的做法得到中宣部高度评价，沈阳市"社区公共文化服务体系建设"被定为国家公共文化服务示范创建项目；吉林省财政大幅提升文化事业经费投入，增幅居全国前三位；黑龙江省加强了文化标志性设施建设，中共党史纪念馆已经建成，省博物馆新馆、东北抗联博物馆等相继动工。

群众文化日益活跃，发展态势良好。近年来，三省通过构建公共文化服务体系，真正带动了基层群众文化建设，培养了基层文化建设人才队伍，在积极送文化下乡的同时，提高了群众文化的创新力与参与度，使人民群众能真正享受文化。群众文化活动丰富多彩，走在全国前列，一批群众文化活动品牌正在形成。其中，辽宁省举办的省级群众文化节，其参与范围之广，活动时间之长，活动内容之充实，不但在省内前所未有，在全国也实属创举。黑龙江省注重创建公共文化品牌，引导普通市民和农民成为文化建设主力军。目前，黑龙江以"城市之光·金色田野"主题活动为引领，13个地市和大部分县正在逐步形成群众参与广泛、特色鲜明的文化活动品牌，由政府倡导、品牌带动、群众参与、遍布城乡、长年不断的群众文化活动格局已经基本形成。

（三）文化产业持续壮大

十年来，东北三省对文化产业发展工作重视程度逐步提升，特别是2009年我国《文化产业振兴规划》出台以来，各省纷纷将文化产业定为战略性支柱性产业，先后制定了一系列深化改革、促进文化产业发展的政策与措施，力争在"十二五"时期以文化产业为新的经济增长点。目前，三省文化产业发展已初具规模，实力有所增强，在产业集群、品牌培育和市场建设等方面均有进展。2012年，辽宁共有文化企（事）业单位3.54万个，从业人员34.8万人，文化产业实现增加值262亿元，比2011年增长了31%，辽宁省文化系统文化产业增加值连续三年实现30%的增长；2012年吉林文化产业增加值突破356亿元，自2007年以来文化产业增加值增幅一直在20%左右；黑龙江2012年文化产业增加值达400亿元，增幅约40.3%，2012年底，全省已建、在建超千万元项目83个,其中,超亿元项目59个,年内投资109.3亿元。三省文化产业均保持了较快发展的良好态势。

产业集群化、规模化和专业化水准不断提高,大型文化产业园项目不断涌现。辽宁全省基地和园区总数达到14个,居全国前列。沈阳棋盘山开发区被文化部命名为国家文化产业示范园区,辽宁大剧院、大连大青集团、沈阳杂技团等文化企业被文化部命名为国家文化产业示范基地,沈阳和大连动漫产业基地被文化部等命名为国家动漫产业基地。吉林省先后涌现了东北亚文化创意科技园、知合动漫产业园、吉林省游艺游戏产业园、东北亚文汇不夜城、东北亚国际标识和创意旅游产业园、国际茶文化产业园等重大项目,投资均超亿元。黑龙江省则提出"以大融合推动文化产业大跨越"的思路,探索建立"文化+"模式,积极促进文化与科技、金融、旅游、信息、地产、教育、体育休闲、物流等产业融合发展,注重推动发展动漫游戏、文化旅游、网络信息、数字内容、文博会展等新型文化业态,截至2012年底已建、在建超千万元项目83个,已建成国家级试验园区1个、国家级示范基地8个、省级重点园区基地56个。

产业整合取得重大进展,培育和打造出一批骨干企业。辽宁省演艺产业迅速崛起。以辽宁芭蕾舞团、辽宁演艺集团、沈阳杂技团、大连杂技团、辽宁民间艺术团等为龙头,各类文艺表演团体达到464家。以辽宁大剧院为龙头,整合全省演艺资源,组建了中国辽宁剧院联盟。首批22家剧院加入联盟,建立了省内演艺机构和演出经营场所统一的项目包装平台、演出经营平台和营销推广平台。吉林省形成了以长影集团、吉林出版集团、吉视传媒股份有限公司、吉林日报报业集团、吉林歌舞剧院集团、吉林省影视剧制作集团、吉林动漫集团为龙头的国有文化产业发展框架,重点培育电影、电视、出版、演艺、动漫等行业竞争力。黑龙江在出版、报业、演艺、网络、文投、文旅等行业重点建设省级企业集团,以大企业集团引领市场开拓和产业发展的战略投资,2012年,省出版集团主营业务收入24.62亿元,利润1.06亿元,成功跨越亿元大关,成为全国发展速度最快、最具潜力的出版集团之一。黑龙江省广播电视网络股份有限公司资产达21亿元,经营收入12亿元,较上年增长9.1%。

文化产业交易平台正在扩展。辽宁省近年来成功举办了中国（东北）文化产业博览会、中国（沈阳）动漫电玩博览会、大连服装节、阜新玛瑙节、岫岩玉石节等节会。其中，仅第四届中国（东北）文化产业博览会即推出投资项目280项，投融资达到300亿元。黑龙江省依托哈洽会平台，连续9年举办文化产业展，既创造经济效益，还对外展示了全省文化产业发展成果，为省内外文化产业的交流交易搭建平台，激活了文化产业市场。

（四）艺术创作呈现繁荣局面，文化影响力不断扩大

文化体制改革使文艺创作释放出巨大活力，近些年来，东北三省涌现出一大批根植黑土地、展现时代与民族精神的精品佳作，普遍呈现文化崛起的良好态势。同时，各省还通过各种方式积极开展对外文化交流与贸易，东北文化在国内国际的影响力与整体知名度不断提升。沈阳评剧团的大型现代评剧《我那呼兰河》摘取第九届中国艺术节"文华奖"。辽宁人艺话剧《黑石岭的日子》同时获得文华奖特别奖和全国话剧优秀剧目展演一等奖。辽宁芭蕾舞团选手在第七届赫尔辛基国际芭蕾舞比赛中获"特别大奖"和"柴可夫斯基音乐表现大奖"；舞团舞蹈学校学员在第九届首尔国际舞蹈比赛中，取得了三金、三银的喜人战绩；该团创作的舞剧《末代皇帝》被文化部列为澳大利亚"中国文化年"重点项目之一，在澳洲、欧洲等地演出时广受欢迎。吉林省京剧《孙安动本》和《牛子厚》、现代评剧《宰相胡同》、满族新城戏《洪皓》、吉剧《大布苏》等剧目，已先后获得文化部"五个一工程"奖、全国少数民族戏剧"孔雀奖""国家舞台艺术精品工程重点资助项目"，以及中国京剧节一等奖、全国戏剧"文化奖"等多项奖项。京剧表演艺术家倪茂才荣获"梅花奖"和"白玉兰奖"。二人转表演艺术家董玮、闫书平、赵丹丹，理论家王兆一荣获中国曲艺"牡丹奖"、终身成就奖。吉歌集团创排的大型歌舞《长白神韵》，首次实现了长白文化与当地旅游业的高度融合，并作为感知中国·吉林文化周的主要节目在俄罗斯、韩国演出，广受好评。黑龙江省专业作家近年来共创作出版各类文学作品数百部，其中迟子建的小说《额尔古纳河右岸》获第七届茅盾文学奖，成为唯一一位获此殊荣的东北三省作家；张雅文的报告文学《生命的呐喊》和李琦的诗集《李琦近作选》均获得第五届"鲁迅文学

奖"；格日勒其木格·黑鹤的小说《狼獾河》荣获第八届全国优秀儿童文学奖。音乐剧《蝶》获第十三届"文华奖"特别奖。此外，随着高端文化品牌的逐渐树立，黑龙江省文化国际知名度在不断提升，如哈尔滨之夏音乐会因国际化色彩突出、活动内容丰富、演艺水平较高，已成为我国对外文化交流的重要载体之一，具有鲜明特色与恒久魅力。

二 东北三省文化建设存在问题

（一）文化产业总体发展水平有限，距成为支柱性产业尚有一定距离

目前东北三省均提出文化产业提速计划，到"十二五"末，力争使文化产业增加值占各省地区生产总值比重不低于5%，成为新的国民经济支柱性产业。但数据显示，至2011年底，吉林省文化产业增加值总量为274.13亿元，同比增加65.36亿元，增幅为31.31%，占GDP的比重达到2.59%，同比提高0.18个百分点；黑龙江省文化产业增加值占GDP的比重为2.27%，同比提高0.24个百分点；辽宁省为3.10%，同比提高0.02个百分点。而同期在广东、江苏等省份，文化产业增加值的GDP占比均已超过5%。相比之下，东北三省文化产业增加值GDP占比普遍低于沿海发达省份，且规模以上在全国范围内具有品牌效应的文化企业数量有限，资本分布不集中，无法发挥规模效益，文化企业总体看来实力不强。除此以外，随着社会发展与文化建设不断完善，三省居民文化消费逐年增加，但在各省经济发展总体情况和城乡人民收入情况制约下，人民群众进行文化消费的实力依然有限，以文化作为主要休闲娱乐方式的生活习惯与观念还没有完全形成。

（二）文化产业发展布局重点多有重合，同质化较强

十年来，三省的文化产业都集中发展新闻传媒、出版发行、动漫网游、演艺、旅游等行业，并取得了不俗成绩。放眼未来，各省文化产业发展布局

的重点也多集中在这些领域。东北三省长期以来被外界视为文化共同体,其文化形象具有较高的相似性。因此,一方面在重大项目与重点行业的规划建设上,应注意避免重复建设、浪费资源,寻求多种方式互助合作,实现优势互补,另一方面还应注重挖掘各省自身特色,进一步加大文化品牌开发力度,使文化品牌除具有一般意义上的东北风格外,还体现更具自身个性的内涵。

(三)城市化进程与文化建设融合不足

过去十年是我国城市化进程飞速发展的十年,也是东北三省城市化水平不断提高的十年。但这一时期的城市建设也留下了许多不容忽视的问题,在繁荣景象背面,是大拆大建、大兴土木,人口城市化速度落后于土地城市化。常常可以见到一座座新城拔地而起却千城一面,老城区城市功能落后,新城区却因缺乏文化创意滋养与科技含量,没有灵魂,欠缺个性,可持续发展后劲不足。

三 对策建议

(一)继续培育扶持一批大型国有和民营文化企业,并带动中小企业发展

一是在政策上向已经初具龙头地位、发展态势较好的大型企业倾斜,对重点企业设立专项扶持资金。二是以企业成长带动基地建设。在各省、市文化产业园区或建设基地中,确定至少一家大型企业为培育目标,突出重点,加强引导与支持。三是鼓励引导其他行业有实力的大型国企进入文化产业,一方面利用这些企业在融资方面的优势,为文化产业发展开辟融资渠道;另一方面,在今后的一段时期里,企业并购将成为文化产业发展的常态,因此可以引导经济效益较好的国企对中小型文化企业进行并购。四是鼓励民间资本投资文化产业,壮大文化产业规模。目前新闻出版总署已出台《关于支持民间资本参与出版经营活动的实施细则》,文化部也发布《关于鼓励和引导民间资本进入文

化领域的实施意见》，民间资本进入文化产业已经获得政策支持。接下来要切实做好服务，为民间资本进入文化产业提供平等竞争、公开透明的发展环境，促进就业、创业与文化创新。

（二）继续促进文化消费，增强文化事业与文化产业发展动力

我国城镇化进程正在推进中，城市人口仍在迅速增加，巨大的文化消费空间随之而来。一是应扭转观念，敏锐抓住机遇，把文化消费视为扩大国内需求的重要组成部分，同时不断通过国民教育与舆论引导提升人民群众的文化品位与审美需求。二是继续完善公共文化服务体系建设，加快配置各类公共文化服务设施与产品，提高服务质量，扩大服务覆盖面。三是建立长效机制，优化消费环境，改善消费条件，完善文化产品售后服务，切实保障文化消费者的合法权益。四是通过对文化市场和消费趋势的分析预测，不断培育新的消费热点，拓宽消费领域，提供满足消费者需求的文化产品与服务。

（三）注重统筹规划与分层次引导，实现区域文化产业差异化发展，优化产业布局

加快区域文化产业协调发展。注意引导三省各地从自身资源状况出发进行功能定位，选择发展路径，以本地区支柱产业资源为基础，与文化产业进行资源整合，围绕支柱产业发展配套产业。努力形成三省优势互补、共同发展的良好局面，在取得经济效益的同时，实现历史文化与自然资源的保护与传承。同时探索建立跨区域的文化交流合作机制。近年来在文化旅游行业，已经初步形成东北多省市地区联动的旅游项目，对旅游资源进行了有效整合，实现了产业链的延长与丰富。

（四）以文化助力新型城镇化，通过文化建设提升城市功能

借鉴黑龙江文化产业发展"文化+"模式，充分认识到，发展文化产业与事业必须有大开发、大融合的视野，当今文化产业的发展趋势体现为多产业、多行业、多领域互相渗透、融合，不同行业间分工正在模糊化，产业链不断向多样化方向发展，高新技术与文化创意日益成为推动传统产业升级、提升

城市功能的重要动力之一,发展城市已经离不开发展文化。《全国老工业基地调整改造规划(2013~2022年)》提出要把工作重点放在老工业城市调整改造上,通过推进新型城镇化和提升城市功能来改造老工业城区和提升工业化质量。因此在未来的城市化、城镇化建设中,以区域文化资源为出发点,挖掘新的发展机会,培养地方特色经济;通过加速文化与科技和其他领域的融合,构建信息化、智能化城市框架,有效推进传统产业与城市功能的转型与升级。

B.19 东北三省卫生事业发展研究

姜浩然 潘 敏*

摘 要：

2002~2012年，东北三省卫生事业发展迅速，特别是2009年医药卫生体制改革以来，卫生工作取得了长足进展。但是，东北三省卫生体系在财政投入、筹资增长机制、卫生资源分配、人才队伍、信息化建设等方面还存在一定问题，需要各级政府在中央统一部署下，采取切实有效的综合性措施，逐步完善配套政策，推进东北卫生事业的进一步发展。

关键词：

卫生事业 体制改革 医疗保障

一 总体卫生状况持续改善

2002~2012年，东北三省总体卫生状况持续改善，居民健康和卫生事业发展的主要指标持续改善。

1. 居民健康状况不断改善

东北三省人均期望寿命从2000年的72.94岁（其中辽宁省73.34岁，吉林省73.10岁，黑龙江省72.37岁，顺序下同）提高到2010年的76.18岁（76.38岁，76.18岁，75.98岁），各省提高服务均在3岁以上。三省平均孕产妇死亡率从2004年的23.27/10万（18.2/10万，32.2/10万，19.4/10万）降至2011年的14.67/10万（10.7/10万，16.5/10万，16.8/10万）。

---

* 姜浩然，辽宁社会科学院社会学研究所助理研究员，硕士，研究方向：社会政策；潘敏，辽宁大学经济学院讲师，博士，研究方向：计量经济学。

2. 卫生资源持续增长

2002年东北三省卫生机构数量为29673家（13162家，7756家，8755家），其中医院2374家（924家，596家，854家），基层医疗卫生机构24406家（10904家，6335家，7167家）。到2011年底，三省医疗卫生机构达到76763个（35229个，19785个，21749个），其中，医院2302家（831家，560家，911家），基层医疗卫生机构72736家（33712家，18882家，20142家）。每千人医疗卫生机构床位数从2002年的3.27张（3.8张，3.01张，2.99张）增加到2011年的4.61张（5.07张，4.45张，4.31张），执业（助理）医师从2002年的2.01人（2.16人，2.14人，1.73人）增加到2011年的2.16人（2.30人，2.19人，2.00人），注册护士数从2002年的1.47人（1.7人，1.49人，1.23人）增加到2011年的1.88人（2.16人，1.76人，1.73人）。

3. 医疗卫生服务利用明显增加

医疗机构诊疗人次由2002年的1.16亿人次（5169.9万，3019.0万，3382.0万）增至2011年的3.50亿人次（1.54亿，0.90亿，1.06亿）；住院人数由2002年的439.1万人（194.0万，111.9万，133.2万）增至2011年的1117.0万人（480.0万，267.0万，370.0万）。

4. 卫生总费用发生结构性变化

2011年，个人卫生支出的比重降至42.23%（39.8%，44.6%，42.3%），政府卫生支出年均增速为25.43%（20.3%，29.7%，26.3%）。

二 医药卫生体制改革成效显著

2009年3月，中共中央国务院出台了《关于深化医药卫生体制改革的意见》，全面启动了深化医改的各项工作。2009~2012年，东北三省认真贯彻执行中央的"医改意见"，经过3年的努力，初步建立了基本医疗卫生制度框架，并在基本医疗保障、基本药物、基层医疗卫生、基本公共卫生以及公立医院改革五项重点工作方面取得了突出成绩。

1. 基本医疗保障制度不断完善

2012年，辽宁全省城镇职工基本医疗保险、城镇居民基本医疗保险和新农合覆盖面均达到95%,城镇居民基本医疗保险的参保率提高3%,农村常住人口新农合的参保率保持在99%。同时,城镇居民基本医疗保险的政府补助标准由每人每年200元提高至240元,城镇居民医疗保险统筹基金最高支付限额达到了当地人均可支配收入的6倍;新农合政府补助标准提高到240元,达到人均每年290元的筹资标准。

2012年,吉林省职工基本医疗保险、城镇居民基本医疗保险和新型农村合作医疗参保率稳定在95%。新农合和城镇居民医保的政府补助标准提高到每人每年240元,人均筹资达到300元。截至2012年10月底,吉林省医疗、工伤、生育3项保险累计参保人数2070万人,共有5348万人次从医保制度中受益。受益水平不断提升,体现在参保人员待遇不断提高,职工医保起付线逐年降低,基本医疗保险最高支付限额也不断提高。住院起付标准已平均降低1/3,住院个人负担比例平均下降10~15个百分点。

2012年,黑龙江省城镇基本医疗保险参保人数达到1579.3万人,参保率达到98.1%;新农合参合人数达到1447.3万人,参合率达到99.4%。居民基本医疗保险和新型农村合作医疗财政补助标准由2011年人均200元提高到240元。城镇居民医保平均住院政策范围内统筹支付比例达到65.9%;新农合参合患者在乡镇卫生院住院医保支付比例达到85%,县级医院住院报销比例达到65%。

2. 基本药物制度基本建立

2012年,辽宁省政府办基层医疗卫生机构基本药物制度效果初显,体现在基本药物实际销售价格下降,门诊、住院药品费用下降,就诊人次上升、合理用药水平上升、医务人员工资上升、群众满意度上升的"三降四升"。全省基本药物实施范围扩大,监管力度增强,基层医疗卫生机构配备、使用以及零差率销售基本药物得到进一步规范,政府办卫生院管辖的村卫生室全部实施基本药物制度。

吉林省从2000年开始在全国率先实施国家基本药物制度,常用药品价格大幅降低。2012年,全省所有的政府办基层医疗卫生机构,包括城市社区卫生服务中心和农村乡镇卫生院,已全部实施了国家基本药物制度,部分地区还将基本药物零差率销售延伸到了三级甲等医院。基层卫生服务机构通过吉林省基本药物网上平台采购药品,实行价格统一和零差率销售,最大限度地避免了

"以药补医"现象。

黑龙江省所有政府办社区卫生服务中心、乡镇卫生院和9050个行政村卫生室均已全面实施国家基本药物制度。在完成第二轮基本药物招标采购后,其招标价格总体比国家公布的零售指导价平均下降62%,较第一轮下降30%。执行第二轮中标药物和价格以来,黑龙江省基层医疗卫生机构网上统一采购基本药物总计达2.2亿元,城乡群众的经济负担切实减轻。

3. 基层医疗卫生服务体系逐步夯实

2012年,辽宁省继续加强县医院能力建设,进而强化县医院作为农村三级卫生服务网龙头的作用。同时,大力推进信息化建设,逐步探索基层首诊、分级医疗、双向转诊的就诊模式。同时完善医疗机构内部管理,继续推广优质护理服务、预约诊疗、便民门诊等改革措施。

吉林省三年内累计投入医改资金206.9亿元,对基层医疗卫生机构实行"收支两条线"管理,并逐步完善绩效管理,构建稳定的长效财政补偿机制和激励性分配机制相结合的保障模式,确保基层医疗卫生机构正常运转。全面落实医疗机构一般诊疗费及医保支付政策,落实基层医疗卫生机构承担基本公共卫生服务经费。按照"卫生系统基层人才培养振兴计划工程"要求,在全省范围内继续开展基层医疗卫生机构全科医生的转岗培训工作。

2012年,黑龙江省进一步落实财政补助政策,确保基本药物零差率销售。省财政投入1亿元,逐步化解899所乡镇卫生院债务负担,并将22000多名乡镇卫生院在编人员工资全部纳入财政预算管理,做到基层医疗卫生机构不在患者身上"谋利",全面回归公益性质。

4. 基本公共卫生建设稳步推进

辽宁基本公共卫生服务经费标准从2009年每年人均15元,提高到2012年每年人均25元。卫生信息综合服务平台一期建设累计投入资金3205万元,城乡居民健康档案建档率达到了60%以上,2000万农村居民建立了电子健康档案,农村居民规范化电子建档率达到61.86%。

2012年,吉林省继续做好10类国家基本公共卫生服务项目,着力提高服务质量、居民知晓率和满意度。全省城乡居民健康档案规范化电子建档率达到60%以上,高血压、糖尿病患者规范化管理人数分别达到136万人和38万人。

全省初步建立起了应急体系，建成数字化省级应急指挥中心，以及省、市、县三级卫生应急调度指挥体系。

黑龙江省继续推进农村妇女"两癌"检查，65岁以上老年人健康检查，城乡居民健康档案建立等公共卫生服务项目。同时，大力开展农村国家和省级卫生城镇创建和环境整治工作，推进农村无害化厕所建设，对农村饮用水水质卫生和环境健康危害因素进行监测。

5. 公立医院改革试点工作有序进行

2012年，辽宁省唯一的国家公立医院改革的试点联系城市鞍山市进一步加快了公立医院改革探索步伐，全面整合市内和鞍钢两套医疗卫生资源，实行管办分离、医药分开、多元化办医"多管齐下"，成效显著。在医院效益显著增长的同时，患者人均诊疗费用明显低于全国平均水平。同时，鞍山市支持多元化办医，重点建设骨科、脑科等10余家专科医院，民营医疗机构已发展到30家，占全市医疗机构总数的43%。

2012年，吉林省以县级公立医院改革为重点，全面试行公立医院改革。镇赉、农安、乾安、延吉4县（市）县级医院，实行以"药品零利润、收支两条线"为主要内容的改革试点，建立科学规范的付费机制、监管机制和药品采购机制，突出县级公立医院公益性。逐步推进县级公立医院的管理体制、补偿机制、人事分配、药品供应、价格机制等综合改革。

黑龙江省2012年积极推进公立医院改革试点工作，在国家医改试点城市七台河市实行政事分开、管办分开、医药分开、营利性和非营利性分开，实行医院体制机制改革创新。以国家试点县勃利县及东宁、同江、漠河、萝北、逊克、孙吴、抚远8个省级试点县为对象，以改革补偿机制为切入点，积极探索包括人事、编制、分配、价格、支付制度等方面在内的综合改革，率先破除以药养医机制，从根本上遏制医药费不合理上涨。

三 问题探析

东北三省医改和公共卫生发展取得了重要进展，但仍然面临许多挑战和问题。在老龄化进程加快、人口流动性增加、群众健康需求增加等客观环境变化

的背景下,东北三省的卫生体系在管理体制、体系建设、运行机制、服务能力等方面的改革也面临很多问题与挑战,主要体现在以下几个方面。

1. 卫生管理体制复杂,资源配置不均衡

作为老工业基地的东北地区卫生管理体制复杂,医疗资源种类繁多,很多医疗机构隶属于企业、部队以及其他各类单位。这增加了卫生资源的投入与统筹协调的难度。

医疗资源配置不均衡,优质资源供需矛盾突出的问题仍然存在。卫生资源结构布局、城乡分布等方面差别较大,优质医疗卫生资源仍主要集中在大医院,郊区县的医院和基层卫生服务机构的物力和人力资源相对较差。各层次医疗机构之间并未形成分工明确、协调整合的卫生服务体系,高等级医院超负荷运转,而基层、农村医疗机构则面临患者流失的风险。同时,非政府办医疗机构相关政策尚不完善,社会力量办医疗机构受到限制。

目前,卫生工作对疾病治疗的关注程度高于预防和康复,卫生发展模式尚未完全由以疾病治疗为中心转变到以健康促进为中心。相比医疗服务,以预防为主的公共卫生服务重视程度明显不够,而健康影响因素的风险评估、健康教育和健康促进等健康管理工作更是相对滞后。公共卫生服务体系尚不完善,精神卫生、妇幼卫生、老年卫生等服务网络有待健全。

基层卫生服务体系仍然比较薄弱,农村和远郊区县的卫生服务体系不完善,村卫生室不健全,基本医疗卫生保健的可及性、公平性未能充分体现,群众看病难、就医难问题不同程度存在。基层卫生服务体系尤其是农村卫生服务体系亟须加强。基层卫生服务体系薄弱,无法充分吸引常见病、多发病、诊断明确慢性病等社区医疗机构目标患者群体前往就医,"分级就诊、双向转诊"的医疗服务格局未能有效形成。

2. 财政投入与费用控制机制仍不合理

尽管医改以来各级财政增加了对卫生工作的投入力度,但投入大多以临时的项目方式进行,预算内财政投入占 GDP 比重未有明显变化,难以满足日益增长的医药卫生事业发展的需求。财政投入缺乏保障,新农合、基本公共卫生、公立医院改革的资金筹集增长机制尚未及时建立。

稳定与可持续的卫生投入机制需要明确各级政府在卫生方面的收支责任,

建立规范的政府间转移支付制度，并科学合理地配置和监管卫生资源。政府财政卫生投入的标准是为完成基本医疗卫生服务所规定的各项标准内容所需的经费水平，而不是为完成规定任务而进行的应急性投入。从这个角度看，尽管医改期间东北三省卫生投入较大幅度增长，但仍然没有建立有效的筹资增长机制。从医疗保障上看，新农合的筹资主要是由政府的意愿和财力决定，随意性较强，加之新农合统筹层次较低，风险抵抗能力较差。在公共卫生方面，政府对公共卫生服务的投入缺乏制度保障，资金分配的人为因素影响较大。筹资增长的不确定性使得管理者难以制定基本公共卫生服务提供和管理的长期规划。在公立医院改革方面，无论是医院还是基层医疗卫生机构都存在财政投入不足的问题，部分群众就医个人负担仍然较重，政府稳定可持续的投入机制需要尽快建立。

由于监管能力、监管手段和配套政策相对缺乏，医药费用仍有不合理上涨趋势。医疗服务价格体系难以合理反映医务人员的技术劳务价值，加之支付方式改革滞后，医疗保险基金对供方的约束机制不健全，医药费用仍存在不合理上涨，患者就医负担难以得到根本缓解。

3. 卫生信息体系建设滞后

信息化建设是卫生体系的重要支撑，而政府对医院信息化建设管理力度不够，缺乏统一协调管理和规划，造成医院信息化建设各自为政、重复建设、分散建设较为普遍，公共卫生信息系统与医疗机构信息系统之间的互联互通和信息共享亟待加强。信息化规范标准有待完善。居民健康档案、门诊症状诊断、数据共享交换、区（县）级卫生信息平台建设等相关标准和规范还有待进一步完善，已经制定标准的维护、贯彻落实的机制没有形成。

4. 医务人员积极性尚未充分调动

"医务人员受鼓舞"是医改的一项主要目标，虽然东三省各地也进行了医疗卫生机构人事分配制度方面的积极探索，但受制于体制因素，医务人员的分配制度改革并未到位，积极性也没有充分调动。

对于基层医疗卫生机构来说，随着国家基本公共卫生服务项目的实施，各机构需增加相应的人力和物力来完成任务，现有的补助水平远远不能弥补开展工作所需成本，特别是社区医务人员的劳动价值难以得到真正体现，加之绩效

工资总量封顶，奖励性绩效工资比例偏低，难以起到真正的激励作用。而公立医院的人事分配制度尚未有实质性的改革，医务人员的劳动力价值与工资并未建立合理和稳定的关联机制，以药养医的现象并未从根本上得到遏制。

四 政策建议

十年来，东北三省人民健康水平和健康需求的层次不断提高，给卫生体系和卫生工作提出了更高要求，医药卫生体制改革仍然任重道远。在既有成绩的基础上，面对新的挑战与问题，本研究提出如下东北地区医改与卫生事业发展的政策建议。

1. 探索建立统筹协调机制，合力推进医改

卫生体系的分散化是当前医改面临的突出问题，不利于形成改革合力。应借鉴北京、上海等地在政府层面建立整合的医疗卫生管理委员会的经验，赋予协调机构更为明确的职能，以实现人、财、物等卫生资源的统筹协调，并探索有效的部门间对话、协商、共享与合作机制，建立财权与事权相适应的管理体制，加快实施全行业管理和属地化管理，统一规划、统一平台和统一监管。

2. 加快重点领域医改进度

第一，要完善基本医疗保障制度，提高基金统筹层次，增强基金风险抵抗能力；加强经办机构能力建设，提高基金管理水平。改革支付方式，控制医药费用的增长速度，减轻患者就医负担。探索整合城乡居民的医疗保险制度的方式和手段，形成统一和公平的医疗保障体系。

第二，进一步完善基本药物制度的配套政策，适时调整地方基本药物目录以满足人民群众对基本药物的需求。并围绕基本药物制度建设继续推进基层综合改革，加快基层卫生服务体系建设，建立健全基层卫生服务机构的经费投入机制，落实基本公共卫生服务均等化工作，并建立基层卫生服务人员的绩效考核机制。

第三，加强公立医院改革的系统设计。通过制度设计转变公立医院补偿机制，落实政府的财政补偿责任，理顺公立医院管理体制、运行机制和治理机制，探索医院法人治理结构，建立现代医院管理制度，逐步实现"管办分开、政事分开和医药分开"。

3. 加大政府投入力度,建立长效稳定的筹资新机制

进一步加大政府卫生改革的投入力度,确保财政卫生投入的增长速度不低于财政收入的增长速度,为各项医改工作顺利实施提供保障。同时健全医疗卫生机构补偿机制,对人员工资、任务落实、专项服务费用等进行科学测算。落实公立医院的财政补偿政策,尽快改变目前"以药养医"的补偿模式,建立反映医疗服务价值的价格机制,保证公立医院改革与发展的可持续性。建立与医药费用同步增长的医疗保障筹资增长机制,合理确定个人的筹资责任,逐渐提高医保患者的筹资水平和受益水平。

4. 强化区域卫生规划,建立协同医疗卫生服务体系

强化区域卫生规划,合理配置卫生资源,实现城乡均衡发展;平衡卫生服务供给,增强公共卫生服务的提供能力。建立医疗卫生机构合理的分工协作机制,实现医疗卫生服务的协同和整合。明确三级、二级和基层医疗卫生机构的服务范围和职责分工。建立分级诊疗、社区首诊和双向转诊的纵向协作模式,推动病人合理分流和医疗资源的合理使用,逐步缓解群众"看病难"的问题。

把社会资本办医疗机构的发展纳入卫生整体发展规划,明确其功能定位,并在机构和人员执业标准、医疗机构评审、人员职称评定和晋升、医疗保险定点医疗机构资格等方面,实现社会资本举办医疗机构应与公立医疗机构享受平等待遇,为社会资本进入医疗卫生领域创造良好环境。

5. 加强人才队伍建设,保证人才队伍稳定,提高卫生服务能力

卫生人才建设是一个长期过程,必须从医疗卫生的公益性质出发,坚持强化基层,从总量、结构、能力和激励等多方面入手,造就数量规模适宜、素质能力优良、结构分布合理的医药卫生人才队伍。

加强卫生人才队伍建设,一是尽快解决卫生人才总量不足、结构和分布不合理问题,继续加大培养力度,从总量和结构两方面入手,保持卫生人才队伍的平衡与稳定增长。二是提高人才服务能力,特别是基层卫生人才的服务能力。加快建立健全全科医师制度、住院医师和公共卫生医师规范化培训制度,提高人才队伍水平,促使基层卫生人员更好地成为健康守门人。三是完善卫生人才发展的运行机制,从提高卫生人员薪酬待遇、改进考核评价机制、完善分

配制度、拓宽职业发展空间等多方面入手,全面激发卫生人员的创造力与服务积极性。四是加快卫生人才培养,动态调控卫生人才培养规模,完善卫生人才专业设置,创新卫生人才培养模式,提高卫生人才培养质量,加强培训机构和师资队伍建设。

完善医务人员的激励约束机制,建立健全以质量和绩效为基础的考核激励制度,适当拉开不同岗位、不同人员的收入差距,调动医务人员的工作积极性,提高服务效率;收入分配和资质评审等要向基层卫生人员倾斜,以确保基层医疗机构能够吸引和留住优秀人才。

6. 加快卫生信息体系建设,促进卫生管理科学化、现代化

以电子病历和健康档案、新农合信息系统、基层卫生机构信息化建设、区域卫生综合信息系统为重点,全面加强卫生信息化建设,提高医疗卫生系统的服务能力和管理水平。

卫生信息化建设进一步发展的主要着力点在于标准建设和互联互通。标准建设有助于提高卫生信息体系的整合性,解决信息孤岛问题,尽量降低区域间信息化推进不协调造成的不必要的成本。同时在法规、实施和队伍建设等多方面实施举措。一是出台关于加强卫生信息化建设的指导意见和卫生信息化发展规划,为信息化建设提供总体推进的思路;二是加强卫生信息化建设项目的投入与实施监督;三是加强卫生统计信息机构和队伍建设,提升卫生统计与信息化服务能力,促进医改工作。

7. 营造良好的舆论氛围,争取社会各界更多理解与支持

加强宣传教育,让居民支持医改、参与医改、配合医改。强化宣传引导,制定医改专项宣传计划,凝聚改革共识,提振改革信心,为深化医改工作营造良好的舆论氛围;积极对广大居民开展健康教育和相关知识的普及,加大宣传力度,以社区卫生服务机构为主要阵地,开展宣传和健康教育,提高居民对社区公共卫生服务项目的知晓率与服务利用率,增长合理用药的知识。同时,要坚持以病人为中心,找准医疗卫生服务薄弱环节,采取综合措施,改善卫生服务机构软硬件环境,有针对性地改进服务,提高人民群众对卫生服务的满意度。

开发开放篇

Development and Opening

B.20 深化黑龙江省对俄合作的机遇、挑战与对策

刘 爽[*]

摘 要：
目前，中俄两国都处在建设现代化强国的历史新起点上，共同面对东北亚地区矛盾与冲突、国际金融危机持续影响的严峻挑战。中俄两国携手并进、互利共赢已经成为中俄新一代领导人的基本共识，双边合作的巨大潜力正在得到进一步释放，合作前景广阔。中俄战略协作伙伴关系的不断深化，为黑龙江与俄罗斯在多领域的全方位合作提供了前所未有的重大战略机遇。本文认为，抓住机遇，迎接挑战，深化对俄经贸合作，是推进黑龙江经济跨越式发展的强大动力。同时，文章还针对中俄合作中存在的困难与问题，提出了相应对策和建议。

关键词：
黑龙江 俄罗斯 合作 机遇对策

---

[*] 刘爽，黑龙江省社会科学院副院长，研究员，博士，研究方向：俄罗斯历史与经济、东北亚区域经济合作、史学理论等。

2012年是中俄关系取得突破性进展的重要一年,两国贸易额达到881.6亿美元,再创历史新纪录,较上一年增长了11.2%,中国成为俄罗斯最大贸易伙伴,俄罗斯则是中国主要的贸易伙伴之一。2012年,中俄两国都进行了换届选举,两国新一届领导人都表示对中俄关系健康稳定发展充满信心,共同认为:在复杂多变的国际形势下,中俄所面临的经济社会发展任务异常艰巨,迫切需要两国加深政治互信,加强相互支持,扩大经贸合作,实现互利共赢。这为中俄两国在今后较长历史时期的全方位、多领域合作提供了重大战略机遇,而高水平、高质量的务实合作也将为中俄战略协作伙伴关系夯实基础。

一 中俄深化合作的重大战略机遇

(一)中俄关系进入历史最好时期

2013年3月,习近平总书记在就任国家主席后,把俄罗斯确定为首次出访国,表明中俄关系对于两国的特殊意义。习近平在出访俄罗斯时指出:"中俄关系是世界上最重要的一组双边关系,更是最好的一组大国关系。一个高水平、强有力的中俄关系,不仅符合中俄双方利益,也是维护国际战略平衡和世界和平稳定的重要保障。"普京再次当选俄总统时曾表示:"要把中俄关系放在比俄欧和俄美关系更加突出的位置。在世界形势复杂多变、周边环境动荡不安的国际大背景下,中俄新一届领导人共同努力,继续保持两国关系健康稳定的发展势头,对于中俄两国的经济社会发展,以及携手在国际事务中发挥积极作用,都具有重要意义。"目前,中俄两国都处在发展国家经济、实现强国目标的历史新起点上,共同面临着亚太地区矛盾与冲突、国际金融危机持续影响的严峻挑战,两国携手并进、互利共赢已经成为中俄新一代领导人的基本共识,双边合作的巨大潜力正在得到进一步释放,合作前景无限光明。中俄战略协作伙伴关系的不断深化,为中俄在多领域的全方位合作提供了前所未有的重大战略机遇。

(二)中俄贸易互补性进一步凸显

中俄互为东北亚地区最大邻国,有着开展全方位合作的地缘优势,而双方经济贸易的互补性,也为中俄战略协作伙伴关系的发展夯实了基础。俄罗斯的现代化建设、人民物质文化生活的改善、科技创新能力的提升、基础设施的改造等,都需要大量资金,而在世界金融危机的大背景下,吸引国外投资相当困难。中国经济经过几十年的快速发展,正在成为对俄投资的重要国家。中国的现代化建设对能源和资源的需求迫切,可以通过直接投资开展能源与资源合作。同时,通过出口机电、汽车、轻工、纺织、农副产品等俄罗斯的短缺商品,可以进一步优化中俄贸易结构。2013年6月,中俄签署了2700亿美元石油协定,成为中俄经贸关系的历史性突破。中俄煤炭、电力、核能、天然气等其他能源合作项目也在积极谈判和协商中。2012年,中俄贸易额达到881.6亿美元,创历史新高,在全球经济萎靡的情况下,双方经济合作取得这样的进展引人注目,在对两国经济起到重要支撑作用的同时,也为两国经贸关系的未来发展提供了新机遇。

(三)中俄两国地区合作呈现积极态势

由于俄罗斯经济结构和产业结构的特点,要想取得经济的迅速发展,必须加快远东地区开发开放步伐。2013年4月,俄罗斯已经启动10万亿卢布的远东开发计划。东北三省一区作为中国对俄合作的先导区,国务院于2009年批准了《辽宁沿海经济带发展规划》和《中国图们江区域合作开发规划纲要——以长吉图为开发开放先导区》上升为国家战略,目前,内蒙古东部与黑龙江沿边开放开发经济带建设规划也在审批中。2009年,由中俄两国领导人签署的《中华人民共和国东北地区同俄罗斯联邦远东及东西伯利亚地区合作规划纲要(2009~2018年)》,将俄罗斯《远东和外贝加尔2025年前经济社会发展战略》与中国《东北振兴"十二五"规划》相对接,进一步提升了两国地区开放与合作的水平,标志着中俄毗邻地区将在国家经济建设中发挥更大的作用,为中俄区域经济的快速发展提供了重大机遇。

(四)中俄战略互信与共同利益进一步增强

亚太地区是中俄两国有着广泛共同利益和共同关注的重点地区,中俄全面战略协作伙伴关系是促进亚太地区和平、安全与发展的重要因素。在目前的国际形势下，需要中俄为地区的和平、稳定和发展共担责任。在应对朝鲜半岛和平与稳定、资源安全和生态安全、领土领海主权之争、民族分裂和恐怖主义等传统和非传统安全方面，中俄达成共识，将在上述多方面共同应对新威胁和新挑战。同时，中俄双方在联合国和安理会采取一致行动维护国际正义，防止一些国家打着"人道主义"旗号践踏国际法，威胁他国主权，干涉别国内政，具有极为重要的制衡作用，这也为两国在国防与军工等领域的合作提供了重大战略机遇。

二 黑龙江省与俄合作的巨大优势和潜力

（一）黑龙江省对俄经贸的十年回顾

十年来，黑龙江省对俄贸易额稳步提升，贸易结构有所优化。黑龙江省对俄贸易进出口总额，2002年为23.3亿美元，2003年为29.5亿美元，2006年达到66.8亿美元，到2007年创出了107.2亿美元的新高，2008年达到110.6亿美元。2009年，受全球金融危机的冲击以及中俄两国政府调整贸易政策的影响，中俄贸易出现了急速下滑的局面。2009年，黑龙江省对俄贸易额减少至55.8亿美元，占全省贸易总额的14.4%。2010年，中俄贸易额有所恢复，达到74.7亿美元。2011年，黑龙江省对俄进出口实现189.9亿美元，占中俄贸易总额792.5亿美元的23.96%。2012年，黑龙江省对俄贸易额突破200亿美元，占中俄贸易额总量的24%，稳居全国对俄贸易第一大省地位，通过对俄贸易的技术创新和产业升级，继续保持了对俄贸易的强劲增长态势。但是，由于长期困扰中俄两国的贸易结构和政策法规等问题没有得到有效解决，能源类产品在中俄贸易结构中的比重仍为40%左右；中俄经贸的法律纠纷仍然存在，致使黑龙江省作为对俄合作的"桥头堡""枢纽站"作用并未充分发挥，对俄贸易对拉动地方经济的作用也相当有限。面对严峻形势，黑龙江省提出了对俄适应性战略调整的政策，利用后经济危机俄罗斯经济逐渐走出低谷的契机，逆势而上，积极探索对俄经贸合作的新领域和新途径，努力挖掘对俄合作的巨大潜力。

深化黑龙江省对俄合作的机遇、挑战与对策

（二）黑龙江省对俄合作的区位和地缘优势

黑龙江省地处东北亚地区的中心，作为东北边疆大省，与俄罗斯的滨海边疆区、哈巴罗夫斯克边疆区和阿穆尔州毗邻，拥有对俄陆路、水路、航空口岸25个，其中有15个边境口岸与俄罗斯相通相连，占我国陆路口岸80%以上，是我国对俄口岸的第一大省；2012年黑龙江省对俄实现进出口总值213.1亿美元，占同期全国对俄进出口总值的24%，是我国对俄贸易的第一大省。随着绥满高速公路（绥芬河—满洲里）、建抚铁路（建三江—抚远）的开通，特别是经过3年决战，黑龙江省沿边公路网的建成，一个对俄及东北亚各国的"内贸货物跨境运输""陆海联运"和"江海联运"的大通道即将形成，黑龙江省作为对俄开放"桥头堡"和"枢纽站"的作用日益凸显。

（三）中俄毗邻地区能源资源合作的互补性优势

俄罗斯西伯利亚和远东地区的石油、天然气资源储量世界领先；森林、煤炭、铁矿等资源也居世界前列。我国在"十二五"以及今后更长一段时期，仍将从俄罗斯进口大量能源和资源，这样就凸显了黑龙江省作为中国进口战略资源枢纽站和大通道的重要地位。而俄罗斯要实现远东振兴规划，在较长时期内尚无法摆脱对资源出口的依赖。因此，加强中俄能源、资源合作，不仅可以解决我国战略资源自身供给的不足，而且有利于俄西伯利亚与远东地区的经济社会发展，实现中俄双方互利共赢。同时，大量进口俄罗斯远东能源和资源，也可以在一定程度上保护黑龙江省日趋减少的战略资源，并且可以利用现有石化、森工、煤炭、粮食等产品的加工设备，通过对俄罗斯进口战略资源的精深加工，实现资源型城市和地区的可持续发展。这是推进中俄毗邻地区合作理念的基础和条件。

（四）加快东北老工业基地改造的政策优势

2009年，国务院批准了《辽宁沿海经济带发展规划》《中国图们江区域合作开发规划纲要——以长吉图为开发开放先导区》上升为国家战略，标志着国家沿边开放战略向东北拓展。作为边疆大省的黑龙江，面临着重大的发展机遇。发挥"两种资源"优势，加快区域发展，对调整我国经济结构具有重要意义。目前，《内蒙古东部与黑龙江沿边开放开发经济带建设规划》正在审批中，通过实施这一国家战略，将支持哈尔滨、齐齐哈尔、大庆、牡丹江等中心城市发挥"龙头"带动和辐射作用，将出口加工经济带拓展成产业崛起带，扩大我国东北地区对外开放的深度和广度，有利于国家对外开放战略的均衡扩展与总体提升，构建辽、吉、黑与内蒙古对俄罗斯及东北亚国家全方位开放的战略新格局。

（五）对建设粮食战略资源后备基地有巨大潜力

我国是人口大国，粮食作为战略资源，在保证国家经济安全方面始终占有重要位置。为确保粮食安全，加快黑龙江省的中俄农业合作，对建设粮食战略资源后备基地具有重大意义。通过利用与俄毗邻的便利条件，发挥我国农业富余人口的巨大潜力，开展与俄西伯利亚与远东的农业合作，可以将俄罗斯远东建成稳定的粮食进口基地。在此基础上，集中力量打造全国一流的绿色食品加工基地，通过现代科技，全面提升粮食、畜牧产品的质量与数量，增加农业产品的附加值，实现黑龙江农业的增产、增收、增效，加快农业产品占全省GDP比重的大幅度提升，使黑龙江成为俄罗斯及东北亚绿色食品的供应基地和中转站。

（六）对推进中俄科技合作有巨大优势

俄罗斯作为苏联的继承国，拥有苏联70%左右的科技实力，虽经十多年转型期的社会动荡和经济衰退，总体科技水平仍居世界前列。每年俄罗斯有7%的科研成果居世界领先地位。普京再次当选总统后，已将调整俄罗斯经济结构及出口产品结构、提高对外贸易的科技含量、发展创新经济作为俄经济复兴的重要任务。黑龙江作为与俄有着悠久科技合作历史的教育科学强省，无论在俄语人才还是研究基础方面，都有优势和条件与俄罗斯在核能科学、材料科学、动力科学等许多领域开展合作。在俄罗斯的优势特色科学领域，如军事工程、航空航天、激光技术、新型材料等多个重点领域可以开展不同层面的合作。通过卓有成效的科技合作，推进国家创新体系建设，加快科技成果转化，培养科技人才队伍，使黑龙江的经济社会发展以科技和创新为动力，尽快步入发展的快车道。

三 俄罗斯远东开发迫切需要中俄务实合作

目前，远东经济和基础设施落后于俄罗斯整体发展水平，生产力水平低，对原材料的使用和能源消耗都超过俄罗斯的平均指标。尽管自然资源丰富，但该地区对国家经济的贡献比重较小。为此，普京曾经说，西伯利亚和远东拥有的巨大潜能，目前远没有得到充分利用。俄罗斯希望远东地区能达到与中国和东南亚相当的经济规模，并使之在国家复兴中扮演重要角色。

但是，从总体来看，远东开发进展迟缓，已经制定的各类规划和纲要，进度远未按计划执行，其主要原因：一是资金困难，俄罗斯国家在金融危机后，资金流动性严重不足，而资金外流长期难以遏制，造成重点项目投资乏力；二是劳动力严重匮乏，俄远东地区人口下降趋势难以改变，生育低下、人口外流使远东地区人口降至 640 万左右，比苏联解体前减少了 300 多万；三是专业人才流失严重，寒冷的天气、较低的收入、单调的生活，是各类人才流向西部和国外的重要原因，严重影响了远东的开发开放；四是对外开放的心理准备不足，还存在着"中国威胁论"等阻碍中俄合作的思想意识原因；五是不同阶层对外开放的利益诉求存在差异。以上原因致使俄罗斯多次制定的远东发展规划及区域合作纲要，大半停留在文件的审批和无休止的论证过程中，严重阻碍了远东经济社会发展的总体进程。因此，俄西伯利亚与远东的开发开放，确实要将与中国的务实合作提到战略高度来对待，为此俄政府主要采取了如下措施。

（一）建立俄远东发展部，加大组织实施力度

普京再次当选俄总统后，于 2012 年 5 月设立了俄罗斯"远东发展部"，作为俄对接亚太经济崛起、加大远东开发力度的新举措。该部的任务主要是协调远东和贝加尔地区经济发展战略的实施工作，制定相应法律法规，安排国家拨款预算，解决远东经济发展面临的紧迫问题。2013 年，面对远东开发开放速度缓慢问题，普京在俄国务委员会主席团会议上对远东发展部的工作提出严

厉批评，认为该部目前还没有很好地履行使命，国家为发展远东地区提供的大量财物正在"打水漂"，已通过的计划常常是"停留在纸上"。为此，普京要求政府加大监督力度，确保涉及远东发展的相关措施得以有效落实。同时，普京还将建立国家远东发展公司的问题提上日程。

（二）组建地区开发公司，加大远东投资力度

2012年以后，俄政府开始加大对远东地区的投资力度。组建了由国家全部或部分控股的地区开发公司，负责执行远东和外贝加尔地区的重大投资项目。2013年4月2日，俄总理梅德韦杰夫宣布《远东和贝加尔地区社会经济发展国家计划》已经生效，执行该计划的经费总额将超过10万亿卢布（约合3333亿美元），这意味着俄罗斯巨资启动远东开发计划终于进入实施阶段。这些资金将支持远东和贝加尔地区的道路、港口、通信、机场和地方航线等重要的基础设施建设，推进《中俄合作规划纲要》的落实，同时将支持一批重点资源开发项目的具体实施。

（三）推出迅速增加劳动人口的政策

为了缓解人口缺失的困难，俄政府计划对远东地区居民提供低息贷款，鼓励个人和私企的商贸活动，用以吸引外来人口；政府出台了一系列鼓励生育、提高社会救助儿童的补贴，以及在高校收费方面对大学生予以资助等；进一步加大了提高员工工资的力度，使远东大部分地区的工资水平明显提升，虽然物价居高不下，但是一些部门的工资正逐步接近西部地区，甚至个别地区或重点行业已经达到中等发达国家水平。

（四）加快改善居民物质文化生活条件

近年来，俄罗斯政府不断计划改善西伯利亚和远东地区的居民物质文化生活条件，重点是对城市和农村基础设施的改善，特别是在医疗、养老、教育、休假、娱乐等方面，尽快缩小与俄西部地区的距离。由于单独立项投资存在困难，一些民用生活基础设施项目往往与大型国际会议的基础设施建设项目相匹配对接，如为筹备第20次亚太经合组织峰会，俄政府就拨款6790亿卢布进行

符拉迪沃斯托克市交通基础设施的改造,在一定程度上改善了该市的基础设施和城市面貌,有力提高了该地区人民的生活质量。

四 黑龙江省深化与俄务实合作的对策

普京再次任俄总统之后,曾发表题为《俄罗斯与变化着的世界》的对外政策纲领性文章,其中将中俄关系放在比俄欧和俄美关系更突出的位置。他在文章中提出:俄罗斯需要一个繁荣和稳定的中国,而中国则需要一个强大和成功的俄罗斯。在谈到未来进一步发展中俄关系时,普京提出,要让俄"经济之帆"乘上快速发展的"中国之风",将"中国潜力"用于俄西伯利亚和远东的经济崛起。梅德韦杰夫于2009年5月在哈巴罗夫斯克指出:"俄罗斯政府修订的远东地区和西伯利亚开发战略规划,将与中国东北振兴计划捆绑在一起,远东开发离不开中国,中国不仅是俄罗斯工业产品的强大市场,而且拥有巨大的金融资源可以投资俄罗斯经济领域,俄罗斯应当明确与中国合作的优先地位,中国永远是俄罗斯最有经济发展前景的伙伴之一。我们必须积极吸引中国在我国远东地区投资。远东和外贝加尔崛起必须与中国东北的发展计划协调一致。"这就表明,俄在远东开发攻坚阶段必须依赖区域合作的优势、成果和经验。今后几年,黑龙江省委省政府将进一步加大对俄罗斯及东北亚地区的开发开放力度,争取将对俄合作上升为国家战略。我们认为,黑龙江进一步发挥在俄远东开发中的作用以及扩大中俄经贸合作,主要应从以下方面加大力度。

(一)为深化中俄战略协作伙伴关系夯实基础

不断深化中俄战略协作伙伴关系,强调中国东北振兴与俄罗斯西伯利亚远东开发,是双方振兴区域经济、谋求共同发展的共同目标。中国东北与俄西伯利亚远东在本国内都属于经济欠发达地区和资源能源重要产区,中国的经济发展需要雄厚的战略资源作为保障,俄罗斯的发展亦需要大量出口能源保证其资金和外汇供应。而这一地区的经济滞后,直接阻滞了能源的开发、加工和运输,影响了地区在整个国家经济生活中的地位和作用,因此加快发展区域经济合作,应是当前中俄两国开展务实合作的紧迫任务。

（二）加大对俄远东项目投资力度

在国际金融危机影响下，西方国家经济复苏困难，流动资金枯竭，直接影响对俄投资。而在持续不断的金融危机过程中，中国经济已表现出较强的抵御危机能力，中国强大的外汇储备具有对俄投资的优势，中国应该抓住这一机遇，积极组织国内大型企业参加对俄远东大项目的投资。目前，黑龙江省对俄出口品种已达2500多个，主要是机电产品、高新技术产品，以及服装、鞋类、纺织品、汽车等，蔬菜、水果、粮食等农副产品也占一定比重。从俄罗斯进口的主要是原油、铁矿砂、木材、纸浆等。要努力开拓投资新领域，参照已经成功运营的贷款换石油协议的经验与作法，在能源资源开发、物流基础设施建设、飞机制造、船舶制造、科技开发等领域开展积极的投资合作。

（三）转变外贸发展方式，优化对外贸易结构

要创新思路，整合资源，促进对俄贸易合作转型升级。通过"做强出口抓加工，做实进口抓落地"，对地理条件优越、基础设施较好、交通运输便利的重点沿边口岸给予特殊的政策和资金支持。通过发挥中心城市生产要素齐备优势，放大重点口岸城市带动功能，吸引知名企业进入，快速提升贸易水平，增加贸易附加值。要加快中俄保税区、出口贸易加工区、经济技术合作区等创新型园区建设，采用政策等手段，对俄罗斯资源类商品进口加工产业进行扶持，增加产品附加值和实现出口增长。加快把历史形成的单纯的口岸过货通道和消费型城市，变成具有新的经济增长点，外向型经济、第三产业和服务贸易占重要地位的新型口岸城市。

（四）健全法律法规，推进项目落实

认真分析和研究俄罗斯入世后贸易政策的变化，根据两国地区和部门的特殊情况，研究制定相应的政策法规，将中俄合作纳入符合世界贸易组织规则的市场经济轨道。加强与俄方各级政府、立法机构、执法部门、仲裁机构之间的交流与合作，建立起常态化、部门化的联络和应对机制，切实解决好中俄经贸合作中的法律问题，有效规避风险，切实加快各类规划纲要中大项目的落实。

要进一步规范对俄出口经营秩序，调整对俄出口贸易方式和提升对俄出口产品质量。充分发挥境内外加工园区功能，引导企业以身份合法、货源合法、经营合法的"三个合法"为牵动，努力发展符合国际贸易规则的对俄规范贸易，确保各重点对俄口岸秩序井然，进出口顺畅。

（五）组织技能培训，扩大劳务输出

为进入俄罗斯远东劳动力市场做好准备。俄西伯利亚与远东的劳动力匮乏是长期难以解决的问题，引进国外劳动力是俄远东发展的必由之路。中国各级政府和部门应该从长远考虑，组织专门的机构对赴俄劳务人员进行专业技能、外语知识、适应能力以及一般法律法规的培训，提高出国人员素质，树立中国人的良好形象。根据国内劳务市场不断增长的工资水平，大幅度提升出国劳务人员的工资和各种福利待遇，变人口压力为人口红利，为解决俄远东开发的制约性瓶颈，发挥与俄毗邻的优势和作用。

B.21
机遇与挑战并存的中国东北对日经贸合作

吕　超[*]

摘　要：

中国东北的辽、吉、黑三省都把日本列为最重要的经济贸易合作伙伴，近十年来东北地区的对日经贸合作基本是顺利发展、快速增长。但是钓鱼岛领土问题导致关系恶化，严重影响了中日两国的经济贸易。2012年中日贸易总额同比减少3.9%，时隔3年首次减少。但是安倍经济政策、钓鱼岛问题不会动摇中日合作基础，中日经贸关系的不断发展是以互利互惠为基础的发展，日本企业仍将中国东北作为重要投资场所，中国东北工业基地在振兴发展过程中对日合作还将加强。在相互投资、物流、旅游、电力、农产品加工等领域深入合作的潜力很大。当然，今后的深入合作要依赖于中日两国的政治互信，依赖于中日韩FTA合作机制的发展。

关键词：

东北　对日合作　机遇与挑战

十年前，国务院关于东北老工业基地振兴战略的制定使东北经济进入全面发展、再现辉煌的重要战略机遇期，东北地区的对日经贸合作有了迅猛发展。东北地区与日本在地缘经济、经济发展程度等方面有很强的互补性，促进了双方互利共赢的合作积极性。2011年日本发生了"3·11"地震海啸灾害后更加倚重对中国东北的经济贸易合作，中国东北工业基地振兴规划在实施中也期待着日本更深入地参与。然而2012年中日围绕钓鱼岛领土争端问题，两国关系

---

[*] 吕超，辽宁社会科学院边疆研究所研究员，研究方向：东北亚国际关系。

陷入了新的低点，安倍政权提出的经济政策也将对中日经济合作带来负面影响，如何正确认识中日经贸关系的现状与发展趋势，对于确立今后振兴东北中长期规划具有重要意义。

一 安倍经济政策、钓鱼岛问题都对中日经贸产生负面影响

（一）安倍经济政策将冲击中日经贸关系

安倍晋三的经济目标是希望终结日本持续了20年通货紧缩的恶性循环，让日本经济适度增长、适度通货膨胀，实现良性发展，其目的当然无可指责。但安倍政府在2013年1月22日提出了"无限期量化宽松"的对策，对策实施期间以通货膨胀率达到2%为条件。企图损人利己的安倍经济政策让人们想起了20世纪70年代国际经济界对日本提出的"经济动物"的评价。该经济政策不仅对国际市场产生冲击与影响，也反映到对中经贸方面。日本作为中国的邻国，其重大政策的出台对中国经济的影响与冲击是不言而喻的。当日本的长期资金成本降至最低，以日元为主体的利差交易将盛行，从而会严重冲击与影响全球资金流向与走势，影响国际资产的变化。对这种影响与冲击我们要密切关注，寻求对策，以便降低这种影响与冲击所带来的风险。

根据日本海关通关数据，2012年4月日本进出口贸易平均汇率为1美元兑换96日元，与上年同期相比，日元贬值16.6%。一般而言，日元贬值有助于改善日本出口。但事实上，日本已经连续10个月出现贸易逆差。2012年5月23日，日经指数盘中自5年半高位急转直下，日经指数暴跌逾7%。与此同时，日元汇率全线攀升，10年间日本国债收益率则一度触及1%，为2011年4月初以来最高。日本作为中国最重要的经济伙伴国，安倍政策的出台不仅对中国经济产生影响与冲击，也未必会振兴日本经济。日元贬值有利于日本经济，但日本政府并不可以任由日元无下限地贬值，过于强硬地推行很容易造成市场日元持续贬值，一旦得不到控制，必然刺激资本持续流出日本。

人民币的国际化进程、人民币与日元的直接兑换、中国持有日本国债逐年

增加等因素都将同安倍经济政策存在潜在的冲突可能。在 2012 年 3 月召开的全国人大会议上时任总理温家宝在政府工作报告中指出"人民币汇率形成机制不断完善，利率市场化和资本项目可兑换改革稳步推进，建立宏观审慎政策框架，扩大人民币在跨境贸易和投资中的使用"，人民币国际化已成必然趋势。2012 年 6 月 1 日开始，中日货币可以直接兑换。我国银行间外汇市场人民币对日元挂牌交易始于 1995 年，日元是继美元、港币之后在银行间外汇市场挂牌的第三个币种。但目前中日货币直接兑换交易量太小，尚不能自主定价，中短期来看，报价仍需参考美元兑日元、美元兑人民币报价。

中国 2012 年 7 月净购入 5830 亿日元，上半年中国增持日本国债超过 18 万亿日元，成为日本国债第二大持有国。日本的国债是全世界最高的，现在的国债已经是日本 GDP 的 200%，其财政赤字是 GDP 的 9%。在安倍经济学影响下，如果中国被迫减持日本国债，带动别的投资者跟进，会造成日本国债利息上升，安倍经济将出现"损人不利己"的局面，会对中日经贸关系带来冲击，给中日双方都带来经济损失。

（二）钓鱼岛问题对东北日企的运营有一定影响

2012 年，我国境内投资者共对全球 141 个国家和地区的 4425 家境外企业进行了直接投资，累计实现非金融类直接投资 772.2 亿美元，同比增长 28.6%。其中，对日本投资增速达 47.8%。[①] 说明中日经贸合作的发展潜力仍在，中国对日投资合作势头持续增长，受政治因素影响不大，反而是日本政府不断释放与中国为敌的"中国威胁论"信息，使在华日企危机感增加。

2012 年，钓鱼岛问题导致中日关系恶化，日本媒体统计，中国国内至少有 125 座城市发起了反日游行活动，受此影响，日本多家在华企业的店铺或工厂都相继暂停了营业以及生产。

中国海关公布的数据显示，2012 年中日贸易总额同比减少 3.9%，时隔 3 年首次减少，从 2012 年 8 月开始，中国对日进口额连续 5 个月同减，其中 12 月减幅更是达到了 19.5%。钓鱼岛领土问题导致关系恶化，严重影响了中日

---

① 《2012 年中国对日投资增 47.8%》，2013 年 1 月 24 日《人民日报（海外版）》。

两国的经济贸易,统计显示,2012 年中日贸易总额为 3294 亿美元,同减 3.9%,中国对日进口额同减 7.9%,对日出口额同增 2.3%。例如,2012 年 11 月 8 日,日本大型家电零售企业——山田电机宣布暂停在中国开设新店铺的计划。山田电机原本预计至 2013 年底在中国开设两家新店铺,然而计划只能搁浅。受中日关系恶化以及涉日抗议游行的影响,沈阳等地新开设的三家分店销售额减半,预计今后销售情况也不容乐观。

据日本共同社消息,丰田汽车公司 2013 年 1 月 7 日透露,2008 年国际金融危机导致汽车需求骤减,丰田公司营业利润出现巨额亏损。此外,在全球最大市场中国,丰田计划到 2015 年将销量从 2011 年的约 90 万辆提升至 150 万~180 万辆。但中日关系恶化将使这一目标实现难度加大。

日本在东北企业并非全面亏损,或准备减少投资规模。日本经济机构日前对 100 家大企业进行的题为"日元贬值下的海外投资战略"调查结果显示,绝大多数企业并没有因日元贬值而缩小海外投资,调查还显示,日本企业仍将中国作为重要投资场所。100 家大企业中,有 60% 的企业认为"对华投资战略没有任何改变"①。

(三)安倍经济政策、钓鱼岛问题不会动摇中日合作基础

2012 年 9 月 11 日日本政府宣布钓鱼岛"国有化",激起中国人民的强烈愤慨。人们自发抵制日货,取消赴日旅游计划等,对中日经贸关系产生严重的负面影响。中日经贸关系的不断发展是以互利互惠为基础的发展,从中日贸易总额的变化来看,在 20 世纪 70 年代,年平均为 40 亿美元左右,1981 年达到了 100 亿美元,1991 年突破 200 亿美元,2000 年跨上了 800 亿美元的新台阶,2002 年超过 1000 亿美元,2006 年为 2000 亿美元,2010 年竟达到了 3000 亿美元,而且日本成为中国按国别划分的第一大贸易伙伴国。同时,日本对中国的经济依存度也增加了,例如,日本生产的半导体零件近 3 成是出口到中国,而进口的服装类商品有 8 成是来自中国。中日贸易不仅是量的扩大,更重要的是质的变化,例如,中国的贸易有一半是出口加工贸易,一半是输入日本的中间

---

① 闫海防:《调查结果显示中国仍为日企投资重点》,2013 年 6 月 27 日《经济日报》。

财（Intermediate goods），而最终产品输出欧美市场。日本对中出口的6成是中间财。

表1 日本财务省2007～2012年日中贸易统计表

单位：100万日元，%

年份	对中出口	同比	对中进口	同比	进出口总和	同比
2007	12839670	18.9	15027013	9.1	27866683	13.4
2008	12949889	0.9	14830406	-1.4	27780295	-1.4
2009	10238926	-21.0	11431135	-22.9	21670061	-22.0
2010	13086731	27.8	13406508	17.3	26493239	22.3
2011	12904290	-1.4	14636814	9.2	27541104	3.9
2012	10605371	-3.1	13794791	-3.1	24400162	-3.2

资料来源：日本财务省贸易统计。

从表1统计可以看出，近年来中日经贸关系是受到政治问题影响的，但影响不是根本性的。安倍经济政策、钓鱼岛问题并不会动摇中日互惠经济合作的基础。

据海关信息网数据统计，2001～2012年中日两国双边贸易见表2。

表2 2001～2012年近十年中日双边贸易情况一览表

年份	进出口合计		出口		进口	
	美元值（亿）	同比（%）	美元值（亿）	同比（%）	美元值（亿）	同比（%）
2001	877.3	5.7	449.4	8.1	427.9	3.2
2002	1019.0	16.2	484.3	7.8	534.7	25.0
2003	1335.6	31.1	594.1	22.7	741.5	38.7
2004	1678.4	25.7	735.1	23.7	943.3	27.2
2005	1843.9	9.9	839.9	14.3	1004.1	6.4
2006	2073.0	12.4	916.2	9.1	1156.7	15.2
2007	2360.1	13.9	1020.6	11.4	1339.5	15.8
2008	2667.3	13.0	1161.3	13.8	1506.0	12.4
2009	2287.8	-14.2	978.7	-15.7	1309.2	-13.1
2010	2977.8	30.2	1210.4	23.7	1767.4	35.0
2011	3428.3	15.1	1482.7	22.5	1945.6	10.1
2012	3294.6	-3.9	1516.5	2.3	1778.1	-8.6

资料来源：海关信息网（www.haiguan.info）的数据统计。

中国是日本第一大贸易伙伴，也是日本第一大出口市场。而日本居欧盟、美国、东盟之后，是中国第四大贸易伙伴。由于内需市场有限，扩大产品出口是日本经济复苏的唯一希望。国际金融危机爆发致使日本出口锐减，经济形势急剧下滑，2008年财年实际GDP增长率下跌3.7%，2009年财年又继续下跌2.0%，2010年稍有恢复，2011年财年在东日本大地震的打击下，实际GDP增长率又降为0，原本日本政府曾预测在灾后重建的拉动下2012年财年有望实现2%的正增长，但钓鱼岛争端使中日经贸关系大倒退，经济复苏了无希望。安倍政府在对中关系方面比野田政府更加极端。中日经贸合作受挫，也给中国经济造成很大损失，中日两败俱伤又会给世界贸易和世界经济带来影响。如果日本政府能够回到承认存在领土争议、通过对话来解决争端的正确道路上来以平息事态，中日经贸关系恢复还是有望的。

二　东北地区对日经贸合作的现状与前景

（一）辽宁、吉林、黑龙江三省与日本的贸易往来

从辽、吉、黑三省"2012年度国民经济和社会发展统计公报"来看，2012年辽宁省对亚洲出口336.8亿美元，比上年增长7.8%，其中，对日本出口101.3亿美元，下降7.8%；2012年吉林省与主要国家和地区进出口总值245.72亿美元，比上年增长11.4%，其中对日本的进出口总值28.18亿美元，下降9.8%；黑龙江省对外贸易略显低迷，全年实现进出口总值378.2亿美元，比上年下降1.8%，其中，对日本进出口5.6亿美元，下降18.0%。三个省的共同特点就是对日贸易的进出口总值都有大幅度下降，中日政治关系趋于恶化应是其中的主要原因。

再看日本的对外贸易情况，据日本财务省报告，2012年财年日本出现8.1699万亿日元贸易逆差，创1979年财年有统计以来贸易赤字纪录。本来世界性的经济危机加上灾后复兴经济的巨大压力已经使日本这条航船千疮百孔，如今掌舵的安倍政权又借钓鱼岛问题重创了对中经贸合作。

自从实施对外开放政策以来，辽宁省凭借其地缘优势、自身经济发展水

平、廉价劳动力和港口优势等积极因素开展对日贸易。对日贸易的进口额、出口额、净出口额都在逐年增加。近十年来，辽宁省对日进口额、出口额、净出口额均出现了翻倍增长，对日净出口额占辽宁省内生产总值的比重均高于2%，日本成为辽宁省的第一大贸易伙伴，对日贸易也成为拉动辽宁省经济的动力，辽宁对日贸易持续发展。

目前，辽宁省对日贸易主要集中在大连。大连对日出口额占辽宁省对日出口额的78.56%，大连自日进口额占辽宁省自日进口额的86.27%。近些年来，大连正在建设东北亚航运中心，大连港已升级为第三代港口，对日贸易将继续增加。同大连相比，沈阳对日贸易规模比较小，是辽宁省对日贸易的第二大城市。辽宁省对日贸易以加工贸易为主，主要出口纺织、机电和钢材等产品。由于辽宁省与日本之间的经济发展水平存在差距，在高新技术产品上日本拥有比较优势，对开展垂直分工有利。在中日经贸关系走入低谷的2011年，仍有日本大型企业扩大对辽宁投资。

据《产经新闻》网站报道，2012年日产公司在中国大连建在华第四家新工厂，将在中国大连市兴建一家生产汽车的新工厂，预计2014年投产，年产能为15万辆。之后年产能增加一倍，达到30万辆。这将成为日产汽车公司在中国东北地区的首个生产基地。日产公司希望在2015年前实现在华销量增至200万辆这一目标。日产公司在中国这个世界最大的汽车市场强化生产体制，追赶已经走在前列的欧美各大制造商，可谓信心十足。

日本是吉林省的第一出口市场，吉林省商务厅人士介绍，吉林省向日本出口产品主要有鸡肉、干豆、赖氨酸等农产品，以及地板、纺织服装等；吉林省自日本进口商品主要是汽车及汽车零件、机电产品等。① 为深层次促进吉林省与日本经济合作，借助2012年中日邦交40周年的有利契机，扩大双方的经贸往来，2012年6月7~14日，省商务厅组织省内百余家企业赴日，在东京和大阪分别举办大型经贸推介交流活动，加大吉林省优秀企业和优质产品在日本的宣传力度，为进一步开拓日本贸易市场夯实基础。日本是吉林省第二大贸易伙伴、第一大出口市场。自钓鱼岛问题激化以来，双方政治上的紧张氛围已经

---

① 李高超：《吉林外贸盘算"日韩账"》，2012年6月26日《国际商报》。

蔓延到经济领域,并逐步显现出其对吉林与日本贸易的冲击,吉林对日出口增幅不断下滑、自日本进口持续下降。日本是吉林省进口汽车及零部件的主要国家,从目前调度情况看,一汽集团进出口公司等主要对日进口企业普遍调整自日本进口,吉林自日本进口下降已成定局。

日本是黑龙江省农产品的主要出口市场之一,黑龙江省近年来不断扩大对日农产品出口规模,还采取了与日方在生产基地建设、技术等方面加强合作,加大宣传力度,扶持农产品出口企业,发展绿色特色农产品生产,拓宽出口渠道等措施。近年来,黑龙江省由于农产品品质与日方要求存在一定差距,同时日本实施《肯定列表制度》等技术性贸易壁垒,也对黑龙江省对日出口造成了阻碍。2011年发生的东日本大地震重创日本经济,黑龙江省利用机遇扩大对日经贸合作,加强对日经贸合作的跟踪研究,强化日本经贸信息平台的建设,制定对日招商引资政策,建立黑龙江省日本食品加工园区等,逐步深化了黑龙江省对日经贸合作。同辽吉两省一样,2012年黑龙江省对日本进出口总值5.6亿美元,下降18.0%。

中国东北地区对日经贸合作近十年来发展迅猛的根本原因是地缘经济形成的两国经济互补性极强,互利共赢应是两国经济界决策者优先考虑的前提,如果不顾长远的共同利益而作出损害对方利益的行为无疑是短视的。

(二)极具发展潜力的东北亚物流合作

2011年8月18日,横跨中日俄三国的日本海陆联运航线通航仪式在日本新潟港举行。这是首条从中国东北地区横贯日本海直达日本西海岸的航线,标志着连接中日俄等东北亚地区的环日本海经济圈和图们江地区国际合作有了重大进展。这条从中国东北地区横贯日本海直抵日本西海岸的联运线,从中国吉林长春到新潟的时间比以往绕道大连可缩短一半,运费可省23%~33%。贯通中日俄三国的珲春(中国吉林)—扎鲁比诺(俄罗斯)—新潟(日本)海陆联运线,促进了日本海沿岸经济体的联系。2011年7月23日共同社报道,日本新潟县和中国吉林省达成协议,开通新潟县经由俄罗斯远东沿海扎鲁比诺港至吉林省珲春市的日本海航路。吉林省方面强调这一航路的开设"将大大推动中日间的物流"。据新潟县方面透露,从中国东北向新潟运输货物经由大连港需要10天以上,新航路只需要6天左右,有望大幅降低运输成本。廉价的运输成本必将刺激中日物流业有更广泛的合作空间。中国租用朝鲜的罗先港、与俄罗斯西伯利亚大铁路联通的中国东部铁路(东边道铁路)全线开通后,辽宁的丹东港、营口港、大连港将全部成为欧亚大陆桥连接点。如果再加上中日韩FTA自贸区的成功运营,东北亚成为新的世界经济增长点指日可待。

(三)东北地区与日本合作发展旅游业潜力巨大

2011年6月,中国国家旅游局取消之前的赴日游禁令,发布了《中国游客赴日旅游安全提示调整通知》。日本于2011年7月1日起,对中国公民赴日个人游实施签证新政策。届时,符合条件的申请人可申办三年有效、多次往返、每次最多停留90天的观光旅游签证,但第一次入境日本时目的地须包含冲绳地区,此后赴日地点不受限制,并可进行商务、探亲等活动。上述旅游签证可通过赴日旅游中介机构申办。然而,由于中日关系持续低迷,据日本国家旅游局介绍,两年后的2013年5月,访日外国游客中东南亚游客增加,比上年同期增加了31.2%,达87.5万人,创历史新高。中国游客则大幅减少了27.2%。专业人士认为,日本地震、核辐射,重创了日本的经济,而钓鱼岛事件创伤了日本的形象,旅游业被牵累。

日本旅游业基本靠中国人撑起半边天,旅游日本华人占四成。2011年日本政府观光局发布截至2月25日的统计数据显示,1月中国的访日人数高达25.4万人,占全体访日外国游客的43.7%。其中,大陆游客达11.04万人,中国香港游客达4.66万人。访日外国游客中以华人为主。而日本国家旅游局上海事务所所长铃木克明曾透露,中国赴日游客平均每人消费16万日元(约合14000元人民币),已位居日本"重要旅游推广国家"之首。其他国家游客在日人均消费8万日元,中国游客的消费额是其他国家游客的2倍,前几年电器是中国赴日游客最喜欢购买的物品,而近年来服装、化妆品有取而代之的势头。按照当时的中日汇率比,以中国游客人均消费16万日元计算,仅1月,中国游客就给日本旅游业贡献了3.56亿元人民币,其中大陆游客花费1.55亿元人民币。不考虑物价水平及其他因素,一年12个月就是42.7亿元人民币。而随着钓鱼岛事件的持续发酵,国内多家旅行社赴日旅游业务已经开始放缓脚步。为了振兴中国的"日本游"项目,据日本《读卖新闻》网站报道,日本富士山被世界教科文组织列入世界文化遗产名录后,各种富士山观光特价商品相继推出。JR 东日本与富士急行合作开始推出优惠活动,所有外国游客从东京 23 区到富士山 5 合目的铁路及公共汽车票价均可享受半价。不过日本游复苏光靠降价不行,旅行社以低价促销刺激日本游市场,只能视做权宜之计,削减的那一半费用亦源于日本酒店、赴日机票方面的促销,旅行社不可能长期承担低价成本经营所带来的压力,只能以牺牲旅行质量为代价。

在中日旅游合作陷入低谷时期,日本的中国经济问题专家山梨大学教授吉田均先生另辟蹊径,研究开发了以中老年及残障游客为主的中日疗养观光游项目,该项目受到日本政府重视并争取到了 ODA 结束前的最后一笔资助资金,日本山梨县与中国成都市已经达成协议共同推出这项旨在增进民间友谊和国民康复的旅游项目。该旅游项目的设想是,日本与中国都已经实际进入老年社会,老年人福利备受各界关注。日本有很多具有强烈中国情结的中老年人及身体不方便旅行的残障者希望去中国观光(希望到中国东北游览的人数更多)并享受神奇的中医疗养。而中国的同样群体则盼望观赏富士山的神奇文化和真正的日本温泉疗养。与通常旅游团体疲于奔命般的行程和旅游购物目标不同,旅游者可优哉游哉地慢节奏观光疗养。在山梨县与成都市的该项目合作试点成功后,日本将向中国东北地区重点推出该项旅游项目。

三 在创新中实现中日经贸合作新突破

中日贸易对日本经济影响很大,中日贸易额占日本贸易总额的比例为 20.6%。据日本财务省发表的统计表明,2012 年中日贸易额达到 24.40 万亿日元,日本对华进口额为 10.61 万亿日元。日本对华出口额为 13.80 万亿日元。据统计,2011 年日本在中国大陆拥有非制造企业 2487 家,占日本海外非制造企业 10187 家的 24.4%。日本贸易振兴机构发表的贸易报告称,2012 年上半年,日本对华贸易赤字比上年同期增加 2.6 倍,达到 1.40 万亿日元,贸易逆差扩大的主要原因是钢铁、机械类产品自 2009 年以来对华出口首度减少。日本制造业在中国市场如果萎缩,对日本是很大的打击。在中国贸易增长形势严峻的情况下,对日产品需求减少也在意料之中。中日贸易将出现两种情况:一是短期内日本的新增出口会下降,迫使库存日货的经销商清仓;二是日本的制造业地位将被韩国等国家取代。那么中日贸易只能在创新中寻找出路。目前来看,安倍政权在钓鱼岛问题上对华态度日趋强硬,中日经贸关系在短期内难有改善,为此,中日经济界有识之士为发展双方的战略性互惠关系正在做着不懈努力。

中日双方经贸关系密切,相互依赖度高,但日本依赖中国更多。中国作为世界第一出口大国,对日出口比重在下降,2012年1~7月对日本出口占中国出口总额的7.6%。中国出口市场结构目前比较均衡、多元,而日本对中国出口占其出口总额约22%。同时日本经过对韩国等市场出口然后再出口到中国的份额亦很大,即迂回出口估计占日本出口总额的10%。两项相加日本对中国市场依赖程度高达30%以上。可见,安倍政权提出的仇华政策将对衰退的日本经济雪上加霜。

日系汽车销量急剧下降。中日两国日益紧张的外交关系,给日系车的在华销售蒙上了阴影。全球知名的贸易促进机构环球资源发布最新调查显示,2012年中国消费电子市场规模达到13680亿元人民币,这一规模将使中国成为全球最大的消费电子市场。然而,日系家电销售额整体大跌,令日商扼腕叹息。以中国彩电市场外资品牌龙头的夏普为例,2011年中国地区销售额达到1万亿日元(约合830亿元人民币)。中日稀土之争曾使日企饱受惊吓,《日本经济新闻》称,日本目前在澳大利亚、哈萨克斯坦、印度、越南等国确保了总和约1.65万吨的稀土金属矿山资源,2013年开始向日本出口。不过,日本所获取的稀土资源大多数为铈、钕等"轻稀土"(能确保日本国内需求的六至八成),但应用于电动汽车、节能家电引擎的永久磁石用镝元素等"重稀土",日本对中国的依赖度仍为90%以上。而一直以来,中重稀土是中国的"特产"。总之,中日经贸合作基础是互补、互需,斗则两伤,和则互赢。

对改善中国东北的对日经贸合作的建议如下。

(1)加强两国民间经济文化交流。作为非政府组织的两国民间经济、文化团体有着比较一致的理念与利益,安倍政权的倒行逆施不会阻挡两国人民世世代代友好下去的愿望。多与日本民间友好人士、友好团体以及经济实体接触并鼓励他们来华交流,特别是要绝对保障来东北洽谈、访问观光日方人士的人身财产安全。

（2）注意培养对日经贸人才并协助日方的人才培养计划。对日发展经贸关系是长期战略，是落实振兴东北规划的一个重要环节，中日经贸关系处在低潮时期更要防止专门人才的流失。培养专门人才可采取中日合作互培的方式，特别是两国大学之间的合作、产学研一体化的合作以及对在华留学生、海归人才的发现和培养。

（3）建立良好的对外经贸合作的法律环境，严格依法办事、审案。注意加强对来东北日企的知识产权的保护。在艰难的国际环境中坚持来华投资、办厂的日本企业家除经济利益外大多对华抱有友好感情，我们应珍重这样的情谊并依法保护他们的利益。

（4）鼓励中国东北企业家走出国门，到日本投资办厂。除政策方面的扶持，也要在融资上给予优惠。与其把钱砸在毫无获利希望的日本国债上，不如实实在在地鼓励国企、民营企业在日本投资或从事金融业活动。

（5）慎提"抵制日货"口号。中日经济争端中的"抵制日货"行动具有良好的发动群众的宣传效果，初期可行，但其结果是中日双方都受损。事实上许多日本品牌的产品是在我国制造，抵制它们会让日本在华企业利益受损，它们雇用的中国员工受损，日资企业为中国社会缴纳税金等公共贡献也会受损。另外，"抵制日货"还需要我们购买替代产品如国货产品、其他国家产品，但这些产品中使用日本零部件、材料相当广泛。日本企业技术水平和制造水平高，不少零部件属于其独家产品，我们抵制起来损失甚大。况且社会上的少数不法之徒借"抵制日货"之名打、砸、抢，扰乱治安，抹黑了"保钓"等自发的群众爱国运动。

参考文献

小泽一彦、孙新等编《21世纪中日经济合作与展望》，社会科学文献出版社，2004。
吕超主编《中国周边外交与东北亚区域合作》，万卷出版公司，2011。
刘维维：《中日经贸摩擦分析及对策研究》，《哈尔滨学院学报》2009年第1期。

B.22
东北三省与韩国的经贸合作

尚咏梅　范　凡*

摘　要：

把东北建设成面向东北亚地区对外开放的桥头堡是振兴东北老工业基地战略的一项重要内容，参与东北亚区域经济合作有利于东北地区在开放的环境中获得振兴与发展，具有重大的现实意义。韩国一直是东北地区外资的主要来源国，东北地区与韩国已经形成垂直的互补合作关系。振兴战略实施十年来，东北地区重新成为韩国企业投资、合作的优选地区，双边贸易、投资不断扩大，但也显现出阻碍经贸合作加快发展的因素。

关键词：

东北振兴　韩国　经贸合作

东北三省与韩国是近邻，二者地缘相近、人缘相亲、文缘相通，友好交往源远流长。中韩建交初期，东北三省曾是中韩贸易和韩国企业投资较为活跃的地区，但随着韩国中小企业从东北地区撤资，中韩贸易和韩国投资逐渐转移到沿海地区，东北三省在中韩经贸合作中的地位逐渐下降。2003年10月，国务院发布《关于实施东北地区等老工业基地振兴战略的若干意见》，给东北三省带来走出困境、重振雄风的历史机遇。十年来，在振兴东北战略的推动下，东北三省连续实现了两位数的经济增长，经济发展显现出强劲的增长势头，韩国政府和企业界人士也显现出扩大与东北三省经济合作的热情，双边经贸合作取得了较好的发展。

---

* 尚咏梅，吉林省社会科学院朝鲜韩国研究所副研究员，研究方向：朝鲜半岛政治。

一 东北振兴战略实施十年间东北三省与韩国的贸易发展

中国经济高速增长初期,新市场的迅速扩大,为韩国企业进入中国市场提供了有利条件,中韩经贸合作屡创新高。而东北三省振兴战略的实施,意味着东北三省将形成新的市场,市场的扩大亦将创造新的机会,从而给韩国企业提供更多的发展机会。振兴战略实施十年来,东北三省与韩国贸易发展迅速,但相比中韩贸易发展劲头不足,增势较慢。

1. 东北三省对韩贸易发展总体情况

中韩建交后,东北三省与韩国的双边贸易规模一直保持增长的态势(2009年除外),贸易额在中韩贸易中所占的比重却持续下降。东北三省同韩国的贸易规模2002年为34亿美元,2012年增长到104亿美元,增长了2倍,而同期中韩贸易规模则由411亿美元增长到2151亿美元,增长了4倍多。

东北三省与韩国的贸易规模在中韩贸易中所占的比重始终呈下降趋势,2002年为8.3%,2011年比重下降至4.3%,2012年为4.8%。东北三省在韩国出口市场所占的比例逐渐减少,1998年韩国在东北三省对外贸易中所占的比重约为11.9%,2003年为11.5%,2011年东北三省全部出口额中韩约占9.5%,2012年跌至6.6%。韩国对东北三省贸易主要偏重于临海的辽宁省(见表1),2011年韩国对东北三省贸易中辽宁省所占的比重约为85.1%,2012年达到86.4%。

2. 东北三省对韩贸易商品

韩国对东北三省出口的商品中电子、电器、光学精密仪器所占比重较低,而机械、钢铁相对较高。韩国电子电器企业对东北三省的投资相对不足,所以尽管电子电器类商品在韩国对东北三省出口商品中所占比重为17.8%,居第一位,但与其对华出口商品中所占比重(25.7%)相比仍然较低。对吉林省出口商品中占第一位的是钢铁,吉林省是中国传统的汽车制造业基地,这些钢铁多为制造汽车所使用的高级钢材(汽车用钢板)。

表1 韩国对东北三省进出口贸易额

单位：百万美元

年度	东北三省		辽宁省		吉林省		黑龙江省	
	出口	进口	出口	进口	出口	进口	出口	进口
2002	1868	2133	1628	1292	98	611	142	230
2003	2232	2695	1909	1612	136	758	187	325
2004	2446	2983	2065	2364	153	374	228	245
2005	2563	4073	2165	3067	169	634	229	372
2006	2694	4278	2336	3371	168	518	190	389
2007	2995	6036	2674	4791	207	709	114	536
2008	3303	6761	2982	5710	189	598	132	453
2009	3066	4209	2752	3380	187	427	127	402
2010	3551	5112	3223	4129	223	485	105	498
2011	4286	6339	3948	5093	266	524	72	722
2012	3766	6629	3442	5574	236	373	88	682

资料来源：韩国贸易协会。

对东北三省出口商品中机械类商品所占比重相对较高。在东北三省对老工业基地进行结构调整的过程中，机械类商品需求不断增加，韩国取暖用锅炉的出口额一直保持增长的态势。韩国对东北三省机械类出口额1998年约为1.5亿美元，2011年约为4.2亿美元，年平均增长4.8%，而同期韩国对东北三省出口年平均增长超过10.8%。韩国从东北三省进口的商品中钢铁、服装、粮食类商品一直保持着相对较高的比重。韩国对东北三省进口商品与对华进口商品有所不同，粮食类商品所占比重较大，2011年韩国对华粮食进口的95.7%来自东北三省（尤其是黑龙江省）。东北三省是我国大米、玉米、大豆等主要作物的生产基地，粮食作物是东北三省的地区优势。另外，由于韩国有服装企业入驻辽宁省，回购服装使得服装类商品在韩国从东北三省进口商品中一直保持较高的比重。韩国从辽宁省鞍山等地大量进口中低级钢材，所以钢铁在韩国对辽宁省进口商品中占第一位。此外，东北三省作为我国主要的粮食供应基地，对韩国出口的木材及饲料在对韩出口商品中所占的比重也很高。

表2　韩国对东北三省进出口10大商品种类

单位：%

出口

	中国整体		东北三省		辽宁省		吉林省		黑龙江省	
	种类	比重	种类	比重	种类	比重	种类	比重	种类	比重
1	电子电器	25.7	电子电器	17.8	电子电器	18.7	钢铁	16.1	锅炉机械	31.4
2	光学、医疗、精密仪器	10.5	锅炉机械	17.5	锅炉机械	16.9	电子电器	14.6	有机化合物	26.2
3	锅炉机械	10.3	塑料制品	8.3	塑料制品	8.4	锅炉机械	12.7	钢铁	9.8
4	塑料制品	4.8	钢铁	7.6	钢铁	6.9	塑料制品	12	电子电器	8.3
5	煤炭能源	3.3	煤炭能源	6.1	煤炭能源	6.7	光学医疗精密仪器	5.4	塑料制品	3.3
6	汽车	3.1	有机化合物	5.7	化学医疗精密仪器	6	化工产品	5.2	橡胶制品	2.4
7	钢铁	3	人造石油	5.3	有机化合物	4	有机化合物	4	普通车辆	2.1
8	普通车辆	2.8	人造纤维	3	人造纤维	3.3	人造纤维钉	3.9	煤炭能源	2.1
9	冷冻产品	2.8	钢铁产品	2.4	钢铁产品	2.5	冷冻产品	3.3	板纸类	1.7
10	人造纤维	2	人造纤维钉	2.4	普通车辆	2.4	煤炭能源	1.9	钢铁产品	1.5

进口

	中国整体		东北三省		辽宁省		吉林省		黑龙江省	
	种类	比重	种类	比重	种类	比重	种类	比重	种类	比重
1	电子电器	32.8	钢铁	16	钢铁	19.2	粮食	38.9	粮食	29.4
2	钢铁	13.7	非针织类服装	10.2	非针织类服装	12.9	电子电器	7.1	锅炉机械	14.9
3	锅炉机械	10.2	粮食	9.9	煤炭能源	9.7	钢铁	6	榨油用种子人参	6.3
4	煤炭能源	8.1	电子电器	8.2	电子电器	9	榨油用种子人参	5.4	煤炭能源	5.7
5	非针织类服装	7.9	煤炭能源	8	锅炉机械	6.8	鱼贝类	4.2	钢铁	5.2
6	光学医疗精密仪器	6.5	锅炉机械	6.9	鱼贝类	4.5	木材木炭	4.1	木材木炭	4.6
7	钢铁产品	4.4	鱼贝类	4	有机化合物	3.8	蔬菜	3.8	针织类服装	4.2
8	针织类服装	2.3	有机化合物	3.4	针织类服装	3.1	人造纤维	3	无机化合物	3.4
9	有机化合物	1.8	针织类服装	3.1	船舶	2.6	合成饲料	2.8	合成饲料	2.9
10	鱼贝类	1.1	木材木炭	2.1	钢铁产品	2.3	人造纤维钉	2.5	电子电器	2.9

资料来源：韩国贸易协会。

二 东北三省与韩国的相互投资

东北地区收入和工资水平低于沿海地区,劳动力素质较高,在人际资源层面具有投资优势;东北地区也是东北亚交通的重要枢纽,与俄罗斯、蒙古、韩半岛相邻,陆路经西伯利亚铁路和蒙古可到达欧洲。东北地区城市化比例较高,从消费市场规模和人均消费水平综合来看也显现出较高的消费潜力。东北振兴战略实施以来,随着《关于促进东北老工业基地进一步扩大对外开放的实施意见》《中国东北地区面向东北亚区域开放规划纲要》等政策的出台,韩国企业显现出参与国企改制、地方建设的空前积极性。另外,东北地区也本着"引进来,走出去"的宗旨,积极加大对韩国的投资。

1. 韩国对东北三省的投资

吸引外来投资是东北振兴战略中的重要部分,十年来,东北三省积极制定优惠政策,改善投资环境,韩国投资逐年增多。

中韩建交后,韩国对东北三省的投资金额除两次金融危机时期有所减少之外,都呈现增加的态势,但在韩对华投资中所占的比重逐渐减少(见表3)。韩国对东北三省的投资额1992年为2962万美元,2002年为8800万美元,2011年达到5.99亿美元,20年间增长了19倍。

建交初期,东北三省虽然是韩国企业主要的投资对象,但东部沿海地区对外开放更为活跃,东北三省逐渐不再成为韩国投资的优选地区。东北振兴战略实施之后,东北地区保持着两位数的增长,投资环境不断改善,对外开放力度逐渐加大,特别是东北三省靠近沿海地区经济保持着快速增长的态势,消费市场显现出很大的发展空间,逐渐吸引韩国更多的中小企业前来投资。目前,CJ、韩亚银行、POSCO等韩国大企业都已进驻东北。从韩国对东北三省的投资在对华投资比重中来看,1993年约占30%,2002年为7.9%,2006年跌至6.7%,2011年有所上升至16.7%。

从各省的情况来看,韩国对东北三省的投资主要集中在辽宁省,对吉林省和黑龙江省的投资相对较少。1992~2011年,韩国对东北三省投资金额的75.3%投在辽宁省,吉林省和黑龙江省各占17.6%和7.1%。辽宁省是东北三

表3 韩国对东北三省直接投资趋势

单位：百万美元，%

年度	对中国整体投资	对东北三省		对辽宁省		对吉林省		对黑龙江省	
		金额	比重	金额	比重	金额	比重	金额	比重
2002	1113	88	7.9	66	6.0	16	1.5	5	0.4
2003	1866	130	7.0	106	5.7	14	0.7	10	0.5
2004	2404	259	10.8	231	9.6	19	0.8	8	0.4
2005	2857	238	8.3	187	6.5	38	1.3	13	0.5
2006	3452	232	6.7	193	5.6	21	0.6	19	0.5
2007	5503	597	10.8	503	9.1	39	0.7	56	1.0
2008	3832	575	15.0	531	13.9	24	0.6	20	0.5
2009	2171	280	12.9	249	11.5	19	0.9	12	0.5
2010	3621	620	17.1	283	7.8	328	9.1	9	0.2
2011	3576	599	16.7	505	14.1	89	2.5	5	0.1

资料来源：韩国进出口银行，海外投资统计DB。

省中唯一有入海口的省份，韩国对东北三省的投资主要集中在辽宁省，在很大层面上也说明过去韩国对东北三省投资目的主要是将其作为扩大出口的加工生产基地。

从投资种类来看，在韩国对东北三省投资中，制造业所占比重1992～2008年占60%～70%，但最近三年间（2009～2011年）下降至34.0%。而服务业投资比重从1992～2000年的20%左右，逐渐增加至2001～2008年的29.1%，2009～2011年的62.3%。韩国对东北三省的投资由制造业为主迅速向服务业为主转变，也是韩国企业顺应东北地区经济发展方向由生产基地向内需指向型转变的结果（见表4）。

韩国对东北三省制造业的投资主要集中在机械、装备，以及运输装备、服装、食品加工等领域。建交初期，韩国对服装行业的投资所占比重最大，对石油产业的投资比重最近五年呈明显下降趋势。2005年，韩国企业开始对医疗制造业投资，1994年之后机械、装备制造业始终占据韩对东北三省投资的首位。最近几年，针对服务业的投资迅速增加，与金融业、不动产业成为三大非制造业投资领域。对金融的投资在非制造业投资比重中居首位，2010年，韩亚银行投资3亿美元收购吉林省国有银行——吉林银行（占总股份的18%），韩国对吉林省的金融投资占对吉林省非制造业投资的66.8%。

表4 韩国对东北三省投资行业种类趋势

单位：百万美元，%

年度	中国整体				东北三省			
	制造业		服务业		制造业		服务业	
	金额	比重	金额	比重	金额	比重	金额	比重
2002	977	87.8	100	9.0	49	55.9	20	22.8
2003	1589	85.2	256	13.7	97	74.2	22	16.6
2004	2172	90.4	181	7.5	194	75.1	39	15.1
2005	2295	80.3	471	16.5	456	65.7	59	25.0
2006	2909	84.3	409	11.9	152	65.5	52	22.7
2007	3807	69.2	1493	27.1	342	57.2	234	39.2
2008	2326	60.7	1221	31.9	309	23.8	196	34.2
2001~2008	16680	76.9	4180	19.3	1352	61.9	635	29.1
2009	1697	78.2	396	18.3	140	49.8	106	38.0
2010	2740	75.7	833	23.0	129	20.8	471	76.1
2011	2768	77.4	742	20.8	242	40.4	355	59.4
2009~2011	7206	76.9	1971	21.0	510	34.0	933	62.3
1992~2011	28274	77.0	7202	19.6	2498	54.8	1720	37.7

资料来源：根据韩国进出口银行海外投资统计整理。

从各省的情况来看，辽宁省作为沿海地区，韩国企业更多地投资于电子、通信、影像机器、化学产品和食品、纸制品、木制产品加工等行业。吉林省和黑龙江省下辖大小兴安岭和长白山，森林资源丰富，还拥有三江平原、松嫩平原等广阔的谷仓地带，大米、玉米、大豆等农产品产量高，是韩国企业投资较为侧重的领域。

2. 东北三省对韩国的投资

东北地区对外投资整体水平不高，2009年后开始迅速增加（见表5）。其中，辽宁省的对外直接投资最多，2010年辽宁省对外投资额约为19.4亿美元，继浙江省36.8亿美元列全国第二位。主要企业有鞍山钢铁、东软集团、沈阳远大集团、沈阳机床集团等。辽宁省企业对外投资领域主要为制造业、有色金属加工、矿产等利用新材料的新兴产业。同时，民营企业逐渐成为对外直接投资的主力军。

随着东北振兴战略的推进，韩国政府开始致力于吸引东北三省企业前往韩国投资，东北三省企业也对投资韩国表现出愈发关心的态势。2009年9月，韩国外交通商部和辽宁省中小企业厅共同举办了"辽宁—韩国投资说明会"，详细介绍了韩国的投资环境，以吸引辽宁省民营企业的关注。韩国全北益山市国家食品工业园区计划引进美国、欧洲等先进国家的跨国商品企业以及中国的食品企业，探索与农产品产量丰富的东北三省的合作方案。

表5 东北三省对外直接投资趋势

单位：百万美元，%

年份	东北三省		辽宁省		吉林省		黑龙江省	
	金额	比重	金额	比重	金额	比重	金额	比重
2003	18	2.3	8	1.1	2	0.2	7	1.0
2004	127	13.0	41	4.3	29	3.0	56	5.8
2005	207	10.1	30	1.5	11	0.5	166	8.1
2006	344	14.4	97	4.0	29	1.2	218	9.1
2007	390	7.4	128	2.4	83	1.6	179	3.4
2008	441	7.5	106	1.8	107	1.8	228	3.9
2009	1177	12.3	758	7.9	298	3.1	121	1.3
2010	2387	13.5	1936	10.9	213	1.2	238	1.3
2003~2011	2091	11.4	3105	7.0	772	1.7	1214	2.7

注：不包括金融类。
资料来源：商务部、国家统计局、国家外汇管理局（2011），《2010年度中国对外直接投资统计公报》。

三 东北三省与韩国政府层面交流广泛

随着东北地区经济的快速发展，投资环境的不断改善，东北三省与韩国的经贸合作愈发活跃，政府层面的交流也不断扩大。

目前，韩国已有使领馆、KOTRA贸易馆、韩国商会等进入东北。其中，沈阳和大连都设有KOTRA贸易馆，韩国还在沈阳设立了领事馆，各省也都建有韩国商会，其中辽宁省6个，吉林省2个，黑龙江省2个。

东北三省政府和韩国地方政府也早在中韩建交初期就开始开展交流，韩国京畿道、江原道、庆尚南道、忠清北道、忠清南道等地方政府已与东北三省结成姊妹关系。东北三省的主要城市，如沈阳、大连、长春、哈尔滨也与韩国的

许多道市交流活跃（见表6、7）。十年来，东北三省积极发展与韩国的关系，加强互访，人际交流十分活跃。现在长期滞留中国东北三省的韩国人达7万多人，包括短期滞留的人员总计10万余人。

表6 东北三省与韩国道缔结的友好关系

省份	道	缔结形式	缔结日期
辽宁省	京畿道	姊妹关系	1993.10.4
	江原道	友好交流	1996.12.9
	庆尚南道	友好交流	2000.9.25
	忠清南道	友好交流	2010.11.3
吉林省	江原道	姊妹关系	1994.6.8
	忠清南道	友好交流	2005.9.26
	忠清北道	友好交流	2008.4.14
黑龙江省	忠清北道	姊妹关系	1996.9.18
	庆尚南道	友好交流	2008.9.5

资料来源：韩驻华大使馆《韩中地方政府交流白皮书》。

表7 城市之间建立的友好关系

东北三省城市	缔结形式	韩国城市
沈阳	姊妹关系	仁川广域市、京畿城南市、新民市—京畿金浦市、辽中县—京畿安城市等
	友好交流	光州广域市、大邱广域市、大田广域市、江源春川市、庆北区美市、全北君山市、全北全州市、中南公州市、全南光阳市等
大连	姊妹关系	普兰店市—中南峨山市、长海县—釜山西区等
	友好交流	仁川广域市、全南光阳市、江源春川市、京畿平泽市、庆北浦项市、光州广域市等
长春	姊妹关系	蔚山广域市、朝阳区—首尔特别市阳川区
	友好交流	江原道太白市、全北全州市、京畿道城南市
哈尔滨	姊妹关系	京畿道普川市
	友好交流	仁川广域市、京畿议政府市、首尔钟区等

四 存在的问题

东北振兴战略的实施为东北地区加强与韩国的经贸合作提供了契机，调动了韩国企业由沿海地带北上的热情,加快了双边经贸合作的步伐,但也显现出一些问题有待解决。

1. 东北地区物流基础有待加强

东北振兴战略需要改善现有交通条件,建立完善的贯通内外的物流环境。但目前东北三省受地理环境的限制物流环境有待进一步改善。

吉林省和黑龙江省地处缺少港口的内陆地区,两个省大部分对外贸易货物都是利用辽宁省的大连港运往世界各地。大连的运输途径,包括铁路、陆路、港湾等尚未建立起贯通的联系,不能充分发挥集装箱运输的优势,铁路货物运输耗时长,大连港拥堵严重。

黑龙江省和吉林省没有直接通往大连港的航线和港湾,只得选择时间和运输费用成本较高的陆路运输和铁路运输。

2. 东北三省对韩国、朝鲜的贸易环境有待进一步改善

东北三省对韩国、朝鲜的贸易合作不对称。表现在:第一,东北地区是朝鲜对外经济合作的主要对象地区,而东北三省的主要贸易对象是韩国;第二,吉林省延边地区对朝贸易的重要性往往不是在朝鲜经济上升期,而是在朝鲜经济停滞期显现出来。朝鲜经济稍微恢复,因延边地区贸易商品的结构限制,朝鲜贸易的对象地区便会向辽宁省丹东转移。目前,丹东占中国对朝贸易进出口量的80%。

3. 商品安全性有待提高

东北三省生产的商品在世界市场上的信任度还有待提高。三氯氰胺事件有损中国商品的形象,韩国民众因此对中国商品信任度有所下降。进出口商检也有待进一步完善,以保证商品质量,减少中韩贸易摩擦事件的发生。

4. 政府职能需要加强,市场经济意识有待提高

进一步简化韩国企业来东北投资贸易的程序,加强政府服务职能,为韩国企业提供便利,增强韩企来东北投资的热情,削减地方保护主义情节,允许韩国企业参与通信、汽车、金融、基础建设等服务领域的投资合作。

东北三省地区相比东部沿海地区改革开放较晚,国有企业比重高,很长一段时间资源价格都是国家定价,导致市场经济意识薄弱。

5. 经济增长点不活跃，投资存在制度限制

东北振兴战略实施过程中投资和优惠政策侧重于国有企业，民营企业处于不利地位。国有企业改革过程中还存在诸多制约外资投入的制度问题，国有企业负债过多，剩余劳动力、社会负担重都是制约韩国企业投资的制约因素。

韩国贸易协会从中心城市、对外开放出口、基础设施及网络建设、改革程度等层面进行分析，认为东北三省相比珠江三角洲、长江三角洲、环渤海湾地区具有较大差距。东北地区除辽宁省外，内陆省份吉林省和黑龙江省缺少对外贸易出口，对外交流条件很不利。

中国政府与外国投资人在资产评估方法上存在差异，外国投资人难以获得经营权，投资兼并程序不透明等。资本市场不发达，国有企业并购的主体局限于跨国企业和大型企业。东北三省之间尚未建立统一的市场，区域内经济活力不够。

五 进一步加强东北三省对韩经贸合作的对策建议

东北老工业基地的振兴与东北亚区域经济合作有着相互促进、共同发展的关系。因此，东北老工业基地应该采取措施加强与东北亚区域经济合作，并在区域经济合作的过程中振兴东北老工业基地的经济。东北振兴战略实施十年来，东北三省与韩国的经贸合作取得了一定成果，对以往经验、教训进行总结，提出可行的改善措施，意义重大。

1. 完善制度，改善通商环境

完善外资企业进入、退出市场的相关制度，提高政策制定的透明性。加强对外资企业资产权以及私有财产权的保护。举办商品展示会等积极实施奖励出口政策。努力改善通商环境。扩大和固定人民币贸易结算示范区域。随着东北振兴战略的推进，韩国企业逐渐显现出投资东北三省热情。东北三省具有资源优势和地理优势，可与接壤的朝鲜、俄罗斯、韩国、蒙古等国形成经济共同体。对韩国企业来说，另一个吸引力来自东北三省有200多万朝鲜族人口，没有语言障碍，会极大减少企业管理成本。

2. 扩大参与政府项目的机会，缩小金融差别

扩大韩资企业参与政府主导项目的机会，允许韩企参与国家基础设施建设等，并在国有企业资产结构调整过程中积极引导韩国企业参与。扩大外资企业在东北三省的经营方位，减少金融差别，完善并制定允许韩国金融资本参与政府主导的开发战略投资制度。

3. 积极推进东北三省与韩国开展多领域合作交流

积极引导韩国参与东北三省具有比较优势的机械制造、石油化学、农产品加工等行业投资；引导韩国企业进入生物学、新材料、新能源、能源节约和环境保护等新产业领域；同时可考虑共同在物流、金融、流通、信息服务、旅游、不动产等服务产业领域加大合作。韩国对东北三省进口商品中粮食所占比重较大，亦可引导韩国企业参与冷冻运输等物流基础设施项目的建设。

4. 发展中、朝、韩共同合作项目

东北三省在开展对韩国的经贸合作时，可引导韩国参与中国对朝的开发项目，积极参与中国的东北振兴，这不仅有利于提高商业利益，而且可增进朝鲜半岛的南北经济关系。朝鲜与中国的贸易额由 2000 年的 4.9 亿美元上升至 2009 年的 26.8 亿美元，增加了 4.5 倍，特别是以东北地区为中心的边境贸易日益活跃。从 2003 年起，中国对朝鲜的投资额和投资方向发生了较大的变化。即初期中国对朝以制造业和服务业为中心，2004 年后基础设施和资源开放的投资增多，其占投资总额的 70%。朝鲜与中国的这种经济合作有利于朝鲜的经济恢复，也给韩国带来机遇，韩国可参与中国对朝的开发项目。同时朝鲜改革开放的加快，产业结构的调整和积极引进外国资本，将对朝鲜的国民收入和购买力的提高产生积极的影响，这将成为南北经济关系扩大的契机。增进韩朝南北经济协作要从战略角度有弹性地对待，以培养朝鲜经济的竞争力和自力更生为发展方向，通过探索南北经济协作项目和加快促进开城工业特区和金刚山旅游项目的发展达成双方的互信。在朝鲜资源开发 90% 依靠外国的情况下，韩国可以也能够参与经济效益较高的项目。

专题篇
Special Subject

B.23
东北地区装备制造业发展状况及对策研究

陈亚文 王淑娟

摘 要:

现代经济中,装备制造业发展水平是衡量区域经济社会发达程度的重要标志。东北振兴规划实施以来,东北老工业基地装备制造业保持了良好的增长态势,以先进装备制造业为代表的制造业成为拉动经济增长、推动科技进步和产业集群发展的重要力量。全面提升东北地区装备制造业整体水平既需要提高自主创新能力、产品科技含量,也需要加快推动装备制造业产业基地建设,发展规模经济,为东北老工业基地深化改革、转变经济发展方式提供全面支撑。

关键词:

东北地区 装备制造业 产业基地

---

* 陈亚文,辽宁社会科学院经济研究所副研究员,研究方向:区域经济、产业经济;王淑娟,辽宁社会科学院经济研究所助理研究员,研究方向:区域经济、计量经济。

装备制造业是为国民经济各行业提供技术装备的基础性产业,.产业关联度高，是国家综合实力的集中体现，是产业升级、技术进步的重要保障。东北老工业基地是我国最重要的先进装备制造业产业基地之一，集中了一大批行业骨干企业及相关配套企业。东北老工业振兴规划实施以来，经过多年不懈努力和持续发展，东北装备制造业在重型机械、大型成套装备、数控机床和零部件制造等诸多领域产业基础日益雄厚，产品覆盖范围不断扩大，技术水平不断提高，装备制造业在国民经济和社会发展中发挥了重要的推动作用。

一 东北地区装备制造业发展状况与特点

2003年以来，在国家振兴东北老工业基地战略推动下，东北地区装备制造业重新崛起，主要行业产能迅速扩张，产业基地建设不断加快。装备制造业重点领域形成了多个大型产业集群，以装备制造业为代表的重化工业集聚化发展趋势明显。装备制造业特别是重型装备制造业、先进装备制造业形成了较强的竞争优势，拥有一大批国内同行业排头兵企业，在国民经济中发挥了不可替代的作用。

（一）发展速度较快，产业规模不断扩大

2012年，在国内经济增速放缓、外需不振宏观背景下，东北地区装备制造业继续保持增速高于全国平均水平、比重持续提高的良好发展势头。东北三省装备制造业共完成工业总产值约2.6万亿元，同比增长32%以上，产业规模不断扩大。从东北三省装备制造业发展情况看，辽宁省装备制造业已成为第一支柱产业，规模以上企业产值占工业总产值比重高达31.8%，对工业增加值增长的贡献率达到40.4%。吉林省装备制造业规模以上企业完成工业总产值是"十五"末的5.4倍，年均增长高达40%，销售收入年均增长达38%，远高于其他产业。黑龙江省装备制造业规模以上企业完成工业总产值、实现销售收入和出口交货值，分别是2005年的2.11倍、2.31倍和3.32倍。2003~2012年，东北三省装备制造业保持了高速增长势头，产业整体规模持续扩大，为区域经济社会发展作出了重要贡献。

（二）优势领域竞争力较强，比较优势明显

2003～2012年，东北老工业基地装备制造业优势领域竞争力不断增强，重型装备、重大成套设备和数控机床等诸多领域比较优势和竞争优势明显。在国民经济中占有重要位置的重大装备研发和制造能力不断提高，先进装备制造技术自主化取得重大成果，掌握了一大批重要装备关键技术，许多行业技术水平国内领先。装备制造业七大行业全员劳动生产率远高于全国平均水平，2011年，东北地区金属制品、通用设备制造、电器机械及器材制造分别是全国同行业劳动生产率的3.1倍、2.4倍和2.2倍。2003～2012年，东北地区实施了机床高速加工中心、重大装备精密轴承、特大型变压器、汽车发动机及大型铸锻件等一大批重点项目升级改造工程，像一汽、一重、鞍钢、哈电、沈鼓、沈阳机床、北方重工、大连船舶重工、瓦轴等国有大型企业的技术水平、生产能力和产品质量都有了显著提高。例如，辽宁在装备制造业7大行业185类产品中，有58类综合实力居全国前6位，产业优势明显。

表1　东北地区具有优势的装备制造业领域

省　份	在国内具有优势的装备制造领域
辽　宁	以石化设备、重型矿山设备和输变电设备为代表的重大工程专用装备，以船舶、汽车和机车为代表的交通运输类装备，以及数控机床、机器人、环保机械和计算机整机制造业，水轮机、冷冻设备、微电机、诊断器材和电真空器件
吉　林	以小轿车、其他铁路运输设备制造业、载重汽车制造业为主的装备制造业，其中，汽车工业销售收入占全国的13%左右
黑龙江	发电机制造业、货车制造业、汽轮机制造业，其中，大型火电和水电装备分别占全国市场的33%和50%

资料来源：2012年中国统计年鉴及相关资料。

（三）自主创新能力提高，内生增长动力增强

东北地区装备制造业特别是高端装备制造业发展迅猛，已经跃居全国同行业前列，科研和技术实力雄厚。在制造技术研究方面，东北地区大中型企业自主创新能力增强，重大装备、核心部件研发设计水平不断提高。东北老工业基

地已经拥有船舶制造国家工程研究中心、高档数控国家工程研究中心等7个国家工程研究中心，国家水力发电设备工程技术研究中心、国家真空仪器装置工程技术研究中心等6个国家工程技术研究中心，特高压变电技术国家工程实验室、高速列车系统集成国家工程实验室（北方）等4个国家工程实验室，工业装备结构分析国家重点实验室、全断面掘进机国家重点实验室等11个国家重点实验室，航空钛合金构件制造及装备、空间光电技术等11个国家地方联合工程研究中心（工程实验室）。各类国家级研发中心科研能力、成果产业化能力普遍增强，有效提升了产业内生增长动力，为区域装备制造业发展作出了重要贡献。此外，随着R&D经费投入每年以12%～15%速度增长，东部地区被SCI、ISTP和EI收录的科技论文年均增速超过30%，自主创新在结构调整和转变经济发展方式等环节发挥了重要作用。

（四）产业集中度较高，集聚效应日益显现

经过多年发展，东北老工业基地装备制造业战略性重组效果显著，装备制造业整体布局更趋合理，区域产业特色和优势日益突出，先进装备制造业产业基地建设取得重大进展。东北地区已经建成了八大装备制造业产业基地，产业集中度较高，特色装备制造集群效应初步形成。八大产业基地主要分布在沈阳经济区、辽宁沿海经济带、长吉图开发区和哈大齐工业走廊等产业集聚区。产业基地包括：重型机械和大型成套装备制造业基地、数控机床及工具研发和生产基地、发电和输变电设备研发与制造基地、汽车整车和零部件制造及出口基地、船舶制造基地、轨道交通设备制造基地、国家民用航空产业基地以及轴承研发和生产基地。东北装备制造业产业基地在三省协调机制引导下，初步实现了布局优化，避免了重复性建设和盲目竞争。在造船、机床、机车、重型机械、风电、核电、输变电等重点行业实现了强强联合，规模经济性显著，全面提高了东北地区综合竞争力。

（五）高端装备制造业发展迅速，龙头企业不断壮大

2003～2012年，东北地区一大批在高端装备制造领域内具有领导地位的优秀企业脱颖而出，产业整体上呈高端化发展趋势，出现许多具有市场影响力

和占有率的国内外知名品牌。在智能制造领域：沈阳机床列世界机床行业第一位。一重集团是国内最重要的先进工业装备制造企业，代表我国重型机械产品的制造水平。瓦轴集团在国内轴承行业排名第一。哈电集团成为国内最大的发电设备、电力驱动设备研制和成套设备出口企业之一。特变电工沈变集团是国内变压器行业规模最大、技术实力最强的制造企业之一。航空装备领域：沈飞集团是国内最大的集科研、生产、试验、试飞于一体的现代化飞机制造企业之一，具备各类干线、支线飞机大部件制造和通用飞机研制能力。沈阳黎明是国内第一家航空发动机生产企业。哈飞集团是国家重要的航空骨干企业，是直升机、轻型多用途飞机、新支线客机的重要研发制造基地。海洋工程领域：大连船舶重工集团是国内规模最大、建造品种齐全、最具国际竞争力的现代化船舶总装企业。轨道交通设备领域：长客股份是国内最大的铁路客车和城市轨道车辆研发、制造和出口基地。大连机车是国内最大的内燃机车设计制造和出口基地。

二 东北地区装备制造业面临主要问题

随着经济社会不断发展，东北地区装备制造业在规模、结构和比较效益等方面有了长足发展，但应当清醒地认识，受科技水平、内部结构、产业分工以及体制机制等诸多因素制约与困扰，与东南沿海发达地区相比，东北地区装备制造业仍然存在总量偏小、结构性矛盾突出和配套弱等问题，装备制造业无论在规模上还是质量上还有较大提升空间。

（一）与国内发达地区相比，产业整体规模偏小

国内先进装备制造业发展在空间分布上有三大主要区域，分别是珠三角、长三角和东北地区，其中，珠三角地区以通信设备、计算机制造为主，长三角地区以电子信息设备、汽车及零部件为主，东北地区以重型装备、成套设备、汽车及零部件为主。珠三角、长三角和东北地区作为国内三大先进装备制造业基地，其装备制造业各具特色，但是就规模总量来讲，东北地区装备制造业远低于前两大区域，从总产值来看，2011年东北三省与浙江一个省相当，仅相

当于江苏、广东产值的 60%，产值差距巨大。东北振兴以来，虽然东北老工业基地装备制造业发展迅速，涌现出一批具有国际竞争力的大型企业集团，但是和装备制造业发达的江苏、浙江、广东、上海等地相比，东北制造业企业规模偏小，实力雄厚的大企业集团数量较少。以辽宁为例，在全国机械工业企业百强名单中辽宁有 9 家，浙江占了 18 家，江苏占了 14 家，山东占了 12 家，此外，京津冀、中部等地区装备制造业发展也很迅速。

（二）结构性矛盾突出，传统装备制造业比重高

东北地区装备制造业存在两大结构问题，其一是传统装备制造业与现代装备制造业比例严重失衡，例如，2011 年东北大省辽宁计算机、通信和其他电子设备制造业只占装备制造业的 7.6%，传统装备制造业所占比重过大，新兴装备制造业发展明显滞后，这与东南沿海发达省份以通信设备、计算机及其他电子设备制造业占装备制造业比重 30% 以上形成了鲜明对比；其二是从装备制造业所有制结构看，大型国有企业主导的东北装备制造业，国有经济占比过重，民营企业、合资企业比重偏低，发展滞后。与装备制造业发展较快的江苏、广东等省份相比，东北地区装备制造业中非公有制企业发展不快、活力不足。结构性矛盾与区域产业特色和产业内部结构偏重关系密切，但是这在一定程度上影响和制约了东北地区装备制造业发展。

（三）专业分工外部化程度低，经济效益不显著

装备制造业的特质决定准入门槛较高，东北地区装备制造业继承了老工业基地重型装备制造优势，大型国有装备制造企业主导的装备制造业既作为支柱产业存在，也主导了装备制造业发展模式与趋势，装备制造企业巨型化、产品重型化现象明显，企业大而全小而全现象还普遍存在，装备制造业重点领域缺乏发达的、能适应市场经济发展要求的产业分工体系，重要件、关键件配套企业和生产性服务业基本上没有脱离企业内部组织，产业专业化协作程度较低，横向联系少，产业开放度低。很多装备制造企业在生产上存在重主机、轻配套，重产品、轻零部件，仍然具有用企业内部分工代替社会分工的倾向意识。从产业链角度看，国际上先进装备制造业基地都有完整的、高水平的产业链

条,东北地区装备制造业产业链整体偏短,侧重于最终产品生产和同质扩张。近年来,虽然东北地区装备制造业产值增长较快,但是装备制造业集聚区的企业很多集中在产业链的中间环节,R&D 投入、品牌提升和营销弱,产品附加值较低。许多企业还将主要精力集中在生产部门,导致高产值、低利润现象普遍存在,部分企业只充当了加工厂的角色,经济效益不显著。

(四)零部件产业发展滞后,配套能力较弱

东北三省装备制造业目前还存在大量的配套零部件无法在本地配套生产问题,尤其是在利润相对较低的通用件领域,东南沿海地区占有优势。这种状况造成装备制造核心企业与配套企业分离,增加了生产成本,导致最终产品附加值转移,抑制了区域产业集群发展。由于不重视配套中小企业发展,一些原本由本地配套的配套部件,已让位于东南沿海地区的中小企业,原有的零部件产业份额在市场竞争中已逐渐被南方沿海地区所替代,后者无论从质量、价格、服务等方面都要强于本地配套企业。按经济运行规律,当经济生态系统运转缺少必要环节或必要环节发展滞后时,首当其冲的是配套中小型企业,而配套中小型企业发展滞后又直接影响最终产品质量和技术创新,产业整体活力也会降低。东北地区装备制造业与国外发达地区相比缺乏竞争力,一方面与骨干企业尚处于投资拉动、仿制式的生产模式相关,另一方面也与缺乏配套产业、产业链短直接相关。

三 东北地区装备制造业发展趋势分析

深入分析东北地区装备制造业发展环境和发展基础不难看出,推动东北先进装备制造业加速发展的外部条件已经成熟,产业发展正进入一个全新的阶段。装备制造业发展已经对东北地区保增长、调结构、转变发展方式形成较强的推动和支撑力,不断繁荣的装备制造业有望给东北经济社会发展注入更多活力。

(一)国家产业导向和政策引领先进装备制造业加速发展

当前,我国正处于工业化的中后期,未来相当长一段时间,东北地区推进

经济增长将从数量扩张向质量提升转变,发展先进装备制造业仍是其重点,国家产业政策也有利于东北装备制造业加快发展。从产业发展外部环境看,国家产业政策重点支持创新驱动、结构调整和发展方式转变,工信部已经印发了《高端装备制造业"十二五"发展规划》,规划提出力争到2020年,我国高端装备制造产业销售收入在装备制造业中的占比提高到25%。2012年,东北地区制定了《东北振兴"十二五"规划》并获得国务院的批准。东北振兴规划提出未来重点发展的高端装备制造业主要包括:数字化、柔性化及系统集成技术为核心的智能装备制造业,高速动车组产业,海洋工程装备制造业,超超临界发电设备和特高压输变电相关设备,干支线和通用飞机,大型石化装置,超大规模集成电路,工业用特种机器人,国防军工装备、现代大型农业机械装备等一大批先进装备,这些装备都是国家产业政策重点扶植的对象。

(二)以重型装备制造业为代表的制造业发展潜力巨大

东北老工业基地中的装备制造业特别是重型装备制造业,在国内仍具有明显的产业优势、技术优势、科研优势和技术工人优势,中国经济向高级阶段跃升必然依赖重型装备制造业,这为东北地区以重型装备制造业为主导的制造业发展提供了先决条件,因此加快推进东北老工业基地重型装备制造业基地建设既具有合理性,又具有可行性。从国内市场占有率来看,东北地区重型装备制造业诸多行业在全国具有相当的优势,许多行业市场占有率超过15%,产业特色鲜明。其中,大型输变电成套设备、大型连铸连轧成套设备、大型发电成套设备、大型运输设备、列车车辆成套设备等关系国计民生的重大成套装备生产在全国名列前茅。金属制品、普通机械制造、专用设备制造、交通运输设备制造、动力设备及电气机械制造、仪器仪表等行业都具有强大的生产能力,重点产品的技术水平和生产规模在全国机械行业中占有优势地位,发展潜力巨大。

(三)先进装备制造业是引领区域未来经济增长的重要动力

经30多年发展,我国已经成为全球第二大经济体,轻工业迅速占领全球市场后对装备制造业和原材料工业发展产生了极强的拉动力,东北地区两大基

地建设为国家经济建设发挥了重要的基础性作用,促进了区域经济高速增长,强化了重化工业支柱产业地位。东北地区装备制造业特别是先进装备制造业一方面对区域经济可持续发展起到了强大的支撑作用,另一方面促进了大工业发展,引领重工业体系融入全球价值链,形成新的经济增长点,成为推动未来经济增长的重要动力。国外经验表明,发达国家普遍将先进装备制造业作为其经济发展的主要支柱和综合国力的后盾。放眼当今世界,我国经济正面临全球竞争逐步加剧的现实,以先进装备制造业为代表的制造业正在进入发达国家所谓的高附加值领域,而技术壁垒、资源环境约束和高级人才短缺是当前装备制造业面临的直接挑战,因此,应从战略的高度重视发展高端装备制造业,更有效地为各领域产业提供装备保障,通过提升内生增长能力,直接面对世界最高水平的竞争。

四 推动东北地区装备制造业发展对策建议

目前,东北老工业基地仍处于工业化进程的关键时期,加快推进先进装备制造业基地建设,推动东北地区装备制造业由投资驱动、规模扩张,向结构调整、技术进步和融入全球价值链转变,是深入贯彻落实科学发展观、转变经济发展方式的重要内容,对推进东北地区产业结构优化升级、增强自主创新能力具有重大现实意义。

(一)积极推动结构调整,不断增强产业活力

东北地区是一个以重化工业为主导产业的老工业基地,在制造业企业所有制构成中,国有经济成分比重过大,为改变这种现状,应加快国有经济战略性调整,继续深化大型国有企业体制改革,促进产业分工加快发展,延伸产业链条,促进民营中小企业进入配套零部件产业,大力推进生产性服务业与制造业融合发展。通过引进非公有制经济,扩大境内外合资合作领域,形成优势互补,增强装备制造业整体活力。同时,为改变传统装备制造业强、现代装备制造业弱的基本矛盾,应加快推进以信息技术为核心的现代装备制造业发展,注重嵌入技术和物联网技术的研发和应用,利用信息技术实现传统设备连接和升

级改造，以信息化带动工业化发展，促进产业升级，进一步增强产业整体活力。

（二）增强自主创新能力，提高产业核心竞争力

装备制造业作为现代工业系统中高端产业，其核心竞争力依赖科技进步。在现行科研体系下，增强自主创新能力，应着力增强大型装备制造企业自主创新能力，积极推进原始创新、引进吸收再创新和集成创新全面发展，在更高层次上实现科研成果产业化，推动东北地区高端装备制造业发展由投资驱动、规模经济向创新驱动、质的提升转变。装备制造企业要以系统设计技术、控制技术与关键总成技术为重点，增加研发投入，加快提高企业的自主创新和研发能力。同时，充分发挥东北地区高端装备制造领域国家工程（重点）实验室、国家工程（技术）研究中心、国家地方联合工程研究中心（工程实验室）等核心科研单位的引领带动作用。大力推进产、学、研、用合作，完善自主创新体系，通过技术资源合理流动，调动全社会技术创新的积极性。继续推动国际技术交流与合作发展。提高东北经济区开放度和与发达国家合作水平，促进国内外创新资源互补共享，助推东北经济区与欧美、东北亚地区的创新要素互动、创新成果流动和创新产业联动。鼓励和支持制造企业开展购买专利、配套协作和合作研发，将内部技术向外输出，开辟新市场，加快东北地区由"东北制造"向"东北智造"的转变，使创新成为经济发展的重要引擎。

（三）提高重大装备、成套设备和配套零部件生产能力

东北地区在重型装备、重大装备及工程总承包能力等方面存在系统设计和研发能力薄弱、核心技术缺乏、整体技术水平低等现实问题，未来，应继续提高重大装备、成套设备生产能力，解决产业技术稀缺问题，继续保持东北地区装备制造业规模和能力全国领先地位，打造几个具有装备制造业工程及产品研发、安装、开拓市场、工程承包、融资服务等方面综合实力的国际性企业。同时，为克服东北老工业基地普遍存在配套产品无法在本地配套生产、核心企业与配套企业分离的状况，应将通用基础件、大型铸锻件、特种材料、控制系统的元器件、数控机床的功能部件等作为优先发展领域，为高端装备制造业的创

新发展提供良好产业生态环境。继续推动重点领域核心大企业周边中小型配套、辅助企业发展，完善产业链条、价值链条，利用中小企业敏捷迅速的市场反应力提高区域产业整体活力。形成重大技术装备、重型装备、基础装备等专业化合理分工、相互促进、协调发展的格局。

（四）做大做强产业集群，打造世界级产业基地

产业集群是形成竞争优势的基础，东北地区装备制造业面临珠三角、长三角制造和其他先进省份的强力竞争，东北老工业基地装备制造业未来发展主要是结合自身特色和优势，做大做强重型装备产业集群，依靠规模经济和配套完整的产业链条形成国际竞争力，打造东北亚乃至世界级大型装备制造业产业基地。"十二五"期间，重点推动沈阳铁西制造业聚集区发展高档数控机床、高压输变电设备、通用石化装备、大型成套工程机械。大连临港临海先进装备制造业基地重点发展数控机床及功能部件、船用大曲轴、精密及特大轴承、风电设备、核电设备。长春轨道客车装备基地重点发展高速动车组、城市轨道客车。哈大齐工业走廊重点发展电站成套设备、重型机械装备、支线客机和新型多用途飞机。积极推进东北装备制造企业实施跨地区、跨所有制、跨行业的兼并重组，促进生产要素进一步向产业集聚区集中，培育形成一批具有设备成套、工程总承包、国际贸易、投融资能力强的大型企业集团。提高集聚区产业配套能力，鼓励关键零部件、基础零部件、元器件和配套产品生产企业实施专业化重组，形成一大批具有竞争优势的"专、精、特、尖"配套装备制造企业。

（五）积极融入全球价值链，推动出口贸易发展

东北地区装备制造企业经过十多年的扩张，已经拥有较强的科技实力和产业基础，未来一个重要发展方向是加快融入全球价值链，在规模扩张同时利用绿色制造和智能制造带动中国经济从轻工制造向轻、重工制造转变，不断提高出口贸易。从全球价值链视角来看，推动东北地区装备制造企业向全球价值链进发，应以基础性技术、成本、资源和劳动力优势为基础，打造世界级装备制造业基地。同时，吸取轻工业成功经验，采取订单贸易模式，为国外品牌代工

生产，扩大出口，主动融入国际生产和销售体系。东北地区先进装备制造企业应加快推进"设计研发"和"自主创新"发展，不断开发自主技术，推动自有品牌国际化，拓展国际营销网络，使装备制造业逐渐向价值链的两端延伸，通过全球战略调整和资源配置实现由生产向治理的转变。

参考文献

张万强等：《打造世界级装备制造业基地——战略定位与发展路径》，中国经济出版社，2011。

张米尔：《创新互动与装备制造业结构升级》，《科学学与科学技术管理》2004年第10期。

姚华松：《打造现代产业体系的思路与建议》，《郑州航空工业学院学报》2009年第4期。

李佳峰：《以产业链理论分析现代产业体系》，《汕头科技》2009年第2期。

李妙娟：《重视构建现代产业体系》，《财经界》2009年第2期。

崔万田：《中国装备制造业三大基地的比较分析》，《经济理论与经济管理》2005年第11期。

郭庭廷：《自主创新——装备制造业发展的"软肋"》，《机械工程信息与网络》2006年第4期。

路甬祥：《装备制造业亟待解决结构优化与自主创新两大问题》，《机械工程师》2006年第7期。

B.24 东北三省高技术产业发展报告*

姜瑞春 陈 岩 黄振义**

摘 要:

> 东北等老工业基地振兴战略实施以来,东北三省高技术产业整体呈上升态势,产业规模和产业贡献持续扩大,R&D 经费投入不断增加,医药、电子计算机等高技术行业发展较快。但在快速发展中也存在明显的问题,如企业创新能力总体偏低,高增长、低效益现象十分突出。针对这些问题,本文结合辽宁、吉林、黑龙江三省实际,提出促进高技术产业发展的对策和建议,如整合区域发展资源,推动三省高技术产业联合发展;根据各省实际情况,优化调整产业结构;扩大高技术产业对外开放,增强东北三省高技术产业的国内外辐射力;等等。

关键词:

> 东北三省 高技术产业 产业贡献率 企业创新能力

2003 年东北等老工业基地振兴战略实施以来,东北三省高技术产业①发展逐步走上快车道,取得了较大成绩。可以说,这是新中国成立以来东北三省发

---

* 本报告为国家社科基金项目《资源型地区战略性新兴产业发展研究》(12BJL075)的阶段性成果。
** 姜瑞春,辽宁社会科学院产业经济与 WTO 研究所副所长、助理研究员,主要研究方向:产业经济和宏观经济;陈岩,辽宁社会科学院产业经济与 WTO 研究所助理研究员,主要研究方向:高新技术产业和比较经济;黄振义,铁岭市高新技术创业服务中心主任。
① 高技术产业计算范围用《高技术产业统计分类目录》中扣除核燃料加工、信息化学品制造和公共软件服务以外的全部行业,即包括医药制造业、航空航天器制造业、电子及通信设备制造业、电子计算机及办公设备制造业、医疗设备及仪器仪表制造业;制造业的范围为全部工业的制造业企业。

展高技术产业最好的时期。东北三省高技术产业的快速发展既促进了产业结构战略性调整和产业升级,又促进了资源更好利用和产业竞争力的提高,为东北老工业基地的全面振兴奠定了基础。

一 东北三省高技术产业发展概况

1. 产业发展呈加快态势

振兴战略实施以来,东北三省高技术产业发展迅速。从高技术产业产值看,2002~2011年,产值从783.76亿元增长至3300.4亿元,增长了3.2倍,其中辽、吉、黑三省分别增长了3.2倍、6.9倍和1.0倍;从产业销售收入看,销售收入从740.95亿元增长至3289.3亿元,增长了近3.5倍,其中辽、吉、黑三省分别增长了3.3倍、8.4倍和1.3倍;从高技术企业的产值看,企业规模也在不断扩大。2002年,单位企业工业产值为1.09亿元/家,到2011年已达到2.73亿元/家,十年间以平均15%的速度增长,比2002年增长了1.5倍,其中辽、吉、黑三省单位企业总产值分别增长了1.0倍、4.2倍和0.9倍。

2. 产业对经济贡献明显

2002年以来,东北三省高技术产业每年创造的利润上升明显。2002~2011年年均增幅达70%,尤其是2008年以来,东北三省高技术产业每年创造的利润增长态势更为明显。从单位企业的利润额看,增长明显。2002年单位企业的利润额为0.05亿元/家,至2011年达到0.25亿元/家。从利税指标来看,高技术产业的利税额增长较快。2002年高技术产业的利税额仅为68.45亿元,至2011年达397.6亿元,增幅达480.9%。

3. R&D投入逐年加强

振兴战略实施以来,东北三省高技术产业研究与开发(R&D)投入逐年增加。从R&D活动人员折合全时当量指标看,2002年为11499人/年,2011年增加至13481人/年,共增长了17.24%。其间,虽然出现了2004年和2010年两次下降,但总体呈上升趋势。

与R&D人员投入增长缓慢不同,东北三省R&D经费的投入以年均

44.7%的速度增长。2002~2011年，R&D经费内部支出从12.72亿元增长到了69.53亿元，其中辽宁投入较多，黑龙江次之，吉林较少（见表1）。

表1 2002~2011年东北三省高技术产业R&D经费内部支出增长趋势

单位：亿元

区域	2002年	2003年	2004年	2005年	2006年	2007年	2008年	2009年	2010年	2011年
东北地区	12.72	12.83	11.47	14.82	13.25	18.84	26.15	34.41	43.69	69.53
辽宁	6.76	5.47	7.90	7.86	7.28	12.05	17.57	19.58	25.86	48.24
吉林	0.78	1.14	1.50	1.39	1.78	1.14	1.54	2.46	1.93	5.10
黑龙江	5.17	6.22	2.08	5.57	4.19	5.65	7.04	12.37	15.89	16.19

4. 医药制造业和电子计算机及通信设备制造业发展较快

2002~2011年，东北三省高技术产业结构发生了较大的变化。十年间，东北三省高技术产业所属五类制造业产值的增长变动巨大，其中医药制造业发展最为迅猛，2011年总产值达到1673.5亿元，是2002年248.39亿元的6.7倍；同时，电子计算机及通信设备制造业、医疗设备及仪器仪表制造业、航空航天制造业与2002年相比都呈现不同程度的增长。

二 东北三省高技术产业发展的绩效评价

1. 产业发展较快，但排名仍然不高

2002年以来，东北三省高技术产业规模不断扩大，但与省外经济发达省份相比，差距明显。十年来，辽、吉、黑高技术产业产值位列基本稳定在第10位、17位、19位左右，与广东、江苏、浙江、福建、山东等省份在产值方面还存在较大差距，尤其是近几年，东北三省的产值排名都出现了不同程度的下降，而排名前列的省份如浙江、福建和山东产值排名略有上升（见表2）。

表2 东北三省与其他省份高技术产业产值历年排名情况

年份	辽宁	吉林	黑龙江	江苏	浙江	福建	山东	广东
2002	9	18	14	2	6	7	8	1
2003	9	18	13	2	5	7	8	1
2004	9	17	17	2	6	7	8	1
2005	9	18	14	2	7	8	6	1
2006	10	17	19	2	5	8	6	1
2007	10	17	19	2	6	8	5	1
2008	10	17	19	2	6	7	4	1
2009	10	17	20	2	6	7	4	1
2010	10	17	21	2	5	7	4	1
2011	11	18	21	2	5	7	4	1

资料来源：根据历年《中国高技术产业统计年鉴》计算所得。

2. 辽宁生产效率较高，吉林和黑龙江低于全国平均水平

2002~2011年的10年里，东北三省高技术产业劳动生产率一直保持上升态势。与全国平均水平49.28万元/人相比，各地呈现不同的发展水平，其中辽宁省高技术产业劳动生产率为53.83万元/人，高于全国平均水平，而吉林和黑龙江两省的高技术劳动生产率分别为43.07万元/人和36.17万元/人，明显低于全国平均水平（见表3）。辽宁省制造业相对发达，具有较好的技术水平及熟练的产业工人，因此其全员劳动生产率要高于全国平均水平。

表3 2002~2011年东北三省与全国全员劳动生产率变化比较

单位：万元/人

区域	2002年	2003年	2004年	2005年	2006年	2007年	2008年	2009年	2010年	2011年
辽宁	28.57	37.74	40.91	39.42	44.44	52.70	60.18	61.05	78.27	95.06
吉林	18.09	21.30	23.63	31.36	38.03	46.91	49.29	49.94	71.85	80.30
黑龙江	28.07	29.30	22.48	36.91	29.61	34.34	38.05	41.12	48.55	53.26
全国	21.30	26.08	30.93	36.70	43.26	51.58	57.08	62.07	72.64	91.13

资料来源：根据历年《中国高技术产业统计年鉴》计算所得。

3. 黑龙江产值利润率较高，辽宁效益不高

2002~2011年，随着产业规模的不断扩大，三省高技术产业的利润率均

呈现较大波动,2004年,辽、吉、黑三省与全国高技术产业产值利润率几乎处于同一水平线上,从2005年开始,三省的产值利润率出现较大分化,辽宁省产值利润率长期低于全国水平,吉林产值利润率虽波动较大,但明显高于全国平均水平,黑龙江省高技术产业发展的质量和效益较好,产值率利润率一直呈上升态势,且高于全国平均水平。到2011年,辽、吉、黑三省产值利润率分别为8.15%、9.6%和11.89%,三省之间的差距在缩小,且都高于全国平均水平(见表4)。

表4 2002~2011年东北三省高技术产业产值利润率变动趋势

单位:%

省 区	2002年	2003年	2004年	2005年	2006年	2007年	2008年	2009年	2010年	2011年
辽 宁	3.78	3.29	3.24	2.63	3.28	4.31	4.82	5.15	8.24	8.15
吉 林	8.33	6.28	4.76	6.33	7.63	12.51	7.63	9.47	7.91	9.60
黑龙江	4.38	4.04	4.12	4.74	6.65	8.27	10.65	12.36	13.57	11.89
全 国	4.22	4.84	4.94	4.45	4.67	5.55	4.91	5.84	6.98	6.52

资料来源:根据历年《中国高技术产业统计年鉴》计算所得。

4. 黑龙江R&D投入强度较高,吉林处于低位

2002~2011年,辽、吉、黑三省的高技术产业R&D经费投入强度平均值分别为1.47%、0.73%和2.53%,吉林省R&D经费投入强度始终处于较低水平,低于全国平均水平(均值为1.19%),黑龙江省则具有较高的R&D经费投入强度,辽宁也高于全国平均水平(见表5)。

表5 2002~2011年东北三省与全国高技术产业R&D经费投入强度对比

单位:%

省 区	2002年	2003年	2004年	2005年	2006年	2007年	2008年	2009年	2010年	2011年	均值
辽 宁	1.53	1.08	1.39	1.29	1.01	1.24	1.57	1.51	1.51	2.54	1.47
吉 林	0.80	1.07	1.31	0.96	0.95	0.46	0.43	0.52	0.30	0.56	0.73
黑龙江	2.57	2.47	1.45	1.78	1.84	2.08	2.26	3.47	3.98	3.42	2.53
全 国	1.28	1.09	1.05	1.07	1.10	1.10	1.18	1.30	1.30	1.41	1.19

资料来源:根据历年《中国高技术产业统计年鉴》计算所得。

另外，从R&D人员强度看，东北三省高技术产业表现出与R&D经费投入强度同样的趋势。2002～2011年，从均值来看，黑龙江最高、辽宁略高，而吉林的R&D人员强度大大低于全国平均水平（见表6）。

表6　2002～2011年东北三省与全国高技术产业R&D人员投入强度

单位：%

省　区	2002年	2003年	2004年	2005年	2006年	2007年	2008年	2009年	2010年	2011年	均值
辽　宁	8.36	7.84	6.02	8.09	9.46	7.78	8.57	3.64	3.46	5.22	6.84
吉　林	4.11	3.61	4.79	4.87	5.42	5.32	5.52	3.44	1.95	3.80	4.28
黑龙江	9.27	8.15	8.31	13.00	11.38	11.16	11.28	9.02	7.84	10.10	9.95
全　国	6.46	5.83	4.94	5.23	5.29	5.67	5.98	4.96	4.24	5.39	5.40

资料来源：根据历年《中国高技术产业统计年鉴》计算所得。

5. 辽宁重技术引进，轻消化吸收

2002～2011年的10年里，辽宁省在技术引进上投入的经费要高于吉林、黑龙江，每年平均为2.83亿元，吉林和黑龙江则为0.09亿元和0.99亿元，但是辽宁省每年平均投入消化吸收上的经费明显低于吉林和黑龙江省，仅为0.03亿元，低于吉林的0.07亿元和黑龙江的0.7亿元。从表7可以看到，2002～2010年每年平均投入的消化吸收经费占技术引进经费的比例，辽宁省明显低于全国平均水平。

表7　2002～2011年东北三省与全国高技术产业消化吸收率指标比较

单位：%

省　区	2002年	2003年	2004年	2005年	2006年	2007年	2008年	2009年	2010年	2011年	均值
辽　宁		0.6	0.1	0.7	5.0	3.2	0.5	2.4	2.8	244.8	0.9
吉　林	119.0	225.0	11.8	35.7		535.0		151.8		2.3	81.6
黑龙江	16.1	12.5	120.8	33.3	117.2	261.2	100.0	837.1	80.3		71.6
全　国	5.6	6.0	11.2	32.4	14.0	10.5	17.8	16.5	20.1	24.5	14.9

注：数据空缺的原因为当年原始数据为零。

资料来源：根据历年《中国高技术产业统计年鉴》计算所得。

三 东北三省高技术产业发展中存在的问题

（一）产业结构内部不平衡

从总体上看，东北三省高技术产业所属五类制造业中，2002～2011年，医药制造业一直处于强势发展态势，十年间其产值在五类制造业中平均达40%；其后是电子及通信设备制造业，发展态势较好，平均达30%水平，两大类高技术产业的产值占全部高技术产业的70%，其他高技术产业产值较低，发展水平不高。

（二）企业创新能力总体偏低

1. 重引进，轻消化

从发达国家的经验数据看，高技术企业消化吸收经费支出至少应达到技术引进经费支出的3倍以上。但东北三省高技术产业则出现技术引进经费支出高于消化吸收经费支出的"倒挂"现象，远远落后于发达国家。从技术依赖度指标看，辽宁省该比值明显低于全国平均水平，吉林和黑龙江省总体上虽强于辽宁省，但与发达国家的经验值还有巨大差距。这说明东北三省高技术企业引进技术吸收消化的再创新能力很差，从一个侧面反映了企业缺乏创新动力。

2. 低投入，低人力

从赶超国家的发展经验看，企业研究与发展（R&D）经费所占比重越高，高技术产业化发展的潜力也就越好。东北三省高技术产业的R&D投入虽在增长，但增长幅度较小。据统计，2011年我国高技术产业R&D经费占工业总产值的比例为1.63%，而美国这项指标为16.83%、日本为10.5%、德国为6.87%、英国为11.1%[1]。从产业创新能力指标看，吉林在R&D经费投入强度和R&D人员投入强度上都明显低于全国平均水平，黑龙江和辽宁两省指标

---

[1] 数据来源：国外数据来自经济合作与发展组织《结构分析数据库（2011）》《企业研发分析数据库（2011）》。

虽高于全国平均水平，但在 R&D 经费的投入上与国内东部沿海省份相比，也存在较大差距。低投入和低人力也反映了企业创新能力和动力的不足，企业尚没有真正成为自主创新的主体。

（三）产业经济效益增长乏力

高技术产业产值利润率可以在一定程度上反映高技术产业经济效益水平，一个时期内，若企业的产值利润率逐年增大，则表明企业的经营状况良好，单位产值产生的利润在不断增多，反之，则企业的利润在下降，从而企业的经营状况在逐渐变坏。我国高技术产业产值利润率指标相继在 2002 年、2003 年、2006 年和 2010 年低于制造业总体水平①。东北三省同样面临着产值利润率偏低的问题。从产值利润率指标看，辽宁省的这一指标一直处于较低水平，到 2011 年，东北三省高技术产业的产值利润率与全国一样，都出现了不同程度的下降。东北三省这种"高增长，低效益"的现象十分突出，反映该地区高技术产业仍然未摆脱资本推动型的发展模式。

四 东北三省高技术产业发展对策建议

（一）加强政策指导，推动东北三省高技术产业联合发展

东北三省应加强整合区域发展资源，促进政府间的沟通协调，制定完善的发展政策和协议规划，整体规划发展布局，推动高技术产业联合发展。这样做的好处，第一，能够构建东北高技术产业共同发展的平台和载体，为进一步加强重点领域合作、加快科技成果和生产要素跨省区交流创造条件；第二，在东北三省原有的资源条件、产业基础和科技水平基础上，能够有效整合资源，不断丰富和壮大高技术产业的发展方式与规模，优化调整东北三省高技术产业发展结构；第三，能够充分发挥市场在资源配置中的基础性作用，促进生产要素在各省市内自由流动，促进相关技术和资源在具有优势的区域内集聚。

---

① 玄兆辉、宋卫国：《从主要数据看中国科技创新面临的挑战》，2013 年 2 月 25 日《科技日报》。

（二）扩大对外开放，提高东北三省高技术产业国际竞争力

高技术产业的持续快速发展，离不开先进技术水平的依托。为此，应提高东北三省科技开放水平，拓展科技合作渠道，完善高技术产业开放格局，不断提高东北三省高技术产业的国际竞争力。为此，第一，要通过政府便捷的服务举措，吸引技术含量高、综合实力强的国际大公司、大财团到东北三省进行投资、生产建厂。第二，在引进专利技术、尖端生产设备和高科技外资项目的同时，学习外资先进的管理模式和发展理念，不断增强地区产业发展实力，形成行业发展优势。第三，建立国际科技合作平台。凭借地缘优势，加强与周边国家如俄罗斯、日本、韩国等国的科技合作与交流，促进高技术产业的国际合作。以成立中外高技术产业开发区、中外科技合作中心为依托，成立具有影响力的国际高技术合作示范基地，促进先进技术、高科技人才、尖端科技成果在东北三省的聚集。第四，建议构建以哈尔滨—长春—沈阳—大连为核心的高技术产业联合增长带，不断增强东北三省高技术产业的整体实力和凝聚力，扩大其国际影响力和辐射力。

（三）注重人才引进，完善东北三省高技术人才发展环境和条件

根据国家和东北地区"十二五"发展规划的战略部署，东北地区应不断完善高技术人才发展的环境和条件。第一，通过建立人才长效激励和流动机制，创立东北地区高层次人才创新创业发展基地，对优秀专家、人才提供资金奖励、技术入股等举措，吸引国内外高端科技领域人才、领军科学家、企业家、留学生在东北地区集聚。第二，通过优惠的政策和资金扶持，鼓励有能力的科学家、专业领域人才自主创办新型企业，使企业向专、精、特、新方向发展，不断发展壮大东北地区高技术产业企业的发展规模，调整企业结构，为经济社会的发展注入活力。第三，建立产学研用联盟，加强企业与科研机构和大学的知识对接，将最新科技成果及时投入生产之中，使产学研相互转化与提升。第四，重视对专业技术人才的培养。通过大学、职业学校、科技中介公司等机构对人员进行专业知识和工作技能的培训，提升从业人员的专业技能水平和工作质量。

（四）加强产业集聚，辽宁省应加快发展战略性新兴产业

2011年，辽宁省高技术产业总产值仅相当于广东省的7.99%，与广东、江苏和上海等东南沿海发达省市相比，仍具有一定的差距。因此，辽宁省要发挥省内以沈阳、大连为首的国家级高新区的领头羊和带动作用，优化创新企业环境、增强科技研发和技术创新能力，引导省内高技术产业集聚发展，发挥辐射带动作用。"十二五"期间，辽宁省应加快高科技含量、高附加值和高效益的电子及通信设备制造业的技术研发和产品研制速度，提高其在辽宁省高技术产业中的比例；加快产业基础好、增长潜力大、产业关联度高的先进装备制造业、能源、原材料等重点主导产业的发展，形成具有国际竞争力的战略性新兴产业。

（五）增加R&D经费，吉林省应培养壮大企业规模

从R&D活动经费看，2011年吉林省政府资金金额仅占东北三省总额的2.1%，为东北三省最低。从新产品开发经费看，2011年吉林省新产品开发投入经费最低，仅占东北三省总额的10%。因此，吉林省应加大对高技术产业政府资金投入比重，通过减免高技术企业税收、鼓励金融机构加大对高技术产业R&D贷款的投放力度、增加企业开展新产品研发经费等多种举措来促进高技术产业的发展。多种渠道、多种方式筹集研发资金，以保障吉林高新技术产业的健康发展。同时应加大科技投入力度，增强企业自主创新能力，加速科技成果转化能力。通过实施重点行业产业技术创新联盟、打造高技术产业化基地等方式，培养壮大省内大中型高技术企业发展数量和规模，重点增强领军行业龙头企业的发展实力，扩大影响力。

（六）重视产业集群，黑龙江省应加快建设高技术产业集群

2011年，黑龙江省高技术企业数量为东北三省最低，仅为辽宁省的20%、吉林省的37%。此外，黑龙江省高技术企业生产总值不高，并且近两年，外资企业数量呈下降趋势。为此，黑龙江省应在打造具有发展优势的特色高技术产业集群上加大力度。促进各种创新要素和资源向科技园区集聚，推动哈尔滨

高新区以发展战略性新兴产业为目标，重点打造新一代信息技术、新能源、新材料三大战略性新兴产业，扶持齐齐哈尔高新区突出科技创新能力，以国内外大型项目开发为依托，打造新生物产业集群等。同时，政府要通过强化宏观管理，紧密科研机构、大学与企业的关系，推进产学研用技术联盟行动的开展；鼓励具有创新能力的科研院所、大学进入园区建设研发基地等，为产业集群发展奠定基础。

B.25
东北地区房地产业发展研究

张长凤*

摘　要：

　　房地产业是发展国民经济的先导性和基础性产业，是政治问题、经济问题和社会生活问题的集中体现。认识与行动上的严重失误都会催生经济泡沫，给宏观经济埋下隐患，造成巨大的损失或导致经济的衰退。东北地区等老工业基地振兴战略实施10年来，房地产业取得了巨大的成就，但也面临诸多困境。本文着重分析了近10年来东北地区房地产业的发展阶段、现状、地区特点和面临的困境，提出了相应的对策建议和预期展望。

关键词：

　　房地产业　地区特点　对策建议

　　东北地区等老工业基地振兴战略实施10年来，房地产业取得了巨大的成就。面对国际、国内复杂的经济环境，房地产业的发展也经受着前所未有的考验。近几年，房地产调控政策的连续性出台，也在不断地影响着人们对未来走势的预期。金融危机、实体经济不足等因素带来的负面效应，若没有一个前瞻性的政策、恰当的调控思路与手段相配套，恐怕会带来灾难性的后果。可以这样说，房地产业在体制、机制上发生了严重问题，就不仅会在经济上有所体现，更会影响整个国家的政治安全和社会稳定的大局。所以，回顾历史，关注该行业发展的现状、研判未来的走势、制定切实可行的政策、运用适当的调控手段是必要和紧迫的一项重点工程。

---

* 张长凤，辽宁社会科学院人力资源研究所副研究员，研究方向：区域经济。

一 东北地区实施振兴战略的十年，也是房地产业作为支柱产业存在的十年

这期间，房地产业先后经历了两个重要的发展阶段。

（一）前五年（2002～2007年）

依托"十五"计划，受国家将房地产业确立为支柱产业地位的政策引导，东北地区房地产业得到了快速的发展。这之中虽然也有误区，走过弯路，但成就还是巨大的。

在这五年中，东北地区房地产业得到快速发展是以国发〔1998〕23号文件为前提和基础的，即《国务院关于进一步深化城镇住房制度改革加快住房建设的通知》，其宣布从1998年下半年开始停止住房实物分配，逐步实行住房分配货币化政策。另一份重要的文件是1999年2月中国人民银行下发的《关于开展个人消费信贷的指导意见》，此文件使房改政策的落实从纸上谈兵变为了现实。在此基础上，国务院又颁发了《关于促进房地产市场持续健康发展的通知》，即〔2003〕18号文件，明确提出了房地产业是国民经济的支柱产业，至此，2003年成为东北地区房地产业快速发展的起步年，这一年，也成为房地产历史上最难忘记的一年。其间，几个重要的年度中的相关政策变化情况是：2004年，提高了拿地"门槛"，并进行了九年后首次加息；2005年，针对房价上涨过快的现象，国家深化了调控政策，出台了"老国八条""新国八条"，但2005年的房地产调控没有达到预期的目的，需求的问题没有得到解决，供给也受到了一定的抑制；2006年，房地产宏观调控政策由"国六条"开始，随后各种细化的调控措施陆续出台，全方位对房地产市场进行调控，房价仍出现边调控边上涨的局面，调控和涨价并行是这个阶段的特点。比如，1999～2002年，全国房价同比年增幅在3%～4%，但到了2004年，达到了15%，热点城市的房价则翻番。相对而言，东北地区的房价在这个阶段的涨幅普遍处于中下游的位置。

（二）后五年（2007~2012年）

在这个五年中，中国房地产业面对困境，不断尝试，探索有关房地产业调控的新政策，房地产市场承受了住房货币化改革以来最为严峻的考验。实际上，1998年的提法，即有钱人购买商品房、中低收入购买经济适用房、最低收入者享受廉租房、以经济适用房为主体进行房地产开发建设的思路，在现阶段仍具有一定的参考和指导意义。但是在后来的实际运行中，包括东北地区在内，多数地区将房地产业的开发建设片面理解为以商品房建设为主体，同时，受经济体制转换初期带来的投资机遇和不可避免的投机意识的影响，东北地区的地价、房价在这五年中急速涨升，房价与价值背离相对严重。"十二五"计划中，房地产业被从国民经济的支柱产业范畴中删除了①，房地产业在作为支柱产业存续了十年后，退出了支柱产业的范畴。这一增一删，也恰恰表明了在这十几年中该行业在国民经济中的作用和影响力是相当巨大的。其间，几个重要的年度中的相关政策变化情况是：2007年，剥离了房地产业的支柱产业地位，调整了思路与方向，强调中国的房地产市场发展是要解决人民的住房福利水平的问题。这一年，出台了《物权法》，但有关产权完善的争议至今犹存，比如经济适用房的产权问题。2008年，一个显著的特点是货币政策逆转性的变化，年初，货币政策从"适度从紧"改为"从紧"；到了2008年下半年，受全球性金融危机深化的影响，央行宣布"双率"齐降，货币政策从"从紧"向"适度宽松"转变。这使得国际热钱迅速回流，调控效果在刚刚显效时，就前功尽弃了。2009年的房地产市场经历了一个急转直上的行情，年初的"试探性抄底"—年中的"放量大涨"—年底的"恐慌性抢购"，一年之中，房地产由低迷到亢奋，由萧条到繁荣，调控由"去库存"到"挤泡沫"。2010年，政策导向再次转向至稳定房价上面来。2011年上半年，房价急涨，下半年进入调整状态，一直持续到2012年全年。从2011年初"新国八条"出台，到2013年2月的"新国五条"出台，可以看出，出台政策较多集中在金融信贷和政府管理问责方面，政府的着眼点主要集中在限贷、限购、限价等行政手

---

① "十一五"期间，上海率先将房地产业退出了支柱产业。

段上，以此来抑制投资、投机性的需求，达到稳定房地产市场的目的。

总体来看，房地产调控政策一直处于摸索尝试中。2008～2011年，利率杠杆的频繁运用和以GDP涨幅为衡量调控效果的标准是这个阶段的总体特色，2012年后，则改变了把GDP作为量尺标准的认知。这个阶段走的最大的弯路就是保障房建设的政策保障问题，土地的垄断与土地价格的非市场化问题，以及土地价格与商品房价格螺旋式上升问题。

二 东北各地区房地产业发展的现状

（一）黑龙江省

黑龙江省政府工作报告资料显示："十一五"期间，黑龙江省大力推进"八大经济区"和"十大工程"建设，全社会固定资产投资三年翻一番，保障性安居工程开工建设270万套，连续5年全国第一，改造农村泥草房116.3万户，全省近800万城乡居民改善了居住条件。仅就2012年而言，面对国际市场需求萎缩、国内经济下行压力加大的严峻形势，仍能新开工建设保障性安居工程住房52.9万套，竣工48万套，继续保持全国第一，改造农村泥草房26万户。预期2013年全社会固定资产投资增长达30%以上。该省通过推进城镇化建设、加强基础设施建设，来带动房地产业的发展。比如，加快老城区功能升级、棚户区改造、新城开发、园区建设步伐；推进哈尔滨、大庆国际化现代化城市建设；加快沿乌苏里江四县（市）城镇化步伐。通过加大保障房建设力度，推动城市棚户区改造向城乡结合部拓展，保障房建设向公租房建设推进。2013年，新开工建设保障房26万套，包括上年结转房竣工30万套，改造农村泥草房22万户，节能改造既有建筑1000万平方米。进一步完善制度、加强监督，确保保障性住房的分配公平性。

（二）吉林省

吉林省政府工作报告资料显示："十一五"期间，吉林省统筹推进"三化"，实施"三动"战略和富民工程，固定资产投资累计完成近4万亿元，基础建设明显加强，土地整治重大项目顺利推进，在全国首创土地收益保证贷款试点。2012年，组织实施了"八路安居"和"暖房子"工程，保障性住房实现了从城镇到农村、矿区、林区、垦区的全覆盖，1120多万居民居住条件得到改善。2013年，实现固定资产投资增长20%以上。"十二五"期间要全力推进特色城镇化建设，突出大城市、市（州）政府所在地区域中心城市和重要节点城市、县城、小城镇四个层面，加快推进长吉一体化和中部城市群建设；强化区域中心城市，鼓励支持一批县城和小城镇加快发展。选定10个左右重点城镇先行先试，实现由"乡"到"城"的转变，带动全省城镇化加快推进。要进一步推进保障性安居工程建设，开工建设保障性住房33.87万套，重点抓好农村危房改造和农民房屋产权登记发证工作，发放廉租住房租赁补贴25万户。要推进政府管理创新，健全问责制度。

（三）辽宁省

辽宁省政府工作报告资料显示："十一五"期间，辽宁省坚持稳中求进、稳中求快的工作总基调，房地产开发投资年均增长29.5%，商品房销售面积和销售额年均分别增长18.2%和26.7%，全社会固定资产投资增长23.2%。2012年，建筑业总产值达到7500亿元，由2007年全国第十位，跃升到第四位。2013年全省地区生产总值增长9.5%左右，全社会固定资产投资增长20%。要建设保障性住房17万套，改造城中村和城边村41万户，完成农村危房改造3万户；要推进城市老旧小区改造，再建1000套农村贫困单亲母亲安居住房。"十二五"期间，辽宁要着力优化城乡结构，使城镇化率达到70%以上，保障性住房覆盖面提高到20%以上，城镇人均住房建筑面积达到35平方米以上；要推进资源利用方式根本性转变和"一区一带"土地管理制度改革，实施最严格的耕地保护制度；要推进沈阳、大连建设国家创新型城市。

（四）内蒙古自治区

内蒙古自治区人民政府工作报告资料显示："十一五"期间，全区固定资产投资翻了一番多，年均增长24.1%；五年累计完成固定资产投资4.6万亿元，占自治区成立以来投资总量的72%；城镇化率由50.2%上升到57.7%，新增建

成区面积558.3平方公里,扩大了36.6%;保障性安居工程建设得到了大力推进,累计投入1582亿元,年均增长43%,建设保障性住房130万套,完成农村牧区危房改造31.7万户。内蒙古自治区走在了全国前列。其中,2012年,全社会固定资产投资增长了20.4%;2013年,预期全区生产总值增长12%,全社会固定资产投资增长18%。"十二五"期间,重点做好保障性住房等领域项目的组织申报工作,开工建设保障性住房17.5万套,进一步改善农牧民居住条件,农村牧区危房改造至少达到12万套。要大力推进新型城镇化建设,提高城镇综合承载能力。要提高土地节约集约利用水平,抓好城镇基础设施建设。

三 房地产业发展的地区特点与展望

在过去的10年中,东北地区房地产业的发展取得了巨大的成就。从宏观上看,其发展阶段与全国是同步调的,但从微观上分析又有自己的特点。

表1 107个城市房价排位及房价变动情况分析(2013年6月)

地区及城市		位次	房价数据(元/平方米)	环比上月变动幅度(%)	同比上年变动幅度(%)	备注
房价最高的城市——北京		1	33908	-1.50%	+30.98%	房屋均价2.0万元以上的城市有5个(北京、上海、温州、深圳、三亚);1.5万~2万元以上的有4个(杭州、厦门、广州、南京);1.0万~1.5万元有10个
上海		2	26357	-0.82%	+10.54%	
房价最低的城市——喀什		107	3305	-2.91%	+8.18%	
黑龙江	哈尔滨	45	7349	+0.36	-4.89	①大连市是整个东北地区唯一的一个房屋均价过万的城市,这与其特殊的城市地理位置以及城市的发展历史有关;②整个东北地区,除省会城市外,能够居房价排名的中等位置(四个省会城市排名:第35、45、53、54位)外,列入名单的城市排位基本上都在中等靠后的位置(大连除外)
	牡丹江	101	4361	+0.23	+4.46	
	佳木斯	106	3677	+1.83	+1.10	
吉林	长春	53	6943	+3.00	+10.86	
	吉林	89	5165	-1.07	+6.87	
	通化	105	3847	-3.07	+0.08	
辽宁	沈阳	35	7618	+0.33	-0.16	
	大连	18	10491	+0.74	-4.17	
	丹东	81	5442	+1.32	+7.23	
内蒙古	呼和浩特	54	6722	+0.82	+5.31	

数据来源:全国房地产市场数据中心。

首先,在历次国家对房地产的调控中,东北地区房地产业的各项指标往往抗跌性相对较强,但涨升也缺乏动力,也就是弹性较差。从表1可以看到,北京、上海的房价波动幅度很大,也就是房价弹性较强。如北京,在其环比数据为负值的情况下,其同比数据变动幅度却达到了正值的30.98%,也就是比上年同期房价增长近1/3,而同期沈阳的数据仅为负值的0.16%,尽管同期沈阳房价的环比数据为正值,可以说2013年沈阳地区房价基本没有多大变化,弹性较差。

其次,就敏感的量化指标房价而言,东北地区房价参照全国来看还是处于中等偏下的位置,是滞后于国内的一些一、二线城市的。从表1的数据我们基本上可以得到以下一些初步的判断:(1)大连市是整个东北地区唯一一个房屋均价过万的城市,全国均价在1万元以上的城市共有19个,大连居第18位,这与其特殊的城市地理位置以及城市的发展历史有很大的关系;(2)整个东北地区,省会城市基本上居房价排名的中等位置(四个省会城市排名分别为:第35、45、53、54位),其他上榜名单的城市排位基本上都在中等靠后的位置(大连除外)。

再次,东北地区在房地产业方面发展的基数低,有上升的空间;在东北三省的发展现状比较中,辽宁相对发展快一些。从表2可以看到,整个东北三省房屋建筑施工、竣工面积占全国的比重只有6.016%和8.003%,这与整个东北老工业基地振兴的战略要求和其在全国的地位是不相配的。另外,在东北三省的发展现状比较中,辽宁的施工、竣工面积普遍高于黑龙江、吉林两省近50个百分点,这一方面反映了辽宁发展状况快于其他两省,另一方面也反映了其他两省仍具备很大的后发优势和空间。其实,在2012年固定资产投资全

表2 房屋建筑面积情况分析(2011年)

区域范围	房屋建筑面积(万平方米)		东北地区占全国总体数据的百分比(%)		各省占东北地区总体数据的百分比(%)	
	施工面积	竣工面积	施工面积比	竣工面积比	施工面积比	竣工面积比
全 国	851828.1	316429.3	—	—		
辽 宁	34890.4	16692.1	6.016（注:三省总值51241.9万平方米）	8.003（注:三省总值253225.1万平方米）	68.09	65.91
吉 林	7446.7	4194.6			14.54	16.56
黑龙江	8904.8	4438.4			17.37	17.53

年增幅中对此也有反映：吉林（30.9%）＞黑龙江（30.1%）＞辽宁（23.5%）。包括辽宁在内，由于这些地区的整体经济实力确实与上海等城市存在差距，因此，制定有自己特色的、与各省自身省情相匹配的调控政策很必要。

最后，东北地区处于城镇化进程加速阶段，具备较强的发展后劲。今后20年，每年都会有大批人口从农村转入城市，这表明房地产业本身有强烈的扩张需求，是符合发达国家在其工业化时期发展的基本规律的。新一届政府就任后，将城镇化作为一个重要的发展方向，2011年，全国农村居民人均住房面积为36.2平方米（2007年的数据为37.1平方米），同期辽、吉、黑的数据分别为28.6平方米、24.44平方米和24.82平方米，远远低于全国的平均值，即使按人均每年增加1平方米计算，都要有相当大的产业容量。根据东北地区的发展实际，结合房地产投资的行业扩张效应与效益引力原理，即使不将房地产业定位为东北地区的支柱产业，至少把这个产业放在一个相对重要的位置还是有必要的。总之，多因素共同作用的结果，东北三省地区房地产业还是有持续发展的必要性和可能性的，我们要坚持把握东北地区经济社会发展的阶段特点，积极探索、努力实践，在国家调控政策和东北地区自身调控手段的运用中找到一个平衡点。

四 对策建议

面对国际、国内复杂的社会经济环境，房地产调控总体上应以中央经济工作会议精神为基本指导思想，"稳中求进、稳中求快"是房地产调控政策的总基调；坚持房地产调控政策不动摇，促进房价合理回归，加快普通住房建设，扩大有效供给，促进房地产市场健康发展，是房地产调控政策的大方向和政策实施目标；增强调控政策的针对性、灵活性、前瞻性、连续性和稳定性是房地产调控政策得以落实的基本保障。审慎、灵活、宏观地把握房地产业的发展态势，调控政策既要与中央精神要求保持一致性，又要坚持从老工业基地实际出发，客观分析、理智应对、扎实推进、务求实效。

（一）要从战略高度认清房地产业的地位

房地产业是发展国民经济的先导性和基础性产业，是政治问题、经济问题、社会生活问题的集中体现。房地产业既影响许多关联产业，也严重影响金融领域的稳定和安全。"十五"和"十一五"期间，房地产业一直是作为支柱产业定位的，"十二五"后，这个产业被从国家的支柱产业范畴中剔除了，但这并不能否认它在整个国民经济发展中的重要战略地位。当前，认识与行动上的失误都会催生经济泡沫，给国家宏观经济埋下隐患，造成巨大的损失或导致经济的衰退。

（二）制定房地产调控政策要有所侧重

1. 要重点考虑各地区区域发展战略，并拓展有效空间

以辽宁为例，沿海经济带开发开放、沈阳经济区建设、突破辽西北，是辽宁省三大区域发展战略，这为辽宁房地产业的进一步发展提供了后发优势和发展空间。其他省份也要结合各自的战略优势拓展有效空间。

2. 要重点考虑城镇化进程带来的影响

城镇化进程加速发展的同时，也带动了房地产业快速增长，调控政策的制定要综合考虑，有正向影响，也会有负面因素的影响。一定要综合考量，切忌偏颇。此外，城镇化水平的高低还会引起土地占用率的改变，要重视土地的利用效率。我国耕地18亿亩红线是必保的，它关系整个国家的粮食安全、社会安全和国家安全。

3. 要重点考虑惠民富民这一根本使命

住房的社会保障性是房地产业的一个重要的社会经济特性。1996年在伊斯坦布尔联合国人居大会上把"人人享有适当的住房"和"城市化世界中的人类住区可持续发展"作为"具有全球重要意义的主题"。作为老工业基地，惠民富民还是要重点考虑的使命。

4. 要重点考虑经济发展规律的作用

虽然房地产业发展有自身的特点，即复苏、萧条期滞后些，而繁荣、衰退期则稍微提前些，但总体上是遵循经济规律的。近几年的房价变动呈现的是跳跃式、非规则的变动状态，应该是预支了下一个周期的部分能量。

（三）要提升东北地区房地产行业的文化建设水平，建立房地产相关政策与市场情况展示的宣传平台，使房地产业成为建设文化强区的重要窗口

有关文化市场放开的步子要慢慢来，政策实施更要慎而又慎，可以把该领域作为研究和投入实施的重点，就此行业的文化建设问题率先作出一些有特色的东西。比如，有关房地产行业文化建设宣传平台建设的常规化问题；还有借鉴美国房地产中介体制，看它如何做到资源共享、利润均摊，探究其背后的运行机制。实践中，要重视三个问题：重视房地产行业的文化建设；重视心理因素对房地产市场的影响；重视国家相关方针政策对房地产市场的影响力，相关宣传工作需要及时跟进，力争得到广大群众的理解与支持。

（四）要重视政策的长短期效应及政策手段的选择

从长期看，税收政策替代现有的限购政策、经济手段替代行政手段是一种趋势。综合多方面因素，房产税很有可能在未来替代限购政策。其一，国外有成功的经验可以借鉴。其二，国内一些城市也在着手实践，如上海、重庆。此外，北京、武汉等城市也已经修改了针对普通住宅的认定标准，很有可能是为区分征收房产税的类别在做准备。其三，作为行政手段的限购政策并不利于房地产市场的长期健康稳定发展。

（五）要整合房地产资源，目前已经到了关键时期

有观点认为，2012年是未来几十年经济社会走势变局的开端年。联合国经济和社会事务部发布的《2012年世界经济形势与展望的报告》指出：欧债危机及发达国家经济增长减弱等因素将使世界经济在未来至少两年之内出现持续缩减的态势，同时，再度衰退的状况也可能出现。实际上，美国、欧洲、日本等国家近两年的经济增速放缓已成事实。在未来至少几年内，东北地区房地产业的发展将面临较大的考验。东北地区房企面临的困境主要有：地区投资增速逐步下滑；房地产上、下游产能过剩；跨国投资环境恶化；实体经济不足与热钱撤出等，这些都在恶化房企生存的环境。当前，亟须引起重视的三个问

题：第一，金融风险及非金融风险呈现扩大态势，2007年以来爆发的金融危机虽有反复，但近期有在挣扎之中越陷越深之感。第二，加强房地产金融的安全性防范能力迫在眉睫。大投行、大财团觊觎中国的房地产市场，以及更多与房地产密切相关的其他要素市场，若没有充分的安全防范，更大的危机一定会在以后的某个地方、某个时间点出现，多米诺骨牌效应不得不防。第三，当前的房地产改革政策需要深化研究，很多政策在现阶段确有不得已而为之之嫌，包括限购政策，还有对小产权房的相关政策探讨，但也要注重政策的长期性、衔接性、效力性、公信性，否则，盲从以及信心丧失的市场必然祸不单行，更何况这是整个国家安全的大是大非问题。

因此，加强东北地区房地产企业的资源整合能力是极其必要的，这项工作做得越早、重视程度越高，对未来发展越有利、行业持续性发展后劲就越强、越顺畅。

（六）可以尝试研究农村集体土地的使用确权问题，这是以京、沪获批试点，集体用地建租赁房为研究基础的

2012年1月9日，《21世纪经济报道》称，国土资源部部长徐绍史表示，对于商品住房价格较高、建设用地紧缺的直辖市和少数省会城市，由省级人民政府审核同意并报国土部批准后，可以开展集体建设用地建设租赁住房试点。值得担忧的是，会不会由此新生小产权房问题、集体建设用地的拥有者和使用者利益保障问题等，如何掌控住上述问题扩展后的局面则是个大问题。

（七）借鉴国外房地产调控政策与经验

我国房地产市场发展起步晚，面对迄今为止世界发展史上最为复杂、最为残酷的国内、国际环境，我们需要对市场发育成熟国家的一些做法加以研究，吸取其精华。

B.26
东北地区资源型城市经济转型发展研究*

张丽娜 姚震寰**

摘　要：

　　东北资源型城市的兴起为东北地区乃至全国的国民经济发展提供了重大支持，但赖以生存的资源无法再生，自20世纪90年代开始，东北地区部分资源型城市的资源逐渐走向衰竭，出现了生态环境恶化、比较优势和竞争优势逐渐丧失、经济发展不景气等问题。2003年党中央、国务院作出振兴东北地区等老工业基地的战略决策，出台了一系列资源枯竭型城市转型扶持政策，并取得了一定的成效。本研究分析了东北地区资源型城市经济转型的现状特征和存在问题，结合经济转型模式和具体案例的成功经验，提出了资源型城市经济转型的对策建议。

关键词：

　　东北地区　资源型城市　经济转型

一　东北地区资源型城市的现状特征

东北地区的资源型城市有30余个，占全国的1/4强，占本区域城市总数的比例一直居全国首位。而且东北资源型城市分布地域广，城市规模相对较大，区域内资源型城市较为集中，以森林工业、石油和煤炭类城市为主，地理

---

* 本文由于所获资料有限，东北地区指东北三省。
** 张丽娜，吉林省社会科学院城市发展研究所副所长，副研究员，研究方向：产业经济、区域经济；姚震寰，吉林省社会科学院城市发展研究所助理研究员，研究方向：区域经济、城市资源环境。

位置较为接近。资源型城市的可持续发展对东北地区经济发展起着至关重要的作用。

（一）资源密集型产业是东北经济发展的基础

资源型城市经济总量在东北地区占相当大的比重，而资源型产业和资源加工型产业是东北地区的主导产业。对资源的大量消耗，促进了东北地区的经济增长，在全区工业总产值中，原材料和资源型工业比重较大。2011年，东北地区重工业中，采掘业和原料工业产值之和占工业总产值的比重为46.8%。其中，黑龙江省所占比重最高，其次为辽宁省，最低为吉林省。资源密集型产业作为主导产业，不仅吸纳了大量劳动力，促进了经济持续增长，也对东北地区的经济发展创造了稳定的外部环境。资源型企业对城市发展具有重大的影响，这些企业绝大部分以国有经济为主体，由国家和地方政府投入大量资金、人力、物力建成，往往规模较大。企业的资源勘探、开采、冶炼、加工和销售等生产活动在资源型城市发展中占有重要的地位，甚至主导着整个城市经济的运行，为东北地区的经济发展奠定了基础。

（二）产业结构仍需调整优化

东北地区大部分资源型城市都强调自己的资源优势，并以开采、出售资源作为加快地区经济发展的主要动力。随着资源开采的外延逐渐扩大，一些资源加工、服务等行业形成，但以资源采掘业及关联原材料初加工工业为主的第二产业成为主导产业，产业结构比较单一。黑龙江省的资源型城市中，经济结构的特征也表现为第二产业所占比重均较高。以大庆市为例，城市经济发展过度依赖石油开采及粗加工，产业发展结构不均衡，接续产业没有及时发展。2012年，三次产业增加值占地区生产总值的比重分别为3.8%、80.9%、15.3%，第一、第二、第三产业畸形化问题严重。吉林省除长春、吉林两市外，其他城市如辽源、白山、松原等都是靠一种或两种资源（如煤炭、木材、石油等）发展起来的。2012年，辽源市的煤炭开采和洗选业的工业总产值为55.8亿元，对经济增长的贡献率比2011年低0.86%，在辽源市规模工业十大行业完成工业总产值中，黑色金属冶炼和压延业占全部产值的比重最高（15.7%），而汽车零部件及配件制造加工工业占全部产值比重最小（3.9%）（见表1）。2012年，白山市的三次产业比为8.9∶59.6∶31.5。① 可以看出，第二产业仍然是资源型城市经济发展的支柱产业。从行业类别看，资源型行业仍是拉动白山市工业增长的主导力量，全市规模以上资源型工业实现增加值230亿元，同比增长8.6%，拉动全市工业增长4.7个百分点，对工业的贡献率为42.5%。全年规模以上工业盈利最多的五大行业分别是：煤炭开采洗选业、黑色金属矿采选业、非金属矿物制品业、有色金属矿采选业、木材加工制品业。辽宁省阜新市在2001年开始资源型枯竭城市转型试点，2006年阜新市加强煤炭生产和加工，第二产业比重开始增加，到2012年达到45.6%。第一、第三产业仍在低层次发展，从阜新地区的第一产业结构来看，粮食产量虽有很大提高，但优质高产农业、生态农业仍低于全国平均水平，第三产业的内部矛盾也很突出，第三产业中的高科技行业发展缓慢，而劳动密集型、技术含量低的行业成为第三产业的主体力量。

表1　2012年辽源市规模工业十大行业完成工业总产值情况

	工业总产值（亿元）	同比增长（%）	贡献率（%）	对产值增长拉动（%）	占全部产值比重（%）
煤炭开采和洗选业	55.8	-2.77	-0.86	-0.19	5.4
农副食品加工业	122.7	8.54	5.2	1.14	11.9
纺织业	58.9	31.63	7.62	1.68	5.7
化学原料化学制品制造业	42.2	4.38	0.95	0.21	4.1
医药制造业	54.1	18.66	4.58	1.01	5.3
非金属矿物制品业	78.6	20.43	7.18	1.58	7.6
黑色金属冶炼和压延业	162.1	60.22	32.82	7.22	15.7
通用设备制造业	63.8	35.55	9.01	1.98	6.2
专用设备制造业	105.3	38.4	15.74	3.46	10.2
汽车零部件及配件制造业	40.2	35.43	5.67	1.25	3.9
合　计	783.7	26.3	87.9	19.3	76.1

资料来源：http://tjj.jl.gov.cn/tjfx/2008/201302/t20130217_1419309.html。

① http://my12340.com/article.aspx?ID=2725.

（三）部分资源型城市收入水平较低

2012年，辽、吉、黑三省城镇居民可支配收入均低于全国平均水平，分别相当于全国平均水平的94.5%、82.3%、72.3%，而在2003年三省分别相当于全国平均水平的85.5%、82.3%、78.8%，除了辽宁省与全国平均水平的差距有所缩小外，吉林省基本持平，黑龙江省与全国的绝对和相对差距都在扩大。2012年，阜新城镇居民人均可支配收入为17123元，比辽宁全省平均水平低6100元，比全国低7442元，纳入全市最低生活保障特困居民有10.68万人，占辖区人口数量的15.5%，占全省低保人口总数的10.1%。2013年一季度，伊春市全市城镇单位在岗职工平均工资为5865元，比上年同期减少1383元，下降19.1%。生活成本的上升，在一定程度上影响了人民群众物质文化生活水平的提高。从国民经济各行业来看，农林牧渔业、采矿业等5个行业在岗职工平均工资低于全市平均水平（5865元）。

（四）就业任务艰巨

东北地区的资源型企业为了降低成本，提高劳动生产率，都进行了不同程度的裁员，职工下岗现象较为普遍。由于资源型城市的产业结构单一，服务业吸纳就业渠道不畅，再加上外来人员的冲击，就业和再就业问题比较严峻，对社会稳定造成了一定影响。以辽宁省抚顺市为例，就业形式十分严峻，2009年，城镇下岗失业人员为15.2万人，占城镇人口的10.8%，城镇登记失业率达6.6%。由于下岗失业人员中近一半来自矿区，年龄大，技能单一，观念陈旧，实现再就业的难度较大。黑龙江省伊春市林区产业结构单一，就业门路十分狭窄。实施天然林资源保护工程后，木材产量还在继续缩减，企业富余人员还将不断增多。截至2012年末，全市城镇登记失业人员为22254人，城镇登记失业率为4.2%，比上年增加0.1个百分点。

二 东北地区资源型城市经济转型过程中存在的主要制约因素

东北地区多数资源型城市在转型过程中除了面临传统发展模式所遗留的大

量经济问题外，体制机制转换缓慢、城市功能薄弱、人力资源匮乏、生态环境恶化等方面问题仍是资源型城市转型的主要制约因素。

（一）体制机制转换相对滞后

东北地区资源型城市大多是在新中国成立以后通过国家和地方投资建立的，资源依赖程度较高，计划经济色彩浓厚。随着时间的推移和国家各项制度改革的推进，资源型城市也发生了变化。但由于多数资源型企业的所有制性质基本上为公有制，国有经济占有相当大比重，并且受计划经济影响深远，市场经济体制转换较为缓慢，管理体制机制都相对滞后。企业对市场信息反应迟钝，使产业结构、产品结构、企业组织结构等不能适应市场需求的变化，带来了一系列问题。

（二）人力资源开发落后于经济社会转型

资源型城市在发展接续产业、振兴地区经济的过程中，开发了很多项目，投入了大量物质资本，却普遍忽略了人力资本的更新、提升和积累。东北地区资源型城市人力资本格局存在的深层次问题是低层次人力资本供给过剩并大量闲置或失效，中高层次的人力资本供给不足且外流现象严重，造成人力资本存量结构严重滞后于产业结构调整和升级的局面。同时，资源型城市难以自主培养大批高层次的人才，吸引外界人才进入的条件也不具备，导致经济转型所需要的高层次、复合型人才奇缺。

（三）城市功能不完善

东北地区资源开发历史比较长，新中国成立以后国家在东北地区集中投资建设了一批煤矿、铁矿、有色金属矿山、油田和林区，形成了一批以资源开采为主业的城市。伴随资源开发所形成的城市在规模上增长较快，但城市功能并没有一同发展与完善。历史上，受到"先生产、后生活""重生产、轻生活"思想的影响，多数资源型城市仅仅是企业发展的生活区和后勤保障区，仅起到生产场所的单一功能，缺乏一般城市的集聚、带动、辐射功能。而且部分资源型城市的基础设施建设落后，服务能力偏弱，各项社会事业发展滞后。许多属于城镇统计范围内的矿区、农场、林场等的生产生活方式还不具备城市特征，更接近于乡村。因此，虽然东北有些资源型城市化比率很高，但实际上城市化质量水平并不高，其发展面临比较严峻的挑战。如吉林省白山市城市化率高达74.4%，但在全国286个地级以上城市城镇化质量排名中列第134位，仅居中位。

（四）生态环境恶化

一是土地塌陷。土地塌陷是煤炭资源型城市面临的一个共性问题。东北地区有以矿产开发为主的资源型城市，因为多年开采，造成地面塌陷，不仅带来经济损失，也会有人员伤亡；煤炭露天开采造成植被破坏，煤炭风化的粉煤灰会污染环境，产生大量二氧化硫等有害气体，对生态环境造成严重破坏。以辽源市为例，采煤造成的大面积深陷，使工矿企业、学校、医院等建筑物出现裂缝、坍塌，路网、水网、电网、汽网等城市基础设施遭受严重破坏。辽源矿区深陷区面积达到19平方公里，占建成区面积的51.3%。据统计，辽宁省抚顺、阜新、本溪、铁岭、北票、南票、沈北等城市的煤田开采地区，地面沉陷90余处，深陷总面积258.95平方公里。仅阜新市就有13个深陷区，总面积达101.4平方公里。

二是固体废弃物污染。吉林省资源型城市由于产业结构的原因，工业固体废弃物产生量将持续增长，冶炼废渣、粉煤灰、炉渣和煤矸石等除小部分被综合利用外，绝大部分还是无法利用。辽源市煤矸石堆放量达8000万吨，2337公顷耕地、林地遭到破坏，对东北地区重要水系——东辽河产生了严重的破坏和污染。2011年，辽源市、通化市、白山市和松原市的工业烟（粉）尘排放量分别为：8468吨、20856吨、11891吨和29868吨，分别占全省工业烟（粉）尘排放量的2.3%、5.8%、3.3%和8.3%，均高于全省平均水平。

三是资源开采过程中对土壤、植被、地表水、地下水有不同程度地破坏。2011年，吉林省松原市工业废水排放量为2141万吨，占吉林省工业废水排放量的5.1%，工业烟（粉）尘排放量为29868吨。部分资源型城市草原"三化"现象严重。以大庆市为例，油田区内管网纵横交错，大面积草原原生植被遭到破坏，油田区草原退化、沙化、盐碱化面积已达到85%以上。2012年，大庆市森林覆盖率仅为11.5%,比全国平均水平低3.5个百分点。耕地沙碱化问题十分严重,已有50万亩耕地无法耕种。东北地区的生态环境问题影响资源型城市顺利实现经济转型,已经严重危及东北资源型城市的可持续发展,生态修复任重而道远。

三 东北地区资源型城市经济转型的发展模式

自实施东北振兴战略以来,国家为支持东北地区资源型城市转型出台了一系列的扶持政策,如加大技术改造力度、治理采煤沉陷区、率先免征农业税、试行增值税转型、健全社会保障制度、扩大对外开放等,并先后推出阜新市、大庆市、伊春市、辽源市、白山市、盘锦市等六个资源城市经济转型试点城市,现已取得初步成效。各城市结合自身的资源禀赋、经济社会结构特点、文化底蕴、传统风俗习惯等方面内容选择了各自不同的转型道路。

(一)接续产业发展模式,以大庆市为例

对于资源禀赋和资源开发成本具有潜在优势,但产业附加值低、辐射能力不强的资源型城市,可采取产业链扩展与延伸模式,即发展接续产业实现转型。根据资源型产业类型不同,可横向上寻求生产要素在产业间转移,纵向上在原有产业链的基础上进行延伸,提高产品附加值,从而带动产业转型,实现可持续发展。资源型城市在接续产业的选择上,根据自身比较优势,可以发展高新技术产业、特色产业、新兴第三产业。大庆是一座以石油、石化而著称的工业城市,石油资源优势明显,但伴随资源的逐渐减少,剩余资源的勘探难度越来越大,开采的经济效益开始逐渐递减,资源产业的主导地位逐步被其他产业替代。2005年5月,国务院正式确定大庆市为石油类资源型城市经济转型试点。大庆市依托石化资源优势,首选接续产业是与石油相关的石化产业,注重资源深加工产业的发展,大庆市构建宏伟、兴化、蓝星等专业园区,培育壮大乙烯深加工、丙烯深加工、甲醇、化学肥料等产业集群。在保持石油生产稳定的同时,依托石油、天然气的资源优势,确立石油化工产业作为接续产业发展的主要目标,全力实施"以化补油"。

(二)"生态立市"发展模式,以伊春市为例

以林业为主导产业的资源型城市,林业作为可再生资源,只要保护得当,可以重新恢复其质和量。在接续产业的选择上,要继续发挥森林资源的优势,对其进行延伸和扩展。在伊春市产业结构中,森林资源主导型产业在产业结构中占绝对主导地位,伊春市 2012 年全年更新造林总面积 40239.7 公顷,实有封山(沙)育林面积 366741.3 公顷。2012 年,伊春市森林食品产业总产值实现 43.8 亿元,同比增长 12%;人均纯收入预计为 11387 元,同比增长 9%。①2005 年 5 月 17 日,伊春林区被国务院确定为林业资源型城市经济转型试点城市。伊春市实施了"生态立市"战略,有效保护森林资源;依托资源优势,以森林工业为主导,形成工业、农业、多种经营和第三产业为支撑的特色经济新格局;因地制宜,发展绿色畜牧业;依托自然旅游资源,生态旅游初具规模,以"中国林都"和"红松故乡"为主线,发展旅游资源。2012 年,伊春市共有自然保护区 21 个,生态示范区 2 个。自然保护区总面积 694742 公顷,占全市行政区划面积的 21.2%。②

(三)主导产业转型模式,以辽源市为例

部分资源型城市资源开发成本很高,资源已经枯竭,只有选择合适的新型产业、改变资源型城市对原有资源优势的依赖,建立新的产业体系,才能实现城市可持续发展。吉林省辽源市是典型的煤炭资源枯竭型城市。2005 年,辽源市被国务院确定为全国资源型城市经济转型试点城市。辽源市推进经济发展由资源导向型向市场导向型转变,逐步实现产业发展格局、经济增长方式和社会人文环境的转型,把辽源建设成为吉林省重要的新兴工业城市,依靠自身的资源和产品优势,发展新材料产业和健康产业。而辽源要实现经济转型,传统优势产业是基础,重点要发展纺织服装业,形成纺、织、染系列化生产体系。经济结构进一步优化,2003 年三次产业结构为 23.36∶32.48∶44.16,2012 年

---

① http://www.ycsagri.gov.cn/ShowDetails.aspx?id=55828.
② http://ycrb.dzb.dbw.cn/shtml/ycrb/20130312/20588.shtml.

三次产业的比重为8.9∶59∶32.1,对经济增长的贡献率分别为4.9%、62.3%和32.8%,分别拉动GDP增长0.6个、7.5个和4个百分点。2003年,全市规模以上工业企业实现增加值15.71亿元;2012年,全市规模以上工业企业实现利润总额23.4亿元,比2003年增加7.69亿元,增长48.95%。①

(四)多元化发展模式,以抚顺市为例

部分资源型城市虽然资源结构单一,但其他产业也具有一定的优势,可以通过对原有产业进行扩展延伸,培育新型产业,采用多元化复合的经济转型模式。以抚顺市为例,煤炭资源已接近枯竭,接替产业发展较快,已初具规模。抚顺在发展煤炭工业的同时,也注重综合利用资源,较早地注重对接续产业的选择和培育,目前部分非资源产业已成为新的经济增长点,以石油、化工、电力、冶金、机械等为支柱产业,发展综合性工业体系,目标是建立综合性的工业城市。2011年,全市规模以上工业企业实现产值2212.2亿元,增长41.1%;实现增加值587亿元,增长15.1%。

四 东北地区资源型城市经济转型的对策建议

针对资源型城市在经济转型过程中的优势和制约因素并存的特点,要依据其优劣势合理安排转型,同时借鉴国内转型的成功经验,探索出实现可持续发展的对策建议。

(一)发挥政府在资源型城市经济转型问题上的积极作用

一是发挥各级政府在资源型城市经济转型中的引导和监督作用。政府通过出台相应的产业扶持政策促进产业结构调整优化;通过金融支持和财政政策促进企业转向和发展壮大;通过制定相关的法律法规和行政规定,发挥行政监督和管理职能作用。同时抓住东北老工业基地振兴和资源型城市经济转型的重大

---

① 2003年和2012年辽源市国民经济和社会发展统计公报,http://lytjj.0437.gov.cn/tjgb/gb2003.htm;http://www.fdc001.cn/portal/2013/0506/9289.shtml。

机遇，积极争取国家各项政策、资金和项目上的扶持。二是要千方百计解决好民生问题，加快构建资源型城市社会公共服务体系。主要是加强社保、医疗卫生、教育等各项社会公共服务业发展。加快健全完善低保、养老等社会保险制度，提高居民的生活保障水平；实行积极的就业政策和灵活的就业服务方式，让民众成为创业和发展的主体，帮助贫困职工自主创业及就业；建立维护社会稳定的机制和制度，切实处理好关系转型成败的一些重点、难点问题，以及一些历史遗留问题。三是加强基础设施建设。主要包括科技基础设施，交通基础设施、环境保护、信息化、城市化（包括社会历史文化和制度环境）等方面的建设和改善。

（二）构建资源型城市新兴产业体系

结合东北地区资源型城市自身禀赋、产业优势、发展潜力以及区域具体情况，发展替代产业，延伸产业链，促进城市与区域产业结构合理化是资源型城市经济转型的必然选择。资源型城市经济转型的总体思路应以转变经济发展方式为主线，大力度推进经济战略性调整，推动资源型城市由资源主导型向多元支撑型经济结构转变。着力构建以现代农业、工业主导产业、高新技术产业、现代服务业、基础设施和基础产业相互支撑、互动发展的现代产业体系。一是要积极发展现代农业。根据资源型城市自身发展实际，以产业化、标准化抓优势产业，抓优势基地，抓优势产品，形成特色鲜明、布局合理的农业产业带和产业群。大力发展生态观光农业、高效设施农业、特色品牌农业。用现代化经营理念发展农业企业，做大做强农业龙头企业；培养新型农民，提高农业机械化、信息化水平，加快农业现代化建设。二是重点发展接续产业。对于资源开发成本尚具有一定优势的资源型城市，可采取产业链扩展与延伸模式，即发展接续产业实现转型。国内外成功经验表明，资源型城市可以运用高新技术、先进适用技术改造升级现有资源产业和传统产业，并通过产业链的延伸向相关领域拓展，提高产品的附加值，增强产品竞争力，促进经济增长方式向效益型、技术型、集约型转变。三是加强发展第三产业。东北地区资源型城市第三产业发展滞后成为普遍问题，今后要顺应扩大内需的要求和产业转型升级的需要，大力发展物流、金融、技术研发为核心的生产性服务业；积极发展信息、咨询、旅游、房地产、社区服务和社会化服务等生活性服务业；创新新兴服务业态，进一步推动服务外包、文化创意、电子商务等新兴行业发展，从而提高第三产业的整体水平。

（三）以科技创新促进资源型城市经济转型

面对东北地区资源型产业逐步衰退、生态资源走向枯竭的局面，必须把科技进步与创新作为加速资源型城市经济转型的基本路径，尽快实现经济增长由资源依赖型向科技驱动型转变，增创竞争优势。一是增强科技创新能力。发挥东北地区中心城市辐射功能，利用大型先进企业以及先进技术帮助提高资源型城市增强科技创新能力，加速推动和扶持特色优势产业，使其逐步形成具有持久竞争力和足够辐射力度的产业。二是要加快科技成果转化为现实生产力。把地方政府、企业、科研机构、高等院校、中介机构作为区域内技术创新活动的主体，鼓励高等院校和科研机构在资源型城市创办科研工作站、产学研中心、企业实验室和技术中心、技术推广站等，促进科研成果更好地向现实生产力转化。通过项目促进科研院所与企业密切合作，围绕新产品、新技术开发和新兴产业发展，引导和推动项目创新，努力培育新的经济增长点，促进科技支撑与产业振兴、企业创新相结合。三是要加快人才队伍建设。资源型城市的转型与可持续发展需要以各类人才为基础，构筑多层次复合型的经济可持续发展的人才体系。加大对资源型城市所需人才的培养和引进力度，重点培养产业转型和新兴产业需要的各类人才的学习能力和实践能力，着力提高他们的创新能力，为资源型城市转型与可持续发展提供智力保障。

（四）倡导生态文明的可持续发展道路

可持续发展是资源型城市经济转型的长远目标。由于东北地区资源型城市对资源的高度依赖性，资源型城市的创业动力和发展后劲不足，对自然生态环境的破坏极为严重。今后为了进一步实现可持续发展，资源型城市在转型的过程中必须倡导生态文明观念，建立人与自然和谐共生的意识和价值观。资源型城市发展的指导思想应该把经济社会发展与资源节约、环境保护统筹考虑，推动人类的生产活动与资源节约、环境保护相互协调，相互促进。一是加强环境保护与节能减排。大力发展生态经济，改善资源型城市生态环境，加大环境整治力度，强化生态环境保护。着力整治资源型城市化工、煤炭等行业的主要污染物，逐步淘汰高能耗、低产出、污染大的企业。二是提倡资源节约理念。过去东北地区资源型城市经历了过度开发、无序开发、粗放开发的过程，对生态环境造成了极大的破坏以及资源的极大浪费。今后资源型城市转型应该按照建设节约型社会的要求，秉承资源开发与保护并重的原则，大力发展循环经济和低碳经济，建设低投入、高产出，低消耗、少排放，能循环、可持续的国民经济体系。三是建立节约资源、保护环境的长效机制。逐步提高人们对自然生态环境的重视程度，构建人与自然和谐发展的观念，建立政府引导、法规支撑、企业为主、公众参与的运行机制。

参考文献

宋冬林：《东北老工业基地资源型城市发展接续产业问题研究》，经济科学出版社，2009。

金凤君、陆大道：《东北老工业基地振兴与资源型城市发展》，《科技导报》2004年10月18日。

陆昱博：《试论东北老工业基地振兴中的和谐社会构建》，大连海事大学硕士学位论文，2006。

尹剑锋：《黑龙江省资源型城市可持续发展研究》，东北林业大学硕士学位论文，2005。

王小明：《我国资源型城市转型发展的战略研究》，《财经问题研究》2011年第1期。

B.27
东北三省基础设施发展报告

王丹 马琳*

摘 要：

振兴十年以来，东北地区基础设施建设全面推进，交通运输、能源、城市建设以及重点水利等一大批基础设施建设项目完工投入使用或正在积极建设中，基础设施建设取得了令人瞩目的成就。当然，在基础设施建设中也存在着一些问题亟待解决，如基础设施能力和水平还不能完全满足经济和社会发展需要、东北地区基础设施一体化建设需要进一步加强等。针对这些问题，东北地区应坚持走可持续发展道路，在拓宽筹资渠道等方面采取措施，促进基础设施建设快速健康发展。

关键词：

基础设施 交通运输 能源 水利

基础设施建设是体现一个地区区域竞争力的重要指标，它是这个地区经济社会发展的基础条件。建设新型的产业基地和新的经济增长区域，需要良好的基础设施和交通运输条件，这对东北地区原有的基础设施水平和发展速度提出了更高的要求。

一 2003年以来东北地区基础设施建设基本情况分析

在实施振兴战略的十年中，东北地区基础设施建设取得了显著的发展，铁

---

* 王丹，辽宁社会科学院农村发展研究所研究员，主要研究方向：农村经济、区域经济；马琳，辽宁社会科学院助理研究员，主要研究方向：农村经济。

路、公路、机场、港口、水利、电力以及城市轨道交通等重点工程建成投入使用或正在积极施工，基础设施条件大为改善，对东北地区经济社会发展的支撑能力显著增强，为东北地区的振兴发展奠定了良好的保障基础。

（一）交通基础设施建设发展迅速，网格化交通框架初步建立

经过十年的发展，东北地区铁路建设迎来了一个发展的高峰期。一大批重大项目开工建设，多条铁路投入运营，为东北振兴提供了基础保障。目前，东北地区已基本形成了由铁路、公路、港口、航空等多种运输方式构成的交通运输体系。2012年，东北三省各种运输方式完成货物周转量达到15309.5亿吨公里，比2003年（4705.6亿吨公里）增长了225%，运输能力得到了显著增强。

1. 东北地区进入高铁时代

辽宁铁路建设迅速发展。哈大铁路客运专线辽宁段开通。2006年，哈大铁路客运专线辽宁段项目建议书获国家批复，经过五年建设于2011年全线铺轨贯通；东北东部铁路辽宁段开工建设。2006年，东北东部铁路辽宁段项目可研报告通过铁道部审查，开工建设，目前，丹大铁路和巴新铁路正在加紧建设中。[①]

吉林铁路迎来快速发展的十年。吉林进入高铁时代。2007年开工建设哈大铁路客运专线、长吉城际高速铁路等项目，其中，长吉城际铁路于2010年建成运行，开启了吉林省高速铁路运营新时代；东部铁路通道吉林境内全线贯通。2008年长双烟铁路竣工通车，至此东部铁路通道吉林境内全线贯通；省内铁路建设进入高潮期。自2009年开始，吉林启动了通化至灌水、吉林至图们、白城至乌兰浩特、吉林至珲春、长春至白城等多条快速铁路建设；铁路建设与能源建设逐步衔接。为了适应蒙东煤炭基地建设和运输需要，吉林启动了长春—长岭—乌斯台铁路前期准备工作。[②]

黑龙江加速铁路建设。黑龙江进入高铁时代。2012年哈尔滨至大连高铁竣工通车，黑龙江进入高铁时代；2009年迎来铁路建设新时期。2009年黑龙

---

① 资料来源：2003~2012年《辽宁省政府工作报告》和2003~2012年《辽宁省统计公报》。
② 资料来源：2003~2012年《吉林省政府工作报告》和2003~2012年《吉林省统计公报》。

江省开展了以铁路、公路、机场、港口航运为重点的大规模交通基础设施以及水利基础设施建设。在铁路建设方面，与铁道部签署投资2000亿元用来全面改造和提升黑龙江省内铁路的协议。同年新开工牡丹江至绥芬河扩能改造、前进镇至抚远等4条铁路，新开工总里程达到630公里，总投资达到220亿元；启动了铁路扩能工程。2008~2012年5年间铁路新建及扩能改造达689.1公里。①

2. 区域一体化的基础公路网初步形成

2012年东北三省公路通车里程达到35.7万公里，其中，辽宁为10.5万公里，吉林为9.3万公里，黑龙江为15.9万公里，各省基本上都比2003年翻了一番，基础公路网初步形成。其中，高速公路建设取得了令人瞩目的成就。2012年东北三省高速公路达到10247.5公里，东北三省进入高速公路快速发展阶段，已初步形成了以高速公路、国道、省道以及县乡公路为基础框架的公路网络。

辽宁公路建设快速发展。黑、吉、辽三省之间的"快速通道"建成。丹庄高速公路实现与大庄高速公路对接，开辟了黑、吉两省到辽宁大连市的"快速通道"②。沈大高速公路扩建工程竣工。沈大高速公路改扩建工程北起沈阳金宝台，南至大连后盐，总长348公里，总投资72亿元③。高速公路建设进入快速发展期。沈阳至抚顺（南杂木）、铁岭至承德、长兴岛疏港路、哈大客专、丹东至海城、彰武至通辽等高速公路建成通车，沈丹客专等项目正在积极建设中。2011年总里程突破3300公里，实现全省92%以上的陆地县（区）通高速公路。④

吉林迎来公路建设的快速发展期。2007年"十一五"新增1500公里高速公路项目全部启动，经过几年的建设，长吉图、伊通至辽源、图们至珲春、吉林至草市、通化至新开岭、汪清至延吉等高速公路建成并顺利通车。2012年

---

① 资料来源：2003~2012《黑龙江省政府工作报告》和2003~2012年《黑龙江省统计公报》。
② 资料来源：http://www.chinahighway.com，中国公路网。
③ 资料来源：http://news.xinhuanet.com，新华网。
④ 资料来源：http://www.gov.cn，2012年1月11日中国政府网。

开始四平至长春、通化至梅河等高速公路的改扩建。①

黑龙江公路建设的"三年决战"。高速公路建设发展迅速。哈尔滨绕城高速、哈尔滨至方正、哈尔滨至尚志、大庆至齐齐哈尔、集贤至佳木斯等高速公路建成通车,完成五常至省界、东宁至老黑山省界等出省公路连接线。公路建设开启"三年决战"。2009年黑龙江作出决战三年建设近3000公里高速公路的决策,建设重点公路工程35项,达到4659公里。2011年黑龙江省顺利完成公路建设的"三年决战",交工里程达1818公里。以哈尔滨为中心,至大庆、齐齐哈尔、牡丹江、佳木斯等省内重要城市的4小时经济圈已基本建成,使哈尔滨同上述地区之间货物、原材料运输更加方便、快捷。②

3. 海上运输网络正在形成

东北海上运输经过十多年的建设,运输能力进一步增强。十年来,黑龙江、辽宁的港口建设取得了进一步的发展,表现尤为突出的是,辽宁现已形成了以大连、营口港为中心,以丹东、锦州为两翼、环辽东半岛分布的海上航运格局,如今辽宁同世界160多个国家和地区建立了贸易航运往来,每年承担东北地区70%以上的海上货物运输、80%以上的外贸运输、90%以上的集装箱外贸运输。

辽宁港口建设发展迅速。大连港大窑湾集装箱码头二期工程进展顺利。2008年全部建成后,年集装箱吞吐能力达到300万标准箱,可允许当今世界上最大的集装箱船靠泊作业。其中15号泊位于2011年10月通过口岸对外开放验收,是目前国内水深最大的集装箱泊位。③ 2004年大连港30万吨级的原油码头和30万吨级的矿石码头开始投产,营口港20万吨级的矿石码头、成品油码头完工,并开始启动烟大铁路轮渡项目。2012年丹东海洋红、锦州龙栖湾、盘锦荣兴、葫芦岛石河等4个亿吨港口加快建设,全省港口新增生产性泊位85个。

黑龙江港口建设迎来新的发展期。松花江大顶子山航电枢纽工程于2008

---

① 资料来源:http://www.chinajilin.com.cn,中国吉林网。
② 资料来源:http://dbzxs.ndrc.gov.cn,2012年1月15日中华人民共和国发展和改革委员会网站。
③ 资料来源:www.ln.chinanews.com,2011年7月4日辽宁新闻网。

年顺利竣工；进一步完善了口岸设施建设。2005年黑龙江开始完善口岸设施，同时加快铁路扩能，积极推进江海联运，开辟新的出海口。2008年开始建设同江、黑河两个港口。2009年开始重点加强主航道、港口码头建设。同时进一步推进同江、黑河和抚远三个港口的改扩建工程。2009年开始启动松花江依兰航电枢纽前期工作。2011年开工建设富锦东平港区，续建抚远莽吉塔港区等航运工程。

4. 立体空间交通运输能力加强

东北三省在加强铁路、公路、港口建设的同时，也加快了机场建设的步伐，立体化的空间运输网络正逐步形成。

辽宁六大机场建设取得新进展。沈阳、大连、丹东、锦州、营口、朝阳机场新建、扩建工程全面推进。2011年辽宁大连机场扩建工程投入使用。2012年大连机场、朝阳机场和丹东机场扩建工程竣工，沈阳机场新航站楼正加快建设，锦州机场和营口机场前期工作进展顺利，阜新军民合用机场项目也在扎实推进。

吉林空港网络已具雏形。长春龙家堡机场、长白山旅游机场、通化机场建成通航。长春龙嘉国际机场扩建、延吉机场迁建、白城机场、松原机场正在积极建设中。截至目前，以长春龙嘉机场、延吉机场、长白山机场、通化机场和白城机场为主的吉林省"一主四辅"空港网络的建设已具雏形。①

黑龙江支线机场建设取得长足发展。2008年黑龙江开始积极建设漠河、大庆、鸡西、伊春等四个支线机场。2009年实现了这四个机场建成并投入使用的目标，机场总数达到9个。2011年开工建设抚远、加格达奇、建三江机场以及哈尔滨机场改扩建工程等项目，其中，加格达奇机场在年内基本建成，机场总数达到10个，居东北三省之首。2012年进一步推进哈尔滨机场扩建和抚远、建三江机场建设，同时加快了五大连池机场建设的前期工作。

（二）重大能源建设项目不断推进，东北振兴能源保障基础不断加强

能源是重要战略资源，是实现国民经济和社会可持续发展的前提和基础。

---

① 资料来源：http：//www.chinajilin.com.cn，中国吉林网。

随着老工业基地全面振兴的深入推进,东北对能源基础设施建设提出了更高的要求。稳步推进核电、风电、光伏发电等新能源项目建设,发展智能电网,努力构建安全、稳定、经济、清洁的现代能源体系已经成为东北各省发展的共识。

1. 辽宁一大批能源项目进展顺利

辽宁电力能源建设进一步加强。2004年辽宁有17个电厂项目被列入东北电力发展规划,沈海热电厂二期工程等项目获国家批准,农村电网、县城电网改造步伐加快。国电康平电厂、庄河电厂、华能营口二期、绥中电厂二期等工程开工建设。2012年电力装机容量突破3800万千瓦,电网总体规模翻了一番;煤炭生产取得新进展。2004年铁法大平矿建成并投产,同时阜新矿区改扩建项目也顺利推进,新增煤炭生产能力约1800万吨;风能资源开发取得了新进展。2005年昌图风电厂投产发电,法库、桓仁、兴城、彰武风电厂开工建设。2008年阜新风电一期等项目基本完工,二期等工程开工建设;核电能源开工建设。2005年红沿河核电一期工程前期工作取得重要进展。截至目前,辽宁红沿河核电一期工程正在加快推进。

2. 吉林能源建设发展迅速

吉林电源项目建设不断推进。长春第三热电厂、九台电厂、华能九台电厂一期、通榆风电、双辽电厂扩建、长春第四热电厂等电源项目和松原、白城、延吉500千伏主干电网、通榆500千伏变电站、丰满大坝移址重建以及3个千万吨煤炭基地建设等项目顺利进行;加强资源勘探开发力度。2007年加大石油、天然气、煤炭等资源的勘探开发力度,实施油母页岩综合开发项目,扩大原油、天然气生产能力,新增2亿吨煤炭可采储量;坚强智能电网开工建设。2011年开始调整电源结构,建设坚强智能吉林电网,实施农村电网升级改造;核电项目起步。2009年靖宇核电开始临建工作。2012年启动了赤松核电项目。目前两项核心工程正在积极筹建当中。①

3. 黑龙江能源大省建设进一步加强

黑龙江能源基础产业进一步发展。2006年开始切实加强能源基础产业,

---

① 资料来源:《吉林省能源发展和能源保障体系建设"十二五"规划》。

启动双鸭山鲁能煤电化一体工程等项目前期工作,大力实施双鸭山电厂三期、鹤岗电厂二期、七台河电厂二期等扩建项目,推进鹤—群—方等大型输变电工程,形成煤转电、煤转气、煤转油、煤转化和综合开发的产业格局;东部煤电化基地建设进展顺利。2009年,黑龙江东部煤电化基地一大批煤电、煤化项目相继开工建设,"北电南送"建设不断推进。2004年,"北电南送"战略纳入国家东北电力发展规划,鹤岗电厂二期、双鸭山电厂三期等4个电源项目及2条500千伏输变电工程开工建设。2009年开展了双鸭山—哈尔滨—吉林—辽宁1000千伏高压输变电等工程的前期工作,智能电网建设取得新进展。2011年黑龙江电力公司投入资金3000万元用于建设智能电网调度技术支持系统基础平台,推进省网大运行体系建设的智能电网建设;加强石油、煤炭资源建设。鸡西、鹤岗、双鸭山、七台河四个煤矿城市在搞好现有矿井技改和新井建设、增加煤炭产量的同时,积极搞好坑口电站、焦化和煤化工等项目的建设。

(三)城市基础设施建设发展迅速,城市综合功能不断提高

振兴十年来,东北三省针对各自的发展特点,加强城市基础设施建设。辽宁进入地铁时代,吉林大力发展轻轨交通,黑龙江则以城市整治为重点开展城市基础设施建设。

1. 辽宁城市基础设施建设取得显著成效

辽宁进入地铁时代。2005年沈阳地铁一号线开工建设,2006年沈阳地铁二号线开工建设。2009年大连地铁开工建设,鞍山地铁启动前期工作。2011年沈阳地铁二号线试运营。2012年沈阳地铁一号线、二号线建成运营,沈阳进入地铁时代。目前大连地铁正在加快建设。

2. 吉林轻轨和地铁建设进入一个新阶段

轻轨建设不断推进。2008年吉林加快长春轻轨三期工程施工,并开展长春西客站相关建设,2011年长春轻轨4号线投入试运营。2008年地铁1号线工程前期工作启动,2011年长春地铁1号线开工建设,2012长春地铁2号线开工建设。[①]

---

① 资料来源:《2012年吉林省政府工作报告》。

3. 黑龙江不断加强城市基础设施建设

黑龙江城市交通建设速度加快。2004年哈尔滨快速轨道交通和三环路开工建设。2005年则进一步加强城市垃圾污水处理项目建设。2008年抓紧开工、加快建设省危险废物处理中心等39个垃圾处理、佳木斯西区等40个污水处理项目。"百镇"建设活动顺利推进。"十一五"期间，黑龙江大力创建"三优"文明城市，积极实施"百镇"基础设施建设，城镇化步伐加快。

（四）农田水利基础设施建设不断推进，重点流域污染防治成效显著

农田水利基础设施是农业稳定发展的基础。东北三省是农业大省，振兴十年来，农田水利基础设施建设一直是各省基础设施建设发展的重点。

1. 辽宁水利基础设施建设发展迅速

一大批水利工程开工建设。2003年大伙房水库输水工程启动，经过几年建设，目前大伙房水库输水工程正式通水。营口、盘锦、辽阳等7个缺水城市百姓用水问题得到彻底解决。锦凌水库、青山水库、三湾水利枢纽、猴山水库建设正在积极进展中，特别是意义重大、影响深远的辽西北供水工程于2012年全面开工建设。

辽河等重点流域的污染防治成效显著。2006年辽河流域污染防治全面展开，2009年提前一年完成国家辽河治理的"十一五"规划目标。此次采用综合手段治理辽河流域污染，建污水处理厂，关停污染严重的企业，辽河、大凌河、绕阳河等重点河流污染有所减轻，水质明显改善。2011年开始全面辽河干流综合整治，全面整治农村面源污染，启动了100座乡镇生活垃圾处理场和100个乡镇污水处理设施建设。

生态建设取得新进展。三北防护林、沿海防护林和辽西北1000多公里边界防护林体系建设等国家重点工程建设顺利完成。阜新、朝阳64万亩坡地造林和300万亩草原沙化治理也于2011年全面完成。2008~2011年，完成了朝阳528万亩荒山绿化工程。

2. 吉林调水工程与水利基础设施建设相辅相成

大型水利枢纽工程陆续开工建设。引嫩入白、珲春老龙口水利枢纽、哈达

山水利枢纽等项目建设启动。2009年老龙口水利枢纽主体工程完工。2011年基本完成哈达山水利枢纽等三大水利重点工程。① 中部城市松花江调水工程顺利推进。2004年吉林开始实施中部城市松花江调水工程，2009年中部引水工程全面启动，目前正在积极建设中。水库除险加固及灌溉工程持续开展。2005年吉林推进了长兴、古洞、布尔哈通等河流险工险段综合治理和三〇一水库除险加固等工程。到2010年188座病险水库除险加固任务全部完成。2011年开展16处灌区续建配套与节水改造和64座小一型病险水库除险加固，启动1000万亩高效节水农业灌溉设施建设。

松花江等重点流域的污染治理取得明显成效。2004年吉林开始加强松花江和辽河流域水污染防治工作。2007年启动东辽河等重点流域、区域的污染治理和引用水源保护工作。2008年开始落实松花江休养生息的各项政策措施，全部启动松花江上游各县（市）污水处理设施建设。2009年扩大松花江流域水污染防治工程规模，推进流域内县城污水处理厂、垃圾处理场和工业园区污水处理厂建设。到2010年松花江流域水污染防治"十一五"规划全面完成，并进一步启动"十二五"松花江、辽河、鸭绿江等流域水污染防治规划。2012年在加强松花江、辽河等重点流域污染防治工作的同时，努力抓好伊通河、饮马河、条子河、招苏台河等主要支流环境综合治理。

3. 黑龙江水利工程和环保工程建设并重

水利工程项目建设进展顺利。2004年黑龙江完成尼尔基水利枢纽、磨盘山水库等控制性工程建设。2009年黑龙江省作出了加速发展现代水利设施的决定，农业、防灾、航运、民生等相关水利工程陆续启动，包括尼尔基水库灌区配套工程、三江平原"两江一湖"水利工程以及西山、桃山二期等重点水源工程，并对全省167座病险水库进行了除险加固。2011年加强以防汛抗旱为重点的水利工程建设，建设14处大型灌区工程、44个重点县农田水利工程。

河流污染治理取得显著成效。2004年黑龙江加强了呼兰河等中小河流治理。2005年开始加强松花江流域的水污染治理，47个水污染防治项目开始实

---

① 资料来源：《2012年吉林省政府工作报告》。

施，3个城市污水处理项目和29个工业污水治理项目全面启动，全省有9个市县建成城市污水处理厂，10个城市建成垃圾处理场。2011年松花江水污染防治规划增补项目全面开工建设，水环境质量持续改善。2012年启动实施松花江流域水污染防治"十二五"规划，项目开工率达到20%。①

生态保护综合建设项目不断推进。2005年黑龙江开始对矿山沉陷区和松嫩平原"三化"草原等生态环境进行治理，并加强森木生态环境、自然保护区和"三北"防护林四期工程建设。2008年进一步推进天然林保护、"三化"草原改良、"三北"防护林四期、水土流失治理等工程。2011年启动实施《大小兴安岭林区生态保护与经济转型规划》和"天保工程"二期，植树造林362.5万亩，森林覆盖率达45.2%，恢复湿地1000公顷。

二 振兴十年来东北地区基础设施建设存在的主要问题分析

振兴十年来，东北地区基础设施建设取得的成就有目共睹，但是由于老工业基地振兴作为一个世界性难题，是一项长期复杂艰巨的任务，长期以来积累的体制性、机制性、结构性等深层次矛盾还有待进一步破解，在基础设施建设方面依然存在着一些问题需要进一步解决，基础设施建设还存在巨大的发展空间。

（一）基础设施能力和水平还不能完全满足经济和社会发展需要

振兴十年以来，东北地区基础设施建设取得了长足的进步，获得一些显著的成就，但是依然不能完全满足整个经济和社会发展的需要。主要表现在：一是交通网络规模仍显不足，交通布局有待完善。振兴十年以来，东北地区在铁路、公路、港口、机场的建设上投入很大，但从总体上看，需要进一步完善的地方依然很多，尤其是省际铁路、公路需要进一步优化。二是能源供给量不足。从东北三省来看，黑龙江是能源大省，其能量供给充足，但其他两省相对

---

① 资料来源：http://www.hlj.gov.cn，黑龙江人民政府网站。

不足。尤其是辽宁能源对省外的依赖性较大。三是水利设施能力不足，水资源短缺，供需还存在矛盾。东北三省均存在着不同程度的水资源短缺情况。水利设施仍不能完全满足经济社会发展的需要。四是城市设施能力不足和水平落后的问题依然存在。城市设施建设在省会城市和较大城市发展得很好，但中等城市和小城市的发展有待进一步加强。

（二）东北地区基础设施区域一体化建设需要进一步加强

推进区域经济一体化是东北地区经济发展的必然趋势。冲破行政分割，建立区域统一市场，优化区域资源配置，促进生产要素合理流动，消除产业雷同，加强产业的分工协作，进一步优化区域和产业发展布局，推动产业集聚发展，建设重要产业基地和特色产业集群，引导产业链整体转移和关联产业协同转移，是东北地区间跨行政区域经济联合发展的必然趋势。为了适应区域经济发展一体化，振兴十年以来东北地区基础设施建设也正向一体化迈进，但是区域之间、行业之间以及相关管理部门之间仍存在一些体制性的障碍。在现行的管理体制下，区域之间、行业之间及相关管理部门之间的协调与合作仍然有待加强，例如，铁路、公路、港口、航空等交通分别隶属于不同的部门管理，它们相互协作的程度还远远不能满足东北地区区域交通一体化发展的要求。同时，发展基础设施建设的省际合作过程中，在交通、土地、环保、水利等相关部门的沟通协作中也暴露出许多问题，尚需进一步加强协调与合作。

（三）农村基础设施建设尚需进一步加强

农业基础设施是农业可持续发展的物质载体。东北地区是我国的粮食主产区，进一步巩固农业基础地位、发展农村经济、提高农民收入是东北振兴的重要内容。目前，东北地区的农村基础建设仍然严重不足，已经成为东北地区农业发展的"瓶颈"。首先，从目前东北地区农村基础设施建设来看，其规模和发展速度明显滞后于城市。农村饮水普及率、燃气普及率、生活无害化垃圾处理率大大低于城市，尤其是农村饮水安全问题仍然比较突出，人居环境较差，农村公共服务水平明显落后于城市。其次，农村基础设施建设的融资渠道不畅。由于农村基础设施建设周期长、回报率低、风险性高等特点，筹资渠道狭窄，造成农业基础设施建设资金和农业信贷资金严重不足的现象十分严重。再次，农村公路建设仍然相对滞后。农村公路目前仍是东北农村地区最基本的运输方式，它的好坏将直接影响农村的发展，农村公路建设是新农村发展的重要前提和基础条件。最后，农村地区的水、电、路、气、房等基础设施条件需要进一步改善。在未来的农村建设中，改善农民基本生活条件的基础设施建设应放在重要位置。

（四）建设资金筹集渠道尚需进一步拓宽

由于长期以来经济发展趋缓，东北地区基础设施发展相对滞后，主要原因是资金筹集渠道较窄，融资能力较差，未进入一个自我积累、自我发展的良性轨道。表现尤为突出的是，吉林和黑龙江两省的公路建设资金长期匮乏，两省在2007年之前，公路建设一直处于停滞状态。从目前东北地区基础设施建设的资金筹集渠道来看，银行贷款、企事业自筹的比例比较高，而民间投资、外商投资的比例比较小，绝大部分基础设施建设项目资金来源于政府投资，多元化的投资格局并未建立。同时，基础设施建设项目的市场化、产业化发展也进展较慢，虽然振兴十年来，交通、能源、水利管理体制进行了一系列改革，港口建设、电厂建设、城市供水、供暖、供气、污水处理、垃圾处理等建设逐步打破行业垄断，放开了市场准入，但是这些相关项目，在引进外资和民间资本方面所占的比例不高，国字头依旧占据了绝对的优势。

三 未来东北地区基础设施建设发展的对策建议

经过十年振兴，东北地区经济社会进入一个崭新的发展阶段。目前，我国仍然处于重要的战略机遇期，在国家政策以及财力物力的大力支持下，东北地区经济社会发展将继续保持强劲的发展势头，作为东北振兴的基础条件，加强基础设施建设仍是东北振兴的首要任务。

（一）环境保护与社会发展同步，基础设施建设要走可持续发展道路

节约资源和保护环境是科学发展的题中应有之义，东北地区拥有丰富的资

源、煤炭、石油等自然资源丰富，生态环境相对较好，并且拥有长白山自然保护区和大兴安岭原始森林，这些都是实现东北振兴的优势所在。在东北地区加快发展铁路、公路、港口等交通设施以及能源项目建设的过程中，必须把保护环境放在发展的突出位置，努力以较小的资源和环境代价支撑和实现东北地区经济社会的可持续发展，实现基础设施建设与环境保护协调发展，不能走"先破坏、后治理"的老路，要注意保护生态环境，促进经济、社会、环境协调发展。

（二）加强统筹规划，实现区域基础设施建设一体化

首先，要加快东北地区基础设施专项规划的制定，全局统筹东北地区基础设施建设。从目前来看，国家有关部门已经制定或筹划了东北地区能源、交通等具体项目的基础设施建设规划，但未有全区层面的基础设施专项规划，要抓紧东北地区基础设施专项规划的研究制定，统筹规划东北地区的基础设施建设，要从战略上、总体上谋划未来东北地区基础设施建设的方向、目标、重点和措施，根据整个区域经济社会发展的需要，制定基础设施建设的空间引导政策，构建科学合理的现代交通、能源、电力、水利建设的空间布局体系，避免重复建设，达到规模利用，促进整个区域内基础设施建设形成协同发展的局势。其次，整合交通资源，实现东北地区各种运输方式之间在硬件与软件、空间与时间上的有效衔接。要适应整个运输市场需求的变化，加强区域间铁路、公路、航运之间的有机衔接，建立起快速、经济、便捷、高效的区域一体化运输系统。再次，要建立东北区域一体化的交通电子政务信息系统。加强东北地区交通信息资源的整合，建立一个共享的交通信息网络平台，实现东北地区交通信息快速传递与共享，提供方便、实用的交通信息服务。最后，要建立一体化的交通管理体制和政策法规体系，构建东北区域交通一体化的管理制度平台，为东北老工业基地的振兴提供可靠的交通支撑和保障。

（三）进一步加强农村基础设施建设，实现城乡同步发展

首先要进一步改善农村公路。东北地区要进一步深化农村基础设施规划，尤其是公路规划，加快实施农村"通达""通畅"工程，进一步加强农村客运

站场等基础设施体系建设,重点加强涉农县际出口路和通乡、通村公路的升级改造。其次要加强农田水利基础设施建设,为农村发展提供支撑和服务。要针对东北地区农村基础设施建设的现状,统筹规划各省区的基本农田水利设施建设,实现上下游共同受益。最后要进一步加强生态保护建设,推进重点流域的污染治理和防治,杜绝出现边治理边污染的现象。

(四)拓宽筹资渠道,促进基础设施建设持续快速发展

积极推进基础设施投资体制改革,实现投资主体多元化、融资渠道多样化、运营主体企业化和运行管理市场化。要逐步建立符合市场经济规律的基础设施价格形成机制,完善收费体系,积极利用相关国债资金,确保养路费、客货运输附加费等各项税费的专项使用。盘活原有的资产存量,为东北地区基础设施建设多渠道筹措资金、快速发展创造条件。创造良好的政策和市场环境,积极扩大利用外资、银行贷款和民间资本等各类投资,要抓住国家支持老工业基地振兴的机遇,更多地争取国家在水利、交通、城建等专项资金方面对东北地区的支持。同时,要逐年增加政府的财力投资力度,充分发挥政府投资的引导和放大作用。

参考文献

金凤君、张平宇、樊杰等:《东北地区振兴与可持续发展战略研究》,商务印书馆,2006。

王士君、宋飓:《中国东北地区城市地理基本框架》,《地理学报》2006年第6期。

金凤君、陈明星:《"东北振兴"以来东北地区区域政策评价研究》,《经济地理》2010年8月第30卷第8期。

B.28 内蒙古赤峰市、通辽市文化产业发展研究

乐奇 天莹 屈虹*

摘 要:
在文化产业上升为国家战略性产业的大背景下,通辽市和赤峰市作为内蒙古东部人口最多的两个城市,文化产业发展呈现良好的发展态势,但也存在一些问题,需要通过一系列行之有效的措施,加以稳妥推进,以促进文化产业又好又快的发展。

关键词:
文化产业 特色文化资源 对策建议

2003年10月,中共中央、国务院下发了《关于实施东北地区等老工业基地振兴战略的若干意见》,正式拉开了东北振兴的序幕。该《意见》指出,"贯彻落实文化产业调整振兴规划,支持文化创意、出版发行、影视制作、演艺娱乐、文化会展、数字内容和动漫等文化产业加快发展,打造具有东北地方特色的文化品牌"。支持文化产业发展成为发展服务业振兴东北的重要内容之一。十年来,东北地区已经建立起门类比较齐全的文化产业体系。特别是党的十八大报告提出,要推动文化产业快速发展,到2020年全面建成小康社会,文化产业成为国民经济支柱性产业,描绘了文化产业新的发展蓝图。

通辽市和赤峰市作为东北经济区的重要组成部分,在东北振兴战略和国家

---

* 乐奇,内蒙古社会科学院副院长、研究员,研究方向:经济、社会发展问题;天莹,内蒙古社会科学院城市发展研究所所长、研究员,研究方向:城市发展;屈虹,内蒙古社会科学院城市发展研究所助理研究员,研究方向:城市学。

及内蒙古自治区关于加快文化产业发展的契机之下，积极挖掘文化资源，把发展文化产业作为提高区域软实力、推动区域经济社会发展的战略举措，加以引导和扶持，以文化产业园区为载体，以项目为重点，以企业为龙头，积极推进本地文化资源向文化产品的转化，使处于起步阶段的文化产业呈现良好的发展态势。

一 文化资源概况

（一）赤峰市文化资源

赤峰历史灿烂悠久，文化源远流长，是中华民族重要的发祥地之一，文化资源呈现多元性、丰富性的特点。赤峰是兴隆洼文化、赵宝沟文化、红山文化、富河文化、小河沿文化、夏家店文化以及辽文化的发源地，从夏朝开始，先后有先商、山戎、东胡、匈奴、乌桓、库莫奚、契丹、女真、蒙古等诸多古代民族在这里游牧渔猎，繁衍生息。多姿多彩的历史文化，给赤峰地区留下了大量的文化古迹，目前，全市发现的各历史时期文化遗存共有6800余处，占内蒙古自治区文化遗存的近一半，其中重要发现达160余处。依托丰富的文化资源，赤峰市文化旅游发展突出，例如，喀喇沁清代蒙古王府博物馆已成为内蒙古著名的4A级文化旅游景区。

（二）通辽市文化资源

通辽市历史悠久，文化资源较丰富。通辽市保留的历史古迹有元代佛塔、金代界壕、清代王府、辽代古墓，历史文化名人清代国母孝庄文皇后、清代名将僧格林沁、民族英雄嘎达梅林、著名民间艺术大师芭杰等为人们所熟知，安代艺术、民族曲艺、科尔沁版画等民族文化艺术精品的影响力不断提升，科尔沁饮食文化、服饰文化、蒙医蒙药等也独具魅力。

二 文化产业发展的现状和特点

（一）文化产业尚处于起步阶段

通辽和赤峰市是内蒙古文化资源较丰富的地区。近年来，在市政府的高度重视下，文化产业获得较快的发展。据调查数据显示，赤峰市有文化产业单位6403家，从业人员50523人，文化产业增加值占GDP的2%。赤峰市文化产业发展比较突出的是六大行业：文化旅游业；艺术品业，包括巴林印石业、工艺美术品业、收藏品交易业；演艺娱乐业；传媒出版印刷业；商务会展业；影视动漫业。截至2012年底，通辽市共有文化产业机构6013家，文化产业从业人员达到17569人，全市文化产业实现增加值14.06亿元，占GDP的比重为0.83%。两市文化产业规模偏小，发展水平不高，以传统文化产业为主，新兴文化业态还处于萌芽状态。总体而言，文化产业尚处于起步阶段，与全国平均水平还有较大的差距。

（二）文化产业园区建设正在积极向前推进

2009年我国出台了《文化产业振兴规划》，把文化产业上升为国家战略。该规划中提出要加快文化产业园区和基地建设，赤峰市和通辽市抓住这一机遇，发挥当地文化资源优势，以项目为依托，以企业为龙头，初步建立起若干个特色文化产业园区，为文化产业集聚提供了载体。目前，赤峰市有自治区级文化产业园区1个，市级文化产业园区7个。此外，还有9个县级文化产业园和项目。自治区级文化产业园区是巴林左旗上京契丹辽文化产业园。市级文化产业园区包括："中国印城·赤峰"文化产业园、赤峰国际草原城、巴林石文化创意产业园、克什克腾现代文化产业示范区（乌兰布统生态文化旅游区）、二道井子遗址公园、红山文化展示中心、红山文化旅游商贸城。通辽市重点建设和拟建的文化产业园区共有16个，主要有科尔沁马城、孝庄文化产业园、莫力庙民俗文化产业园、本源版画创作园、大清沟文化旅游产业园、库伦宗教文化产业园、中华麦饭石城等。部分产业园区已经初具规模。孝庄文化产业园、库伦宗教文化产业园已经投入使用，并开始接待游客。

（三）着力培育一批特色骨干龙头企业

通过加强管理、项目带动以及政策鼓励，两市文化龙头企业不断发展，一批实力较强、品牌效应较突出的龙头企业正在形成，对当地文化产业发展将起到积极的示范作用。例如，内蒙古力王工艺美术有限公司、赤峰市巴林石集团有限公司、红山文化传媒公司、春晖文化传媒有限公司。其中，内蒙古力王工艺美术有限公司是内蒙古地区集民族工艺品、旅游纪念品研发和制造于一体的骨干企业，进行工艺美术产品的生产，主要产品为青铜器工艺品、纯手工工艺挂毯、辽代瓷器仿制品、各类民族工艺品和旅游纪念品等五大系列一千多个品种，2012年实现产值3200万元。巴林石集团有限公司已形成开采、加工、销售为一体的产业链，产品附加值高，经济效益好。通辽市重点培育的骨干文化企业主要有奈曼旗华宝麦饭石系列产品有限公司、阿拉坦哈纳民族用品有限责任公司、奈曼旗本源版画创作公司、罕山美食、草原辰香、科尔沁都市报等9个企业，部分企业初具规模，品牌效应逐步显现。

（四）文化产业发展的规划和政策先行

赤峰市和通辽市市委和政府对文化产业发展高度重视，先后提出建设文化大市、文化强市的建设目标。2010年和2012年赤峰市先后出台了《赤峰市人民政府关于加快文化产业发展的若干政策意见》《赤峰市人民政府关于加快文化产业发展的意见》《赤峰市旅游产业"十二五"发展规划》，其中，《赤峰市旅游产业"十二五"发展规划》明确提出了要把赤峰建设成为北方草原文化旅游胜地。此外，赤峰市委托中国人民大学文化创意产业研究所编制《2013～2020赤峰市文化产业发展纲要》。通辽市先后编制了《通辽市2004～2010年科尔沁文化大市建设发展纲要》《通辽市文化产业发展"十二五"规划》《通辽市旅游发展总体规划》《2013年文化旅游发展行动计划》等规划，在此基础上，全面盘点科尔沁地域文化资源，综合研究分析全市文化产业发展现状及发展前景，正在组织专家制定有较强战略性、符合科尔沁特色、注重产业创新的文化产业发展规划。同时，在中共中央及自治区发布的关于促进文化产业发展的相关政策基础上，制定符合赤峰市和通辽市文化产业发展的思路和政策，在资金、土地、税收等方面继续给予相关的优惠政策，为文化产业发展提供政策保障。

（五）旅游业和文化产业的融合发展得到高度重视

旅游业和文化产业密不可分。随着旅游业的发展和居民文化素质的提高，

旅游不仅仅是自然风光游,以了解民族服饰、饮食、民歌艺术、风俗习惯等为主要内容的文化旅游成为旅游中的重要内容。赤峰市依托丰富的历史文化资源和多样化的自然生态资源,"十一五"将旅游业和有色金属、能源、煤化工、绿色有机农产品、物流作为五大重点产业并举列为赤峰市经济发展的六大基地,加快发展,并提出建立中国北方草原旅游胜地的目标。赤峰市有优良旅游资源109个,居全区之首。其中,有较高知名度的科尔沁亲王府是蒙元文化的主打产品、国家4A级景区,玉龙沙湖旅游区是红山文化的发祥地,巴林左旗、巴林右旗宁城是契丹民族的发祥地。这些为文化旅游提供了特色资源。

2007年,通辽市被评为"中国优秀旅游城市""孝庄故里、草原名城",也获得了中国优秀旅游城市这张金名片。2009年被评为"中国城市旅游竞争力最具发展潜力城市"。为加快文化产业发展,通辽市提出加快文化与旅游的融合,制定了《2013年文化旅游行动计划》,按照"一轴三区两翼"的文化旅游产业布局,规划出沙地风光旅游、草原城市文化旅游、山地草原文化旅游、自然风光旅游、红色休闲旅游等不同特色的文化旅游区,大力开发文化旅游产品,促进了文化产业与旅游产业的进一步融合。

同时,两市节庆活动日趋活跃,丰富了群众文化生活,增加了文化产品的消费。赤峰市每年举办红山文化节、辽中京文化节、中国巴林石节、草原旅游文化节和王府文化节,以及旅游纪念品及土特产品大赛、民族手工艺品展销会、民间收藏展示交流大会等富有特色的文化旅游节庆活动,为文化产品消费提供了机会和市场。通辽举办十大旅游节庆活动,比如,开鲁古榆庙会、科左后旗"双合尔·楚古兰"节、库伦宗教文化旅游节、科尔沁艺术节、奈曼国际沙漠文化旅游节、"8·18"哲里木赛马节、霍林郭勒草原婚礼节、科尔沁美食节,培育消费热点。

旅游业和文化节庆活动结合,推动文化旅游的融合,加快了文化旅游产业的发展。据统计公报显示,2012年通辽市全年旅游总收入达91.2亿元,同比增长40.1%。接待国内外旅游者437.5万人次,同比增长25.2%;接待入境旅游者2.23万人次。赤峰市2012年全年共接待境内外游客720万人次,比上年增长12.4%,旅游业总收入实现110亿元,增长25%。

三 文化产业发展中面临的主要问题

（一）对文化产业内涵、特征的理解不到位

目前，由于赤峰和通辽市文化产业的发展起步比较晚，使得对文化产业的内涵、特征的认识不够全面。人们往往片面地认为特色文化资源都可以产业化，并没有充分考虑文化资源转化为文化产品和形成产业需要具备的条件，例如，对技术上是否可以复制、市场是否有旺盛的需求等问题考虑不足，不到位。因此，加深对文化产业的认识是今后工作的重点之一。

（二）产业发展规模小、实力弱

赤峰市和通辽市文化产业的发展整体上呈现散、弱、小，社会化、产业化程度不高的状况。两市真正具有竞争力、集约化的大型文化企业较少。文化单位规模小、实力弱，产业规模化和集约化程度低。例如，2012 年，通辽市个体文化产业经营户占全市从事文化产业机构数量的 89.8%，从业人员占 59.4%，增加值只占全市文化产业增加值的 22.7%，甚至有些只是 2~3 人的小工厂、小作坊。赤峰辽瓷复仿具有一定的欣赏价值和装饰作用，虽然有生产企业几十家，但是规模都不大，生产成本较高，市场竞争力不强。

（三）资金不足，投资渠道单一

当前，赤峰市和通辽市文化产业的社会投融资体制尚未形成，文化产业规模扩张的资本条件难以具备。投资主体渠道单一，基本上仍以政府投入为主，依靠财政拨款进行。社会参与投资刚刚起步，民营、个体及其他经济成分投资文化产业的积极性不高，与发展文化产业需要大量资金支持不相适应。

（四）人才缺乏，创新能力不强

赤峰和通辽市从事文化产业经营与管理的人员总量偏低，难以适应市场竞争的需要，尤其是缺乏文化创意和文化产品设计等高层次人才。同时，由于发

展环境、发展空间、预期收入与发达地区存在着明显的差距，人才流动较快，一些企业不同程度地存在着创意和文化产品设计人才流失问题，从事文化产业经营与管理的人员素质偏低，难以适应创新和市场竞争的需要。

（五）对文化资源的挖掘不够，产品特色有待提升

随着文化产业发展，两市都形成了一批具有地方特色和有一定影响力的文化品牌产品。但是与丰富的文化资源相比，文化资源开发还远远不够，例如，赤峰市有着悠久的历史和灿烂的文化，文物遗存众多，仅国家级重点文物保护单位就有25处，占全自治区的33%。但因开发程度低，除喀喇沁王府博物馆外，基本上停留在"遗址+博物馆"的阶段，以文物等静态景观为主，缺乏特色和吸引力。同时，适合大众消费的文化产品种类较少，例如，一些景区的旅游纪念品与其他地区雷同，缺乏吸引力。一些具有影响力的文化特色产品，主要适合高端消费，不能满足大众需求；有的产品地方特色、民族特色不够突出，例如，以巴林石为材料的雕刻工艺品，尽管十分精美，由于技术高超的雕刻师大多数来自我国南方地区，缺少对赤峰本地文化的深入了解，产品设计上与其他地区雷同，一定程度上弱化了品牌效应。因此，文化产品设计需注意与当地文化特色的结合。

四　加快文化产业发展的对策

（一）提高认识，稳步推进文化产业的发展

联合国教科文组织认为，文化产业是按照工业标准生产、储存以及分配文化资源与服务的一系列文化活动。文化产品不等于文化资源，文化资源不一定都能转化为文化产品，只有那些能够满足大众精神文化需求的、可复制的文化资源才能通过产业化过程成为文化产品。因此，要深入了解文化产品的消费性和文化性，加深对文化产业的认识，同时，要把握世界文化产业发展的规律性，根据本地区经济社会发展阶段和人民生活水平，稳步推进城镇化。世界文化产业发展的经验表明，文化产业的发展需要一个从小到大的过程，并与经济

发展水平相联系，不能一蹴而就。美国文化产业从 20 世纪 20 年代的萌芽阶段，不断发展壮大，成为现在的世界文化产业第一大国，已经历了九十多年的发展历程。因此，赤峰市和通辽市文化产业的发展同样需要遵循文化产业发展规律，经历一定的过程。目前，赤峰、通辽市文化产业处于刚刚起步阶段，还谈不上是真正的产业化，需要稳步推进。2012 年通辽市人均生产总值排在全区第 7 位，赤峰市排在第 11 位，两市经济社会发展与自治区西部地区还存在很大差距，赤峰、通辽城镇居民人均消费支出分别比内蒙古自治区低 4557 元和 3801 元，消费支出中文化娱乐消费水平也低于全区平均水平。因此，文化产业发展速度不宜过快，应稳步扎实推进。从我国文化产业发展速度看，2010 年北京、上海、江苏、云南文化产业增长速度均超过 20%，赤峰和通辽市无论经济发展水平、人才、资金、市场都无法与发达地区相比。因此，文化产业（不包括旅游业）发展速度不宜过快，应保持在 20%~25%，同时，注重产业发展的质量和效益。

（二）拓宽融资渠道，增加对文化产业的投入

促进文化产业发展，就要加强政府投入和金融支持的力度。政府可以通过设立文化产业发展专项资金，对符合条件的文化企业给予贷款贴息和保费补贴。支持设立文化产业投资基金，由财政引导，鼓励金融资金参与。积极探索国有资本、民间资本、工商资本、外资等资金来源的文化产业发展模式，实现文化产业投资来源的多元化。还要积极构建文化产业发展的投融资体系。大力培育合格的市场主体，推动文化企业建立自身信用档案，加强财务信息披露，及时准确地向金融机构提供完整的贷款资料。此外，两市要加强文化产业的招商引资工作。

（三）加快人才的培养和引进，提升创新力和品牌影响力

赤峰市和通辽市要立足当地的特色文化资源，认真研究哪些文化资源可以复制并能够满足大众需求，通过不断创新，实现文化资源向文化产品的转化，增加文化产品的供给。例如，一些旅游点旅游纪念品与全国其他地区的产品雷同，很难引起消费者的欲望。所以，应突出创新，把那些通过适应性改造能够

被更多人喜欢并转化为消费的文化产品，逐步推向市场。当然加快文化资源向文化产品的转化需要培养和引进创新人才，制定相关优惠政策，例如，实施类似"科尔沁人才"工程等人才培养工程，通过评选"科尔沁文化贡献奖""文化新人奖"等活动，以吸引和留住人才。另外，还要加强人才培养，采取定向培养的方式，把当地的毕业生送到发达省区高校进行相关专业培养，毕业后回到本地，为本地文化产业的发展做贡献。

（四）推进旅游业发展，促进旅游与文化产业的深度融合

文化产品需求决定了文化产业发展，增加需求是文化产业发展的根本动力。2012年赤峰市人均生产总值为5760美元，人均GDP已经超过3000美元，通辽市人均生产总值53976元，消费结构将发生重大变化，文化消费将不断增长。同时，近年来国内外旅游人数不断增长，尤其是国内临近省区来赤峰和通辽旅游的人数明显增多。赤峰市旅游人数由2006年的368万人次，增加到720万人次，增加了352万人次，增长95.7%；通辽市旅游人数从2007年的286.1万人次，增加到437.5万人次，增长了52.8%。旅游收入也大幅增长，今后旅游业还会不断发展，必将带来文化产品的消费增长。文化产品的消费与经济发展同步，只有经济发展了，城乡居民收入增长了，并达到一定水平，才能扩大文化产品的消费。因此，应加快赤峰市和通辽市地区经济社会发展，提高当地城镇居民和农牧民收入，提升消费层次和文化消费水平，不断增加文化产品的消费；加快两市与东北和其他省区的合作，扩大旅游客源地范围；加强旅游基础设施建设，提升接待能力；建设高素质的导游队伍，增加参与和体验式旅游项目，延长旅游时间，促进文化和旅游的融合，增强文化旅游业竞争力，进而推动文化产业的发展。

（五）突出重点，引导文化产业园区的错位发展

在对现有文化资源充分了解的基础上，要根据资源优势、发展潜力、文化资源向文化产品转化的可能性、未来消费市场大小等因素，合理布局文化产业园区，要有所为有所不为，突出民族特色和地方特色，进行传统文化资源的整合，实行错位发展，避免重复建设，增强竞争力。首先应优先扶持传统文化产

业，把其做大做强，不断扩大经营规模，提高经济效益。而那些现在不具备优势的行业，例如动漫、影视暂不作为重点。同时深入挖掘传统文化资源潜力，通过一定的适应性改造，逐步推向市场，满足大众消费需求，通过市场拉动，加快文化资源向文化产品的转化和产业化。例如，扎鲁特旗和奈曼旗都把版画列入本地区文化产业发展的重点，如果各自独立发展，会导致人才和资金的分散，不利于产业发展，应以一个旗为重点，进行资源整合，突出科尔沁特色，才能把有限的资金用在刀刃上，将版画产业做大做强，增强竞争力和吸引力。

参考文献

韩英、付晓青：《文化产业概论》，海峡出版发行集团，2012。
叶朗：《中国文化产业年度发展报告（2012）》，北京大学出版社，2012。
李华：《赤峰市文化旅游资源整合研究》，东北师范大学硕士学位论文，2006。
孙国学：《赤峰市文化产业发展的战略选择——赤峰市文化产业发展研究之二》，《赤峰学院学报（汉文哲学社会科学版）》2011年第7期。
刘丽艳：《浅析赤峰文化旅游资源》，《赤峰学院学报（自然科学版）》2011年第3期。

综合篇

Comprehensive Studies Reports

B.29
东北三省新农村建设发展实践

李冬艳*

摘　要： 新农村建设是推进农业现代化的重要路径，是统筹城乡发展的重要载体，是农村改革发展的重要动力。本文分析新农村建设过程中不断产生的矛盾和问题，展望新农村建设的未来，以切合实际的对策建议旨在将东北三省新农村建设向更高层次有效推进。

关键词： 东北三省　新农村建设　农村社区

建设社会主义新农村是贯彻落实科学发展观的重大战略举措，是一项长期的历史任务，是加快推进农业农村现代化的有效途径，需要进行不断的探索、实践和总结。东北三省新农村建设正在如火如荼地进行，及时总结新农村建设

---

* 李冬艳，吉林省社会科学院农村发展研究所助理研究员，主要研究方向：农业经济。

经验，展望新农村建设的未来，准确把握新农村建设过程中出现的新情况、新问题，提出具有可操作性的政策建议，对将东北三省新农村建设推向更高层次具有重要意义。

一 东北三省新农村建设取得的主要成就

2006年关于推进社会主义新农村建设的中央一号文件吹响了全国新农村建设的号角，明确了新农村建设的首要任务，同时东北三省各地各部门根据中央一号文件精神先后出台了《关于深入实施社会主义新农村建设的若干政策意见》等多个具体意见细则，为新农村建设逐步推进提供有效支撑。从2010年起，东北三省被国家确定为农村环境连片整治示范省，为北方地区新农村村容整洁整治的有益探索创造了有利条件。在国家兴农、惠农政策指导下，在各级党委政府的努力下，七年来，东北三省新农村建设从起步、试点，到全面推进，成绩斐然。

1. 生产稳步发展，农村经济水平大幅提升

发展农村经济，增加农民收入，是新农村建设的首要任务。2012年辽、吉、黑三省第一产业增加值分别为2155.8亿元、1412.1亿元、2113.7亿元，同比增长5.1%、5.3%、6.5%；东北三省粮食产量达到11175万吨，占全国粮食产量的19.6%，其中，黑龙江省稳居"全国产粮第一大省"的位置，黑龙江垦区农业机械化率、农业科技贡献率均高出全国平均水平，农业现代化建设走在全国前列，吉林省粮食单产水平保持全国首位，为国家粮食安全作出重要贡献。畜禽产品产量平稳增长，辽、吉、黑三省猪、牛、羊禽肉产量分别同比增长2.6%、7.0%、8.1%。从2006年开始，吉林省扎实推进"百镇千村"和10个整体推进县新农村建设试点。2010年转入深入实施阶段，启动了"千村示范、万村提升"工程，并于2012年圆满完成了第一批1000个示范村建设任务，农村主导产业建设进一步加强。2006年以来，新农村建设村镇共完成产业项目13222个，总投资达602.2亿元；建设"一村一品"专业村屯4444个。2012年，全省有1000个示范村，新上农业项目787个，工业项目235个，旅游项目61个，商贸项目112个，建立专业村屯413个，棚膜蔬菜园区336

个、畜禽养殖小区209个、专业合作社444个。黑龙江省拥有农、林、牧、渔、加工等70多个专业9557个农技协组织，会员75.3万人，带动200余万农户，初步形成了种、养、加、产、供、销一体化的产业格局。辽宁省把发展县域经济作为推进新农村建设的重要载体，规模以上龙头企业销售收入880亿元，增长21.4%，农村产业呈现专业化、规模化、合作化发展的新局面。

2. 农民收入持续较快增长，生活质量显著提高

东北三省农民生活更加富裕，2012年，辽、吉、黑三省农民人均纯收入分别为9384元、8598元和8604元，分别高于全国平均水平1467元、681元和687元，分别是2006年的2.3倍、2.4倍、2.4倍。农村劳动力转移就业步伐加快，农民收入由过去的渠道单一、增收乏力的状况转变为多路进财、多元增收、增长较快的新局面。农村居民恩格尔系数不断降低，农民用于各项消费支出的分配比重逐渐趋于科学合理，消费结构日趋优化，农村消费品零售额达到1993.6亿元，是2006年的2.3倍。2012年，吉林省乡村人均文化消费增长31.7%，农家书屋行政村实现全覆盖，全省累计投入建设资金3000万元，扶持建设农村文化大院6000个，占全省行政村的64%，2013年将实现全省农村文化大院行政村全覆盖，农村文化大院依托村部和农户建立，将文化资源共享工程、党员远程教育、农村书屋进行有效整合，强化了全省农村文化的内生动力建设，激发农民的文化创作、参与意愿，实现了由"送"文化到"种"文化的转变，成为吉林省新农村建设的新地标。

3. 公共服务能力明显提高，农村社会事业建设发生较大变化

东北三省全部免除农村义务教育阶段学生学杂费，进一步优化完善学校布局，改善农村办学条件，提高农村义务教育质量；农村卫生医疗条件有所改善，基本实现头痛脑热等小病可以不出村；农村精神文明建设取得新进展，乡风文明程度不断提高。2012年辽宁省新建和改造185个乡镇卫生院、76个村卫生所；投资4680万元建设了156个乡镇文化站，县级图书和文化馆88个；新建农村九年一贯制（寄宿）学校100所；参合农民1809.79万人，参合率84.19%，黑龙江省新型农村合作医疗试点县（市）发展到33个，参合率达到83.7%。吉林省2006年以来共推进1810个贫困村整村跃升，实现76.8万农村贫困人口脱贫，行政村建立信息服务点，并开通了"12316新农村热线"、

12582农信通短信平台,实现电视、电话"村村通";农村低保、新农合实现全覆盖,2012年农村低保标准达到年人均1259元,新型农村合作医疗住院费政策性报销比例不低于75%,新农保试点面覆盖53个县(市、区),占总数的88.3%。

4. 基础设施建设和环境综合整治扎实推进,农村面貌发生较大改变

实施新农村建设以来,着眼统筹城乡发展和一体化建设,着力解决农村基础设施、村镇改造和农村环境整治问题,东北三省农村面貌焕然一新。农村道路建设取得较大进展,自2006年以来,吉林省共建设农村公路5.1万公里,2012年辽宁省投入67亿元建设21300公里农村公路,黑龙江省完成了14126公里农村公路建设任务;农村饮水安全问题得到有效解决,吉林省自2006年以来共解决562.24万农村人口饮水安全问题,2012年辽宁省投入10亿元解决了200万农村人口饮水安全问题,村镇自来水普及率41.5%,黑龙江省新建饮水工程1542处,解决了1600个村屯88.9万人口饮水安全;住房改造工程不断推进,2006年以来吉林省改造泥草房76.4万户,改造旧房184006户,新建砖瓦房171945户,改造围墙22369公里,2012年辽宁省投入135亿元改造泥草房22万户,黑龙江省新建改造住房10.9万户,住房砖瓦化率提高到66%,农村中小学D级危房全部改造完成;农村清洁能源得到大力发展,农村卫生条件得到有效改善,2006年以来吉林省新建大型秸秆气化站33个,建设农村沼气池10.86万户,修建排水沟34650公里,修建室内水冲和户外卫生厕所37.1万个,公共厕所2.59万个,垃圾处理场点3.7万个,2012年辽宁省建设农村大型清洁能源工程62处,黑龙江省新建户用沼气池2.1万个。同时东北三省作为国家农村环境连片整治示范地区,辽宁累计投入资金20亿元,以大伙房水库及输水工程周边地区为重点,环境综合整治村庄433个,初步探索出适合北方地区农村环境连片整治的6个模式。吉林省在长吉一体化区域和重点流域进行农村环境集中连片治理,绿化整治村屯1475个。黑龙江省到2014年,将投入资金16亿元,围绕松花江流域、畜牧业重点区域及"问题村"进行农村环境连片整治。

5. 新农村改革创新不断推进,成效显著

一是不断探索新农村建设发展模式。吉林省依托林木和农业资源优势,林地双方以产业化经营为纽带，在发展工业项目、林下特色产业、森林旅游产业等方面，开展合作共建，带动新农村建设、村民收入和社会事业全面进步。辽宁省灯塔市实施"村企共建、互利双赢"模式，28家企业与28个行政村结成共建对子，企业投入帮扶资金1300余万元，形成相依型、牵动型、吸纳型、投资型四种村企共建模式，实现资源共享、互利双赢的新农村建设格局。黑龙江省实施"垦地共建"新农村模式，重点推进整屯、整村、整乡全程作业，向农村推广良种4500万亩、农业新技术5000万亩，垦区有八五七、大西江等2个农场被农业部列为全国100个新农村建设示范场，垦区龙头企业地方种植基地面积4500万亩，互免借读费学校达150所，互为医保定点医院达100所。二是农村基层组织建设得到加强。2006年以来，东北三省农村管理民主程度不断提高。村级两委领导班子威信程度显著提高，村务信息更加公开透明，村民代表大会制度更加完善。从2009年开始，吉林省实施了万名村干部培训工程，利用5年时间，对1万名村党支部书记、村委会主任和选聘高校毕业生（选调生）进行系统培训。辽宁省共举办各级各类新农村建设培训班515期，培训干部群众34745人次。

二 东北三省新农村建设存在的主要问题

随着农业农村发展变革进程的加快，新农村建设过程中也遇到一些不同层次的矛盾和问题，制约新农村建设向更深层次有效推进。

1. 农业发展条件仍显落后，现代农业发展有待加强

现代农业是农村经济繁荣发展的重要标志，落后生产条件制约现代农业向纵深发展。一是节水灌溉水平偏低。东北三省是国家重要商品粮基地，支撑粮食生产的有效灌溉率却处于全国平均水平以下。辽宁省人均占有水资源量仅为全国的1/3，干旱使每年粮食减产50亿~100亿斤。吉林省中西部粮食主产区耕地面积约占全省总耕地面积的80%，水资源总量仅占18%。全省800多万亩耕地，中低产田占2/3以上，有效灌溉面积仅为20%左右，旱田具备灌溉条件的不足15%。黑龙江省水资源时空分布不均，高效节水灌溉面积不足全省耕地面积的10%，旱灾频繁发生对粮食产量的持续提高具有一定影响。二是科技创新能力与应用水平滞后。东北三省农业技术人员相对数量少，基层农技推广人员受自身经费限制，对现代农业发展支持力度不够。三是农民的组织化程度较低，难以满足现代农业生产发展对市场的需要。四是传统农业生产方式比较普遍，直接影响现代农业向纵深发展。

2. 新农村承载产业发展能力较弱，产村相融尚未取得根本性突破

新农村建设注重村落外观建设，缺乏对产业总体规划，通过引导聚居整理土地，腾挪产业发展空间，推动产业、居住连片规模化发展能力比较薄弱。农村生产和生活环境条件改善较慢，农村的吸引力和资源聚集力不强，推动大量资本和先进技术到农村农业发展的政策、管理、服务环境很难配套。以产业培育为牵引，结合不同地域差异，培育具有农村特色、地域特色、民族特色和文化特色的成功典型新农村还很少。

3. 农民思想价值观念有待转变，主体作用发挥不强

在新农村建设过程中，由于农民自身认识上的局限性，农民缺乏新农村建设主动性，加之村镇基层组织对新农村建设的宣传力度不够，大部分农民对新农村建设政策的认识不深，农民合作观念、集体观念不强，权利义务意识、理性精神等比较缺乏，参与农村公共事务的热情不高。通过土地流转，农转商、农转工、农转服的"农民工"越来越多，使新农村建设存在着"缺少必要主体"的瓶颈。基层村民自治能力薄弱，农村村干部依靠家族势力竞选村委会干部，缺少为地方百姓服务的意识和能力，能够带领村民投身新农村经济建设中的有能力的新型农民很难脱颖而出。同时，家庭承包经营使村基层政权严重弱化，以乡镇政府为中心的基层政府行为工作缺位、错位和越位的现象突出，由于农村农民以土地经营收益为主，家庭承包后的绝对自由，"各扫自家门前雪，不管他人瓦上霜"已成为现在农民的习惯，基础设施和公共设施建设无人问津，精神文明建设在村屯较难开展，新型农村政府体制要求与基层政权管理效能弱化的矛盾不断加剧。

4. 农村社会事业发展滞后，影响农民幸福指数提高

农村经济发展环境和公共服务水平与城镇差距较大，二元经济结构没有真正被打破。农村社会事业主要包括农村教育、农村医疗和农村文化事业。农村教学条件还很落后，农村教育实行"撤村并乡"后，集中办学有利于提高教

育质量,但也增加了学生的住宿费、坐校车的交通费、吃饭费用等,每个农民家庭教育费用每年新增近千元;以乡镇卫生院为重点的农村卫生基础设施建设薄弱,农村地方病、传染病和人畜共患疾病的防治体系薄弱,农村文化设施缺乏,绝大多数农村没有公共娱乐场所,农民精神文化生活单一枯燥。

5. 城镇化加速青壮年劳动力大量转移,不同程度在边境地区形成"空心村"

城镇化不能代替新农村建设。城镇化不是农村发展的全部,新农村建设也不能解决全部"三农"问题,解决中国农村发展问题需要新农村建设和城镇化协调发展。新农村建设被弱化将减少城市先进生产要素向农村流动,大量青壮年劳动力流出农村,影响"三农"与城乡协调发展,不利于农村资本市场发展,制约农村内生发展动力;限制城乡一体化协调发展规划的实施,将会造成重复建设和资源浪费。城乡发展差距被拉大,城镇化快速发展不能带来新农村面貌的较快改善,新农村建设下产生大量"空心村"现象,留守儿童、留守老人和留守妇女的"三留守"管理问题突出,给人身安全、教育,边境社会长期稳定繁荣带来新的考验。

三 东北三省新农村建设展望

新农村建设发展到今天,并没有解决农村的全部问题。未来的发展需要解决目前没有解决或者没有解决好的问题,以适应经济社会发展需要。

1. 发展现代农业仍然是新农村建设的首要任务

自新农村建设提出以来,东北三省农业综合生产能力不断提高,粮食生产能力不断跃上新台阶,发展现代农业仍然是今后新农村建设的首要任务。第一,东北三省是国家粮食主产区,肩负着国家粮食安全的责任。第二,农产品加工业已经成为吉林省支柱产业,农产品生产是现代农业的主要任务,黑龙江垦区和辽宁省沿海地区在全国率先实现农业现代化,海城国家农业高新技术产业园区要建设北方农业现代化综合示范基地。第三,现代农业是城镇化发展的重要支撑,既解放出更多的农村劳动力,提升土地集约化经营水平,提高农民收入,又为城镇化提供更多劳动力和农产品。

2. 统一规划减少农村空心化

农村"空心村"问题是困扰东北三省新农村和现代农业发展的不可忽视的问题。随着大量农村劳动力的转移，东北三省许多地区，尤其是中朝、中俄边境地区"空心村"大量出现，导致现代农业经营主体缺失，先进农业科技无法有效传播；"留守老人、留守妇女、留守儿童"人员增多，健康教育难以有效保证，村民增收缓慢，易产生新农村建设背景下新的贫穷群体。同时，"空心村"的蔓延将影响边疆社会的长期稳定和繁荣发展，给社会治理和边境管控都带来新的挑战。对这些问题应该做好新农村建设土地规划，用法规防治"空心村"大量出现，通过加大对"空心村"改造的资金支持，健全农村土地市场，完善农村土地流转制度，建设新型农村社区，尽快改变其落后面貌。

3. 农村社区化推动新农村建设

近年来，随着新农村建设和城乡一体化的深入推进，农村居民的就业方式、经营方式、思想观念和生活理念都发生了深刻的变化。主动接受现代城市文明的辐射，像城市居民一样享受现代文明成果，已越来越成为当代农村居民的愿望。现在农村所能提供的物质、精神产品，与农村居民的需求有较大的差距，农村的社区服务处于低层次，公共服务产品缺乏，就近购买不到优质的公共产品；同时，缺少必要的文体活动设施或有力的组织，单调乏味的农村业余生活，无法满足农民的精神文化需求，在社区建设上二元结构较为突出。要改变目前状况，使农民逐步享受并融入现代城市文明，需要因势利导，顺应农民的期盼，发展新型农村社区，让农民享受到改革发展的成果，转变农村生产生活方式，提升农村生活幸福指数，这是新农村建设阶段性目标。

4. 新农村建设与城镇化同步发展

实施新农村建设与城镇化协调发展战略，既要有利于经济发展，又要保障粮食安全；既要有利于城乡一体化发展，又要保障农民安居乐业；既要遵循国家大政方针，又要尊重地方特点。东北三省作为粮食主产区，生产粮食与发展经济的问题、农村劳动力进城与新农村建设人才缺失的问题、城镇化发展与农民工就业困难的问题、财政收入与粮食产量逐年提高不同步问题等，都需要城镇化与新农村建设协调发展来解决。未来，将要从政策、制度、法律三个层面研究和保障城镇化与新农村建设协调发展。通过新农村建设与城镇化同步发

展，使东北三省在全面建成小康社会过程中寻求城镇化内生发展动力，化解城镇化与新农村建设之间土地、劳动力等各种要素配置及利益分配的矛盾，促进经济社会尤其是"三农"发展上水平、跃层次，有助于城乡一体化发展。

四 东北三省新农村建设对策建议

东北三省是农业大省，农村发展仍然滞后，不同区域新农村发展差距较大，提出符合实际和适应发展阶段的对策建议，对促进东北三省早日实现农业现代化十分必要。

1. 完善现代农业生产条件，提高新农村建设的农业产业化水平

大力发展现代农业，推进农业产业化进程，是增强新农村建设产业支撑的有效途径。加大农田水利设施建设，提高农业节水灌溉水平，增强农业发挥整体长远效益。农业产业化基地是推动农业产业化发展的主阵地，分析东北三省农业资源优势，建好一批农产品示范基地，通过举办农产品展销会、农博会等，带动人气、财气，充分发挥特色产业集约集群的区域优势。培育发展现代农业经营主体，重视龙头企业和农民合作社对农业产业经营的带动作用，抓好"品牌农业"和"特色农业"，加大对粮食、畜禽、果蔬、中药材、林特产品、绿色产品、海产品等优势特色产业的扶持力度，建设一批带状或块状生产基地，形成产业支撑，加快专业市场建设，打造特色品牌，释放品牌效应，加快农产品的流通。强化现代农业科技支撑，依托东北三省的科技人才优势，建立现代农业技术合作推广中心，建立"农推中心+教授基地+示范园区+专业合作社（龙头企业）+农户"的新型农业技术推广模式。

2. 改进农业农村经济环境，促进产村相融取得新突破

农村问题必须通过盘活农村资源来解决。按照新农村建设的产村相融要求，对东北三省不同地区农村产业发展进行整体布局规划，提高规划的科学性、前瞻性。充分考虑东北三省不同地区农村人口布局的变化趋势，通过实现农业现代化有效解决留守妇女、留守儿童问题，优化配置土地、人力、资金、信息、技术等资源，出台金融、政策制度体系支持产村融合发展。注重满足农民需求，加强对村庄规划和新建住房的指导，强化各类基础设施之间的衔接配套；盘活农民的承包地和宅基地，加快土地流转，鼓励农民以土地承包经营权置换城镇社会保障，以农村宅基地置换城镇住房或置换股份合作社股权，实现农业高效、工业集聚、居住集中、土地集约。借鉴黑龙江省新农村建设"以奖代建"模式，继续推进下派新农村指导员帮扶机制，架起党和政府沟通群众服务农村的桥梁，推广"村企共建、集体开发、宅基地置换、旧村改造"等多种主导功能明确、产业特色彰显的产村相融的新农村建设模式。

3. 转变农民思想观念意识，促进农民在新农村建设中主体地位形成

新农村建设涉及面广，内容多，任务重，需要各级干部和广大民众的积极支持与广泛参与。要加强宣传教育，使广大农民加深对新农村建设的目的意义、方针政策、总体目标的了解，切实转变"等靠要"的依赖思想，树立自强自立精神，增强自主建设和谐农村的主体意识。区分类别实施培训，对打工兼业效益不高的农民，重点进行职业技能培训和创业培训；对土地少年龄大的农民，引导土地流转到种植大户、家庭农场和农民专业合作社，发挥农民新型经营主体在汇集生产要素、推动产业发展、保障农民利益和带动农民增收上的重要作用，重点培训良种、良法的操作技能；对农业、农村有热情的农民重点进行农业新技术、新政策、现代经营管理、现代农业的培训，着力培育造就"有文化、懂技术、会经营"的新型农民，发挥其在新农村建设中的主体作用。在新农村建设过程中，通过邻里乡人之间签订的以提升道德修养、实现互助救济、维护乡村秩序等为目标的乡约来推进农村基层群众自治，用公德规范领导和群众在基层公共事务、公益事业中的行为，不断化解基层村民之间的矛盾冲突，完善基层群众自我管理、自我服务、自我教育、自我监督、自我发展，促进新农村建设中农民主体自治体系的有效形成。

4. 统筹城镇化与新农村协调发展，推动农村公共服务水平逐步提升

农业与工业之间、农村与城市之间的相互关系，具有"推拉效应"，在新农村建设中把建设新型农村社区作为城乡一体化的切入点，积极探索以工促农、以城带乡的长效机制。将农民为改善居住环境所引起的建房热引导到新农村建设的整体布局中，把农村建新房与建设新农村结合起来，把农村住宅建设与基础设施、公共服务设施结合起来，逐步建成空间布局合理、基础设施配套、公共服务设施齐全的新型农村社区，构筑城乡一体的新型公共服务体系，使新农村建设与城镇化建设同步推进，互为支撑。在新农村建设中可分类推进"近郊城市化、远郊城镇化、中心村社区化"，把农民的切身利益放在首位，推动更多的城市资源向农村倾斜、向县域配置，把土地增值收益更多用于新农村建设。加快推进医疗、文化、教育等公共服务体系向农村延伸，提高农村资源的人均占有水平，逐步提高财政投入和支农补贴使用集中度，加强对农村教育的支持保障力度，改善办学条件，扩大免费师范生去农村任教数量；加强农村文化服务体系建设，完善农村医疗养老等保障制度，健全社保体系，提高基础保障水平，并在人口、区域等方面实行有差异的社保政策，把服务带给真正有需要的人，逐步实现"老有所养、病有所医、困有所救"的乡村梦，加快城乡公共服务均等化进程。

5. 创新新村和新农村综合体试点建设，全面提升农业农村现代化水平

新村主要是指一定规模的农户相对集中居住形成的新兴农村，其聚居规模一般在50户以上，民族地区、边境地区、贫困地区一般也不低于30户。要以"全域、全程、全面小康"为要求，以发展新产业、塑造新风貌、创建新机制、培育新农民、建好村班子为目标，坚持以农民为主体，根据东北三省不同区域差异、群众不同要求创新发展路径。特别是针对东北三省边境"空心村"治理，提高村落布局、规划、设计水平，促进生产的组织化、公共服务的配套和邻里关系关爱，引入社会资本加大边境"空心村"老龄服务体系建设，让他们能够安度晚年，用特色新村幸福指数吸引人，可探索发展具有边境特色、民族特色、地域特色、文化特色、垦区特色、沿海特色、旅游特色、都市特色、农村特色的新兴农村。新农村综合体是新村发展的高级建设形态，以产业多元性、人口的聚居性和发展的现代性为牵引，强化基础设施、公共服务、市场服务体系与村落民居配套；注重新农村生产、生活、生态、社会等多功能融合发展，加速提升农业农村现代化进程。

参考文献

李昌平：《新农村建设：农村现代化的重要路径》，《求是》2013年第11期。
韩长赋：《科学把握农业农村发展新形势》，《求是》2013年第7期。

B.30
东北三省城镇化演进过程分析

崔岳春*

摘　要：
　　城镇化和新型工业化、信息化、农业现代化一起，成为未来中国发展的方向。东北三省建设"以人为本"为核心特征的新型城镇化，既要解决"人往哪里去"的问题，又要关心农民切身利益，健全社会保障和公共服务体系，最大限度地释放改革红利、激发市场主体活力、挖掘城镇化内需潜力，解决户籍、住房、教育、医疗、养老等问题，努力破解城乡二元结构。

关键词：
　　东北三省　城镇化　城乡统筹

2003年10月，国家确立实施东北三省等老工业基地振兴战略，明确了发展的方向、目标和措施，东北三省进入快速发展轨道，城镇化进程也随着战略的实施全面推进。截至2012年底，基本实现了东北振兴规划中提出的"十二五"期末东北三省城镇化率达到60%的要求。

一　城镇化演进特点

1. 城镇化发展进程高于全国平均水平

2012年，东北三省城镇化率已经达到59.6%，高出全国7个百分点，其中，辽宁省65.7%、吉林省53.7%、黑龙江省56.9%。

十年间，东北三省城镇化率平稳增长，由2003年的50.2%提升了9.4个

---
* 崔岳春，吉林省社会科学院软科学开发研究所研究员，研究方向：区域经济。

百分点,同期全国增幅为 12.1 个百分点。由于东北三省城市化水平起点较高,尽管增幅低于全国水平,但是期末绝对值仍高于全国。

2. 城镇化质量逐年提升

东北地区协调发展水平高于全国平均水平,东北三省城乡收入比由 2003 年的 2.62 下降到 2012 年的 2.30,远低于全国 2012 年 3.50 的平均水平。东北三省城镇居民家庭人均可支配收入由 2003 年的 20924.7 元上升到 2012 年的 61191 元,增长近 2 倍;农村家庭人均纯收入由 2003 年的 7973.6 元增长到 2012 年的 23691 元,增长近 2 倍。

3. 城市群建设日新月异

辽宁省沿海经济带开发开放全面推进,重点发展 42 个园区,大连东北亚国际航运中心建设进展显著,产业带、城市带和旅游带同步推进。以建设国家中心城市为目标,沈阳经济区全面启动 38 个新城新市镇和 57 个产业园区建设,同城化一体化步伐快速发展。县域经济迸发出新的活力,22 个新城新区、13 个高新区和 51 个开发区成为新的增长点。

吉林省高度重视长吉图开发开放先导区建设,长吉图经济总量、财政收入、城镇化、固定资产投资增速均明显高于全省平均水平,真正起到了全省经济增长的核心和引领作用。长春、吉林两市间以产业园区为支撑的城镇节点正在形成,一体化步伐加快,"四纵四横"为骨架的交通网络促进了工业化、城镇化的互动格局的推进,以"双核"为特征的长吉大都市区将带动中部城市群加快发展,为全省经济提供巨大的内生动力。延龙图前沿功能逐步完善,窗口作用进一步凸显,边境经济合作区加快发展。

黑龙江实施"八大经济区"发展规划,积极推动重要经济区规划的战略升级,不断提高区域经济在全国的战略地位,充分发挥特色和优势,着力培育打造经济社会发展的增长极。充分发挥中心城市对"八大经济区"建设的龙头带动作用,以区域中心城市为核心增长极构建城市群网络体系,借以带动整个经济区域的协调发展。目前,已经形成哈尔滨作为统领"八大经济区"建设的核心增长极,次区域中心城市相辅助,支撑和带动全省经济发展的功能多元化、结构等级化、分工合理化、交通网络化、城乡一体化和发展动态化的城市群增长极网络体系。

二 城镇化进程中存在的问题

1. 城市的经济增长质量滞后于速度的增长

城市数量增长的同时，城市的经济质量却不高。首先，投资与消费失衡。2003~2012年，东北三省全社会固定资产投资年均增长28.8%，而城镇社会消费品零售额的年均增长幅度为17.6%。投资与消费增长的失调来自重建设、轻消费、居民收入水平低下、社会保障不健全等原因。其次，第三产业比重下降，增速低于GDP。2003~2012年，东北三省第三产业增速15.6%，低于GDP 16.5%的增速，第三产业比重由2003年的39.5%下降到2012年的36.8%，极大地阻碍了其城市化拉动和产业提升功能。最后，工业结构亟待调整。工业的生产效益和效率不高，低附加值、低技术含量产业比重偏高。部分行业落后产能比重较高，产能过剩突出。部分行业物质资源消耗较高，污染物排放较多，对资源环境破坏性较大。

2. 城镇化与工业化发展不协调

相对于振兴初期城镇化水平滞后于工业化水平的状况，目前东北三省的城市化水平略超前于工业化水平（黑龙江省为过度超前，辽宁省和吉林省为中度超前[①]）。城镇化发展超前表明城市中许多农业人口无法进入非农产业就业，不能很好地被城市吸纳，反映了城镇化与工业化发展的不协调性。

作为老工业基地，东北地区得到国家资金的有力支持，城市建设比较成熟，在全国属于城镇化度较高的资源型区域。通过比较产业结构和城镇化率的关系，可以看出生产性服务业发展不足，专业化和市场化程度较低，发育仍然不足。服务业产品创新不足，服务品质和技术水平不高，在组织规模、管理水平与营销技术上与发达地区服务业都存在相当大的差距。

3. 城市土地扩张与城市人口密度相背离

2003~2011年，东北三省城市建成区面积扩大了34%，而城镇人口仅仅增长了21%，城市土地扩张与城市人口密度相背离。一是导致城市空间结构

---

① 牛文元等：《中国新型城市化报告（2012）》，科学出版社，2012，第51~59页。

失衡,中心与边缘发展水平的差距进一步扩大;二是导致产业结构失衡,房地产业过度繁荣;三是导致需求结构失衡,内需不足;四是导致要素结构与经济动力的失衡,主要依靠大量消耗土地等资源推动城市化发展。

房价居高不下,保障房建设遇到了一定的困难,农民在城市工作社会福利和保障没有配套,无法永久居住下去,使得"人口城市化"的进程相对缓慢。

三 城镇化发展趋势

2012年12月16日,中央经济工作会议指出,城镇化是中国现代化建设的历史任务,也是扩大内需的最大潜力所在,要积极引导城镇化健康发展。"城镇化建设"被写入党的十八大报告,和新型工业化、信息化、农业现代化一起,成为未来中国发展的方向。

1. 国家制定城镇化发展规划

国家发展改革委等14个部门启动城镇化规划编制工作,并有望在2013年内出台。

预计国家将围绕四大战略重点促进城镇化健康发展:有序推进农业转移人口市民化;优化城市化布局和形态;提高城市可持续发展能力;推动城乡发展一体化。[1]

为有序缓解特大城市的承载压力,将全面放开小城镇和小城市的落户限制,有序放开中等城市落户限制,逐步放宽大城市落户条件,合理设定特大城市落户条件。[2] 针对大中小城市当前的特点和困境,有层次地放开或限制户籍准入门槛,用政策杠杆调节人口数量。

通过城市群建设,将大城市和中小城市的优势发挥到最大化,彼此之间又能相互补充,弥补不足。现代轨道交通将城市群紧密地连接在一起,实现人口的宜居和城市的产业发展双向推进。城市群未来的发展方向是优化提升东部地区城市群,培育发展中西部地区城市群。

---

[1] 国务院发展研究中心信息网,2013年7月9日。
[2] 国务院发展研究中心信息网,2013年7月9日。

以棚户区改造为重要突破口，在通过户籍政策改善农民社会福利的同时，改变城市低收入群众生活质量，避免城市内部二元化，降低城镇化的门槛。提升城镇化质量，实现健康、平衡、可持续的城镇化发展。

2. 东北区域城镇化进入快车道

辽宁省以实施三大区域发展为战略目标，重点打造沿海经济带，使之成为产业结构优化的先导区和经济社会发展的先行区，成为新的经济增长极和对外开放的新高地。以沈阳建设国家中心城市为核心，沈阳经济区要加快推进七城市一体化发展，成为国家新型工业化示范区和具有较强竞争力、影响力的城市群。辽西北以生态环境和基础设施建设为重点，在经济社会发展和人民生活水平方面快速缩短与全省的差距，成为新的增长区，实现全省的均衡发展。

吉林省将从中心城市和重要节点城市、县城、小城镇四个层面快速推进长吉一体化和中部城市群建设。采取产业支撑、试点先行、政策集成、开放融资等措施，突出渐进性、多样化、集约型、可持续的特征，在户籍、土地、住房、教育、社保等方面配套改革，让农民真正融入城镇，稳步有序地把推进农业转移人口市民化。促进城镇化与工业化、农业现代化相辅相成、相互融合。加快长吉图开发开放先导区形成更强带动作用，做大延龙图前沿，做强长吉都市区。把珲春建设成为东北亚地区重要的综合交通运输枢纽和商贸物流中心、图们江区域合作开发的桥头堡。

黑龙江省以建设集约、智能、绿色、低碳的新型城镇化为目标，统筹推进城镇化建设，实现"四化"同步、城乡一体化发展。一是通过规划总体统筹全省城镇化发展。二是加强基础设施建设，为城镇化建设夯实基础。三是以工业基础好、农业现代化程度高的比较优势，充分提升哈尔滨、大庆国际化现代化城市的承载功能，实现城乡一体化发展。四是通过有序推进产业结构、就业方式、人居环境、功能配套、社会保障等措施，加快城镇和新农村建设，实现由乡到城的战略转变。

四 对策建议

由于城镇化的演化发展有其自身演进的客观规律，新时期东北地区城镇化更有其自身的特点，应正确把握城镇化过程中政府的地位与作用，推动东北地区城镇化的健康有序发展。

1. 建设以"集约、智能、绿色、低碳"为核心特征的新型城镇化

城镇化是我国现代化的必然趋势，也是我国发展的一个重大战略。新型城镇化是"以人为本"的城镇化，注重保护农民利益，与农业现代化相辅相成。新型城镇化不是简单的城市人口比例增加和规模扩张，而是强调在产业支撑、人居环境、社会保障、生活方式等方面实现由"乡"到"城"的转变，实现城乡统筹和可持续发展，最终实现"人的无差别发展"。这也正是新型城镇化核心所在。用牺牲农村、农民利益的方式发展城市，让发达的城市与凋敝的乡村并存，有违城镇化的本义。①

城镇化是从农业社会迈向工业社会的必然途径。应摒弃以往粗放型的城镇化发展之路，坚持以人为本的新型城镇化建设理念，在已有成绩的基础上，着力提高城镇化质量，走出一条集约、智能、绿色、低碳的新型城镇化发展道路。提高城镇化质量，要以规划为龙头，科学规划城市规模和布局，使城乡建设规划、土地利用规划、产业发展规划、环境保护规划有机衔接，注重公共服务建设，因地制宜，彰显特色，实现产业特色、文化特色、景观特色有机融合。

2. 通过三次产业协调发展带动城镇化进程

针对东北老工业基地的特点，加快工业转型升级步伐。一方面，需要改造提升传统产业，优化结构，提高基础工艺、基础材料等的研发和系统集成水平，支持企业技术创新。另一方面，需要培育发展战略性新兴产业。加快培育发展新一代信息技术、新能源、新材料、生物医药、高端装备制造、节能与新能源汽车等产业，切实提高产业核心竞争力。

东北地区目前已经进入工业化中期，工业部门对于劳动力就业的吸纳能力减弱，第三产业将成为推动城市化进程的后续动力。重点发展生产性服务业，促进工业的转型升级。营造有利于服务业发展的政策和体制环境，拓展服务业新领域，增强服务品种，提升产业素质推进服务业规模化、品牌化、网络化经营。

---

① 吴定平：《新型城镇化是贪大求快的克星》，新华网，2013年6月30日。

3. 增强科技创新能力，提升产业能级

科技创新能力是现代产业集聚的核心要素之一，通过促进工业科技水平的提高，增强工业生产效益和效率，加快落后产能的淘汰，有利于提高工业化质量。通过提升科技创新能力，创造新的产业增长点，拉动前后关联产业联系，有利于增强空间集聚能力。科技创新能力的提升和城市化内涵式发展互为因果，科技进步能够通过产业发展提升城市硬实力的间接带动、科学技术本身发展提升城市软实力的直接带动，来增强城市化的综合水平。

对于现代产业集聚区尤其要注重产业主体与知识性、服务性机构的关联和合作。这些机构与生产商、供应商、客商等主体需要在地理空间上临近，在产业链条上关联合作，由此提高东北区域整体集聚水平。

4. 从提升城市经济到提升城市质量

当前，东北地区城镇化进程已经进入中期发展阶段，这一阶段意味着城市化将从外延式规模扩张向内涵式质量提升转变。首先，需要提升城市内部经济综合实力。通过不断改善投融资体制机制、大力调整优化产业布局、全面统筹科技资源改革，积极推进先进生产要素和服务业向城市集聚。其次，需要提升城市人口的综合素质。一方面，实现农村人口向城市的合理有序迁移；另一方面，加大培育城市人口综合素质和能力。最后，需要提升城市综合承载力。一方面，需要进一步深入推进城市基础设施、公共服务建设，提高城市运行效能，为城市产业发展提供良好的软硬环境；另一方面，坚持以人为本，改善居住环境，保障城市社会治安，让城市居民能够更好地享受现代化带来的成果。

5. 以城市协同发展加强城乡统筹建设

制定统筹城乡发展规划，并增强规划的科学性和严肃性。通过经济产业链建设、人才市场统一、资源共享共用等，实现城乡产业融合。统筹开发园区建设、水路管网等公共设施建设，实现区域建设一体化。在城乡社会管理、基础教育、公共卫生、医疗保障、就业保障、社会救助、老年福利等方面加强政策、制度、体制改革创新，统筹城乡公共服务发展。

城市协同发展需要加强城市群建设。明确各城市群的主导方向，对于发育程度较高的城市群，需要进一步提升城市群内产业结构，加强科技和体制机制创新；对于处于发育中期，且已经具有一定成熟特征的城市群，需要壮大优势产业，完善现代产业体系，提升整体竞争力。

6. 实施创新城市战略

在观念创新上坚持以人为本，建设宜居城市。以人为本是城市发展观的核心，是政府的基本执政理念。在城市建设中，应打造宜居城市，实现城市内部人与自然、人与人的和谐。建设生态城市做到提倡精明增长，实现城市内涵式发展；提倡循环经济，实现城市感知化；基于互联网，实现城市信息化；基于物联网，实现城市智能化。

在制度创新上实现城市土地制度创新。通过明晰土地所有权、弱化所有权、强化使用权等手段来实现土地产权制度创新；通过完善土地征用制度、完善土地交易制度等来实现土地市场制度创新；通过提高土地规划的严肃性和权威性，平衡政府"开发商"和"服务者"两种角色，进一步完善土地管理制度，来实现土地管理制度创新。

在管理创新上加强和完善社会管理体系，需要做到进一步加强和完善政府主导的社会管理体系、基层社会管理和服务体系、公共安全体系，营造和谐的社会环境；需要增强社会诚信，以及加强网络媒体的舆论引导。

参考文献

范恒山等：《中国城市化进程》，人民出版社，2009。
杨上广：《中国大城市经济空间的演化》，上海人民出版社，2009。

B.31 东北三省城乡发展一体化过程中"三农"问题研究

张 磊*

摘 要：

中共十八大指出城乡发展一体化是解决"三农"问题的根本途径，而构建新型"三农"发展方式将推动城乡一体化发展。"三农"发展落后制约着东北三省城乡一体化发展步伐；其主要问题是"三农"内生发展动力不足、地方财力支农力度不够、农村公共服务体系不健全以及农民从事农业生产积极性下降；究其原因主要是政策和体制双重作用的结果。在新时期推动东北三省城乡一体化发展，需要充分认识城乡发展的差距，在夯实农业发展基础、优化农业产业结构、强化农业科技支撑、创新农业经营机制的基础上，构建新型"三农"发展方式。

关键词：

"三农" 发展方式 城乡一体化

中共十八大报告指出要推动城乡发展一体化。东北三省要实现城乡发展一体化需要"加快完善城乡发展一体化体制机制，促进城乡要素平等交换和公共资源均衡配置，形成以工促农、以城带乡、工农互惠、城乡一体的新型工农、城乡关系"。同时更需要从发展"三农"的源头进行体制机制的完善，通过构建新型"三农"发展方式，建立较完备的现代农业持续发展支撑体系、更加完善的农村经营制度以及全面可行的农民持续增收长效机制，提升"三农"发展质量，逐步缩小城乡差距，在不断深化农村改革的基础上，实现城乡发展一体化。

---

* 张磊，吉林省社会科学院农村发展研究所所长，研究员，研究方向："三农"问题。

一 东北三省城乡经济社会发展状况

改革开放以来,东北三省和全国一样,国民经济全面发展,第一、二、三产业结构不断优化,市场经济体系基本形成。近十年以来,经济积极转型,在全球经济发展疲软情况下,继续保持又好又快发展局面;城乡人民生活水平显著提高,从温饱到小康逐级上台阶,尤其是"十一五"末开始,城乡居民收入增速差距开始缩小;教育卫生、医疗保险等社会事业蒸蒸日上,公共服务体系基本建立;基本建设快速发展,新农村建设全面展开,城乡居民生产生活条件逐步改善。纵观城乡发展状况,城镇好于乡村,第二三产业好于第一产业,总体来看,城乡一体化发展格局已经形成,但"三农"发展仍显落后。

1. 经济快速发展,第一产业占 GDP 的比重呈下降趋势

东北三省 2003~2012 年十年 GDP 增长近 3 倍,年均增长 30%,是东北三省发展最快的时期。三次产业比例变动不明显,由 2003 年的 12.60∶50.6∶36.8 变到 2012 年的 12.0∶51.5∶36.5,但各省变化较大(见表1);第一产业在 GDP 中的比重十年下降 0.6 个百分点,其中辽宁下降 1.6 个百分点,吉林下降 7.5 个百分点,黑龙江上升 4.1 个百分点。

表1 东北三省第一二三产业比重变化

单位:%

年份	辽宁			吉林			黑龙江		
	第一产业	第二产业	第三产业	第一产业	第二产业	第三产业	第一产业	第二产业	第三产业
2003	10.3	48.3	41.4	19.3	45.3	35.4	11.3	57.2	31.5
2004	11.2	47.7	41.1	19.0	46.6	34.4	11.1	59.5	29.4
2005	11.0	49.4	39.6	17.3	43.6	39.1	12.4	53.9	33.7
2006	10.6	51.1	38.3	15.7	44.8	39.5	11.9	54.4	33.7
2007	10.3	53.1	36.6	14.8	46.8	38.3	13.0	52.3	34.7
2008	9.7	55.8	34.5	14.3	47.7	38.0	13.1	52.5	34.4
2009	9.3	52.0	38.7	13.5	48.7	37.9	13.4	47.3	39.3
2010	8.8	54.1	37.1	12.1	52.0	35.9	12.6	50.2	35.9
2011	8.6	54.7	36.7	12.1	53.1	34.8	13.5	50.3	36.2
2012	8.7	53.8	37.5	11.8	53.4	34.8	15.4	47.2	37.4

数据来源:根据《中国统计年鉴》(2003~2012)、2012 年东北三省统计公报基础数据计算而得。

2. 城乡居民收入显著增加，其收入差距仍未缩小

2003~2012年，城镇居民可支配人均收入增长1.9倍，年均增长19.2%；农村居民人均纯收入增长2.3倍，年均增长23.3%。从2010年开始，农村居民纯收入增速连续三年超过城镇居民可支配收入。尽管农村居民纯收入增速超过城镇居民可支配收入增速，但是城乡居民收入绝对差距还在扩大，缩小的趋势开始出现，可临界点还没到来。

3. 基础设施持续完善，农业农村建设还需加强

公路铁路等交通设施快速发展，全国范围纵横交错的高等级铁路网、公路网已经形成，农村公路基本实现"村村通"；医疗卫生条件大幅度改善，城市大型医院比比皆是，农村也基本实现自然村屯有卫生所；文化教育基础设施逐步完善，城乡校舍改造工程完成，乡村的高中学校较少；大中型水库工程成效显著，小型及以下水库分批改造，农田基础设施建设不断加强，抗旱抗涝工程力度仍需加强；新农村建设全面展开，村容村貌大为改观，农村自来水普及率大幅度提高，但是2012年仍然没有达到75%，人畜饮用水质量不断提高，农户住房面积及建筑结构进一步改善，泥草房逐渐消失。

4. 城乡社会事业飞速发展，农村公共服务体系尚不发达

"学有所教、劳有所得、住有所居、老有所养、病有所医"，这是城乡社会事业发展的写照。城乡适龄儿童入学率达到99%以上，大多数青少年能够完成九年制义务教育；农民工已成为城市建设和生产的主力军，东北三省大学毕业生及农民工的就业形势好于全国，城市居民失业率在4%以下，实属不易；社会保障体系建立与完善，最低生活保障制度城乡全覆盖，社会救助体系建立，社会福利、优抚安置、慈善和残疾人事业取得新进展；保障性住房的建设，棚户区、泥草房的改造，改善了城乡居民的居住条件；农村公共服务体系开始建立，头痛脑热小病可以不出村，可是上小学就要出村，农村养老问题也远没有解决。

二 阻碍城乡发展一体化的"三农"深层次问题

市场经济发展到今天，各种矛盾交织出现。从统筹城乡发展到新农村建设，到城乡一体化发展，充分体现了国家发展战略的转移。东北三省从老工业基地振兴战略实施开始，在不断化解矛盾、解决问题过程中快速发展，同时有新的矛盾和问题在发展过程中不断出现。在看到成绩、看到希望的同时，更要发现挖掘城乡一体化发展中"三农"存在的矛盾和问题。

1. 农村内生动力不足

在城乡一体化发展过程不平衡、不协调、不可持续问题中，最突出的还是"三农"问题，这也是中国现代化进程中最突出的问题。而"三农"问题的核心是农村内生动力不足。内生增长理论认为经济能够不依赖外力推动实现持续增长，内生的技术进步是保证经济持续增长的决定因素。从目前来看，"三农"发展内生增长动力不足主要表现在对资源、外部投资、地方政府及国家惠农政策的过度依赖。农业综合生产能力的提高主要依靠（洋）种子、化肥、农药及农田水利设施建设，而测土施肥、农田高产技术、抗旱技术、生物防虫技术等科技进步对农业发展的贡献率全国只有40%。农民收入的增加主要依靠外界，其中，转移性、工资性、财产性收入在增加，而经营性收入增加速度在降低。2012年东北三省农民纯收入比2011年增加的1062.8元中，转移性、工资性、财产性收入增加671.4元，而经营性收入增加只有390.6元。2006年开始的新农村建设主要依靠各级政府试点、示范资金投入，各级政府部门的帮扶投入，包括资金、技术及实物投入，行政村屯及农民自己的投入寥寥无几，外界投入多者村容村貌变化就明显，产业结构也随之发生变化，反之亦然。

2. 地方财力支农力度有限

地方财力尤其是县乡两级政府财力有限，加之地方政府优先发展有利于GDP增长的产业思想，在第一产业对经济增长的贡献率偏小的背景下（"十一五"以来东北第一产业对GDP贡献率平均为5.3%），地方政府对农业的支持力度不够，有限的财力对"三农"的支持仅限于力所能及的程度。地方政府主要注意力集中在工业集中区，集中在现代服务业，集中在大项目上。对农业的支持主要依靠国家、依靠省市的投资带动，上级不投资，地方政府基本不会主动利用本级财政去推动"三农"发展。比如，大多农田水利设施都是由国家投资建设，"阳光工程"、新农合、新农村建设等都是由国家带动、省市参与完成的。地方政府主动支持的"三农"项目屈指可数。并且需要地方配套资金的项目，往往配套资金不到位，项目质量不能保证，还有因为没有配套资金不到位而把项目退回国家的，比如"村村通"乡道、农村公路项目中都有退回国家的。因此，造成农业基础设施的缺失，农业靠天吃饭问题没有根本解决，使得农业现代化建设向纵深发展困难。

3. 农村公共服务体系未完善

相对于城市较完整的公共服务体系而言，东北三省农村公共服务体系建设起步较晚，建设水平较低。"农村医疗、教育均衡、农民养老"等公共服务难题需要国家及全社会下大力气加以解决。城乡教育发展非常不均衡，农村中小学校不断减少，《农村教育布局调整十年评价报告》显示，2000～2010年，农村学校减少一半，中国农村小学生减少了3153.49万人，农村初中生减少了1644万人。他们大多数进入县镇初中和县镇小学，增加了农民负担。据国家统计局调查，在全国农村劳动力中，小学文化程度和文盲、半文盲占40.3%，初中文化程度占48.1%，高中以上文化程度仅占11.6%，农村居民人均受教育年限比城镇居民低3年，仅为7.6年，农村的小学和初中文化程度人口在总人口中占75%。各种教会普遍存在于乡里，农村封建迷信较为盛行，农民信息渠道狭窄，业余生活单调，90%以上的信息获取靠电视广播，农村文化设施比较落后，真所谓"节日看电视，娱乐靠麻将"，农村有线电视普及还没有完成，城市又开始上数字电视，差距还在拉大；农村医疗条件不能满足农民就医需要，行政村的卫生所只卖一些日常用药，乡镇卫生院设备陈旧老化，只能看一些小病，农民看病最起码要去县医院；农村社会保障刚刚起步，新农合报销比例、报销范围也受限制，新型农村社会养老保险只能是对农民养老的一种补充，不能完全满足农民养老需求。

4. 新农村建设成效不显著

从2006年开始的新农村建设的目的是为了加快农村发展，缩小城乡差别。新农村建设的七年试验、示范及农村社区建设，使中国农村面貌发生了变化。但是，按照新农村建设"二十字"发展方针来比较，由于政府主导，农民没有真正成为建设主体，农业产业化还是按照原来的方式发展，一些项目，比如"村村通"公路、广场、巷道后续管理没有落实，开始出现损坏；家庭承包使村基层政权严重弱化，政令堵塞，农民基本不听村委会招呼，农村精神文明建设在村屯较难开展;农村民主管理喜忧参半,"村委会""村民代表大会""村民大会"制度还不健全,许多决策还不能够充分体现广大农民的意愿;农村社区建设在各地发展极不平衡,由于不具备城市社区的很多方面功能,有些农村社区徒有虚名等等,这些问题使得新农村建设没有达到预期效果。

5. 农业科技推广应用水平不高

总的来看,农业生产技术应用缺乏创新的动力,传统生产方式没有得到彻底改观。农业高等院校和农业科研机构作为技术主要供给单位,存在基础研究比重大,而应用研究比重小的情况。农业科技创新主体单一,科技资源布局分散,按行政区域配置,使地区间的科技资源流动不够,科技创新形成了"立项—研究—成果—再立项"的模式,缺乏科技成果转化过程,科技成果没有形成新的生产力,农业生产缺乏关键实用技术。美国农业科研力量的70%集中在成果转化阶段,而中国农业生产没有得到相应农业技术创新的有力支撑,科研与生产、技术与市场存在脱节现象,科技创新不适应粮食生产上新台阶发展的需要。据统计,东北三省科技对农业的贡献率只有50%,与发达国家相差20个百分点,农业科技人员数量少,每万农民仅有4名,科技成果的转化率仅在30%左右。

6. 农民从事农业生产积极性下降

市场对农产品的调节作用不断增强,但市场调节作用要滞后一个农业生产季节,这种调节作用使得农业结构变化较大,当年价格较高的农产品,次年的播种面积在一定程度上会增加,播种面积的增加势必导致价格的下降,这些变化对于从事农业生产的个体农民来说很难把握。农产品市场的不稳定性导致2012年东北三省出现玉米价格1.70元/公斤的"伤农现象"。农民适应市场经济能力不强,促使其从事农业生产的积极性下降。同时,随着农民收入渠道的拓宽,国内长期奉行的粮价增长低于物价指数增长幅度政策影响的显现,越发显示从事农业生产的收入效益过低;劳动力价格的攀升使得农民工收入大幅增加,农民更愿意外出务工来提高收入;在耕地较少的地方,农业生产被副业化、兼业化。另外,农资价格上涨又增加了农业生产成本,虽然国家出台了最低收购价格和农业补贴等措施,但无异于杯水车薪,以上这些问题导致农民从事农业生产的积极性下降。

三 政策体制双重作用下的"三农"现有发展方式阻碍城乡一体化发展

在目前政策体制下,东北三省"三农"取得今天发展成果实属不易。尽管国家支农惠农力度不断加大,地方政府对"三农"发展重视程度逐渐加强,新农村建设和城镇化发展迈上程序化轨道,但是离城乡一体化发展的需求还有很大距离,而政策体制双层作用下的"三农"现有发展方式是制约城乡一体化发展的根本原因。

1. 城乡二元体制结构阻碍了城市生产要素向农村流动,严重影响"三农"健康发展

中国城乡市场化进程不同,表现最明显的是资本、土地、劳动力、经营主体等四大生产要素的市场化完全不同。目前,城乡二元结构中的户籍制度、土地征占用制定、金融制度等以及派生出来的一系列城乡不平等的教育、医疗、养老保险、各种福利、房地产确权等制度,阻碍了城市的先进生产要素向农村流动,因为大资本进入农村得不到后续资金的支撑,先进技术不能发挥应有的效应,市场信息不能得到充分的利用,公共设施及社会保障体系的不健全让优秀人才没有勇气落户农村,导致农村市场信息不畅,缺乏资本、缺少技术和管理人才。这些都不利于"三农"发展,影响"三农"适应城乡一体化发展的需要。

2. 国家惠农政策还有更大的空间,"三农"问题没有真正纳入各级政府重要议事日程

2004年中共中央一号文件发布以来,国家惠农力度逐年加大。据财政部网站数据:2011年,全国财政"三农"支出29727.2亿元,占总支出的27.2%,比2010年增长22.8%。其中,中央财政用于"三农"的支出合计10497.7亿元,占中央公共财政支出的18.60%。加上中央对地方转移支付中用于"三农"的支出,2011年地方财政共实现"三农"支出28772.9亿元,比2010年增长23.1%。国家对"三农"的支持力度加大是相对过去而言,在目前国力条件下,国家对农业的支持相对于工业和服务业,对农村的支持相对于城镇,对农村居民的支持相对于城镇居民的力度都表现得很弱小。整体而言，惠农政策"雷声大雨点小"，没有把解决"三农"问题真正纳入重要议事日程，没有优先发展"三农"。

3. 农村资本市场化程度较低，制约着农村内生发展动力

目前，《宪法》《土地管理法》规定的城乡土地的差别，使得农民的承包地、宅基地、房屋都没法完整地成为自有资产而像城市资源要素一样进入市场，自由流通、等价交换。尽管中共十七届三中全会出台了新的土地政策，鼓励农村土地流转，但是，农村的土地产权问题至今没有很好地解决。这导致了农民的权益得不到法律保障，承包地、宅基地、房屋等资产不能在城市中进行抵押、贷款，严重影响了"三农"发展资金的自我筹集，限制了农民对农业发展项目的自由选择，影响着农业农村经济的纵深发展。

4. 农村家庭经营制度的不完善，限制了农业生产的规模性经营及产业化发展

家庭经营是中国农村经营的主体，它实现了中国农业生产力的飞跃。然而，在30多年的实践中发现，农村家庭承包经营存在很多缺陷：一是土地承包地块细碎，不利于规模经营，制约土地生产率，吉林省农村户均耕地1.36公顷，是全国农村户均耕地较多的省份，可是农村劳动力人均也只有0.76公顷，而据调查测算，每个农村劳动力耕种7.4公顷可以达到经济效益最大化；二是家庭自产自收自筹，农户强弱不能兼顾，贫富分化严重，公共事业无人理会，农村生存环境日趋恶化；三是家庭承包后的绝对自由，使农民失去一切组织束缚联系，助长了农民自私自利的散乱无政府主义，基础设施和公共设施建设等无人问津。

5. 农村劳动力无序转移，严重影响了农业现代化发展进程

由于农村劳动力的无序转移，农村留守劳动力普遍老龄化，文化素质偏低，大多数是小学文化，1/3是文盲，观念陈旧，思想保守，属于体力型和传统经验型劳动者，缺乏对先进技术接纳和吸收能力，难以适应现代农业生产要求，严重影响农业生产的可持续发展。据调查统计，1996年以来，中国51岁以上农业从业人口比重从18.5%上升至32.5%，年均增加1.44个百分点。农业劳动力老龄化还将导致农业生产人力资源后续匮乏，给农业现代化带来十分不利的影响。

6. 基层农业科技推广队伍不完整，难以适应现代农业发展需要

从吉林省调研来看，一是农技推广人员老化，基本上是1988年以前的毕业生，并且队伍人员数量不足，县（市）农业技术推广站为10人左右，乡镇农业技术推广站3~5人，个别乡镇只有2人，这其中真正的专业人员只占60%左右，非专业人员占据了大量的编制；二是乡镇农业技术推广站没有推广经费，有些乡镇农业技术推广站有一些办公经费，却被乡镇政府挪用，推广人员全年没有一文钱，只能靠卖化肥、农药、种子度日（这种行为是违纪的）；同时又得不到应有的培训，目前国家、省市只有培养农民的"阳光工程"，而没有培训科技推广人员的"工程"，推广人员知识陈旧老化，满足不了高新技术的需要。另外，县（市）一个农业技术推广站面对上级技术推广站、土肥站、植保站等多个单位，负担很重。

四 构建新型"三农"发展方式推动城乡一体化发展的对策

新时期推动城乡一体化发展要充分认识国际经济形势恶化、中国经济长期积累的结构性矛盾两者相互作用导致的中国经济当前面临的困境；充分认识东北三省城乡发展的差距。搞清楚城乡一体化发展中"三农"存在的问题及问题产生的原因。在夯实农业发展基础、优化农业产业结构、强化农业科技支撑、创新农业经营机制的基础上，构建新型"三农"发展方式，推动城乡发展一体化。

1. 实现城乡规划体系无缝对接，坚持城乡一体化发展

建设城乡无缝对接的规划体系是实现城乡一体化发展的先决条件和发展基础。一是在科学编制城乡统筹规划时，将一个地区作为一个整体。通过整合使各地城乡之间的《城市总体规划》与《土地利用总体规划》《产业发展规划》《新农村建设规划》等所有规划实现无缝对接。二是要实现城乡规划的全面覆盖，加强对城镇建设用地规划的修编，使得城乡区域范围内的建设用地规划100%覆盖。三是切实加强村庄建设规划，合理布局农村居民点。通过建立新型农村社区，合并农村居民的居住点，借鉴山东诸城

经验，按五个左右的行政村建立一个主要农村社区的居民居住点进行农村居民点的规划布局。

2. 创新农业经营主体，转变农业发展方式

经过不断地探索实践，东北三省现已形成具有东北特点的农业产业新型经营主体与经营模式。农业经营主体实现了由自然人向法人的变迁。一是农民合作社。这是农业产业化经营的基本形式。合作社上联企业市场，下联农户百姓，破解"公司+农户"发展模式的弊端，使龙头企业、基地及农户之间的利益联结更加紧密。二是"村企合一"。这是实现农业现代化的又一模式创新，加速了农业生产方式的转变。吉林市大荒地村和东福米业就是"村企合一"的成功代表。三是龙头企业。这是产业化链条的组织核心，是实现产业化经营向更高水平发展的重要推动力量。四是家庭农场。作为农业产业化经营新型组织形式，完善了现代农业发展的经营体制。延边朝鲜自治州家庭农场是东北三省典型代表，发展较快，2012年全州达451个，经营的土地35719公顷，成为推动土地适度规模经营的重要主体。与此同时，引导大企业、财团等大资本进入农业农村，运用工业化的发展方式，组织农民，推进规模经营，提高农民收入，改变农民生活方式，促进城镇化发展。

3. 强化科技对"三农"发展的贡献，提高农业发展内生动力

强化科技对"三农"发展的支撑作用，全面提高农业综合生产能力，满足国家对粮食及农产品的基本需求。加强产学研联合开发，建立机制，鼓励大专院校、科研单位同开发区联合攻关，提高高新技术研制新品种，通过示范效应，推广新技术、新品种，从提高农业生产要素入手，提高农产品质量。同时，以农业高新科技为依托，大力开发和引进优质、专用作物品种，为品种品质结构调整提供种源保障；抓好农业技术创新，重点在旱作农业、节水农业、新品种、提高化肥利用率、农畜生产节本增效、无公害无残留动植物保护、生物工程、机械化耕作、农畜产品加工、畜禽新型饲料饲养等技术方面寻求突破，实现农业提质增效。通过推进农产品标准化生产，推行农产品质量安全监测经常化、制度化，推进农产品质量安全法制化，确保农产品质量安全水平稳步提高。

4. 发展城镇化，构建城乡一体化发展的桥梁

城镇化是城镇文明向农村辐射的过程，通过城镇化转移农民，减少农民，逐步提高农村文明程度，实现城乡文明程度一元化。一是加大资金政策扶持力度，增强小城镇发展基础活力，按照"政府引导、多元投资"的原则，加大对城镇建设投入力度。二是提升产业支撑能力，增强城镇综合经济实力。立足资源优势，突出自身特色，以产业支撑城镇化经济发展。把城镇化建设与产业结构调整相结合，大力培育优势产业和特色经济。同时，促进城镇化与农业产业化联动发展，为农民提供更多的适合他们的就业机会，吸纳农民进城，实现农民身份的转变。三是实施城乡一体化保障制度，提高农民享受社会保障能力。充分利用全国城镇化发展的时机，东北三省应该主动采取措施，实施城乡一体化保障制度。包括实行城乡医保制度并轨运行、统一城乡养老保险制度、教育均衡发展制度以及加大社会保险法的执法力度。

5. 发展农村社区化，转变农民生活方式

要实现城乡一体化发展就要从新农村建设和城镇化并行发展开始。新农村建设和城镇化是中国农村发展的两大主题，是解决"三农"问题的重要途径。建设新型农村社区，促进新农村建设与城镇化并行发展，让农村社区与城镇具有同样的居住环境及公共服务，有助于化解城乡一体化发展过程的各种矛盾和问题。按照中国人口高峰达到16亿计算，即使城镇化率达到60%，仍然有6.4亿人口生活在农村。所以在推进城镇化的同时，必须把农村建设好，使得留在农村的人口过上文明富裕的生活，逐步实现城乡一体化发展。同时，新农村建设有助于城镇化水平的提高。通过新农村建设，实现"三农"自我发展能力的不断提高，从根本上改变农村生产、生活方式；同时，新型农村社区建设为城镇化发展奠定经济社会基础，积累城镇化发展经验，很好地促进了城镇化发展。在此基础上，加快户籍制度改革步伐，推行一元化户籍登记，打破城乡二元结构。

6. 发展现代农业，保障东北三省对全国农产品的有效供给

东北三省是中国农产品生产基地，肩负着全国农产品供给的使命。实现城乡一体化发展，必须保障农产品的有效供给。一是以保证粮食安全和农业稳定

为前提,推进农业农村经济结构调整,建立现代农业产业体系,不断提高农产品综合生产和供给能力。二是不断完善农业科技支撑体系,建立和完善农业新技术、新品种积累机制,为不断提高农业生产力奠定技术储备基础。三是发展现代农业服务业,完善农业产前、产中、产后服务体系,通过发展新型农业经营主体,延长农业产业链条,既提高农业生产效率,又提高农业生产能力,进而保障对全国农产品的有效供给。

B.32
完善东北地区区域法律合作机制研究

刘星显*

摘　要：

东北振兴以来，区域法律合作机制正式建构并在运行的过程中不断提升，为区域经济的发展提供了必要的制度保障，营造出良好的法治环境。东北区域法律合作机制需进一步完善立法、司法与执法方面的合作机制，逐步由松散型向紧密型，从事务性合作到制度性合作过渡。区域法律合作机制在东北区域经济一体化的进程中发挥着越来越重要的作用。

关键词：

区域法律合作机制　立法　司法　执法

党的十八大报告提出，不仅要"全面推进依法治国"，还强调"法治是治国理政的基本方式"，将法治提到了一个新的高度。社会管理创新方面，在此前的"党委领导、政府负责、社会协同、公众参与"的基础上，增加了"法治保障"。在地方区域层面，依法治理区域是依法治国大政方针在区域的具体实践，也是实现区域科学发展、促进社会和谐的基本保证。我国的区域经济一体化趋势表现在市场一体化、产业一体化、交通设施一体化、信息一体化、生态环境一体化以及人文资源一体化等六大方面。在这样一个一体化的多维空间环境之中，法治环境也构成了重要的维度之一，法律一体化将成为未来区域经济一体化进程中的第七大趋势，东北区域法律合作机制的建立与不断完善，为区域经济的可持续发展提供了有力的法律制度保障。

---

* 刘星显，吉林省社会科学院法学研究所助理研究员，法学博士，研究方向：法理学。

一 东北三省区域法律合作机制的发展情况

在我国，受历史传统、经济发展与地理位置等多方面影响，逐步形成了不同的区域，在区域协调发展基本思想的指导之下，我国先后提出了西部大开发战略、振兴东北地区等老工业基地战略与促进中部地区崛起等区域性发展战略并出台了相应的政策支持。我国区域经济发展已成规模、势头强劲，成为今后我国相当长一段时期内的重要发展模式。2012年颁发的《东北振兴"十二五"规划》明确提出"继续完善四省（区）合作机制"，切实解决包括行政执法在内的跨省（区）合作中的重点难点问题，加快推进东北地区经济一体化进程。与区域经济一体化发展的良好势头相适应，以东北区域立法合作的发起为始，区域各方纷纷探索构建区域法律合作机制，为经济社会的持续、稳定、协调发展创造出良好的法治环境，在立法、司法与执法方面取得了一系列引人瞩目的成果。

2005年12月，辽吉黑三省法制办召开第一次联席会议，确立了区域立法协作的基本框架机制。2006年，三省法制办在沈阳召开了东北三省政府立法工作协作座谈会，在第一次联席会议中形成了《东北三省政府立法协作框架协议》，开国内省际立法协作之先河。三省确定在鼓励和保障非公有制经济发展方面、诚信方面、应对突发公共事件方面、国家机构和编制管理方面以及行政执法监督方面开展立法协作，具体到9个立法协作项目。吉林省论证《促进就业条例》，完成《鼓励、扶持非公有制经济若干规定》《行政决策实施办法》；黑龙江省论证《公民医疗权益保障条例》，完成《行政许可监督条例》《国家机关机构和编制管理条例》；辽宁省论证《突发公共事件应急条例》，完成《个人信用管理办法》《企业信用信息管理办法》。

根据框架协议，对于政府关注、群众关心的难点、热点、重点的立法项目，三省成立联合工作组；对于具有共性的立法项目，由一省牵头组织起草，其他两省予以配合；对于三省有共识性的其他立法项目，由各省独立立法，结果三省共享。三省立法协作采取紧密型协作、半紧密型协作以及分散型协作三种模式。从三省所确定的立法合作项目来看，主要是以降低立法成本，实现资源共享为目的的半紧密型合作。在工作方式上，每年底各省政府法制办举办一次主任联席会议，研究确定立法协作项目和论证项目，协调立法区域协作的重大事项；每年一两次的立法业务会议执行落实，具体工作由立法项目的承办处室负责。一部法律法规从最初的调研、论证，形成草案，到正式出台，一般都需要花费大量的人力、物力与财力。《东北三省政府立法协作框架协议》的出台为更经济快捷地在立法领域实现交流、借鉴，节省立法资源，解决区域内部立法横向冲突等方面发挥了积极作用。从2006年到2013年的八年时间里，三省法制部门紧密围绕东北振兴这一主题，完成在促进科技进步、装备制造业、非公有制经济发展、构建诚信社会、应对突发事件、维护社会稳定、食品安全、新农村建设、农民工权益保护等领域的多个立法项目。这些立法项目的实施，优化了东北法治环境，为东北全面振兴起到了重要的促进与保障作用。

以建立立法合作机制为契机，东北区域执法合作也随之持续推进，政府及相关部门积极寻求合作，陆续开展了一系列专项执法活动并在违法案件处理、打击传销、卫生检疫、消费维权等方面逐步形成了长效合作机制，取得了良好的社会效果。2010年5月，东北三省政府法制部门下发通知，正式建立行政执法违法案件查处区域合作机制，联手推进依法行政立法协作执法监督统一标准。行政执法违法案件查处合作机制为解决跨区域执法、违法行为提供了良好平台，进一步规范了执法行为。2011年1月，《东北三省一区五市打击传销规范直销区域执法协作机制协议书》正式签署生效，建立了东北三省一区五市打击传销规范直销协作机制，实现了东北地区工商管理部门的资源共享、信息互通，形成执法合力以及对不同地区的同一种传销违法行为全方位、立体式的打击与防范，消除了监管盲区，净化了区域市场环境。2012年10月，《东北三省检验检疫机构认证执法监管区域合作备忘录》签署，进一步加强了认证执法监管领域的合作，共同构建区域认证执法监管和"双打"工作长效机制、区域强制性产品认证和自愿性认证监管合作机制、区域出口食品企业备案及对外注册合作机制、区域认证行政执法队伍合作机制、区域信息宣传与信息共享合作等七大机制。2013年1月，东北三省工商部门消费维权协作会议召开，三省在信息互通、案件移送、联合排查、协作办案等方面深度合作，共同打击跨区域制售假冒商品行为并首次合作开展专项打假维权。

二 东北三省区域法律合作面临的主要问题

区域合作从总体上来看,东北三省区域法律合作还处于起步、探索阶段,受到政治、经济、社会与文化等各因素的影响与制约,决定了东北三省区域立法合作层次的提升与成熟需要经历一个较长的历史时期。随着我国对区域合作与发展问题的持续重视,特别是一系列有关区域经济一体化发展的战略性规划的陆续出台,区域立法合作迎来了难得的发展机遇:立法以及法治建设对于区域合作与长远发展的重要作用与意义逐步显现出来,区域合作观念日益深入人心,通过区域立法形成区域经济协调发展的长效机制,已成为区域各合作方的基本共识。

东北三省区域法律合作在立法、司法与执行等方面还面临诸多问题。

(一)立法方面

1. 受现行制度与固有观念影响,区域立法合作程度较低

从事务性合作到制度性合作的区域合作层次的提升与成熟需要经历一个较为漫长的时期,目前,东北三省在立法层面上的区域合作更多体现在一些较为具体的事务性事项上且主要集中在部门行政执法领域,区域立法以及在法治方面的合作成果不多,成效不明显。除了区域合作方对区域立法和法治建设的重视程度不高外,尚缺乏制度上的明确支持以及理论研究滞后的现状等共同作用。

2. 受现行地方性法规制约,区域立法合作空间狭窄

东北三省的区域合作尚处在非制度性阶段,各地方性法规之间的矛盾与冲突十分明显,区域内缺乏一致性的规则体系,更缺乏强有力的组织力量保证,难以对矛盾与冲突进行有效的解决与协调。各地方政府基于辖区的地方利益运用地方立法权倾向于制定反映自身利益的法规,这些地方性法规放在较大的区域层面必然表现出来彼此之间的冲突与抵触,区域立法合作的空间十分狭窄,能够发挥作用的领域比较有限。

3. 区域立法缺乏系统性，区域立法合作质量不高

与处于非制度化阶段相适应，目前，东北三省区域立法合作的实践之中还存在分散性与任意性特点。当前的区域立法实践的协调机制没有形成体系，还较为零散，已经颁布施行的区域立法规范也较为粗糙，科学性与严谨程度不足，很多不符合法律法规的形式特征。部分区域立法带有政策宣言特点，缺乏刚性约束能力，难以确保其正确执行。

（二）司法方面

司法方面，在现行司法体制下由于受当地政府制约，各级法院在人事、财政上难以独立行使审判权，司法行政化、地方化的现象比较突出。在审判中，一些地方法院为维护地方局部利益，或受到地方政府的不当干预，在立案、审理、上诉、再审、执行等环节给非本地区的当事人设置重重障碍，违法审判的现象时有发生。这种司法地方保护主义不仅损害了人民法院的形象和声誉，更损害了法律的尊严，不利于形成健康规范的社会经济秩序，阻碍区域经济一体化的进程。不同地区的法院在法治理念与适用性上存在差异，同时审判水平也有较大起伏，同一性质的案件在不同的地区审理时常会得到不同的甚至截然相反的结果，这与地区融合的经济一体化趋势是不相适应的，不仅违背了公平、公正、高效的审判基本原则，也破坏了区域的法治环境。随着东北区域经济的不断发展，区域内部产生的法律纠纷不断增长，许多民商事纠纷在经法院裁决后到另一地区却得不到执行，法院间合作的力度还相当薄弱。

（三）执法方面

在执法方面，东北振兴战略实施以来，东北区域执法合作的广度与深度不断提升，执法合作意识不断增强，执法环境得到了进一步改善，但是在整体上，各级政府及相关职能部门在依法行政方面同其他发达省区相比还存在一定差距。一直以来部门分权、级别管辖、属地管辖是各地开展行政执法时遵循的普遍原则，但这些原则在发挥一定积极作用的同时，在一定程度上导致了执法部门之间讲分工多、讲合作少、执法效率不高等问题。各地在政务环境建设上尚缺乏广泛合作，没有形成统一的执法标准，部分地方政府以及相关职能部门

还存在信用缺失、政策朝令夕改、审批手续复杂、办事效率低、服务质量差等问题，很难建立起长效的执法合作机制。另外，执法主体混乱、权责不清、执法力度不一、执法随意性大等问题都制约了区域经济一体化进程。

三 完善东北区域法律合作机制的对策建议

振兴东北，转变经济发展方式，促进社会管理创新，需要良好的法治环境和有力的法治保障。区域经济一体化在客观上必然要求法律一体化，进而达到更高层次的法治的一体化，区域法律合作机制的产生为区域经济的发展创造了良好的法治环境并提供了制度保障。东北区域法律合作机制需进一步完善立法、司法与执法方面的合作机制，逐步由松散型向紧密型，从事务性合作到制度性合作过渡。

（一）进一步完善东北区域立法合作机制

从总体上看，目前我国区域立法制定协调模式大多数属于松散模式，东北三省所建立的区域立法协作框架协议力图超越松散模式，带有一些紧密模式的初步特征。东北经验为其他区域经济联合体的区域立法合作提供了机制建构的范本，在逐步由松散模式向紧密模式转型的结构调整过程中，东北区域立法合作机制需要进一步完善。

首先，组织研讨制定区域法律法规。通过区域立法的方式，在法律层面明确区域内各级政府在区域经济发展方面的权利、义务与责任，使各级政府做出的区域发展的综合规划与政策措施有法可依，促使区域内各级政府的角色转变，加强对区域经济服务的职能。

其次，建立完善区域立法专门委员会机制，设立长期、稳定、权威的组织机构，由区域各参与方选派专门的工作人员，形成稳定的工作制度，负责区域立法活动的组织协调、决策制定与监督执行。建立完善多渠道、多层面的立法信息交流机制，节约区域立法资源，避免区域立法冲突。要交叉备案机制，要向区域参与各方立法主体交叉备案，对可能存在问题的事项提交专职专责的委员会进行协调，尽早发现区域立法冲突，避免损害的发生。

再次，建立完善区域立法冲突解决的合作机制。当出现区域立法内部规范的冲突或争议时，首先应在相对中立的区域调解小组的参与下采取协商的方式予以协调解决，在达成一致意见时将协商结果向区域立法协调委员会通报并将达成的协议内容备案。当协商未达成一致时，应将该冲突报送区域立法协调委员会，由该委员会协调各有关地方立法机关组成区域立法冲突裁决委员会进行裁决，对于裁决结果除非特殊原因，则各地方立法机关都自动予以认可，视为地方立法机关所作出的有效裁决，并将裁决结果报送全国人大常委会或国务院备案。为从根本上解决立法冲突问题，区域立法冲突解决合作机制中还应包括清理地方立法的合作机制，建立地方立法交叉备案制度与立法信息公开机制，由专门机构清理现存的地方立法，鼓励公众参与评价，广泛吸收各方合理意见，及时修改、废除不符合经济一体化要求的法规、规章，定期举行区域立法协调会议，增强各地区间在区域立法问题上的交流，促成立法共识的形成，为建立一体化的区域法律系统。

最后，建立完善立法跟踪评价机制与考核立法协调工作机制。为了保证区域立法的约束力与执行力得以有效实现，冲突协调结论或裁决结果作出后应建立相应的检查机制，对执行情况予以督促与监督，对拒不执行协调结论或裁决结果的应报请全国人大常委会或者国务院裁决。在区域立法活动过程中，要重视运用法学专家的优势力量，整合立法的人才资源，建立区域立法专家库，组建区域立法职业化队伍，委托专家开展立法调研，起草区域立法草案，充分发挥法学专家队伍在区域立法过程中的作用，提高东北区域立法的质量与实效性。

（二）进一步加强东北区域司法合作机制

在司法领域，东北各级司法机关需建立长期、有效的合作机制，从制约司法公正和司法统一的关键部分入手，要加强区域间的司法交流，扩大司法协作范围，提高司法协作水平，丰富司法协作方式，实现司法公正，为提升东北区域法治水平创造有利条件。

首先，统一区域司法裁判标准，实现区域同案同判。要建立区域法院间的定期交流机制与审判信息共享机制，通过共同探讨审判实践中的新类型案件、

疑难案件以及共性案件中的法律适用问题，强化对典型案件、重大案件以及关联性案件的分析与运用，积极研究制定规范性意见，促进区域司法裁判标准与裁判尺度的统一，提高各合作法院的审判质量与水平。

其次，加大区域司法合作力度，建立区域司法联动机制。东北各级法院要进一步加强司法协作，减少管辖权冲突与平行诉讼，在司法文书送达、案件调查取证、证据保全、案件执行以及区域法律服务等方面为对方法院及时办结案件提供帮助与便利，并在法律援助、人民调解、普法宣传、安置帮教、社区矫正、劳教工作、队伍建设等方面深入扩展区域司法合作领域，形成多层次、多内容的长期、稳定的区域司法联动机制。

最后，保障区域司法执行效果，建立区域司法监督机制。为使区域司法合作切实收到预期效果，要建立区域司法监督长效机制，成立专门的区域司法监督机构，对各合作方法院及其所属部门的合作事项的执行效果进行调查跟踪，对不协助、不配合或态度消极的要及时予以通报批评，督促办理、整改，共同提高司法公信力，增强司法权威。

（三）进一步健全东北区域执法合作机制

在执法领域，区域合作前景广阔，任务艰巨，责任重大，要全面落实科学发展观，开拓创新，形成合力，发挥互补优势，积极促进区域经济协调发展，健全区域执法合作机制并使其良性运行对提高东北区域行政执法效率，维护区域执法合作机制的有效性与权威性。

首先，推进区域执法合作的制度化进程。要抓紧制定东北区域执法合作的规范性文件，强化执法衔接，对同一违法行为的认定、处罚种类和处罚标准应当保持一致，同时规范裁量权，统一行政执法程序，规范执法文书格式，使得区域内各地方在执法实践中所把握的尺度、标准与处理方式尽可能保持一致，以营造统一的区域执法环境，使区域执法合作逐步走上规范化轨道。应定期举办执法区域执法合作会议，就执法工作中遇到的难点、重大问题进行协商，建立调查取证、案件移交、线索移送等执法办案合作机制，实现对跨区域案件的异地受理，适时针对重点行业、重点领域、重点区域组织开展专项执法合作行动。

其次，提升区域执法合作的认识与能力水平。要健全执法合作的交流、调研与培训机制，增强区域内各方执法机关及其执法人员的合作意识。在各领导班子、对口部门之间建立互相考察机制，加强日常工作联络，定期交流有关文件、资料，及时互通信息、交流情况，促进执法人员的业务能力与综合管理水平的不断提升。

最后，完善区域执法监督合作机制。要将区域执法监督合作纳入各执法机关的职责范围内，加强对各级执法部门合作责任制落实情况的监督，克服地方保护等因素的消极影响，集中执法监督合作力量，明确执法监督合作的职责和义务，由专门的区域合作组织定期开展执法专项检查，将各相关部门执法合作责任制落实情况纳入执法评议考核、行风评议范围内，推动执法部门合作责任制有序运行，确保执法合作的实际效果，不断提升区域合作效能，推进执法监督合作向更广的范围、更宽的领域、更深的层次拓展。

参考文献

牛睿：《东北区域经济一体化进程中的法治协调问题》，《辽宁大学学报（哲学社会科学版）》2007年第1期。

何辉利：《环渤海区域经济一体化与地方性法规冲突的解决机制》，《河北理工大学学报（社会科学版）》2009年第5期。

杨松：《东北区域经济发展的法治问题》，《辽宁法治研究》2006年第3期。

王子正：《东北地区立法协调机制研究》，《东北财经大学学报》2008年第1期。

易凌：《影响长三角地方立法效益的因素及其对策——一种成本效益分析的视角》，《浙江学刊》2008年第6期。

朝阳：《东北三省立法协作：创新之举》，《东北之窗》2006年第15期。

附 录

Appendix

B.33
附录1 东北三省发展基本数据和图表

王敏杰 整理

（一）基本数据

表1 振兴十年东北三省发展数据比较（2002~2012年）

项 目	单位	2002年	2012年	年均增速(%)
国内生产总值	亿元	11603.2	50430.7	10.5
第一产业	亿元	1491.1	5681.6	4.5
第二产业	亿元	5765.4	26169.6	11.5
第三产业	亿元	4346.7	18579.5	10.9
全社会固定资产投资	亿元	3518.1	41328.6	27.9
房地产开发	亿元	649.4	8301.6	29.0
消费品零售总额	亿元	4586.6	19482.9	15.6
城镇消费品零售额	亿元	3806.7	17489.4	16.5
乡村消费品零售额	亿元	779.9	1993.6	9.8
进出口总额	亿美元	298.0	1663.8	18.8
出口总额	亿美元	161.3	783.7	17.1
进口总额	亿美元	136.7	880.2	20.5

附录1 东北三省发展基本数据和图表

续表

项　目	单位	2002年	2012年	年均增速(%)
财政收入	亿元	910.7	5775.0	20.3
财政支出	亿元	1620.6	10717.6	20.8
城镇居民人均可支配收入	元	18885.8	61191.0	12.5
农村居民人均纯收入	元	7517.1	26585.8	13.5
存款余额	亿元	14868.5	64442.2	15.8
储蓄存款	亿元	9600.1	34237.8	13.6
贷款余额	亿元	13078.5	45483.7	13.3
邮电业务总量	亿元	3506.0	15309.5	15.9
电信业务总量	亿元	547.8	1101.3	7.2
移动电话用户数	万户	631.1	1007.9	4.8
互联网上网人数	万人	1978.6	9402.1	16.9

注：1. 数据来源于东北三省统计公报和统计年鉴。
　　2. 年均增速中国内生产总值按可比价计算，其他按现价计算。
　　3. 2012年辽宁为公共财政预算收入和支出，吉林和黑龙江为地方财政收入和支出。

表2　2012年东北三省发展基本数据

项　目	单位	全国	辽宁	吉林	黑龙江
国内生产总值	亿元	519322	24801.3	11937.8	13691.6
第一产业	亿元	52377	2155.8	1412.1	2113.7
第二产业	亿元	235319	13338.7	6374.5	6456.4
第三产业	亿元	231626	9306.8	4151.3	5121.4
国内生产总值指数	%	7.8	9.5	12.0	10.0
第一产业指数	%	4.5	5.1	5.3	6.5
第二产业指数	%	8.1	9.8	14.0	10.2
第三产业指数	%	8.1	9.9	11.0	10.7
第一产业构成	%	10.1	8.7	11.8	15.4
第二产业构成	%	45.3	53.8	53.4	47.2
第三产业构成	%	44.6	37.5	34.8	37.4
工业增加值	亿元	199860	11712.7	5582.5	5659.3
工业增加值增长率	%	7.9	9.7	14.1	10.4
建筑业增加值	亿元	35458	1626.0	792.0	797.1
全社会固定资产投资	亿元	374676	21836.3	9711.4	9780.9
城镇	亿元	364835	21535.4	9462.1	9736.1
房地产开发	亿元	71804	5455.8	1310.0	1535.8
农村	亿元	9841	300.9	249.3	44.8

397

续表

项 目	单位	全国	辽宁	吉林	黑龙江
消费品零售总额	亿元	210307	9256.6	4772.9	5453.4
城镇消费品零售额	亿元	182414	8475.3	4236.2	4777.9
乡村消费品零售额	亿元	27893	781.3	536.8	675.5
进出口总额	亿美元	38668	1039.9	245.7	378.2
出口总额	亿美元	20489	579.5	59.8	144.4
进口总额	亿美元	18178	460.4	185.9	233.9
财政收入	亿元	117210	3103.7	1041.3	1630.0
财政支出	亿元	—	4550.2	2471.2	3696.2
城镇居民人均可支配收入	元	24565	23223	20208.0	17760.0
农村居民人均纯收入	元	7917	9384	8598.0	8603.8
存款余额	亿元	943102	35303.5	12812.1	16326.6
储蓄存款	亿元	410201	17967.4	7001.2	9269.2
贷款余额	亿元	672875	26306.5	9270.5	9906.7
邮电业务总量	亿元	15022	514.1	262.2	325.0
电信业务总量	亿元	12985	471.2	239.9	296.8
移动电话用户数	万户	111216	4291.3	2257.0	2853.8
互联网上网人数	万人	56400	707.9	364.7	435.8

（二）图

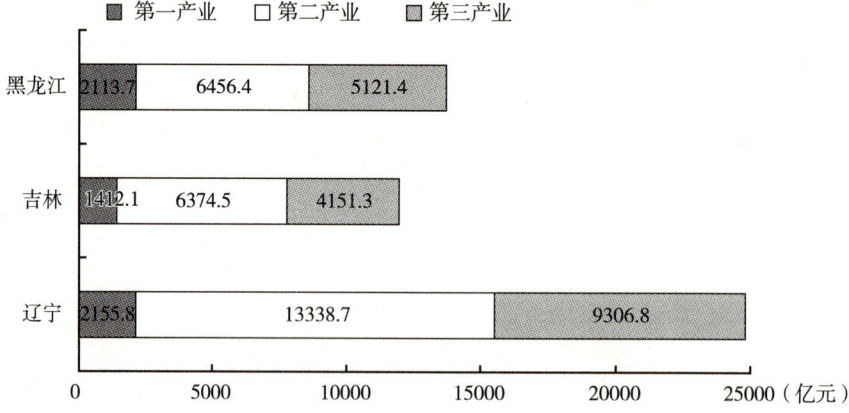

图1　2012年东北三省国内生产总值比较

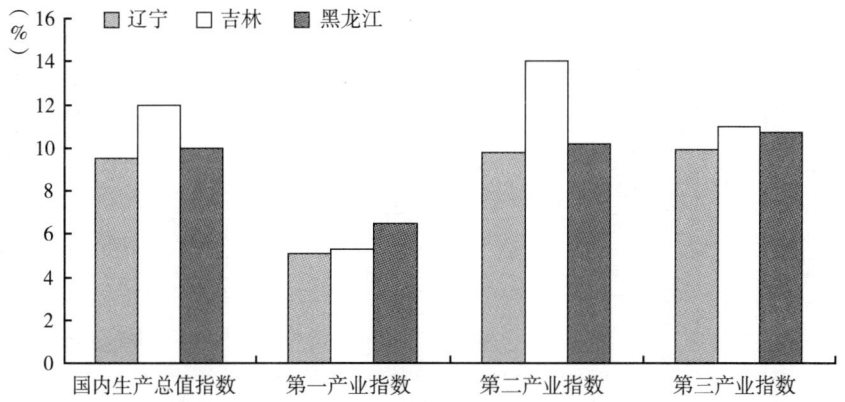

图2　2012年东北三省国内生产总值指数比较

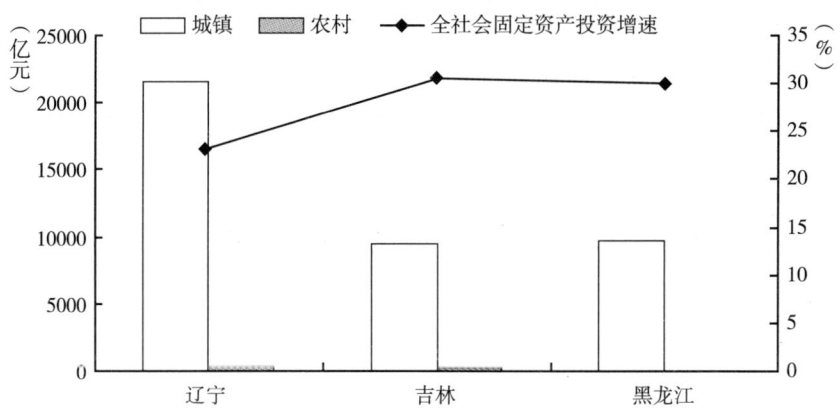

图3　2012年东北三省固定资产投资比较

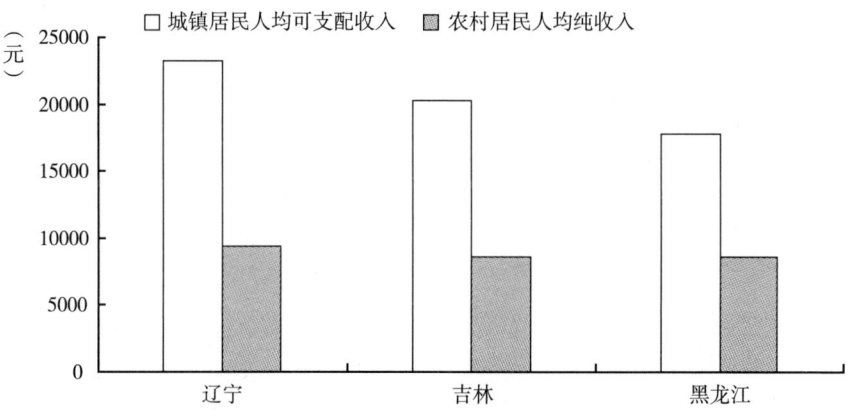

图4　2012年东北三省城乡居民收入比较

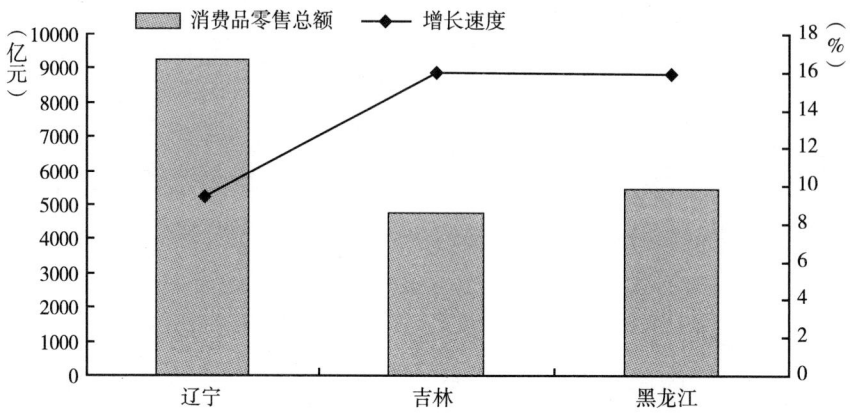

图5 2012年东北三省社会消费品零售总额及增速比较

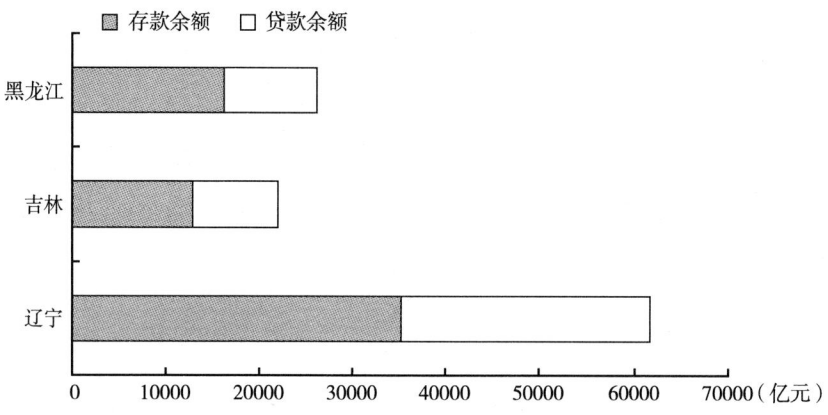

图6 2012年东北三省存、贷款余额比较

附件2 2003~2012年国家出台的东北振兴政策

王敏杰 整理

2003年

10月 中共中央、国务院下发《关于实施东北地区等老工业基地振兴战略的若干意见》，标志着振兴战略正式实施。

12月 国务院办公室下发《国务院关于成立国务院振兴东北地区等老工业基地领导小组的决定》，振兴东北地区等老工业基地领导小组正式成立。

12月 为支持东北地区调整改造，国家发展改革委确定了第一批100个工业结构调整改造国债项目，计划投资610亿元。

2004年

4月 财政部、农业部、国家税务总局联合下发了通知，率先在黑龙江、吉林两省实行全面免征农业税政策，扩大东北地区粮食生产补贴范围和规模。

5月 黑龙江、吉林两省推开完善城镇社会保障体系试点工作，中央财政对落实个人账户需要补贴约18亿元，对下岗职工解除劳动关系补助金补助近55亿元。

7月 中央在东北三省8个行业实行增值税转型试点，对具备条件的部分矿山、油田适当降低了资源税税额标准，给予三省企业所得税优惠政策。

7月 信息产业部出台《贯彻中央振兴老工业基地战略的实施意见》。

8月 中共中央办公厅、国务院办公厅印发《贯彻落实中央关于振兴东北地区等老工业基地战略进一步加强东北地区人才队伍建设的实施意见》的通知，指出东北地区人才的方向和重点。

9月 财政部、国家税务总局关于调整东北老工业基地部分矿山油田企业资源税税额的通知规定，对低丰度油田和衰竭期矿山可在不超过30%的幅度内降低资源税适用税额标准。

9月 财政部、国家税务总局发布《关于落实振兴东北老工业基地企业所得税优惠政策的通知》，明确东北老工业基地企业所得税优惠政策。

10月 国债资金继续向东北老工业基地重点倾斜，2004年又安排了第二批197个国债项目立项。

11月 《国家发展改革委关于振兴东北老工业基地高技术产业发展专项第一批高技术产业化项目的通知》批复了18项高技术产业化项目。

12月 国家发展改革委下达了吉林省辽源矿区、通化市、珲春市采煤沉陷区治理工程2004年中央预算内专项资金（国债）投资计划的通知，批复了3个采煤沉陷区治理工程项目。

2005 年

1月 中央支付三省60多户破产企业补助金163亿元支持国有企业改革，占全国用于这方面资金的23.3%。

2月 国家发改委下达了2005年东北等老工业基地调整改造和重点行业结构调整专项（第一批）国家预算内专项资金（国债）投资计划。在下达的63个项目中，东北地区占40个项目，其中，辽宁省19项，吉林省8项，黑龙江省9项，大连市3项，哈尔滨电站设备集团1项。

3月 财政部、国家税务总局联合下发了《关于2005年东北地区扩大增值税抵扣范围有关问题的通知》，进一步明确了对固定资产进项税额的抵扣及实施步骤等有关问题。

6月 国务院办公厅下发《关于促进东北老工业基地进一步扩大对外开放的实施意见》，扩大了东北开放领域和鼓励条件。

6月 国土资源部、国务院振兴东北办印发《关于东北地区老工业基地土地和矿产资源若干政策措施》的通知，在土地和矿产资源使用上给予一系列优惠政策。

9月 财政部、国家税务总局发布《东北地区扩大增值税抵扣范围若干问题的规定》和《关于落实振兴东北老工业基地企业所得税优惠政策的通知》。

10月 建设部发布《关于推进东北地区棚户区改造工作的指导意见》,加强对东北老工业基地棚户区的改造工作。

11月 国务院批复了由财政部、国资委和劳动保障部联合上报的《东北地区厂办大集体改革试点工作指导意见》,并批准成立由财政部、国资委、劳动保障部、振兴东北办负责同志组成的领导小组,负责试点的组织协调工作。

2006年

9月 《辽宁省外商投资优势产业目录》获国务院批准,将提高东北对外开放水平。

12月 财政部、国家税务总局发布《关于豁免东北老工业基地企业历史欠税有关问题的通知》规定,东北老工业基地企业在1997年12月31日前形成的,截至通知下发之日尚未清缴入库且符合本通知规定的欠税予以豁免。

2007年

8月 国务院振兴东北办公布《东北地区振兴规划》指出,我国将经过10~15年的努力,实现东北地区的全面振兴。

2008年

5月 国家发改委复函内蒙古自治区人民政府,经国务院同意内蒙古东部地区享受东北老工业基地增值税转型和豁免企业历史欠税政策。

2009年

6月 国家发展改革委下达东北地区资源型城市首批发展接续替代产业项

目预算内资金投资计划,中央预算内投资计划1亿元,涉及项目19个,项目总投资11亿元,预计可为东北地区资源型城市下岗矿工、林业工人、厂办大集体职工提供约1.3万个就业岗位。

9月 国务院下发《关于进一步实施东北地区等老工业基地振兴战略的若干意见》,这是国家出台的又一个指导东北地区等老工业基地振兴的综合性政策文件,对于进一步促进东北地区等老工业基地振兴,应对国际金融危机、促进全国经济平稳较快发展具有重要指导意义。

2010年

8月 国务院振兴东北地区等老工业基地领导小组第二次全体会议,审议并原则通过《大小兴安岭林区生态保护和经济转型规划》与《关于加快东北地区农业发展方式转变建设现代农业的指导意见》。

2012年

1月 国务院振兴东北地区等老工业基地领导小组会议讨论通过《东北振兴"十二五"规划》。

3月 《国务院关于东北振兴"十二五"规划的批复》发布。

B.35 后记

由辽宁社会科学院主持编写的《中国东北地区发展报告（2013）》，历经近半年的研创，终于与读者见面了！

2013年恰逢东北等老工业基地振兴战略实施10周年，为了使今年的东北蓝皮书能够充分反映10年来东北地区实施东北等老工业基地振兴战略的进展情况，《东北蓝皮书》编委会决定将今年蓝皮书的主题定为"东北地区实施振兴战略10年回顾"。为此，编委会2013年年初就进行选题策划，并于3月28日在沈阳市召开了开题会。参加此次会议的有辽宁、吉林和黑龙江三省社会科学院和社会科学文献出版社的有关领导和专家。会上就报告编写主题、基本框架和撰写分工等进行详细讨论，并确定各单位于6月中旬提交初稿，6月末进行统稿。开题会结束后，三省一区（辽宁、吉林、黑龙江和内蒙古）社会科学院给予了大力支持，抽调各院经济学、社会学、金融学、政治学和文化学等领域的研究骨干，集中精力，扎扎实实深入实际开展调查研究，克服数据采集特别是蒙东五市（盟）数据采集的困难，如期完成了撰写工作。课题组于6月28日到7月1日在抚顺清原召开统稿会。辽宁、吉林、黑龙江和内蒙古三省一区社会科学院以及社会科学文献出版社的近50位领导和专家学者参加了会议，与会的领导和专家对各篇报告稿进行仔细审读，认真点评，开诚布公地提出具体修改意见。会后各篇报告作者根据会议提出的修改意见进行认真修改。7月中旬编委会进行了定稿，经社会科学文献出版社审订，于9月出版发行。

在本书编写过程中，各省区委、政府特别是辽宁省委宣传部、辽宁省财政厅给予了大力支持；三省一区统计局及有关单位领导给予了热情帮助；三省一区社科院和社会科学文献出版社的有关领导给予高度重视和具体指导；本书编委张天维、王磊、张磊等做了大量组织编务工作，其中张天维老师专程到内蒙

古统计局采集蒙东地区数据，王磊老师参与策划组织了开题会、统稿会并具体安排落实各项工作。

《东北蓝皮书》编写工作复杂，涉及三省一区社科院及相关多个部门，近百位专家学者。虽然《东北蓝皮书》至今已经编写到第八本，但编写工作仍然有待改进。特别是本书涉及三省一区，范围较广，各省区之间又无常态化的联系机制，使得数据收集异常困难，加之时间紧迫，尽管我们努力提高《东北蓝皮书》质量，力争凸显时代特色、地区特色，打造学术精品，但报告中的不足乃至偏颇仍在所难免。在此，恳请诸位领导、专家和广大读者斧正。另外，各篇报告均属于学术研究成果，均为作者个人意见，既不代表所在单位，也不代表整个课题组。

编　者
2013 年 7 月

中国皮书网

发布皮书研创资讯,传播皮书精彩内容
引领皮书出版潮流,打造皮书服务平台

栏目设置:

- □ 资讯:皮书动态、皮书观点、皮书数据、皮书报道、皮书新书发布会、电子期刊
- □ 标准:皮书评价、皮书研究、皮书规范、皮书专家、编撰团队
- □ 服务:最新皮书、皮书书目、重点推荐、在线购书
- □ 链接:皮书数据库、皮书博客、皮书微博、出版社首页、在线书城
- □ 搜索:资讯、图书、研究动态
- □ 互动:皮书论坛

www.pishu.cn

中国皮书网依托皮书系列"权威、前沿、原创"的优质内容资源,通过文字、图片、音频、视频等多种元素,在皮书研创者、使用者之间搭建了一个成果展示、资源共享的互动平台。

自2005年12月正式上线以来,中国皮书网的IP访问量、PV浏览量与日俱增,受到海内外研究者、公务人员、商务人士以及专业读者的广泛关注。

2008年10月,中国皮书网获得"最具商业价值网站"称号。

2011年全国新闻出版网站年会上,中国皮书网被授予"2011最具商业价值网站"荣誉称号。

当代中国与世界发展的高端智库平台

权威报告　热点资讯　海量资源

皮书数据库 www.pishu.com.cn

皮书数据库是专业的人文社会科学综合学术资源总库，以大型连续性图书——皮书系列为基础，整合国内外相关资讯构建而成。包含七大子库，涵盖两百多个主题，囊括了近十几年间中国与世界经济社会发展报告，覆盖经济、社会、政治、文化、教育、国际问题等多个领域。

皮书数据库以篇章为基本单位，方便用户对皮书内容的阅读需求。用户可进行全文检索，也可对文献题目、内容提要、作者名称、作者单位、关键字等基本信息进行检索，还可对检索到的篇章再作二次筛选，进行在线阅读或下载阅读。智能多维度导航，可使用户根据自己熟知的分类标准进行分类导航筛选，使查找和检索更高效、便捷。

权威的研究报告，独特的调研数据，前沿的热点资讯，皮书数据库已发展成为国内最具影响力的关于中国与世界现实问题研究的成果库和资讯库。

皮书俱乐部会员服务指南

1. 谁能成为皮书俱乐部会员？
- 皮书作者自动成为皮书俱乐部会员；
- 购买皮书产品（纸质图书、电子书、皮书数据库充值卡）的个人用户。

2. 会员可享受的增值服务：
- 免费获赠该纸质图书的电子书；
- 免费获赠皮书数据库100元充值卡；
- 免费定期获赠皮书电子期刊；
- 优先参与各类皮书学术活动；
- 优先享受皮书产品的最新优惠。

3. 如何享受皮书俱乐部会员服务？

（1）如何免费获得整本电子书？

购买纸质图书后，将购书信息特别是书后附赠的卡号和密码通过邮件形式发送到pishu@188.com，我们将验证您的信息，通过验证并成功注册后即可获得该本皮书的电子书。

（2）如何获赠皮书数据库100元充值卡？

第1步：刮开附赠卡的密码涂层（左下）；

第2步：登录皮书数据库网站（www.pishu.com.cn），注册成为皮书数据库用户，注册时请提供您的真实信息，以便您获得皮书俱乐部会员服务；

第3步：注册成功后登录，点击进入"会员中心"；

第4步：点击"在线充值"，输入正确的卡号和密码即可使用。

卡号：3200899534406550
密码：

（本卡为图书内容的一部分，不购书刮卡，视为盗书）

皮书俱乐部会员可享受社会科学文献出版社其他相关免费增值服务
您有任何疑问，均可拨打服务电话：010-59367227　QQ:1924151860
欢迎登录社会科学文献出版社官网(www.ssap.com.cn)和中国皮书网（www.pishu.cn）了解更多信息

社会科学文献出版社　　皮书系列

"皮书"起源于十七、十八世纪的英国，主要指官方或社会组织正式发表的重要文件或报告，多以"白皮书"命名。在中国，"皮书"这一概念被社会广泛接受，并被成功运作、发展成为一种全新的出版形态，则源于中国社会科学院社会科学文献出版社。

皮书是对中国与世界发展状况和热点问题进行年度监测，以专家和学术的视角，针对某一领域或区域现状与发展态势展开分析和预测，具备权威性、前沿性、原创性、实证性、时效性等特点的连续性公开出版物，由一系列权威研究报告组成。皮书系列是社会科学文献出版社编辑出版的蓝皮书、绿皮书、黄皮书等的统称。

皮书系列的作者以中国社会科学院、著名高校、地方社会科学院的研究人员为主，多为国内一流研究机构的权威专家学者，他们的看法和观点代表了学界对中国与世界的现实和未来最高水平的解读与分析。

自20世纪90年代末推出以经济蓝皮书为开端的皮书系列以来，至今已出版皮书近800部，内容涵盖经济、社会、政法、文化传媒、行业、地方发展、国际形势等领域。皮书系列已成为社会科学文献出版社的著名图书品牌和中国社会科学院的知名学术品牌。

皮书系列在数字出版和国际出版方面成就斐然。皮书数据库被评为"2008~2009年度数字出版知名品牌"；经济蓝皮书、社会蓝皮书等十几种皮书每年还由国外知名学术出版机构出版英文版、俄文版、韩文版和日文版，面向全球发行。

2011年，皮书系列正式列入"十二五"国家重点出版规划项目；2012年，部分重点皮书列入中国社会科学院承担的国家哲学社会科学创新工程项目；一年一度的皮书年会升格由中国社会科学院主办。

法律声明

"皮书系列"(含蓝皮书、绿皮书、黄皮书)由社会科学文献出版社最早使用并对外推广,现已成为中国图书市场上流行的品牌,是社会科学文献出版社的品牌图书。社会科学文献出版社拥有该系列图书的专有出版权和网络传播权,其LOGO( )与"经济蓝皮书"、"社会蓝皮书"等皮书名称已在中华人民共和国工商行政管理总局商标局登记注册,社会科学文献出版社合法拥有其商标专用权。

未经社会科学文献出版社的授权和许可,任何复制、模仿或以其他方式侵害"皮书系列"和LOGO( )、"经济蓝皮书"、"社会蓝皮书"等皮书名称商标专用权的行为均属于侵权行为,社会科学文献出版社将采取法律手段追究其法律责任,维护合法权益。

欢迎社会各界人士对侵犯社会科学文献出版社上述权利的违法行为进行举报。电话:010-59367121,电子邮箱:fawubu@ssap.cn。

社会科学文献出版社